「国家と法」の主要問題

Le Salon
de théorie constitutionnelle

辻村みよ子・長谷部恭男・
石川健治・愛敬浩二［編］

日本評論社

はしがき

　本書は、「『国家と法』の主要問題」研究会における、研究活動の成果を世に問うものである。慧眼の読者ならお気づきのように、会の名称は、ハンス・ケルゼンの浩瀚な教授資格論文『国法学の主要問題』(Hans Kelsen, Hauptprobleme der Staatsrechtslehre, 1911) に由来する。憲法理論への志向を端的に示すアイコンとして、編者の1人である石川が発案したものであり、それが理由でこの「はしがき」をしたためている。

　　　　　　　　　　　＊　　　＊　　　＊

　筆者は、2013年5月、当時盛り上がっていた憲法96条改正論議によせた「法律時評」の執筆を、法律時報編集部より依頼され、「あえて霞を喰らう」と題する小文を寄稿した（法律時報85巻8号（2013年）1頁以下）。そのなかで、「空論には空論の役割というものがある。それにつけても、法科大学院時代に『空論』を疎かにしたことのつけが、今後の憲法改正論議にまわってこないか、いまから心配になる」と述べ、「あえて『空論』による連帯に賭け、あえて霞を喰らうことの意義を説く」と結んだ。翌春、再び法律時報編集部から本研究会の件でお声がけをいただいたとき、まさに「『空論』による連帯」のご提案として、これを受け止めたのであった。

　　　　　　　　　　　＊　　　＊　　　＊

　如上の小論では、シニシズムが積極的な「空論」に昇華され、それを媒介に「非政治的人間」の連帯が成立しうることの傍証として、ウィーン学派の法学運動に言及した。第一次世界大戦のただなかに、理論研究の渦がウィーン大学を中心に巻き起こったのであり、極東の日本をも巻き込んでいった。その端緒がどこにあったのかは実は議論の余地があるが、少なくとも最重要の熱源の1つが、ケルゼンの『主要問題』であることは間違いない。本研究会が「『国家と法』の主要問題」を会名として掲げるにあたって、バルカン半島の危機、第

一次世界大戦の勃発と敗戦、帝国の瓦解と新共和国の創設と続く、危機の時代・政治の季節のなかを孜々として続けられた、理論憲法学の営みと共同研究のありように、筆者が遠く思いを馳せていたのはたしかである（なお、筆者の脳裡には、それと同時に、2002年度に旧東京都立大学法学部で開講した同名の特殊講義への追憶があったが、ここでは立ち入らない）。

ケルゼンの『主要問題』に接した当時の研究者の反応は、世代によって大きく分かれた。先輩同業者は、困惑を隠さなかった。けれども、ケルゼンの学問には、すでに共鳴板が広く形成されていたのであって、程なく中欧・東欧を中心に世界各地から呼応する動きが現れた。彼らは、のっぴきならない対立関係を孕みつつも、既存の憲法学に対する、正しい意味での「批判」という点では問題意識を共有していた。

しかも、そうした、いわゆる純粋法学の代表選手たちの活躍の背後には、フリードリヒ・ハイエク、アルフレート・シュッツ、エーリヒ・フェーゲリン、フェリックス・カウフマンらのガイスト会（Geist-Kreis）をはじめ、専門領域を越境する次世代の知識人たちの交流が控えており、学派の活力と将来性を担保していたのであった。彼らの多くはユダヤ人であったため、ナチス・ドイツの圧迫で散り散りとなり、ウィーンの思想運動としては挫折したが、各方面にその余波を残した。

その1つが、独特のカフェ文化を背景に成立した、専門の垣根を越えて大いに飲み、かつ理論上の論争をする研究スタイルであり、彼らと深く交流した尾高朝雄が主宰し、安倍能成・清宮四郎らが常連だったヘーゲル会（京城）は、それを受け継ごうとするものだったといえる。その後も、京城学派の縁者が多かった世良晃志郎・岡田与好・樋口陽一らの「社会科学の方法」（仙台）をはじめ、末裔と目される研究会は少なくない。

もちろん、本研究会が研究対象を独墺系の学問に限定する趣旨ではないので、併せて「憲法理論のサロン」を意味する仏語の副題が付された。しかし、それは、殺伐たる憲法現実から逃避して高踏的なサロン談義に耽る、という意味では決してない。ウィーンに限らず、パリであれ、ベルリンであれ、ハイデルベルクであれ、京城であれ、精神史の重要局面において世界各地に登場した、領域横断的な知識人のサロンに範をとっている、とご理解いただきたい。本書第

一論文が、冒頭にロンドンのブルームズベリー・グループを登場させているのは、そのためである。そうした先蹤に倣って、新しい知の震源地になろうなどと、自惚れるつもりはさらさらないが、志だけは高くありたいということである。

　　　　　　　　　＊　　　＊　　　＊

　本研究会の構成については、法律時報編集部の発案により、『憲法理論の再創造』（日本評論社、2011年）の編者であった2人（辻村みよ子・長谷部恭男両教授）に、より若い世代の2人（愛敬浩二教授と筆者）が加わる形で相談を開始した。2014年4月30日に東京で、5月10日に広島で、二度にわたる会合をもって、「若い世代の報告に対して経験ある世代が忌憚なくコメントすることで、この場でしっかり勉強のできる、報告しがいのある研究会にする」（編集部鎌谷将司氏のメモ）、という研究会のコンセプトを固めた。何より大切なメンバー構成については、研究会室のキャパシティの限界や、研究対象の重複感を避ける編集的な観点から、お呼びしたいすべての研究者にお声がけするわけにはゆかず、また在外研究等でご都合があわずに断念せざるをえなかったケースも多々あった。だが、幸いにして、ロースクール世代の最若手も含み、また狭義の憲法学者に限らない、魅力的なメンバーにお集まりいただくことができた。

　研究会は、2014年10月17日に発足し、2017年2月12日の最終回まで、合計10回を数えた。毎回の研究報告は、憲法の原理的な研究や共時的通時的な比較研究をテーマとした、力作ぞろいであり、それを承けた討論も例外なく活発であって、最後まで手抜きのできない緊張感が保たれていた。個別の感想を述べることは差し控えるが、この方をお呼びして本当に良かった、理論研究をエンカレッジできたな、と実感できる瞬間がいくつもあったし、相互の意見交換は、終了後の懇親会まで活発に行われた。それぞれの報告は、当日の討論を踏まえて改訂され、法律時報誌上で公表された。連載は、2015年5月号（87巻5号）から2017年7月号（89巻8号）まで、編者4人による座談会を含め25回にわたった。

　戦後70年を意識した本研究会の初志は、本書所収の座談会に示されている通りである（第Ⅴ部参照）。ところが、歴史の流れは、思いのほか急であった。まず、第1回研究会（長谷部・辻村報告）までの間には、憲法9条に関する従来の政府解釈を変更して集団的自衛権の行使を一部容認する、7月1日の閣議決

定があった。第1回と第2回（2015年1月24日、愛敬・石川・小島報告）の間には、解散権の濫用とも批判された11月21日の衆議院解散（いわゆるアベノミクス解散）があり、格差問題を背景に『21世紀の資本』の邦訳本がベストセラーになり、明くる2015年1月7日にはパリでシャルリー・エブド襲撃事件が起きた。同年2月4日に収録された座談会には、このあたりまでの空気が反映されている。

　しかしながら、その後に待っていたのは、さらに大きな展開であった。第3回（5月8日、毛利・松田報告）と第4回（7月5日、山元・髙田・大林報告）の間には、長谷部教授を含む憲法学者3名全員が安保法案を違憲と断言して「政局」となった6月4日の憲法審査会があり、第4回と第5回（10月16日、只野・大河内報告）の間には、筆者もコミットした2015年夏の安保法制反対運動が行われた。第5回と第6回（2016年1月23日、片桐・阪口・駒村報告）の間には、パリで、再び11月13日の同時多発テロが起きている。背景には、過激派組織ISのテロリズムと、シリア方面から大量に流入した難民の受け入れをめぐる大議論がある。

　第6回と第7回（5月7日、金井・江原報告）の間には、4月14日の熊本大地震を挟んで、緊急事態条項をめぐる憲法改正論議の高まりがあったことは見逃せない。第7回と第8回（7月17日、蟻川・西村・佐々木報告）の間には、6月23日にイギリスの国民投票で僅差ながらEU離脱が選択されるという歴史的事件があり、7月10日には、安保法制反対運動の流れから野党共闘が実現した、参議院議員選挙が行われている。第8回と第9回（10月9日、福島・木下報告）の間には、8月8日のビデオ・メッセージに端を発した天皇退位問題が立ち上がった（参照、石川健治「天皇の生前退位」法律時報88巻13号（2016年）1頁以下）。第9回と第10回（2017年2月12日、江島・青井報告）の間には、ドナルド・トランプがアメリカ合衆国大統領に当選し、衝撃を与えている。

　このように刻々と変化する内外の情勢の下で、「『国家と法』の主要問題」研究会は、あくまで平静に、政治運動とは無縁の「空論」を議論し続けた。本書に結実した執筆陣の理論研究は、性質上、10年単位の研究蓄積を踏まえてのものであり、このように現実政治と結びつけての紹介を不本意だと感じられるメンバーもおられることだろう。とはいえ、自分の報告テーマを、「主要問題」

として選定する報告者の問題意識に、そうした憲法現実が反映していないはずはない。むしろ、各論文の行間からは、時代の激動の下で学知はいかにあるべきか、それぞれの研究者が懸命に模索する姿が、浮かび上がってこよう。

　研究会終了後も、2017年5月3日に安倍晋三首相が憲法9条加憲論をぶちあげた結果、憲法改正論議は本丸の9条をめぐって新たなフェーズに突入する一方、9月28日に行われた安倍内閣の解散権行使をめぐって、秋口には解散権論争が再燃した。おそらく研究会があと1年長く存続していれば、「憲法9条と軍事力統制」「解散権論争・再訪」といった類の本格的な理論研究や歴史研究・比較制度研究が用意されていた可能性が高いが、それは実現しなかった。

　だが、そもそも憲法秩序の変動の予感のなかで遂行された研究会である以上、関連する論点の指摘はすでに本書の随所に見いだされる。また、このたび日本評論社のおすすめにより、雑誌連載を1巻の書物に編集して江湖に問う機会を得たのにあわせて、直ちに論文改訂に取り掛かった執筆者のなかには、その後の情勢変化に対して可能な限りで対応しようとしたものもある。注意深くお読みいただければ、さまざまなヒントを引き出すことができるはずである。

＊　　　＊　　　＊

　総じて本書は、既存の枠組を批判し通念に挑戦する、意欲的な論攷を多く揃えているため、当の執筆陣にとっても、なかなか骨の折れる書物になっている。それだけに、せっかく憲法に関心をもってくださった読者を、一読して困惑に陥れてしまう文章も少なくないのではないか、とおそれている。しかし、それぞれに本質的な問題提起が行われており、じっくりと取り組んでいただければ、意味は通るはずである。この書物の端々から滲み出る研究の苦心と歓びに、少しでも多くの読者が共感してくださるのを期待しつつ、擱筆することにしたい。

2018年2月

石川健治（文責）
愛敬浩二

目　次

はしがき　i

第Ⅰ部　主権論の継承と展開

第1章
八月革命・七〇年後 ……………………………………… 石川健治　5
――宮沢俊義の 8・15

　　0　「わたしはただ、解き示す」　5
　　1　フェアドロスとメルクル　7
　　2　八月革命説の初型　9
　　3　「革命」の法理論　11
　　4　丸山眞男創作説　15
　　5　「翻身」　16

第2章
明治憲法学説史の一断面 ……………………………… 西村裕一　23
――穂積八束「憲法制定権ノ所在ヲ論ズ」を読む

　　1　問題の所在　23
　　2　内容　25
　　3　意義　27
　　おわりに　36

第3章
フランス憲法史と日本 ………………………………… 辻村みよ子　37
――革命200年・戦後70年の「読み直し」

　　はじめに　37
　　1　歴史学と1793年憲法　38
　　2　フランス憲法史と主権論・選挙権論　40
　　3　人権論の展開とフランス憲法　45
　　4　日本憲法史／憲法論との関わり　48
　　おわりに　50

第4章
主権のヌキ身の常駐について……………………長谷部恭男 51
──Of sovereignty, standing and denuded

 はじめに 51
 1 山岳派の機会主義的転換 51
 2 93年憲法の施行停止 53
 3 主権独裁と委任独裁 54
 4 非常事態の法理の生成 59
 むすび 61

第5章
憲法制定権力論の神学と哲学………………………福島涼史 63

 1 概念の規定力 63
 2 神学的アプローチ 67
 3 世俗化された哲学概念 70

第6章
ドイツにおけるケルゼン「再発見」と
国法学の「変動」の兆し……………………………高田 篤 75

 はじめに 75
 1 戦後ドイツにおけるケルゼンの不受容と「再発見」 76
 2 ケルゼンのタブー視継続の原因 78
 3 現在のドイツ国法学におけるケルゼン「再発見」をめぐる議論 80
 4 ケルゼンタブー視の原因としてのドイツ公法学の径路依存とそこからの脱却？ 84
 5 ドイツ国法学の「変動」の兆し？ 86
 おわりに 89

第7章
多元主義法理論の共時性と通時性………………江原勝行 93
──サンティ・ロマーノの「制度」概念と憲法秩序の変動

 はじめに 93
 1 法秩序の共時的多元性 94
 2 法秩序の通時的多元性 99
 おわりに 104

第Ⅱ部　平和主義の思想と「実行」

第 8 章
「不断の努力」と憲法 ……………………………… 蟻川恒正　109

　序　109
　1　憲法の「実行」　110
　2　権利と義務　113
　跋　119

第 9 章
平和と秘密 …………………………………………… 小島慎司　121
——『永遠平和のために』の秘密条項について

　　はじめに　121
　　1　設問——秘密と怜悧　122
　　2　統治の技術としての秘密　123
　　3　第2章第2補説の秘密性の意義　128
　　結　132

第 10 章
9 条と司法権 ………………………………………… 青井未帆　135
——parens patriae 訴訟を参考に

　　はじめに　135
　　1　9 条と「事件」　135
　　2　司法権再考　137
　　3　parens patriae 訴訟　138
　　4　9 条と司法権　146

第Ⅲ部　人権をめぐる個人と国家

第11章
憲法学における「自律した個人」像をめぐる一考察……………………………………佐々木くみ　151

　はじめに　151
　1　Martha C. Nussbaum　153
　2　樋口発言　159

第12章
立ち竦む「闘う共和国」…………………… 山元　一　165
　──テロリズム攻撃に直面するフランスにおける表現の自由

　1　パリ2015年11月13日──「闘う共和国」vs テロリスト　165
　2　パリ2015年1月7日の襲撃から11日の追悼大行進へ──「表現の自由」vs テロリスト　168
　3　「闘う共和国」フランスの将来像　172

第13章
「自己統治」の原意と現意……………………… 松田　浩　177
　──パブリック・フォーラムの条件

　1　民主政・人民主権・「自己統治」　177
　2　「自己統治」の原意──ミクルジョンの「精霊の支配」　178
　3　「自己統治」の現意（Ⅰ）──ポストの「公共討議による署名経験」　181
　4　「自己統治」の現意（Ⅱ）──ウルビナティの「二頭制民主政」　184
　5　「自己統治」の未来へ──パブリック・フォーラムの条件　187

第14章
「隔離」される集会、デモ行進と試される表現の自由………………………………阪口正二郎　191

　はじめに　191
　1　集会・デモのゾーニング規制──ある事例を手掛かりに　194
　2　試された表現の自由の法理　200

第15章

「法解釈の技術」と「文化現象の真実」 ……………… 駒村圭吾　205
――猥褻表現規制と弁護士・大野正男

1. 13条と21条――チャタレー事件と新憲法　205
2. アメリカ憲法との邂逅
   ――チャタレー事件から『悪徳の栄え』事件へ　207
3. 潜在する断層　215

第16章

聖獣物語 ……………………………………………… 金井光生　219
――中性国家のわいせつ性に関する憲法哲学的断章

1. 「おぉ、汝、知性を持つ動物よ、我に触れるな！」　219
2. 「僕の受けた教育の声が言うのだ／この蛇を殺さねばならぬ、と」　220
3. 「人間が万有からこれほど切り離されてしまう以前は、人間は他の万有と共にパンであった」　223
4. 「われわれは、自分一人だけの孤立した個人であると同時に、連帯する大いなる人類の一員とも成りうるのだ」　228
5. 「現代は本質的に悲劇の時代である。だからこそわれわれは、この時代を悲劇的なものとして受けいれようとしないのである」　232

第17章

21世紀の財産権と民主主義 ……………………… 木下昌彦　235
――富の集中の憲法的意義とその統制について

1. フランス革命と八月革命　235
2. 富の集中と個人の自由　237
3. 富の集中と機会の平等　239
4. 富の集中と民主主義　241
5. 富の集中の統制に向けて　245
6. 国家と法の主要問題としての富の集中　248

第 18 章

多層的人権保障システムの resilience ……………江島晶子　249
── 「自国第一主義」台頭の中で

　　はじめに　249
　　1　多層的人権保障システム　251
　　2　ヨーロッパ人権条約の resilience　253
　　3　ヨーロッパ人権裁判所とイギリス　256
　　4　1998年人権法の resilience　259
　　おわりに　261

第Ⅳ部　統治機構論の主要問題

第 19 章

選挙と代表・正統性………………………………………只野雅人　265
── フランスにおける政治法の一側面

　　はじめに　265
　　1　フランスにおける政治と憲法学──諸学の交差点と単数形の政治学　266
　　2　選挙と代表・正統性──概念と後成　268
　　3　「固有に法学的な方法」の意義と限界　273
　　むすび　276

第 20 章

Popular Originalism は可能か？……………………大河内美紀　279
── ティーパーティ運動が突きつける難題

　　はじめに　279
　　1　原意主義とポピュリスト立憲主義の接合可能性　280
　　2　ティーパーティ運動の憲法論　283
　　3　ティーパーティ運動・原意主義・ポピュリスト立憲主義　287
　　むすびにかえて　291

第21章

「裁判官の良心」と裁判官 ……………………………… 愛敬浩二　293
――憲法理論的考察に向けて

1　本稿の課題　293
2　裁判官にとっての「裁判官の良心」　294
3　裁判官の良心論の普遍性と固有性　297
4　「言説上の裁判官」と「裁判官の言説」　299
5　裁判官の良心論の更なる活性化に向けて　303

第22章

ケルゼンを使って「憲法適合的解釈は憲法違反である」といえるのか …………………………………………… 毛利　透　307

1　概念の整理　307
2　検討対象について　309
3　憲法適合的解釈の分類論　311
4　法理論的基礎　312
5　憲法適合的解釈の具体的批判　315
6　批判的検討　317

第23章

憲法判例変更のパラドックス ……………………… 大林啓吾　321

序　321
1　憲法判例に関する先例拘束の特異性　323
2　憲法判例変更の要件　327
3　憲法判例における先例拘束と特別な正当化の意味　329
後序　331

第24章

「貨幣国家」と憲法 ………………………………………… 片桐直人　333
――財政作用の再検討にむけた予備的・準備的考察の一環として

はじめに　333
1　財政と貨幣　334
2　財政法における貨幣　337
3　「貨幣国家」と「貨幣の機能」　340
むすびにかえて　343

第Ⅴ部　資料——企画趣旨

〈座談会〉
連載開始にあたって（再録）
　　………………辻村みよ子・長谷部恭男・石川健治・愛敬浩二　347

初出一覧　369

あとがき　371

執筆者一覧　378

「国家と法」の主要問題

Le Salon de théorie constitutionnelle

第Ⅰ部

主権論の継承と展開

第 1 章

八月革命・七〇年後

――宮沢俊義の 8・15

石川健治

日本国憲法は、戦争の子です。
しかも、負けいくさの子です。[1]

0 「わたしはただ、解き示す」

　ロンドンの文教地区ブルームズベリーに、ゴードン・スクエアと呼ばれる「広場」がある。[2] 20世紀前半に、この広場を中心に形成された若き知識人のサロンが――経済学者ケインズも加わっていたことで知られる――ブルームズベリー・グループであった。[3] Civilisation と Kultur のたたかいと喧伝された未曾有の世界大戦において、彼らは批判的な態度を堅持し、反戦と良心的兵役拒否の論陣を張った。対独賠償要求を批判したケインズの『平和の経済的帰結』もその一環である。[4]

1）　参照、宮沢俊義「科学の価値――憲法二十年・私の評価」世界259号（岩波書店、1967年）22頁以下、27頁。この時点では旧字体の宮澤が用いられているが、本稿では一般的な宮沢の表記で統一する。
2）　ロンドン独特の「広場」の形成過程につき、参照、水谷三公『貴族の風景――近代英国の広場とエリート』（平凡社、1989年）。
3）　参照、橋口稔『ブルームズベリー・グループ――ヴァネッサ、ヴァージニア姉妹とエリートたち』（中央公論社、1989年）。
4）　Cf. J. M. Keynes, The economic consequences of the peace, 1919. 関連して、中矢俊博『ケインズとケンブリッジ芸術劇場――リディアとブルームズベリー・グループ』（同文舘出版、2008年）も、参照。

同グループの中心メンバーの1人リットン・ストレイチーも、第一次大戦のさなかに評伝 Eminent Victorians を仕上げ、大英帝国が最も輝かしかったヴィクトリア期の偉人伝を、しかし戦意高揚のためでなく描き切った。たとえば、太平天国の乱で常勝軍を率いたゴードン将軍については、スーダンでの叛乱鎮圧に派遣されて見殺しになった悲劇的な最期を語りつつ、それを徒らに美化することはなかった。

　ストレイチーは、そうした伝記作家としての矜持を記した序文を、「或る巨匠（Master）の言葉」で結んだ。「わたしは、何もおしつけず、何も提案しない。わたしはただ、解き示す（Je n'impose rien; je ne propose rien: j'expose.）」。そこにいわゆる巨匠とは、永らくヴォルテールのことだとされてきた。だが、『実証哲学講義』のオーギュスト・コントである、という説もある。近年では、「或る巨匠」とはストレイチー自身のことである、という見解も有力であって、その方面ではむしろ定説になりつつあるが、疑問の余地なしとしない。

　日本の憲法学において、この名句を愛したのが、宮沢俊義であった。宮沢憲法学といえばこの台詞、といってよいほど、その科学的態度を象徴する名句として知られている。問題は、彼がどのようにこの句に接したか、であるが、おそらくそれは、アルフレート・フェアドロス『国際法共同体の憲法』であろう。

---

5)　Cf. L. Strachey, Eminent Victorians, 1921.
6)　See, H. Morgenthau, Positivism, functionalism, and international Law, 34 The American Journal of International Law, 260, 283（1940）.
7)　Cf. M. Holroyd, Lytton Strachey―The new biography, 1994, p. 420f. リットン・ストレイチー（中野康司訳）『ヴィクトリア朝偉人伝』（みすず書房、2008年）3頁。もっとも、類似の表現は19世紀の文献にも発見されるので、この説はなお検討を要しよう。Cf. Ch. Dunoyer, Esquisse d'un cours d'économie et de morale, Revue encyclopédique 26, 1825, p. 14ff., 24.
8)　2・26事件の年の瀬に上梓された評論集の「はしがき」では、「歴史的な転回期」「危機的な時代」を批評する宮沢の「指導精神」として、当該名句が（自身による翻訳を添えて）宣言された。参照、宮沢俊義『転回期の政治』（中央公論社、1936年）。この「最初にして最後といってよい自選論集」は、現在では高見勝利教授の解説付きで、岩波文庫に収められている（岩波書店、2017年）。
9)　参照、芦部信喜「宮沢憲法学の特質」ジュリスト臨時増刊634号『宮沢憲法学の全体像　宮沢俊義先生追悼』（1977年）31頁以下、特に34頁。
10)　Vgl. A. Verdross, Die Verfassung der Völkerrechtsgemeinschaft, 1926. なお、立教大学図書館の宮沢俊義文庫にストレイチーの Eminent Victorians は含まれていない。ただ、特に人気のある「ゴードン将軍の最期」の章については、禿木平田喜一注釈の研究社版（The end of general Gordon, 1941）が所蔵されているが、問題の序文は収められていない。

同書の序文には、短縮形で記された件の名句（Je n'impose rien, j'expose.）が掲げられており、宮沢手沢本には全巻を通して精読の跡が残されているからである。このエピグラフと、そこに託されたフェアドロスの学風とが、若き宮沢の共感を呼んだに相違ない。本稿は、この切り口から、八月革命説を読み直す試みである。

1　フェアドロスとメルクル

　国際法学者フェアドロスは、ハンス・ケルゼンの高弟として、憲法・行政法学者アドルフ・メルクルと並び称される。前者は、国際法優位の一元論で、後者は、法段階説で知られる。それぞれ師説に取り入れられて、ウィーン学派の代名詞となった考え方である。彼ら2人の高弟のうち、宮沢は、フェアドロスに対して、明らかに強い選好を示した。そして、ケルゼン『一般国家学』のなかでも、あえていえばフェアドロス的な部分に強く反応したことは、宮沢手沢本の書き込みから明らかである。

　この点が同期の清宮四郎との相違である。清宮は、ほとんどフェアドロスに興味を示していない。国家法を論ずるアドルフ・メルクルの方に、彼は関心を集中させた。メルクルは、すでに第一次大戦中に、「法律学的意味での国家」を、歴史・政治的な見方とは峻別して、Rechtseinheit（法単位、法統一体）と

---

11)　紙数が限られているため、重要な論点・論攷に言及しない場合があることについては、読者のご寛恕を乞う。多くの論評のなかで、代表的な論争文献としては、樋口陽一『近代憲法学にとっての論理と価値——戦後憲法学を考える』（日本評論社、1994年）、菅野喜八郎『続・国権の限界問題』（木鐸社、1988年）所収の各論文がある。また、本稿に対する論評を含む最新のものとしては、高田篤「ポツダム宣言の受諾——憲法的断絶について語られたことの意義と射程」論究ジュリスト17号（2016年）18頁以下。

12)　これは、活字になった論文からみても、ソウル・仙台・草加に散在する清宮手沢本の読書傾向からみても、明らかである。関連して、ケルゼン『一般国家学』の手沢本に照らしての検討ができると良かったのだが、清宮手沢本は、清宮没後の形見分けの際に弟子の丸山健の手にわたったとされ、丸山没後の同書の足取りは未だつかめていないのが現状である。他方で、興味ある対照を示しているのが、メルクル『一般行政法』（Allgemeines Verwaltungsrecht, 1927）に対する読書のありようであるが、ここでは立ち入らない。メルクル『一般行政法』の清宮手沢本は、国立ソウル大学校中央図書館古文献資料室で発見され、立教大学図書館宮沢文庫所蔵のそれと比較対照が可能である（なお、後述の尾高朝雄についていえば、東京大学教養学部尾高文庫所蔵のメルクル行政法には、精読した跡がみられない）。

して捉える見地を固めていた。その際、法の統一性が成立しているか否かの認識根拠は、矛盾する法命題どうしの衝突を回避するための「後法優位（lex posterior derogat priori）の原則」の確立であるから、その論理的な通用のありよう——とりわけ、憲法の「変更＝改正」を許容する憲法上の法命題として、それが形式的同一性を保ちながら通用しているか否か——が重要である。ここに強調された「後法優位の原則」をめぐる論点は、清宮憲法学における最も重要な関心事になってゆく。

　そうした観点からすれば、（現在戦争を行っている）オーストリアの帝国は、神聖ローマ帝国以来の歴史・政治的な同一性を誇っているが、実は1867年のアウスグライヒに際して創設された非常に若い国に過ぎず、かつての帝国とは全く別の国家だということになる。さらに、直後の敗戦を承けて、メルクルは、新しく発足したドイツ人によるオーストリア共和国についても、この論理を推し及ぼす。すなわち、1918年10月末の時点で——シェーンブルン宮殿の皇帝はなお帝国維持の意欲をもっていたにもかかわらず——旧帝国との法的連続性が断絶したことを強調して、共和国は（法律学的意味での）革命的な始原（Ursprung）に基づく新国家であり、かつて同じオストマルクの地にあった帝国とは別国家である、と主張したのである。

　したがって、そもそも戦争を行っていない新共和国は、英仏と平和条約を締結する立場にはなく、旧帝国の条約上の義務を承継する国家ではない、ということになる。当初、歴史を湛えた老帝国ならではの、歴史・政治的見方との対比において成立した「国家＝法統一体」の主張は、いまや国家法優位の一元論の立場にたつ国際法学説として、共和国の存亡を左右することになったのである。メルクルの考え方は、ケルゼンやフェアドロスもこれに同調し、政府の公式見解として対外的にも主張されたが、国際社会には通用せず、新共和国はあ

13）　Vgl. A. Merkl, Die Rechtseinheit des österreichischen Staates, AöR 37（1918）, S. 56ff. 国立ソウル大学校中央図書館古文献資料室と東北大学法学部図書室には、それぞれ清宮の精読の跡が残されている。後者の調査については、中林暁生東北大学法学部教授の貴重なご協力をいただいた。篤く御礼申し上げる。
14）　参照、石川健治「窮極の旅」同編『学問／政治／憲法——連環と緊張』（岩波書店、2014年）1頁以下。
15）　Vgl. A. Merkl, Die Verfassung der Republik Deutschösterreich, 1919, S. 1ff.

えなく継承国家として多くの旧条約上の義務を押し付けられることになった。[17]

　こうした経緯が、国際法優位の一元論を支える、世界観的な基礎になった。もちろん、そうしたコペルニクス的な視座転換をしなくても、国際法の基礎づけは可能である。たとえば、憲法が、条約を法律と同位の法源と位置づけるとともに、条約所定の手続によらなければ条約を改正できないとする定めをおけば、さしあたり国家法優位のまま条約法の基礎づけはできる。フェアドロスは、「『しかし、そうした基礎づけも、国際法に憲法それ自体より強い効力を賦与することはできない。革命的な憲法改正が行われた場合、**憲法に根拠をおく国際法**は、その妥当根拠である革命前の憲法が崩壊することで、**通用力を失うことになる**』」「この理由から、私は、元来の国家法優位説の立場を、捨てたのだ」と述べている。[18]宮沢は、この部分に、しっかりと傍線・下線を引いた（なお、引用文の傍点は原文ゲシュペルト、太字は原文ゴチック、下線は宮沢の下線個所、『』は宮沢の傍線個所を指す。以下も同様）。

2　八月革命説の初型

　このようにして、宮沢には、国際法優位の一元説へのシンパシーが形成されていった。この時期のフェアドロスは、宮沢の同僚・横田喜三郎に深甚なる影響を与えていたが、宮沢の場合も同様であった。国際法秩序に直属するという意味で「国際法直接的な法共同体」が「国際法上の法主体」であり、なかでも特に、「現行の一般国際法によって、原則的な憲法自律権（Verfassungsautonomie、憲法的自治権あるいは自主憲法制定権とも訳せる）を与えられた」のが主権国家だ、と捉えるフェアドロスに対する宮沢の共感は、欄外に記された手書きの Souveränität の文字が雄弁に語っている。かくして、国家秩序の通用の始期[19]

---

16)　Vgl. H. Kelsen, Die Verfassungsgesetze der Republik Deutschösterreich, Teil 1, 1919, S. 10；A. Verdross, Die Einheit des rechtlichen Weltbildes auf Grundlage der Völkerrechtsverfassung, 1919, S. 60f., 104f.

17)　参照、江橋崇「共和国オーストリアの生誕とケルゼンの十月革命説」現代憲法学研究会編『現代国家と憲法の原理　小林直樹先生還暦記念』（有斐閣、1983年）321頁以下。

18)　Vgl. A. Verdross, a. a. O. (Anm. 10), S. 16 u. Anm. 4.

19)　Vgl. A. Verdross, ebenda, S. 115ff.

は、国際法によって定められるのであり、革命が新国家の樹立を意味するかどうかも、国際法上の要件事実の定め次第ということになる。[20]

これを承けて、ケルゼンもいう。

> 「国家の根本要件を規定する国際法規範が或る程度の実効性を規範内容とするということからは、国家的法秩序通用の始期のみならずその終期も亦国際法上規定される。もし即ち、国家的法秩序が『これ迄実効を有っていたイデオロギーに他のイデオロギーが代った――革命――ために、所定の実効性の最小限を失えば、国際法上は新しい、所定の実効性の最小限を示すイデオロギーの内実が通用し始めるのである。<u>成功した革命、勝利を博した簒奪者は合法な国家権力になるというのは一般に認められた国際法規である</u>。[21]』」

ここに、歴史＝政治的な観点からの「革命」は、支配的な「イデオロギー（の内実）」の交替、と定義される。他方で、それは法的観点から捉え直され、直ちに「法の破砕（Rechtsbruch）」と言い換えられる。[22] そして、この「法の破砕」としての革命は、国家秩序の始期たりうるものである。しかし、国際法優位の一元論にたつケルゼン『一般国家学』の場合、国際法に基づく新旧国家の断絶は相対的であり、革命は決して更地からの秩序の立ち上げを意味しない。

> 「『もしも、革命が法の継続の破壊と同じことを意味し、革命の概念が、個別国家的法秩序がそれの内在的法則に従って変化せずして、規範変更に関する規定上旧法秩序から誘導し得ぬ他の秩序によって代えられることを表わすものならば、それは――国際法優位の立場に立てば――変更が無法則に行われたことを意味せずして、個別国家的法秩序の法則によらずして、寧ろ高級段階の法則、国際法の法則に従って行われたことを意味するにすぎぬ。故に、<u>法の継続は相対的にのみ破られ、それは結局は守られ、従って法体系の統一は時間に於いても亦存続するのである</u>。かくて、相前後して生じ、互に法法則上結合されぬ法層の観念は避けられる。個別国家的法秩序優位の立場からは、固より現行の国

---

20) Vgl. A. Verdross, ebenda, S. 125ff. この箇所には栞が挟まれていた跡がある。
21) Vgl. H. Kelsen, Allgemeine Staatslehre, 1925, S. 127f. 訳文は、同時代的理解を示すために、清宮四郎の戦前訳を用いた（ハンス・ケルゼン『一般国家学』（岩波書店、1936年）283頁以下）。以下も同様。
22) 索引における「法の破砕としての革命」という項目の存在が、そうした本文の文脈を補って余りある。Vgl. H. Kelsen, ebenda, S. 426（同索引には138頁とあるが128頁の誤植であろう）。

家秩序から、時間的にそれに先行し、革命により、即ち、法の破壊を以て排除された国家秩序に至る道はない。』」

　こうした論理構成によれば、ポツダム宣言受諾に起因した、国内的な「法の破砕」も「支配的なイデオロギーの内実」の変更も「憲法自律権」の変更も、国際法の解釈次第では適法に存立可能となり、しかも国際法上の法主体性は、連続的に維持される。旧憲法の終期も新憲法の始期も、国際法によって規定されるのである。八月革命説の初型は、若き宮沢の脳裡に、すでに形成されていたといってよいだろう。

　この点、清宮が、メルクルが設定した国内法の土俵のなかで、「革命」による illegitim な法成立の可能性を追求して、論理的苦境を七転八倒したのに較べて、宮沢＝フェアドロスの場合は、つまるところ広義の国際法次第という、いささか気楽な議論になる。後者によれば、八月革命に基づく憲法は、決して illegitim ではなく、「高級段階の」「国際法の法則に従って」生まれた嫡出の子である。それは、薩長連合が権力を簒奪してつくった明治国家の憲法が、国際法上の「勝利を博した簒奪者」の要件を充たして適法であるのと、同様に。

3　「革命」の法理論

　そうした「革命」の法理論は、初発から彼の問題関心の中心にあった。「革命やクーデタは法律的にはどのように解決さるべきか。否、革命やクーデタに法律的観察というものは抑々可能であるのか。又法律的観察の及び得る極限ともいうものはいづこに存するのであるか」──若き宮沢は、或る書評のなかで、

---

23)　Vgl. H. Kelsen, ebenda, S. 128. 文中の「法則」は、ややわかりにくいが、Gesetz に対して与えられた訳語である。「法の世界」の法則としての Rechtsgesetz──法のメタ・ルールのことである──を、自然界を支配する自然法則（Naturgesetz）に対応させて、「法法則」と律儀に訳した結果として、そうなっている。「法層」は Rechtsschichten である。層が重なるので Schichten と複数形が用いられる。

24)　参照、石川・前掲注14)。清宮は、結論からいえば、適法な手続に基づかない、「革命」による法であっても、法としての存立を認めることになる。しかし、その場合、被治者が革命後も「違法の後法」に服従し続けたかどうか、つまりは「定着」したかどうかが重視されることになる。実際、日本国憲法の存立についても、その「制定」のみならず、「法的拘束力をもって今日まで現実に通用している事実」が強調されている。参照、清宮四郎『憲法Ⅰ（第3版）』（有斐閣、1979年）52頁。

そう問いかけている（傍点は宮沢）。

　宮沢が併行して取り組んでいた、ゲオルク・イェリネックの「憲法変遷」論や「事実の規範力」論では、この問題に答えられない。国家という現象を、社会学と法学の二側面から捉えるイェリネック国家学は、革命やクーデタの現象を国家社会学に送り込んでメタ法学的に処理してしまい、それらを法的平面に投影して観察する方法をもっていなかった。書評対象となったラウシェンベルガーの話題作は、イェリネックの方法に依拠しているために、宮沢からすれば、魅力的な表題にもかかわらず、「法律的観察」としては期待はずれのものであった。

　その翌年に巨姿を現したケルゼン『一般国家学』が、20代なかばの感受性豊かな宮沢を、いかに強く魅了したかは想像に難くない。国家の「法律的観察」の世界に、法の「生産」手続に着目した「動学」的な叙述をもちこんだ同書を、頭から読み進めるなかで、一番初めに出会う（クーデタを含む広義の）革命についての叙述が、先に清宮の訳文を引用した箇所である。まさに、カントのいう「思考法の革命」が宮沢を見舞ったのであって、その後しばらくはこの問題に夢中になって取り組んでいた様子が、草稿の束として残されている。その試行錯誤が、「法の形式はその生産方法によって決定せられる。生産者を異にし、生産手続を異にするに従って異る法の形式が生ずる。」という切り出し方が印象的な、1935年度の『憲法講義案』第4章「国家の動態」に結実している[27]。「生産手続」の頂点に、根本規範があるのはいうまでもない。

　そうした作業のただなかにあった1931年に、如上のゲオルクの息、ヴァルター・イェリネックが上梓した著書『憲法改正の限界』に接し、宮沢はこれについても紹介の労を取っている[28]。そこでは、いかなる憲法も明示的ないし黙示的

---

25) 参照、宮沢俊義「Rauschenberger, Walther. Die Staatsrechtliche Bedeutnng von Staatsstreich uud Revolntion, 1922.」国家学会雑誌38巻8号（1924年）1316頁以下。

26) 参照、宮沢俊義「硬性憲法の変遷（1・2完）」国家学会雑誌38巻8号1208頁以下、同38巻9号1421頁以下（1924年）。同『憲法の原理』（岩波書店、1967年）67頁以下所収。

27) そこにいう「生産」とは、Erzeugung の宮沢訳である。後年になって盟友・清宮が与えた「創設」という訳語の方が普及しているかもしれないが、『憲法講義案』の末裔である有斐閣全書版の『憲法』においては、宮沢は最後まで「生産」にこだわっている。

28) 参照、宮沢俊義「イェリネック『憲法改正の限界』」法学協会雑誌51巻7号（1933年）1297頁以下。

に「革命」を禁止しているにもかかわらず、成功した革命の憲法が通用力をもつのは何故か、が考察されていた。

曰く、それは、「服従は命令者を作る」という、より高次の法原理が存在するからであり、この原理によって、憲法は通用力を獲得する。革命憲法に対する実際の服従根拠が、信頼であれ崇拝であれ恐怖であれ、それは法律家の問うところではない。「自らを実現し得る憲法のみが、現に通用する法である」という原理が、いかなる偶然的な現実からも独立して存在している、ということが重要である、と。[29]

けれども、紹介文が示す通りに、宮沢はこの解決に満足していない。同じ文脈で小イェリネックは、ハインリヒ・ヘルファールトの『革命と法学』の参照を求めており、宮沢は、そこに下線を引いて同書も入手したが、手沢本からみる限り、これも宮沢の琴線には触れなかったようである。[30] たしかに包括的な叙述ではあるものの、理論的なキレを欠いているからであろう。そうこうしているうちに、皮肉なことに受難の年となった1935年に『憲法講義案』を活字化し、完成版の「国家の動態」論をぶちあげたのであった。ところが、この『憲法講義案』が天皇機関説の直撃を受け、その天皇論が文部省思想局による思想統制の矢面に立ってしまう。こういう展開を踏まえていえば、その後の理論的展開は停滞して当然であるから、戦後の八月革命説の着想の源泉となったのは、やはり如上のケルゼン『一般国家学』であった可能性が高い

この点で興味深いのは、ほかならぬケルゼンが、実定オーストリア国法の理解のために、第一次大戦後の帝国瓦解のプロセスを「法律学的意味の革命」と捉えていたにもかかわらず、宮沢がそのこと自体については積極的な関心を寄せていない、という事実である。[31] むしろ、「根本規範」論を用いた論理操作により、法的には別国家である旧帝国の「負債」を免れようとする、対外的な主張としての「十一月革命説」と、同一国内における「根本建前」の先行的移動を指摘して、憲法改正の限界を超える憲法変動を、国内向けに弁証しようとす

---

29) Vgl. W. Jellinek, Grenzen der Verfassungsgesetzgebung, 1931, S. 15ff. 宮沢は、欄外に「革命憲法の Gültigkeit」と書き込んでおり、革命憲法の通用性・妥当性という主題に対する、彼の関心の強度と持続性を示している。

30) Vgl. H. Herrfahrdt, Revolution und Rechtswissenschaft, 1930, S. 57ff. 宮沢はこの著者と文通もしている。

る「八月革命説」とでは、本来の狙いが大きく異なっている。

　宮沢「八月革命」説で多用されるのは、厳密にいうと「根本規範」ではなく、「根本建前」というワーディングである[32]。その位置価を、もし仮に政治的諸観念の座標軸に沿って測定することができるなら、法理論的仮設としてのケルゼン流「根本規範」はもちろんのこと、創始者メルクルのいう実定法上の「始原規範ないし根本規範」概念よりも、国家の実効性の最小限を示す「支配的なイデオロギーの内実」観念の方に座標は寄っているだろう。「根本建前」という用語を選択した宮沢の脳裡には、無論、ケルゼンやメルクルの「根本規範」や、尾高朝雄が言い出したばかりの「根本法」の観念も[33]、渦巻いていたであろう。だが、「規範」や「法」そのものではなく、規範の「意味」を指し示す「建前」の観念を選択したからには[34]、「根本建前」は、法理論的な「根本規範」観念を一般読者向けに俗流化したというよりも、ケルゼン『一般国家学』における〈「これ迄実効を有っていた」「イデオロギーの内実」〉をつづめて述べたといった方が、実態に近いのではないかと思われる[35]。

　そのような持続的関心のなかで、ケルゼン『一般国家学』と並んで宮沢の関心を惹きつけたのは、やはりカール・シュミットの『憲法理論』であった。シェイエスの憲法制定権力説を復権させた鮮やかな"革命の憲法学"は、宮沢を魅了してやまなかった[36]。もちろん、『憲法理論』と同じ1928年に刊行されて注

---

31) Vgl. H. Kelsen, Österreichisches Staatsrecht, 1923, S. 74ff. bes. 80ff. 特に同書の「November-Revolution 1918」（江橋崇教授のいう「十月革命」）に関する法理論的考察と、そこにおけるメルクル的アプローチの挫折に関する叙述は、簡潔ながら示唆に富んでいる。それゆえ、宮沢「八月革命説」がケルゼン「十一月革命説」を下敷きにしている、という動かぬ証拠が出てきてくれると、後述の「丸山眞男創作説」を打破できて大いに面白かったのだが、残念ながら、同所全巻を通して精読の形跡はどこにもみられなかった（清宮の場合も同様で、彼の旧蔵書だけでなくソウルや仙台の図書館蔵書も、きれいな状態である）。もっとも、その箇所自体は短い叙述であるので、通読はしていても全くおかしくない。

32) 参照、宮沢俊義「八月革命と国民主権主義」世界文化1巻4号（1946年）64頁以下。

33) 尾高朝雄「法における政治の契機」法律時報15巻10号（1943年）750頁以下。

34) 1971年9月13日に日本学士院で行った報告「憲法の意味と事実」によれば、宮沢のワーディングにおいては、「建前」とは、あくまで規範的な「意味」を語るための概念であって、「ホンネとタテマエ」の「タテマエ」という意味合いを含んでいない。未公刊の報告であるが、立教大学図書館の宮沢俊義文庫には、草稿――その下書き原稿もある――が残されている。高見勝利「実定憲法秩序の転換と『八月革命』言説」長谷部恭男ほか編『憲法と時間』（岩波書店、2007年）101頁以下、に紹介がある。

目を集めた、ルドルフ・スメントの統合理論についても、懸命にノートを取りながら読んでいるし、モーリス・オーリウの制度理論にも、同様の仕方で懸命に取り組んだ。しかし、2人の難解な理論よりも、シュミットの切れ味が、宮沢の性にはあったようである。これが、後々、効いてくるわけである。

4　丸山眞男創作説

　宮沢の立論の淵源を如上の学問的文脈に求める読み方に対しては、巷間取り沙汰される「丸山眞男創作説」をどう理解するのかという疑問が、当然に提出されるだろう。以下の理由から、最晩年の鵜飼信成が主張したこの説を、過大に見積もるのは危険である。

　第一に、鵜飼の言い回しはきわめて慎重であって、それが伝聞証拠であることを断った上で、「丸山真男教授の了解を得て、しかし新憲法草案発表後に、八月革命に関する論文を発表された」という事実、つまり「八月革命」があくまで事後的認識であったという事実を指摘したにすぎない。

　第二に、それが事後的な認識であったこと自体は、それほど咎め立てすべき事柄ではない。たしかに、宮沢の理解では、「法科学」にとって、「革命」的な「法の破砕」現象──つまり法的不連続性──それ自体は、解釈ではなく、あくまで認識の対象である。けれども、彼にとって、「法」は事実と意味の複合

---

35)　ケルゼンの純粋法学初版（H. Kelsen, Reine Rechtslehre, 1. Aufl., 1934）にも、法律学的意味での革命についての整理がある。宮沢は、これもよく読み込んでおり、法規範の通用性（妥当性）と実効性を、あくまで同一視せずに切り離すとともに、しかし前者を後者に従属させる論旨には、丸印をつけて留意している。ただし、かつて徹底して読み込んだケルゼンの『自然法論と法実証主義の哲学的基礎』（Die philosophischen Grundlagen der Naturrechtslehre und des Rechtspositivismus, 1928）に較べても、『純粋法学』の場合は、より論旨が一般向けに整理されている分、宮沢の取り組みの本気度という点では印象が薄い。霊感の源は、やはり『一般国家学』だと考えられる。

36)　Vgl. C. Schmitt, Verfassungslehre, 1928. 憲法制定権力の「力と権威」について、宮沢は特に強い関心を示している（S. 75). ここでは立ち入らないが、この点の理解の仕方も、「権力または権威」を強調する宮沢の憲法制定権力理解には、大きく影響している。

37)　Vgl. R. Smend, Verfassung und Verfassungsrecht, 1928.

38)　Vgl. M. Hauriou, Précis de droit constitutionelle, 2. éd, 1929. 克明なノートが残されているのは、この第2版である。

39)　参照、鵜飼信成「宮沢憲法学管見」ジュリスト807号（1904年）26頁以下。

構造（二重構造）をなしており、事実と意味の「関連（relevancy）・関係」を通じて、はじめて「法」は認識される。そして、「事実」は即座に確認可能だが、「意味」は事後的にしか諒解されないのが普通である。法の認識は、事後的なものにならざるをえないのである。

　無論、リアルタイムで8・15を「革命」と認識できていれば、「法の科学者」宮沢の歴史的評価は高まったであろう。しかし、空襲で家を焼かれて研究室に寝泊まりしながら、敗戦時には心身ともに疲弊の極にあった宮沢が、玉音放送の背景に「法律学的革命」を認識しえなかったとしても、「法の科学者」としては、必ずしも不名誉なことではない。

　第三に、丸山の八月革命が「政治学や政治思想史の概念」であったのに対して、宮沢説の場合、「多少問題把握の方法に、原発想者との間にはずれがあるようにも思われる」と指摘しており、そうした「ずれ」のなかにこそ、「宮沢教授の八月革命説の本質」が顕れている、と鵜飼は強調している。

　さすがに鋭い捉え方ではあるが、丸山が学生時代からケルゼンの読者であったことを考えれば、戦後の丸山が「八月革命」を口にした際になお、その「革命」が本来的に法学的なそれであった可能性は残るだろう。むしろ、その法学的な発想こそが「八月革命説の本質」なのであり、宮沢にとってみれば、丸山青年に「開講の辞」を述べるよりも一昔前から、温め続けた初発の問題意識だったはずである。

---

40) 宮沢・前掲注33)「憲法の意味と事実」によれば、事実と意味の「関連・関係」のなかで、あくまで法の「意味」を「認識」するのが、「法科学」の課題である。これに対して、法の「解釈」は、そのようにして意味的に「認識」された法のワク内において、予め想定されうる複数の、いわば作業仮説のうちから、1つを選択する作用としてイメージされている。それゆえ、「解釈」を通じて、「認識対象としての意味」を予め拡張しておこうとする——つまり「ワク」を拡げておく——営みは、「にせ解釈」であって、本当の意味での「解釈」の名に値しない。ここで彼は、「憲法問題研究会」における盟友・清宮がその講演中ではじめて提唱した、「にせ解釈」と「本解釈」の区別に賛意を表している。参照、清宮四郎「憲法の『変遷』」世界186号（岩波書店、1961年）111頁以下。
41) 参照、宮沢俊義「"自由のもたらす恵沢"——私の8月15日」法学セミナー257号（1976年）38頁以下。なお、憲法問題研究会の解散に言及する、「宮沢俊義氏——インタビュー・この人」法学セミナー256号（1976年）2頁以下、も参照に値する。
42) 参照、樋口陽一「『三教授批評』の眼力」同『加藤周一と丸山眞男——日本近代の〈知〉と〈個人〉』（平凡社、2014年）166頁以下。

5 「翻 身」

　いずれにせよ、宮沢の思考様式のなかに、「革命説」は永らく内蔵されていたが、1935年以降それを開封することが許されない日々が続いたため、信管が錆びついた状態にあったのだろう。その封印を解き、火をつけたのが、丸山だったのだと考えられる。事実においては、「なし崩し」の破砕過程が進行したにせよ、「意味」づけの基準時を定めるとすれば、それが8・15になるのはむしろ自然である。

　宮沢については、かねて戦中・戦後の「転向」問題が取り沙汰されてきたし[43]、それには理由があると考える。しかし、1935年以来、最高度の思想統制に晒され続けた彼は、しばしば、ドイツ語学者関口存男のいう「扮役的直接法（indicativus mimicus）」に拠ることを通じて[44]、「複合的アイデンティティ」を生きざるをえなかった。「転回期」において、そのような地位や状況にあった人間を論ずるには、「転向」の視角はいささか偏頗であろう。

　この点で有効なのは、社会学者バーガー／ルックマンの分析概念として知られる「翻身（alternation）」であり、それにまつわる制度的世界の意味的「正当化」や主観的現実における「首尾一貫性」の観点であって[45]、本稿筆者も、彼らの学問上の叔父にあたる尾高朝雄を論じた際に、用いたことがある[46]。難しい時期に書かれた言説を吟味するには、片言隻句をあげつらうのではなく、「翻身」の諸相を丁寧に見てゆくことが重要である。宮沢のコンシステンシーの評価は、資料には必ずしも現れない特別な圧力や、機密性の高い人間関係の存在を想定しながら、行われるべきであろう。

　たとえば、ポツダム宣言受諾からしばらくの間、帝国憲法改正不要論を説い

43）　参照、江藤淳「"八・一五革命説"成立の事情――宮沢俊義教授の転向」諸君14巻5号（1982年）24頁以下。同論文発表の時点では、"憲法の神様"たる宮沢の偶像破壊は、一個の政治的行為としての意義をもっていたが、30年を閲して読み直すと、面識の間柄だった宮沢に対する江藤の愛情すら感じられて、悪くない論文である。

44）　参照、関口存男『独逸語学講話』（日光書院、1939年）53頁以下。

45）　Cf. P. L. Berger/ Th. Luckmann, The social construction of reality, 1966, p. 157ff., 169f.

46）　参照、石川健治「コスモス」酒井哲哉責任編集『岩波講座 「帝国」日本の学知 第1巻 「帝国」編成の系譜』（岩波書店、2006年）171頁以下、190頁。

ていたのは事実であるが、それは、受難を乗り越えて復活した美濃部達吉という、宮沢にとって「significantな他者」の驥尾に付していただけのことである。戦後当初のタイミングで、帰ってきた英雄・美濃部が自主的に憲法改正を主張してくれていたら、GHQの介入は避けられたかもしれない、という反実仮想は捨てきれないが、「立憲主義の復権」という観点からいえば、宮沢が当初恩師を応援したことには、一定の理由があった。

　逆に見落とされてきたのが、親友・尾高朝雄が提起したノモス主権論争を通じた、宮沢の「翻身」である。[47]すでに述べたように、宮沢の八月革命説は、国際法に基づく国法秩序の「根本建前」の移動──「法の破砕」としての革命──を、「法の科学者」の立場から認識し、新しい根本建前に基づく戦後憲法秩序を、整合的に説明しようとしたものであった。[48]これを通俗化していえば「国体変更論」ということになる。それに対し、尾高は、かねて戦時中の朝鮮半島において、〈政治による「法の破砕」〉に対する統制原理として、「政治の矩」を追求していたのであった。[49]彼は、かつて京城で同僚・清宮とともに鍛えた「政治の矩」の方向を、政治による「法の破砕」にほかならない八月革命に向け直し、宮沢を攻撃した。東大法学部としては初めての招聘人事として、ハードルの高かった尾高移籍を実現した中心人物であり、その後は同僚として心を許しあった宮沢が、相手だからこそのことであった。

　「法の破砕」を統制する「矩」を言い当てる言葉を、ずっと尾高は探していた。「根本規範」の上位にある「根本法」という定式も試したが、もう一つ気に入らなかった。そうこうしているうち、状況証拠からいえばおそらく戦後になってから、彼はカール・シュミットの論文「法学的思惟の三類型」を読み直し、そこに引用されたギリシアの詩人ピンダロスの断章──正確にいえば、ヘルダーリンによるその解釈──に目を止めた。Nomos basileus（Nomos als König）。これについて調べた知識と「法ハ全テノ人間ト神々トノ王ナリ」という訳文を、鉛筆で欄外に書き込むなかで（東京大学教養学部尾高文庫所蔵の手

47）　参照、石川健治「〈非政治〉と情念」思想1033号（岩波書店、2010年）262頁以下。
48）　宮沢の八月革命説が、「支配的なイデオロギーの内実」としての「根本建前」の移動を論じていることは、すでに述べた。これを、「根本規範」の観点からみた「法律的観察」の限りで認識することは、もちろん可能で、それがウィーン学派とりわけケルゼン『一般国家学』の立場である。
49）　参照、尾高・前掲注33）750頁以下、特に759頁以下。

沢本)、尾高は「根本法」を「ノモス」と言い換えることを思いついた。それが有名なノモス主権論である。

　彼は、新旧「根本建前」に共通の「根本法」たる「ノモス」を、政治的な「法の破砕」を統制する原理として措定した。のみならず、そうした「ノモス」を「意味的全体性」として存立させるために、その「体現者」としての象徴天皇の地位をも確保した。これは、1942年の時点で、天皇を「主権者」ではなく「体現者」としてのみ扱っていた自説の、戦後日本への適用にほかならない。他方で、戦後日本における「ノモス」の現実化については、戦前の臣民の如く他力本願であってはならず、国民が主体的責任をもって臨むことを、憲法は「国民主権」と表現したと理解するのである。かくて、ポツダム宣言受諾による「法の破砕」は回避された。

　国際条約に基づく併合がもたらした「法の破砕」に対して、朝鮮民族が激しく抵抗した3・1独立運動は、彼にとって生々しい現実であった。尾高の議論は、民主政治が順調に生育しないまま、皇紀2600年の伝統を破砕されたことへの「悲痛な民族精神の反噬が行われ」ないよう、戦後のデモクラシーに「生きた民族精神の血を通わせる」ことを目的としていた。制度的権力は、単なる事実的な実力ではなく、「意味」によって正当化されていなくてはならないのである。

　その一方で、これは、尾高と宮沢にとって、自身の「翻身」とコンシステンシーをめぐる論争でもあった。すなわち、法共同体としての国家の構造連関を、内在的に理解しようとすれば、至高性＝主権性の形容に相応しいのは、「ノモス」以外にはありえない。これにより、戦前に天皇主権説を否定し、戦後は通俗的な意味での国民主権説を否定する、というのが、尾高の首尾一貫性であった。

　彼は、そうした文脈において、「天皇の統治を中心とする日本の国体を、国民主権とは氷炭相容れ得ない対蹠の原理と見るのは、むしろ皮相の見解である」と書いた。この文章に対し、佐々木惣一との国体変更論争を終えたばかり

---

50) 参照、尾高朝雄『実定法秩序論』(岩波書店、1942年) 432頁以下。
51) 参照、尾高朝雄『国民主権と天皇制』(国立書院、1947年) 12頁およびはしがき。
52) 参照、尾高・前掲注51) 155頁。

の哲学者・和辻哲郎は、欄外に◎をつけて絶賛し、宮沢は？マークを同じ場所に書き込んでいる。

　ことは「事実」と「意味」の往復作業である。「意味」の根拠として、「根本規範」を上回る「根本法」の観念を主張する尾高の攻勢に、所詮は「根本規範」の移動の水準のみで議論する宮沢・八月革命説は、飲み込まれざるをえない。尾高の波状攻撃に対して、劣勢に立たされていたのは、実は宮沢の方であった。

　根本規範論の地平で推移する限り、宮沢に勝ち目はない。そもそも、その水準における八月革命の成立を、尾高は承認しているのである。そこで宮沢は、ケルゼンを脇に置き、彼の規範主義を批判するシュミット『憲法理論』を手にとった。同書の93頁には、憲法制定権力が同一である限り、憲法の廃止や破毀によっても国家の連続性は喪われない、と書いてある。尾高はここに「Identität des Staates（国家の同一性）」と書き込んだのだったが（尾高文庫の手沢本）、宮沢はそこを素通りして、94頁に眼を止めた。

　「憲法制定権力の主体の変更（憲法廃棄）における連続性の問題」とある。彼は、万年筆で「Kontinuität の問題（連続性の問題）」と書き込み、フランス革命とロシア革命に際して、憲法制定権力の交替と完全な憲法廃棄が行われた、という文章に、鉛筆で乱暴に下線を引いた。革命の段階で、すでに憲法の連続性は喪われた、というのである。

---

53)　法政大学図書館和辻哲郎文庫の手沢本。尾高『国家構造論』（岩波書店、1936年）が和辻に与えた影響については、参照、石川健治「象徴・代表・機関」全国憲法研究会編『日本国憲法の継承と発展』（三省堂、2015年）170頁以下、特に179頁以下。和辻サイドからいえば、かねてからの「国民道徳」論が共鳴板になっているのは、いうまでもない。その意味では、佐々木惣一と和辻が国体論争をすることになったのは、多分和辻の側の勉強不足――あるいは、抜群の理解力と隣合わせの早占点を避けられない、彼の研究スタイル――に起因している。西欧由来の立憲主義の着地点を求めて、大正期論壇の「国民道徳」論を真摯に受け止めた佐々木こそが、和辻の理解者たりうる憲法学者であったからである。

54)　もちろん、ノモス（矩）を体現する一方で、信仰（信）の側面では祭祀の中心である「天皇」の「包摂作用」が、多民族の混合体だった大日本帝国の同化・統合政策の、切り札として利用されてきた側面を、肯定的に評価することも難しい。これについては、石川・前掲注51）および、同「天皇の生前退位」法律時報88巻13号（2016年）1頁以下、同「国民主権と天皇制――視点としての『京城』」一色清・姜尚中ほか『明治維新150年を考える――「本と新聞の大学」講義録』（集英社、2017年）163頁以下、石川健治・姜尚中「象徴としての天皇と日本国憲法――今上天皇の『退位』を巡る考察」すばる2018年1月号52頁以下。

かくして宮沢は、「意味」の源泉を、シュミットの憲法制定権力に置き換えた。主権概念を、「国家の政治のあり方を最終的にきめる」「権力または権威」と定義し、「シエイエス流に、『憲法制定権力』といってもいいかも知れない」と述べているのが、その証拠である。そして、「具体的な内容を持った意志の主体は、つねに、具体的な人間でなくてはならない」と、シュミットの規範主義批判の切れ味を利して押しまくる。具体的「実体」としての「憲法制定権力」のプレゼンスにより、ノモスの抽象性をとりあえず打破したのである。

　宮沢は、概ねこうした経緯により、どうにか論争を宮沢優勢の外観で終わらせることに成功した。が、「翻身」の代償は小さくなかった。いまや彼の八月革命説は、ケルゼンとシュミットの野合であり、理論的には不純である。

　そして、帝国体制を背景に多民族国家仕様だった尾高のノモス主権論を、憲法制定権力説で打倒することで船出した戦後憲法学は、同時に「国民の同質性」を与件とせざるをえなくなった。「国民」の憲法制定権力は、シュミットの場合、自覚的に凝集度を高めた政治的単位としての国民を想定しており、それは「単一民族国家の神話」によって成り立っているからである。戦後憲法学

55）　1793年のジャコバン政府と1922年のロシア・ソビエト政府が、旧君主の所業に対する賠償責任を拒否した事例を説明し、1793年と1917年における国家の不連続を問題にする箇所に、荒々しく傍線が引かれていることからみて、このあたりは戦後に読み直された可能性がある。シュミット自身の所説を理解するためには、実はその先をも読まなくてはならないのだが、本稿筆者としては、こういう中途半端な読み方にこそ宮沢の心の動きがじかに反映している、とみたいのである。

56）　参照、宮沢俊義「国民主権と天皇制とについてのおぼえがき──尾高教授の理論をめぐって」国家学会雑誌62巻6号（1948年）257頁以下、261頁・262頁（同・前掲注26）『憲法の原理』281頁以下）。

57）　しかし、絶対者・至高者としての「主権」の主体は、性質上、単数形でなくてはならない。この点、現代風にいえば社会構成主義者である尾高にとって、あくまで単数形の「国民」は意味的に構成されるものにすぎなかった──それゆえ多民族国家にも対応できたのである──し、そのための抜群の演出装置として、天皇制を活用したのであった。これに対し、具体的な意志の主体の所在を強調するシュミット流儀で、いったんノモス主権論を押しまくっておきながら、直後の箇所で宮沢は、日和見的な態度に出る。曰く、「国民」とは「特定の誰それではない。むしろ、誰でもである。特別の資格をもった君主というような人間ではなくて、Jedermann である」（宮沢・前掲注55）263頁）。そもそも前頁でシュミットを明示的に引用しないところが狡猾だが、憲法制定権力の具体的な担い手として、宮沢は Jedermann（英語でいう everyone）をもちだしてきたのである。それは、Jedermann（everyone）が文法上単数形扱いであることに着目した、きわめて技巧的な対応にすぎないが、そのようにしてでも、単数形で描かれる具体的「国民」の「同質性」圧力から逃れて、多様性を確保する必要を、宮沢は直観的には理解していたに違いない。

は、宿命的に国民国家仕様なのであり、国内のエスニシティーの存在に冷淡であり続けたのは決して偶然ではない。

（いしかわ・けんじ　東京大学教授）

---

58)　紙数の都合上きわめて単純化していえば、ケルゼン説で、ポツダム宣言受諾による八月革命を説明することは可能だが、尾高説を打倒することはできない。シュミット説で、尾高説を打倒することは一応可能だが、今度は、シュミットの意味での憲法制定権力の移動が、ポツダム宣言受諾のみで成立することを説明できない。もちろん、ポツダム宣言受諾のみで移動するような憲法制定権力は、たとえば清宮四郎のそれのように想定可能だが、それではシュミット流の迫力を出せないため、結局尾高説を打倒したことにはならない。つまり、尾高は、宮沢との論争で敗れてはいないのである。なお、八月革命説の決定版としては、参照、宮沢俊義「日本国憲法生誕の法理」同『日本国憲法』（日本評論新社、1955年）308頁以下（同・前掲注26）『憲法の原理』375頁以下）。

59)　もし宮沢の当初構想が維持されていればどうなったか、についての思考実験として有用なのは、「帝国」秩序を解明しようとした清宮四郎の戦時中の仕事を参照することである。参照、石川健治「憲法のなかの『外国』」（早稲田大学比較法研究所編『日本法の中の外国法——基本法の比較法的考察』（成文堂、2014年）13頁以下）。清宮が展開した「根本のまた根本に関する規範」論は、尾高の議論との相補性を常に意識して構想されたものであり、なおかつ宮沢の「根本建前」論とも整合的である。

第 2 章

明治憲法学説史の一断面

―― 穂積八束「憲法制定権ノ所在ヲ論ズ」を読む

西村裕一

1　問題の所在

　明治15（1882）年、東京大学文学部の学生であった穂積八束が、当時新聞紙上で展開されていた「主権論争」に参加していたことはよく知られている。ところが、従来の穂積研究において、この論争における彼の議論は必ずしも重視されてこなかった。

　この点、主権論争における穂積の諸論考を本格的に研究したのは、1966年に公表されたR.H.マイニアの論考が最初であるといわれている[1][2]。その意味で画期的な論考を物したマイニアは、しかしながら、主権論争における穂積の議論について次のように結論づけている。すなわち、「穂積八束の1882年における政治思想は、保守的ではあったが、その保守主義は完全に19世紀後半の西洋の憲法思想・政治思想の枠内にあり、国家や人種の境界を超えた政治学の立場を堅持している。そこでは未だ日本固有のものへのやみ難き関心のあともみられず、政治と宗教の結合、天皇崇拝などもみられない。後年の穂積の思想の特質をなしたこれらのものは、1882年にはまだ存在しなかったのである」[3]。さらに、

1）　Richard H. Minear, *Hozumi Yatsuka: The Early Years*, 法学論叢79巻3号（1966年）1頁以下。同論文の邦訳として、リチャード・H・マイネア（園部逸夫＝進藤栄一訳）「若き日の穂積八束」思想513号（1967年）105頁以下がある。
2）　参照、長尾龍一『日本法思想史研究』（創文社、1981年）175頁。
3）　R.H.マイニア（慶藤幸治ほか訳）『西洋法思想の継受』（東京大学出版会、1971年）30頁。

これまで出色の穂積研究を公表してきた坂井大輔も、当時の穂積の議論を「八束が当時学んでいた西洋の政治学を祖述するものである」と評し、後の彼の思想との間には大きな断絶があることを指摘している。

しかし他方で、穂積は最晩年に公刊した体系書において「予ノ国体論ハ之ヲ唱フル既ニ三十年、明治十四五年ノ頃、学友渡邊安積氏ト共ニ、東京日日新聞紙上ヲ仮リ、毎日新聞其ノ他諸新聞紙ト盛ニ主権論ヲ闘ハシタル以来、雑誌ニ、著書ニ、講演ニ、一日モ此ノ大義ヲ唱フルヲ怠リタルコトナシ」と述べているように、自らの「国体論」が学生時代から一貫性を保ったものであることを誇っていた。そうであるとすれば、明治15年の穂積を彼の生涯において孤立したものとして描いてよいのかについては、なお一考を要するようにも思われる。ところで、主権論争における穂積の議論を先駆的に研究していた家永三郎は、この時期の論考において「後年の穂積憲法学の根本思想」が「すでに明瞭な形で示されている」と述べていたが、そのような結論を導くに際して根拠となったのが、『日本近代憲法思想史研究』執筆の時点で彼が唯一参照することのできた「憲法制定権ノ所在ヲ論ズ」であった。そして、長尾龍一も本論文には「穂積憲法学の原型」という表現を与え、後年の彼の主張を先取りしたものであるという見方を示していたのである。

もとより、主権論争において穂積が公表した論考は本論文だけではなく、それゆえそこで彼が見せる容貌は必ずしも一様ではなかった。とはいえ、ここまで述べてきたような研究史的状況に鑑みるならば、穂積憲法学における主権論争時の議論の射程を測定するための手がかりを得るためには、少なくとも本論文が当時の文脈のなかでいかなる意義を有していたのかを検討する必要があることは否定できないように思われる。本稿は、そのためのささやかな試みにすぎない。

4）参照、坂井大輔「穂積八束とルドルフ・ゾーム」一橋法学15巻1号（2016年）143-144頁。
5）穂積八束『憲法提要（上）』（有斐閣書房、1910年）214頁。なお、本稿では引用に際して、旧字体を新字体に改める等の改変を行っている。
6）家永三郎『日本近代憲法思想史研究』（岩波書店、1967年）76頁。
7）穂積八束「憲法制定権ノ所在ヲ論ズ」東京日日新聞明治15年4月26日。なお、以下ではこの論文のことを「本論文」と表記する。
8）長尾・前掲注2）145頁。なお、同書134頁も参照。
9）参照、長尾龍一「八束の髄から明治史覗く」同編『穂積八束集』（信山社、2001年）280頁以下。

2 内　容

(1) 概　観

　本論文においては、まず冒頭において、次のようなテーゼが断定的に掲げられる。

　　憲法トハ主権者ガ主権ヲ施用スルノ原則ニシテ主権者アラザレバ之ヲ制定スルヲ得ベカラザルナリ

したがって穂積によれば、「君主国」においては君主が憲法制定を国民に諮詢することもありうるとはいえ「是固ヨリ主権者ノ便宜」にすぎないし、「主権施用ノ原則」たる憲法を制定する主権者は時勢に応じて「主権施用ノ原則ヲ変通」することもできるのである。ところが、そのような「単簡ニシテ看易キノ原理」を理解しない恐るべき「激論」が主張されている。それはすなわち、「国民ハ憲法制定ニ参スルノ権理アリ」および「憲法ハ主権者ヨリモ重シ」という「二個ノ謬見」である。

　まず前者からみていくと、これは「人民一般」が承諾しなければ「憲法」とは呼べないという議論であるところ、「若シ我輩ハ憲法制定ニ於テ諮詢セラル可キ権理アルガ故ニ憲法ハ国約ニアラザレバ之ヲ奉ズル能ハズトマデニ極論セシメバ是忌諱ニ触ルヽノ言タルノミナラズ憲法ハ主権者ノ制定スル所ナリトイヘル原則ニ背クノ激論ナリ」。なぜならこれは、冒頭のテーゼの帰結として「主権我ニ在リ」と主張するに等しいものであって、「民主国」であればともかく「君主国」においては「帝国臣民ノ分」を越える議論だからである。続いて後者については、前者に比べてなお一層誤解が広まっているようであるが、「憲法ハ主権者ノ制定スル所ナレバ臣民トシテ憲法ヲ以テ主権者ヲ覊束スル能ハズ唯我輩ガ切ニ希フ所ハ憲法制定ノ上ニハ之ヲ確守アラセ給ハンコトヲ主権者ノ徳義上ニ訴フルニ止リ即チ願望ノ言ニシテ命令ニアラザルナリ」とされる。

　以上より、すでに我が国における主権の所在が確定している以上、「臣民ノ分」として憲法制定に参与する「権理」も憲法によって主権者を覊束する「権

(2) 検　討

　以上に概観した本論文の議論について、マイニアはあくまで「穂積は政治学の普遍妥当的原理の一つとして」これを論じていると評価しており[10]、それが先に引用した結論にとっての根拠の１つとなっていることはいうまでもない。それに対して家永は、かかる議論の裡に「君主は主権者として無制限の権を有し、憲法の制定も廃止も全くその任意であり、憲法を以て君主権を制限することはできない」とする「後年の穂積憲法学の根本思想」を見出したのである[11]。

　かような両者の見解の相違は、つまるところ、穂積憲法学の「本質」なるものを何に見出すかの相違に由来するように思われる。すなわち、マイニアによれば、「穂積の著述は西洋の理論家たちのそれとは著しく異なった傾向をもっている」のであり、「穂積八束の思想の系譜」は「日本の伝統思想」に端を発しているとされる[12]。そうであるとすれば、「19世紀後半の西洋の憲法思想・政治思想の枠内」にとどまる（とマイニアがみなした）本論文における穂積の議論と「後年の穂積の思想の特質」との断絶性が強調されることになるのも、蓋し自然であろう。それに対して家永は、穂積憲法学の特色を「君主権の無制限」に見出しており、それゆえに、「帝国大学法科大学の憲法講座担任の教授として明治憲法の解釈という形で展開した憲法論は、基本的立場において、明治十五年の主張〔＝本論文の主張〕と少しもかわりはなかった」と結論づけられることになったものと思われる[13]。

　そうであるとすれば、マイニアと家永は、最終的な評価は正反対であるようにみえるものの、穂積憲法学の「本質」に照らして本論文を位置づけようとしていたという点では共通していると解することもできよう。それに対し、特定個人の思想や学説について「本質規定」を行うことを慎重に回避しているのが長尾龍一である[14]。穂積における主権論争時と後年の思想との共通点の有無につ

---

10) マイニア・前掲注３）22頁。
11) 家永・前掲注６）76頁。
12) マイニア・前掲注３）144頁。
13) 家永・前掲注６）160頁、157頁。
14) 参照、長尾・前掲注２）159頁。

いて、長尾が個々の論点に即して是々非々で判断するという態度をとっているのは、おそらくそのことと関係するのであろう。この点、もちろん前者のような方法による学説史研究に意味がないわけではないが、家永のように穂積の後年の思想にほとんど進歩がないと考えるのも、マイニアのように学生時代の議論が穂積の生涯のなかで孤立して存在していると考えるのも、個人の学説形成のあり方として、いずれも現実的であるようには必ずしも思われない。

それゆえ本稿では、本論文を「穂積憲法学の原型」──「本質」ではない──と表現する長尾の見解がさしあたり妥当であると考えたい。なぜならかかる表現は、その後の穂積の憲法制定権力論が基本的に本論文の延長線上にあったことを端的に──つまりそれ以上でもそれ以下でもない仕方で──示しているように思われるからである。

3　意　義

(1)　「憲法制定権」の導入

さて、本稿の課題である本論文の意義についてであるが、それはまず「憲法制定権」という概念を導入した点に存するようにみえる。すなわち穂積は、本論文において、主権者が「憲法制定権」を有することを当然の前提として議論を展開していた。この点、そもそも主権論争においては、各論者が思い思いに異なる「主権」概念を立てていたことが指摘されており、その錯綜した状況のなかで、穂積は「主権其物」の内容に「憲法制定権」を含ませたということになるであろう。

もっとも、主権者が憲法を制定するという命題自体は、本論文以前においても当然の前提であるかのように語られることがしばしばあった。たとえば、『東京日日新聞』紙上では「我邦ニ於テハ……只々其民衆ノミ能ク憲法ヲ制定シ変更スルノ特権アリト云フガ如キ荒誕無稽ノ妄念ヲ抱クモノハ決シテコレナ

---

15)　参照、坂井大輔「穂積八束の『公法学』（2・完）」一橋法学12巻2号（2013年）124頁以下、高橋和之「西欧立憲主義はどう理解されたか」同編『日中における西欧立憲主義の継受と変容』（岩波書店、2014年）22頁以下。
16)　参照、小嶋和司『憲法と政治機構』（木鐸社、1988年）13頁以下。

カルベシ」としてルソーの主権在民論が批判され、『東京横浜毎日新聞』には主権＝法律制定権を有する「英国ノ国会ハ憲法ヲ制定シ一国万般ノ制度ヲ自在ニ変更作為シ得ル者ナリ」という一節が掲載されていた。このように、従来は暗黙裡に「主権者ガ憲法ヲ制」すると考えられているようにみえることがあったとすれば、それに対して穂積は「憲法制定権」というキャッチーなタームを案出し、それを「主権者」が有することを明示したということができよう。

しかし、いわばそれだけのことであったとすれば、それにどれほどの意義があるのかはなお明らかではない。そこで以下では、この点についてより具体的に検討していくことにしたい。

(2) 主権論と立憲主義

まず本論文の意義を明らかにするためには、これが主権論争の一コマであったということを確認しなければならない。その上で、本論文において穂積は、先の二つ目の謬見である「憲法ハ主権者ヨリモ重シ」という命題について、『東京日日新聞』と対立していた『朝野新聞』の記事に対して次のような辛辣な批判を展開していた。

> 彼ノ〔＝『朝野新聞』の〕記者ガ立憲帝政党ノ綱領議ヲ評スルノ論説ハ最モ新見創解ノ論理ニメ最ト面白ク覚エシモノ多カリケルガ就中記者ガ帝政党ハ我主権ハ 聖天子独リ総攬シ給フ所タリトイヒツヽ其ノ之ヲ施用スルハ憲法ノ制ニ依ルトイヒシハ自家撞着ナリト噴々論ジタリシハ最モ新発明ノ説ナルヲ感嗟セリ此論ヤ或ハ憲法ノ性質ヲ誤認シタルニ根スルモノニ非ルナカランカ若シ憲法ハ主権者ヨリモ重シトシ主権者ハ之ニ服従セザルベカラズトフ言ヲシテ真ナラシメバ甚シキ自家撞着ナリ朝野記者ヨ請フ憲法也者ハ主権者ノ制定スル所タルヲ記憶セヨ如此解センニハ矛楯スル所安ニカ在ル制限ニ自他ノ別アリ自ラ憲法ヲ制定シ自ラ主権ノ施行ヲ制限スルモ或ハ全ク成文ノ憲法ヲ制定セザルモ主権者ガ不羈独立無制限タルノ資格ニ於テ随意ナルベキナリ朝野記者ガ強テ制限ス可カラズトイフモ亦制限ナルゾカシ自家撞着ノ語ハ謹ミテ朝野記者ノ机下ニ還

---

17) 岡本武雄「主権論」東京日日新聞明治15年1月14日。
18) 「闢邪論 第一」東京横浜毎日新聞明治15年2月1日。同論文によれば「法律」には「一国ノ根本法律」たる「憲法」も含まれる。
19) 渡邊・後掲注33)。

呈セン記者ニシテ豈ニ此誤解ヲナスノ理アランヤ蓋シ植字者ガ新発明ノ誤植ニテモアルベキカヲ疑フナリ

　この文章については、2つの注釈が必要であろう。
　まず1つ目は「立憲帝政党ノ綱領議」について。これは明治15年3月18日に結成された立憲帝政党の党議綱領（以下、『綱領』と表記）を指しているが、ここで議論の中心になっているのは、「我皇国ノ主権ハ　聖天子ノ独リ総攬シ給フ所タル丨勿論ナリ而シテ其施用ニ至テハ憲法ノ制ニ依ル」とする第3条である[20]。この条項の起草にあたっては「国権掌握ト国権施行トノ区別」を説くシュルツェ『国権論』[21]が参照されたことが指摘されているが、同時に、一見して大日本帝国憲法第4条を想起させるものでもあろう[22]。
　続いて2つ目は、本論文で穂積が批判の矛先を向けた『朝野新聞』の記事についてである。それは次のようなものであった。

　　主権ハ　聖天子ノ独リ総攬シ給フ所ナリト謂ヒナガラ又其ノ施用ニ至テハ憲法ノ制ニ依ルト云フ果シテ単独ノ主権者ナラバ何ゾ憲法ヲ以テ制セラルヽ理アランヤ若シ憲法ニ依テ制セラルヽ乎是レ無上ノ主権者ニハ非ザルナリ自家撞着曖昧ノ甚シキ陽ニ勤王ヲ粧フテ主権者ノ虚名ヲ奉リ陰ニ其ノ実力ヲ奪フテ大御稜威ヲ犯サントスルモノナルカ是レ明治廿三年後ノ藤原氏タラント欲スルモノニメ其ノ陰険ナル誠ニ憎ム可キニ非ズヤ[23]

　それでは、かかる穂積と『朝野新聞』との論争は、主権論争全体の文脈においていかなる意義を有していたのだろうか。この点、ここで議論の焦点になっている『綱領』第3条について、立憲帝政党の「機関紙的新聞」[24]であった『東京日日新聞』は次のように解説している[25]。すなわち、「是レ我皇国ノ主権ハ聖天子ノ独リ総攬シ給フ所タル丨勿論ナリト云フヲ以テ体トシ其施用ニ至リテハ憲法ノ制ニ依ルト云フヲ以テ要トシ其体要相全カラン丨ヲ大義トスル所以ナ

---

20)　参照、「立憲帝政党議綱領」東京日日新聞明治15年3月20日。
21)　シュールチエ（木下周一訳）『国権論　第三号』（独逸学協会出版、1882年）12頁。原文は、Hermann Schulze, Das preussische Staatsrecht, Bd. 1, 1872, S. 159.
22)　参照、稲田正次『明治憲法成立史（上）』（有斐閣、1960年）623頁。
23)　淺野乾「十把一束（前号ノ続）」朝野新聞明治15年4月6日。
24)　大日方純夫「立憲帝政党の結党をめぐる基礎的考察」日本史研究240号（1982年）54頁。
25)　「立憲帝政党議綱領ヲ読ム（第五）」東京日日新聞明治15年3月30日。

リ」。ところで、「自由党ノ論紙タル朝野新聞ノ如キ改進党ノ論紙タル報知新聞毎日新聞ノ如キハ立憲君主国ノ主権ハ君主ニアラズシテ国会ニ在リ君民ノ間ニ在ルナリト説出」しているけれども、「抑モ立憲帝政ノ主権ハ其ノ君主ニ在ルノ義ハ吾曹業已ニ主権諸論ヲ以テ之レヲ世ニ明カニシ……我皇国ニ至リテハ建国ノ体ニ於テ主権ハ　聖天子独リ之ヲ総攬シ給フノ勿論ナルヲ開陳」したところである。それゆえ、この3条こそ「実ニ立憲帝政党ノ立憲帝政党タル所ニシテ彼ノ自由党改進党ト其ノ主趣ヲ異ニスル所ナリ」。主権論争において『綱領』第3条が焦点の一つとなった所以もまた、ここに存したものと思われる。

　今の引用からも明らかなように、主権論争においては、主権の所在が君主1人にあるのかそれとも君主と国民の間にあるのかが争われていた。しかし、ここで真に論点になっていたのは、主権論と立憲主義との矛盾をどのように解消するかという問題であったと解することができよう。この点、『綱領』第3条が参照したシュルツェの体用論は、すでにその1ヶ月前に『東京日日新聞』の社説によって引用されていたのだが、それは次のような結論を導くためであった。

　　主権ハ一国ヲ統攬スルノ大権ナリ其大権ハ君主ニ属ス君主ノ知ラザル所許サゞ
　　ル所ハ一政モ之ヲ行フ可カラズト云フヲ以テ帝政ノ体トシ其主権ヲ施用スルニ
　　当リテハ君主ハ憲法ノ定ムル所ニ従ヒ給ハザル可カラズト云フヲ以テ立憲ノ要
　　トシ体要連絡シテ立憲帝政ノ実ヲ見ル[26]

　こうして、「立憲帝政ノ国体ニ於テハ一国ノ主権ソノ君主ノ掌握シ給タル⌐」という君主主権と、「立憲国君主ノ主権ハ無限不制ノ専施権ニアラズ之ヲ施スニ当リテハ之ヲ限リ敢テ限外ニ出ル⌐無キ即チ其立憲有制タル」こととが、両立しうることが「論証」されたわけである[27]。ところで、この論考のサブタイトルが「闢邪論ヲ駁ス」であったことからも明らかなように、かかる議論が直接の批判対象としていたのは、『東京横浜毎日新聞』に連載された「闢邪論」における次のような議論であった。

　　日報記者ノ説ニ従ヒ有限無限ニハ別アリトモ孰レモ帝政タルニ相違ナシ既ニ帝
　　政タフバ(ママ)其主権ハ君主ノ掌握スル所ナラザル可カラズ憲法モ君主ノ独意ヲ以テ

26）「続主権弁妄　第六」東京日日新聞明治15年2月16日。
27）参照、「続主権弁妄　第五」東京日日新聞明治15年2月15日。

左右シ玉フコトモアル可シト云ハヾ憲法ハ無論一切ノ法律皆君主ノ独意ヲ以テ存
　　廃改正セザル可カラズ嗚呼是レ何タル言ソヤ立憲国ノ有限タル所以ハ君主ノ特
　　権ニ憲法ト云ヘル一強堤防アルガ為メナリ[28]

　以上より、ここでの論争の眼目は天皇主権（「帝政」）と立憲主義（「立憲」）
とが果たして両立可能なのか、またそうであるとすればそれはいかにしてなの
か、という点にあったと理解してよいように思われる。なお、井上毅がシュル
ツェの学説に辿り着くまでには、憲法を定めて国会を設けることと天皇が独占
的に主権を保持することとは両立不可能であるというボアソナードの見解に接
していたことも、指摘されている[29]。

　ともあれ、シュルツェの体用論によれば天皇主権と立憲主義とが理論的に両
立しうることは「論証」できるというのが『東京日日新聞』の立場であった。
しかるに『朝野新聞』は、そのような見解は「自家撞着」であると難じるので
あるが、それは、一方では主権が無制約の権力であるといいながら他方では憲
法によって制約されるというのは矛盾しているのではないか、という趣旨の批
判であったと思われる[30]。それに対して穂積は、主権者は憲法制定権を有する以
上憲法によって制約されることはなく、それゆえ憲法に従うのはあくまで「主
権者ノ徳義」に基づく自己制限にすぎないとして[31]、『朝野新聞』の批判に反論
したと考えることができよう。

　もっとも、このような解答それ自体は必ずしも穂積のオリジナルというわけ
ではない。なぜなら、『東京日日新聞』の社説がシュルツェを引用した直後、
同じ『東京日日新聞』紙上で渡辺巌山（安積）は、すでに次のように論じてい
たからである[32]。

　　主権ハ専制ナリト云フニ係ラズ憲法ヲ以テ主権ヲ有セル英皇ノ権ヲ制限スト云

---

28) 「闢邪論　第三」東京横浜毎日新聞明治15年2月7日。なお、文中の「日報」とは『東京日日新聞』のことである。
29) 参照、稲田正次『明治憲法成立史の研究』（有斐閣、1979年）231頁以下。
30) 同旨、「第二闢邪論　第三節」東京横浜毎日新聞明治15年2月24日、「立憲帝政党議綱領ヲ読ミ併セテ日報記者ニ問フ　第三」東京横浜毎日新聞明治15年3月24日。
31) この点に関連して、長尾・前掲注2）92頁は――直接には『憲法提要』の所論に対する評価であるが――、穂積「の主張は結果においてはイェリネックの国家自己拘束説と同一の結論に到達している」とする。なお、同書146-147頁も参照。

フトキハ世人或ハ疑ヲ其間ニ容ルヽモノアルベシ……凡ソ国家ヲ統治スルノ権力ヲ有スルモノハ此ノ権力ヲ保有セント欲スル「勿論ナリ之ヲ保有スルノ大計ハ民心ヲ得ルニアリ民心ヲ得ント欲スレバ務メテ人民ノ自由ヲ保護シ福祉ヲ増スヲ計画セザルベカラズ……故ニ明主賢君ハ必ズ自ラ好ンデ巳レノ所為ヲ制限スルノ法ヲ設ケ以テ道徳上ニ之ヲ遵奉スルノ義務ヲ負担スベシ……故ニ主権者ガ憲法ヲ制シテ其権力ヲ制限スルハ憲法ノ為ニ法律上ノ義務ヲ負フニ非ズ単ニ道徳上ノ義務ヲ負担スル者ナリトス……帝王若シ其憲法ヲ破壊セント欲セラレバ其マニマニナリト雖ドモ是レ自ラ其ノ大位ヲ失ヒ給フノ所以ナルヲ以テ敢テ為シ給ハザルナリ是コレヲ道徳ノ制裁トイフナリ[33]

　このような議論と比較すると、たしかに「憲法制定権」という概念を導入することによって、主権者は憲法の上に位するのであり憲法に従うのは自己制限にすぎないという見解が根拠づけられることになった点に、穂積のオリジナリティを見出すことはできる。とはいえ、憲法制定権を有しているからといって憲法を廃することも可能だという見解が必然的に導かれるわけではない以上、この点にどれほどの理論的意義があるのかは慎重に検討する必要があるように思われる。

　その点を別としても、「主権者ガ憲法ヲ制シテ其権力ヲ制限スル」ことをすでに渡邊が認めていたとすれば、本論文のオリジナリティも疑わしいように思

---

32)　安積が巌山と号していたことにつき、参照、早坂四郎「『民権家必読　主権論纂』解題」明治文化研究会編『明治文化全集(2)自由民権篇〔第4版〕』（日本評論社、1967年）42頁。論敵であった『東京横浜毎日新聞』の記者からも、「此人ヤ必ズ他日ニ望アルノ人ナラン苗ニメ秀デントスル人ナラン」と、その実力を認められるほどの人物でありながら（「第二闢邪論　第七節」東京横浜毎日新聞明治15年3月2日）、満27歳の若さで世を去った渡邊安積（1859-1887）については、さしあたり参照、中央大学入学センター事務部大学史編纂課編『タイムトラベル中大125〔第2版〕』（中央大学、2011年）36頁以下。

33)　渡邊巌山「主権考　第四」東京日日新聞明治15年2月21日。同論文も指摘するように、すでに岡本武雄「主権論　第三」東京日日新聞明治15年1月17日が、「立憲帝政国ニ最モ貴重スベキモノハ帝王ノ徳義ニシテ実ニ憲法ノ上ニ位スルモノトモ申スベキ歟」云々と論じていたし、それとは別に「主権弁妄　第二」東京日日新聞明治15年1月25日も、「君主自カラ固有主権ヲ限リテ之ヲ憲法ニ確載アルトモ之ヲ左右シ給フヲ得ベシ而シテ之ヲ左右シ給ハザルハ憲法ノ威力ニ非ズシテ実ハ帝王ノ徳義コレヲ許サヾルガ故ナリ」としていた。穂積における「徳義」の出所もあるいはこの辺りに求めることができるかもしれないが、渡邊はさらに「徳義」を「良心徳義」と「人生徳義」とに分け、「独裁国」と「立憲国」とを分けるのは憲法という「人生徳義ノ規則」の有無であると論じる。

　なお、主権論における「徳義」については、五百旗頭薫「福地源一郎研究序説」坂本一登＝五百旗頭編『日本政治史の新地平』（吉田書店、2013年）73-74頁にも記述がある。

われる。もっとも、すでに述べたように、約30年後の穂積は、この渡邊と二人三脚で主権論争を戦ってきたという記憶を語っていた。そうであるとすれば、「徳義」に基づく主権の自己制限を論じる本論文の議論が渡邊のそれと類似するものであったとしても、それ自体はさほど不思議なことではないのかもしれない。[34)]

(3) 欽定憲法論

　しかしこのことは、本論文にはオリジナリティがないということを直ちに意味するわけではない。なぜなら本論文は、「国民ハ憲法制定ニ参スルノ権理アリ」というもう1つの「謬見」をも批判していたからである。実際、「憲法制定権ノ所在ヲ論ズ」というタイトルからして、穂積にとってこちらの方が本丸だったと考えることはさほど不自然ではないように思われる。そこで続いて、本論文におけるこの「論証」部分がどのような意義を有していたのかについて、検討を加えることにしよう。

　もとより、ここで「国民ハ憲法制定ニ参スルノ権理アリ」というのは国約憲法論であり、したがってこれを否定する本論文が欽定憲法論を正当化しているというのは、一見して明らかである。この点、明治14年の政変と国会開設の勅諭を受けて本格的に開始された「主権論争」においては、指摘されるように、憲法をどのように制定するのかという点も議論の対象となっていた。[35)]したがって穂積もまた、そのような議論状況のなかで、立憲帝政党の立場から欽定憲法論を主張したにすぎないとみることもできよう。

　とはいえ、ここでも問題は、かかる欽定憲法論が「憲法制定権」という概念によって正当化されたという点にある。その意義について検討するためには、欽定憲法論が主権論争においてどのように議論されていたのかをみておく必要があるが、その際の手掛かりは、「憲法ハ　聖天子ノ親裁ニ出ル⏋　聖勅ニ明ナリ我党之ヲ遵奉シテ敢テ欽定憲法ノ則ニ違ハズ」とする『綱領』第2条に求めるのが適当であろう。なぜなら、明治14年の政変が起こるまで『東京日日新

---

34)　なお、渡邊安積「続主権考」東京日日新聞明治15年4月5日～13日には、「憲法制定権」というタームこそ用いられてはいないものの、憲法制定権力と憲法によって作られた権力とを区別するという発想が垣間見えないでもない。この点は、前掲注33)「主権弁妄　第二」における「主権」と「特権」との区別と併せて、今後の課題としたい。

35)　参照、大石眞『日本憲法史〔第2版〕』（有斐閣、2006年）98-99頁。

聞』は国約憲法論を唱えており、この期に及んで欽定憲法論に乗り換えるというのは次のような弁明を要する事態だったからである。

> 而メ吾曹ノ如キハ実ニ国約憲法ニアラザレバ万全ノ鞏固ヲ得ベカラズト迄ニ論ヒ屢屢之ヲ世論ニ訴ヘタル者ナリ然ルニ昨十四年十月十二日ノ　聖勅ヲ拝読スルニ其組織権限ニ至リテハ朕親ラ衷ヲ裁シ時ニ及テ公布スル所アラントストノ宣ハセテ明ニ我日本帝国ノ憲法ハ欽定憲法ノ則ニ依ル「ヲ論サセ給ヒヌ……是ニ於テ乎吾曹ハ素論ノ国約憲法ノ則ヲ是トスルニ係ラズ此ノ　聖勅アラセ給フ上ハ則チ君民ノ名分ヲ重ジテ茲ニ欽定憲法ノ則ニ違ハザルノ大義ヲ取ラザル可カナラザルナリ[36]

要するに、「聖勅」が出た以上は「臣民ノ分」として欽定憲法論を受け入れざるをえないというわけである。それに対し、『東京日日新聞』と対立する諸紙は、そのような変節それ自体に対する非難もさることながら[37]、理論的にも次のような批判を加えた。

> 足下等ガ明言シテ「則ニ違ハズ」ト云フ所ノ欽定憲法ハ如何ナル結構ナルカ今ヨリ之ヲ推定スルヲ得ルヤト云フヲ以テセバ彼等仮令官府ノ内事ヲ伺フノ便ヲ得ルト云フト雖ドモ彼ノ古代ニ存セル予言者ニ非ザルヨリハ聖天子ガ数年後ニ定メ玉フノ憲法ヲ今ヨリ知リ得ルニ由ナカルベシ若シ之ヲ知リ得ルト云ン歟是レ社会ニ向テ妄言ヲ放ツノ責ヲ免レザルノミナラズ聖上ニ対シ奉リテ不敬ノ罪ヲ得ントスルナリ然ラバ則チ欽定憲法ヲ主張スルノ論者ニ在テハ日本国ノ憲法ハ実ニ雲霧ノ間ニ在リト云フヲ以テ正当ノ見解ナリトセザル可ラズ[38]

すなわち、一方では欽定憲法論を「聖勅」によって根拠づけているにもかかわらず、他方でその欽定憲法の内容に関する提案を行っているのは矛盾しているのであって、むしろ『東京日日新聞』のように「聖天子ノ宸衷ヲ以テ道理ノ泉源ト」するのであれば、「其主権ノ所在ニ至テモ……八年ノ後立憲ノ政体ヲ建テ玉フニ及ンデハ立憲国普通ノ制ニ倣フテ主権ヲ国会即チ君民共同ノ一体中

---

36)「立憲帝政党議綱領ヲ読ム（第四）」東京日日新聞明治15年3月29日。
37) 参照、「關邪論　第二（駁主権弁妄第二）」東京横浜毎日新聞明治15年2月3日、「立憲帝政党議綱領ヲ論シ併セテ日報記者ニ問フ　第五」東京横浜毎日新聞明治15年3月26日。
38)「立憲帝政党議綱領ヲ論ジ併セテ日報記者ニ問フ　第二」東京横浜毎日新聞明治15年3月23日。同旨、「立憲帝政党」朝野新聞明治15年3月23日。

ニ託シ玉フ乎否ヤ是レ亦未ダ知ル可カラザルナリ」ということになるはずだ、というのである。ここで、そのような批判が成立しうるためには、憲法制定権の所在と憲法制定後の主権の所在とが切り離されていなければならないことは見やすいであろう。それに対して本論文は、改めて「主権其物」と憲法制定権とを接続することによって、欽定憲法論と君主主権論とは不可分一体であるとするロジックを——少なくとも理論的には——提供するものであったと解することができるのではないだろうか。

　もっとも、かかるロジックが成立するためには「主権者は天皇である」という命題が妥当していることが前提であるところ、主権論争においてはまさにこの点が争われていた以上、本論文だけでは「論証」が完結していないようにも思われる。しかし、「夫レ主権ハ至大至重ナリ其帰着ハ実ニ国体ノ関スル所」であるとされているように、そもそも『東京日日新聞』の諸論考は主権論と国体論とを結合して天皇主権を「建国ノ体」によって根拠づけようとしていた。ここで本論文が国約憲法論を「忌諱」としていたことをも想起するならば、穂積にとってもまた、我が国が天皇を主権者とする「君主国」であることはあえて「論証」する必要もない自明の前提であったのであろう。

　以上より、本論文の意義は、「憲法制定権」という概念を媒介として欽定憲法論と天皇主権論とをともに国体論によって根拠づけた点にあったのではないかというのが、本稿におけるさしあたりの結論である。もっとも、現実的にみると、明治14年10月12日の「聖勅」によって欽定憲法以外の可能性はありえなくなっていた。また理論的にも、議会主権論こそ「聖徳」を成就する所以であるという議論を展開していた『東京横浜毎日新聞』に対する有効な批判に本論文がなりえているかは、やや疑わしいようにも思われる。そうであるとすれば、第一の「謬見」に関する議論についても、それなりのオリジナリティはあった

39）「続主権弁妄（闢邪論ヲ駁ス）」東京日日新聞明治15年2月9日。
40）参照、拙稿「日本憲法学における国体概念の導入について」高橋編・前掲注15）59頁以下。さらに、米原謙『国体論はなぜ生まれたか』（ミネルヴァ書房、2015年）201頁以下も参照。
41）実際、天皇が主権を有すること自体は主権者＝憲法制定権者たる天皇によっても変更することができないと考えられていたとすれば、前掲注38）およびそれに続く本文のような批判も穂積に対する有効打にはならないであろう。なお、穂積「公法学」において天皇の「主権」も「国体」によって制限されていたことについては、参照、坂井・前掲15）127-129頁。
42）参照、坂野潤治『日本憲政史』（東京大学出版会、2008年）73-74頁。

かもしれないが、その意義を過大評価することにはやはり慎重でなければならないのかもしれない。

おわりに

すでに触れたように、長尾龍一は本論文を以て「穂積憲法学の原型をなす」論文であると表現していたが、それは穂積の国体政体二元論にとっての「原型」という趣旨であった。この点、たしかに従来は、国体論や主権論こそが穂積憲法学の一丁目一番地であると考えられてきたことは否定できないように思われる。しかし、そのいかにも穂積的な議論の「原型」でさえ主権論争という文脈に規定されたものであったとすれば、穂積研究においては、主権論争時の言説を正面から考察の対象とすることが検討されてもよいのではないだろうか。[45] かかる観点から穂積研究を行うことを筆者の今後の課題として、本稿を閉じることにしたい。

（にしむら・ゆういち　北海道大学准教授）

---

43)　「予輩ハ明治初年以来ノ聖勅ヲ遵奉シテ立憲政体ヲ我国ニ設立センコヲ冀フ者ナリ故ニ立憲君制ノ本色ハ如此如斯ナルベシト公言シテ敢テ憚カラス是皇帝陛下ノ忠臣タラント欲スレバナリ何ヲカ立憲君制ノ本色ト云フ曰ク主権ハ君民合同ノ体中ニ存セサル可ラズ予輩ハ我国ニ於テモ明治二十三年後ニ及ンデハ此ノ如キ政体タランコヲ冀望スル者ナリ」（前掲注30）「立憲帝政党議綱領ヲ読ミ併セテ日報記者ニ問フ　第三」）。

44)　もっとも穂積は、「人民ハ憲法制定ニ参与スルノ権理アリ」という「邪説」が「仏国革命」という「由々敷大事」を惹起したということも併せて論じていたところ、先述したような「国体」への確信のみならず、これを『東京横浜毎日新聞』流の国体論に対する——有効かどうかは別として——批判として理解することもできるかもしれない。

45)　たとえば、主権論争時の穂積が後年の彼とは断絶した立場にあったことを根拠づける論点としては、政党内閣制肯定論がしばしば挙げられてきた。たしかに後年の穂積は「今ノ英国風ノ議院政治ト称スル者モ名ハ立憲ノ制ト謂フモ実ハ殆ト議院専制ノ政体タルニ近シ」と言ってはいるが、同時に「抑々政治ハ勢ナリ、政体ノ可否ハ絶対ニ断スヘカラス。吾人之〔＝議院政治〕ヲ非議スルニアラス唯之ヲ特殊ノ政体ト見ルノミ」とも述べており（穂積・前掲注5）118頁、128-129頁）、少なくともイギリス流の議院内閣制それ自体を否定していたわけではなく、それどころかむしろ、「英国ノ政党政治ヲ円滑ニ運転スルノ根軸ハ政党者間ノ武士道ナリ」としてイギリス政治を評価するような言説も残していたのである（穂積八束「英国風ノ政党ノ武士道」法学協会雑誌28巻1号（1910年）14頁）。そうであるとすれば、穂積の政党内閣否定論というのは、イギリスでは「政党者間ノ武士道」が存在するがゆえに適切に運用されている政治体制を全く「気風」が異なる日本に「移植」しようという議論に反対しようとしたものだったのではないか、などと理解することもできるかもしれない。

第 3 章

フランス憲法史と日本
――革命200年・戦後70年の「読み直し」*

辻村みよ子

はじめに

　立憲主義を破壊するかのような憲法政治が行われるなか、憲法学の在り方が問われている。もちろん戦後70周年の社会に向けた啓発的取組みも重要であるが、同時に、説得的な議論を高めるためにも基礎原理論的な本格的研究が求められる。そこで新たに連載が開始された「国家と法」の主要問題研究会では、基礎理論や比較憲法史的研究等に遡って議論することで、論争の再活性化を促すことを目指した[1]。

　本稿は、フランス1793年憲法（いわゆるジャコバン憲法）を扱った第 1 回研究会報告等[2]を踏まえて、憲法史研究の現代的意義について再検討する。それは近年、主権論や選挙権論など多方面からフランス革命期憲法の再読が進められていることに由来する。また、筆者が修士論文・博士論文[3]以来約40年間続けてき

---

*　本稿は、法律時報87巻 8 号（2015年 7 月号）88頁以下掲載の同タイトルの論文に、その後の経緯（2017年11月末現在）や新刊書での検討を踏まえて加筆を施したもの〔増補版〕である。
1 ）　辻村みよ子・長谷部恭男・石川健治・愛敬浩二「〈座談会〉連載開始にあたって」法律時報87巻 5 号（2015年）78頁以下（本書第Ⅴ部に所収）を参照。
2 ）　辻村みよ子「主権論の展開とフランス1793年憲法」2014年10月17日「国家と法」の主要問題研究会報告および辻村「フランス憲法史研究の現代的意義」日仏会館編『日仏文化』84号（渋沢＝クローデル賞30周年記念号）132頁以下（2015年）、本書第 4 章所収の長谷部論文参照。
3 ）　辻村『フランス革命の憲法原理――近代憲法とジャコバン主義』〔現代憲法理論叢書第 1 号〕（日本評論社、1989年、初版 3 刷2014年）参照。

た憲法史研究のテーマが、今なお憲法理論的にも十分な研究意義をもちうることを確信する故でもある。

　近年の「読み直し」の意義は、おもに次の４領域で認めることができる。①フランス革命史・憲法史、②主権論・選挙権論、③人権論・ジェンダー論、④日本憲法史（押しつけ憲法論）との関係、である。本来の中心課題である②は別著で検討したこともあり[4]、本稿では要点を示すにとどめる[5]。

1　歴史学と1793年憲法

(1)　日本の戦後歴史学と憲法学

　日本の歴史学では、近代化・民主化の課題を踏まえ、大塚史学に代表される経済史学を基調として近代革命を捉えた。フランス革命を、封建制から資本制への生産様式の移行の画期に出現した社会変革と解し（下部構造決定論）、新しい階級としてのブルジョアジーを担い手とするブルジョア革命として位置づけた。この捉え方は、マルクス主義の発展段階論を基礎にした戦前の「講座派」と「労農派」の対立を背景に、その前者から影響を受けたもので、「日本社会の遅れとその克服」を目指す意識に支えられていた。

　このようなフランス革命解釈は、ソルボンヌの革命史講座（A.マチエ、G.ルフェーブル等）やJ.ジョレスによって形成されたフランス史学界主流派の見解（マルクス主義革命史学）に即しながらも、「戦後日本社会の変革という課題に応えようとした点で、かなり特異な偏りを持つもの」であったと指摘される[6]。

　特に、「上から」と「下から」の革命を対照させた高橋幸八郎説によって提示されたジロンド派とモンターニュ派の対抗図式は、憲法学研究にも影響を与えた。1970年代主権論争の主役となった樋口（陽一）説は、高橋（幸八郎）説

---

4)　辻村『選挙権と国民主権――政治を市民の手に取り戻すために』（日本評論社、2015年）参照。
5)　本稿の詳細は、法律時報掲載（87巻8号〔2015年7月号〕88-92頁）後に刊行された辻村編集代表「講座　政治・社会の変動と憲法――フランス憲法からの展望」第1巻（山元一・只野雅人・新井誠編）『政治変動と立憲主義の展開』（信山社、2017年3月）所収の辻村「フランス憲法史の現代的意義」（同17-37頁）を参照されたい。
6)　松浦義弘「フランス革命史研究の現状」山崎耕一・松浦義弘編『フランス革命史の現在』（山川出版社、2013年）4頁参照。

の図式を採用して、「下から」の革命の成果としての1793年憲法を重視した。これに対して、高橋説を批判した井上（幸治）説に依拠した杉原（泰雄）説は、ナシオン（nation）主権を採用した1791年・1795（共和歴Ⅲ）年憲法が近代革命憲法の基調であったという理解に基づいていた。このため樋口・杉原両説間で主権概念や主権主体論・制度論にわたる論争が展開された。[7]

(2) フランス革命200周年の転機と課題

フランスでは、1950年代から従来のブルジョア革命論（フランス史学界の主流派解釈）を批判する動きが生じ、革命200周年（1989年）を頂点に史学界の状況が一変した。政治現象や文化を中心に見るフランソワ・フュレ等のアナール派（修正主義派）が優勢になり、1793年の過程はdérapage（デラパージュ：ブレーキの利かないスリップ）にすぎないと説明されるようになった。[8]

その背景には、1990年のソ連崩壊に象徴される脱マルクス主義・脱階級論の傾向があり、（J.=J.ルソーを批判する右派の路線と結びついて）「革命は終わった」と捉える路線が強まった。1793年のジロンド派とモンターニュ派の対立も経済史的なものではなく政治路線の対立にすぎないと解され、1793年憲法も例外的に捉えられた。

これにより、フランス史上初の共和制憲法として成立しながら施行されなかった1793年憲法の位置づけについても、学界で変化が生じた。日本の樋口・杉原論争との関連では、国民（ナシオン）主権を中心にフランス憲法史を捉えた杉原説の方向が歴史学の近年の動向に適合するようにみえるが、人民（プープ

---

7) 辻村・前掲注3）『フランス革命の憲法原理』33頁以下、杉原泰雄『国民主権の研究』（岩波書店、1971年）61頁以下、樋口陽一『近代立憲主義と現代国家』（勁草書房、1973年）136頁以下、高橋幸八郎『市民革命の構造』（お茶の水書房、1950年）参照。杉原説はフランス憲法史上のナシオン主権からプープル主権への展開を歴史発展段階論で説明し、後者の例をバブーフやパリ・コミューンに見出したことから、人民主権論と社会主義との結合という理解も生んだ。この問題は、辻村・前掲注4）『選挙権と国民主権』34-35頁参照。また、杉原説の意義等については、近年の杉原泰雄・石川健治・只野雅人「〈鼎談〉5・3とプープル主権」法学教室440号（2017年5月号）10頁以下が興味深い。

8) フランスの歴史学会における革命研究の展開、およびそれに伴うフランス革命期憲法研究の変容については、辻村・前掲注5）「フランス憲法史の現代的意義」20頁以下参照。特に、フランスでは革命200周年をピークに歴史学会の分裂を招いたが、近年では落ち着きを取り戻して、共和制の再評価の方向に向かっているとされる。後注11) 12) 参照。

ル）主権による権力の民主化を説いて社会主義に親和的にみえた杉原説と、主権論を忌避して対立した樋口説の間に、社会主義との親和性やプープル（people）の捉え方等をめぐって幾重もの「ねじれ」が存在することが明らかになった。この「もつれた糸」を解く過程で提唱した筆者の「市民主権」論にも多くの議論があり、解釈論上もなお課題が残るが[9]、憲法史的研究上の課題も決して解決したわけではない。

実際、欧米の歴史学界でのフランス革命研究は、200周年をピークとする「正統派・修正派論争」後、「1990年代にはフランス革命研究者は進むべき道を見失って、とどまっているような印象」があったが[10]、2000年代以降は次世代への展望も認められる[11]。特に「革命は終わった」として1793年のテルール（恐怖政治）を糾弾した動きが一段落し、共和制の意義を再評価する動きがある。これが憲法史の「読み直し」にも有効な視座を提供している[12]。

2　フランス憲法史と主権論・選挙権論

(1)　革命期憲法の主権論と「読み直し」

フランス憲法史では、史学界の動向と相まってミシェル・トロペールの現実主義的解釈やリュシアン・ジョームのようなリベラリズム研究重視の傾向が強まった[13]。トロペール等によるカレ・ド・マルベールの対抗図式[14]（ナシオン主権＝選挙権公務説 対 プープル主権＝選挙権権利説）に対する批判や1795年憲法の再評価を受けて、1793年憲法の主権原理・選挙権論の理解にも影響が生じた。

9）　詳細は辻村・前掲注4）『選挙権と国民主権』35頁以下参照。同『市民主権の可能性』（有信堂、2002年）165頁以下も参照。
10）　松浦・前掲注6）ⅰ～ⅱ頁。
11）　山崎耕一「フランス革命史研究の未来」山崎・松浦編・前掲注6）231頁以下参照。
12）　Guillaume Mazeau, 《La Terreur》 laboratoire de la modernité, in J.-L.Chappey et al., *Pour quoi faire la Révolution,* Edition Agone, 2012, pp.83-114, 山崎・前掲注11）242頁。ピエール・セルナ（山崎耕一訳）「200周年以降のフランス革命研究の状況」歴史評論718号（2010年）50-63頁でも総裁政府期を再評価していることは、憲法学における1795年憲法再評価の動きと軌を一にしている。
13）　Michel Troper, *Terminer la Révolution: La Constitution de 1795,* Fayard, 2006, pp.109 et s.；Lucian Jaume, *Echec au Libéralisme, les jacobins et l'Etat,* Paris, Editions Kimé, *1990,* L. Jaume, *L'individu effacé ou le paradoxe du libéralisme français,* Fayard,1997.
14）　R. Carré de Malberg, *Contribution à la théorie générale de l'Etat,* t.2, Recueil Sirey, 1922,pp.426 et s.

1980年代にカレ・ドゥ・マルベールを批判したギヨーム・バコは、1793年憲法の枠組みによって主権を市民の総体に帰属させた1795年憲法（日本でも歴史家によって「市民主権」の憲法と命名されていた共和歴Ⅲ年憲法）を再評価し、共和制憲法としての歴史的意義を重視した。これは上記の主流派革命論に対するアンチテーゼとして政治体制を重視した点で、歴史学界の修正主義的理解と軌を一にしていた。

 しかし、カレ・ドゥ・マルベールの対抗図式の過度な適用には実証主義的観点から批判があるとしても、1795年憲法が制限選挙制にもとづいた1791年憲法型の統治構造を採用していたことからすれば、共和制の憲法という観点のみで1793年憲法と1795年憲法との同質性を認め、1791年憲法と対比することには疑問が残る。1793年憲法は、「主権は人民（プープル）に属する。」（1793年宣言25条）としてプープル主権を標榜し、人民拒否（veto populaire）の方法で半直接制の実現を掲げて立法の最終決定権を主権者人民に留保したほか、社会権や「社会的デモクラシー（遅塚忠躬）」を保障するなど、時代先取り的な民主性・先進性をもちえた点で、明らかに1791年憲法や1795年憲法と異なる憲法原理を含んでいたからである。革命後期の民衆運動の目標としての歴史的役割を担ってきた反面、フランス革命期憲法としての限界（所有権論や女性参政権未確立など）をもっていたことなども、すでに筆者が明らかにしてきたところである。

(2) 3つの200周年記念シンポジウムによる「読み直し」

 フランス憲法学では、1791年憲法・1793年憲法・1795年憲法のそれぞれの200周年を記念したシンポジウムを、ミシェル・ヴェルポーやミシェル・トロペールらが中心になって開催し、各憲法の憲法史的意義と理論的意義・特徴・限界等を総点検する企画が、複数回にわたって実施された。これらの再検討に

---

15) Guillaume Bacot, *Carré de Malberg et l'origine de la distinction entre souveraineté du peuple et souveraineté nationale*, Edition du CNRS,1985.
16) 樋口謹一「統治機構」桑原武夫編『フランス革命の研究』（岩波書店、1959年）102頁。ここでは、主権規定から「ジロンド派とモンターニュ派は人民主権、テルミドール派は市民主権」と命名されており、筆者の「市民主権」論とは異なるものの、本質を突いた検討が行われていた。
17) 辻村・前掲注3)『フランス革命の憲法原理』216頁・375頁以下、辻村・糠塚康江『フランス憲法入門』（三省堂、2012年）18頁以下、遅塚忠躬「ルソー、ロベスピエール、テロルとフランス革命」札幌日仏協会編『フランス革命の光と闇』（勁草書房、1997年）144頁参照。

より、フランスで施行された最初の共和主義憲法としての1795年（共和暦Ⅲ年）憲法の再評価や、「市民主権」論の構成、ナシオン主権とプープル主権の止揚形態への展望などが明らかにされることになった。[18]

その結果、デラパージュ論を経た21世紀の今日では、1793年憲法は、①欧州市民権論に関連して提起された外国人参政権問題を検討する際のモデルとして、また、②フランス憲法史上初の人民投票で実現され人民拒否制度が導入されたことから、直接民主制原理のモデルとしての意味が再確認されることになった。これらの点で日本の憲法論にとっても研究意義は大きい。[19]

①では、1793年憲法が「主権者人民はフランス市民の総体である」（7条）としつつ定住外国人に「市民」資格を認める理論構成を採用した（4条）ことから、一定の定住外国人の参政権を承認する理論を提供した。これを参考として、フランスは、欧州市民権概念を創設してEU内での外国人参政権を実現したアムステルダム条約を1992年に批准し、憲法改正を実施した。[20]

②では、フランスの2008年憲法改正によって人民発案の手法による人民投票制を導入し（1958年憲法11条3項）、フランス憲法に特徴的な「人民投票型民主主義」（半直接制）をいっそう進展させた。この点で、1793年憲法の人民拒否や人民投票、人民発案などの半直接制の手法が重要な検討材料となる。また、フランスでは、J.=J.ルソーのプープル主権論と議会中心主義の影響で、人民の一般意思表明（立法）を最重視し、裁判官による主権者意思の変更を認めない観点から違憲審査制を容認してこなかった。しかし、21世紀初頭になって新た

---

[18] 各憲法の200周年シンポジウムの議論については、辻村・前掲注5）「フランス憲法史の現代的意義」24頁以下参照。各シンポジウムの記録は、J.Bart,J.=J.Clère,C.Courvoirsiers,et M.Verpeaux, *1791, La Première Constitution française*, Ecomomica,1993, J.Bart et al., *La Constitution du 24 juin 1793, L'Utopie dans le droit public français?*, Ed.EUD.1997, J.Bart,J.=J.Clère,C.Courvoirsiers,et M.Verpeaux, *La Constitution de l'an III, ou l'ordre républicain*, Ed.EUD,1998 ; Gerard Conac et Jean-Pierre Machelon（dir.）, *La Constitution de l'an III, bossy d'Anglas et la naissance du libéralisme constitutionnel*,PUF,1999 参照。

[19] 辻村・前掲注2）「フランス憲法史研究の現代的意義」132頁。スペイン憲法へのフランス革命期憲法の影響と差異を追究した学位論文 Jean-Baptiste Busaall. *Le spectre du jacobinisme: l'expérience constitutionnelle française et le premier libéralisme espagnol*, Madrid, Casa de Velázquez,2012 が刊行されるなど、比較憲法史的研究の意義が再確認されている。

[20] 辻村・前掲注9）『市民主権の可能性』240頁以下、光信一宏「フランス1793年憲法と外国人の選挙権(1)(2)」愛媛法学会雑誌24巻1号（1997年）・26巻1号（1999年）参照。

に事後的違憲審査制の導入（後述）を決断した際にも、人権保障や憲法保障よりもむしろ「市民の参画拡大」という民主主義の論理で説明した。この点にも人民主権を重視するフランス型立憲主義の伝統を見出すことができよう。

また、選挙権論についても、大革命期以降の史的展開を詳細に検討したドジュロンの学位論文が大著として刊行され、選挙の機能が指名・選択から権力の正当化、責任追及手段へと拡大・変化したことが明らかにされた。日本でも、折しも投票価値平等訴訟で最高裁「違憲状態」判決が相次ぎ、選挙権の権利性を強調する傾向が強まったことなどから、選挙権権利説の再評価も行われている。

(3) 憲法改正動向と緊急事態法制

フランスの現行1958年憲法は、2008年改正までにすでに24回の憲法改正を経ているが、EU統合や国際化関連の改正がそのうちの8回を占める。特にEU統合と主権移譲との関係が興味深いが、すでに別稿で検討したためここでは割愛する。これらを除く憲法改正案件で国内の主権行使や統治機構に関するものは、前記2008年改正等における、①憲法11条による人民投票制の拡充、②事後的違憲審査制による市民の権利保障（市民参画）の拡大のほか、③地方分権と地方自治の拡充（2003年改正）、④大統領の5年任期制・国民議会選挙との同期化によるコアビタシオンの回避（2000年改正）などがある。これらの憲法改正はいずれも、人民主権原理にもとづいた直接民主制の導入傾向、大統領と議会

---

21) 辻村『フランス憲法と現代立憲主義の挑戦』（有信堂、2010年）208頁、制度の概要は、辻村・糠塚・前掲注16）第6章、フランス憲法判例研究会編／辻村編集代表『フランスの憲法判例Ⅱ』（信山社、2013年）総合解説・第Ⅶ章参照。

22) Bruno Daugeron, *La notion d'élection en droit constitutionnel*, Dalloz, 2011, 辻村前掲・注4）『選挙権と国民主権』257頁以下参照。

23) 権利説につき、辻村・前掲注4）『選挙権と国民主権』75頁以下、同「「権利」としての選挙権」（勁草書房、1789年）、小島慎司「選挙権権利説の意義——プープル主権論の迫力」論究ジュリスト5号（2013年春号）49頁以下参照。

24) 初宿正典・辻村みよ子編『新解説世界憲法集（第4版）』（三省堂、2017年）238頁以下参照。

25) 辻村『フランス憲法と現代立憲主義の挑戦』（有信堂、2010年）45頁以下、ほかに、山元一『現代フランス憲法理論』（信山社、2014年）375頁以下参照。

26) 2008年改正の詳細は、辻村「フランス2008年憲法改正の意義と展望」法学73巻（2010年）6号129頁以下、辻村・前掲注25）『フランス憲法と現代立憲主義の挑戦』15頁以下参照。

の二重代表制の調整機能を果たしたといえよう。

　さらにサルコジ大統領時代に実施された2008年改正後も、社会党オランド大統領の時代に多くの改憲案が提示されたが、実現には至っていない。そのなかで特筆すべきは、2015年11月13日の同時テロ後の緊急事態法理の下で、同年11月16日の大統領声明を受けて、同年12月23日に首相から国民議会に提出された「国民の保護に関する憲法改正案」である。これは、憲法36条を改正して緊急事態宣言について明示するとともに、憲法34条を改正して二重国籍者の国籍剥奪を可能にする規定を加えることを内容とする。国民議会で2016年2月10日に採択されたが、元老院で同年3月22日に修正されたため、両院一致の改正案を得ることが困難になり、大統領が憲法改正を断念した。背景には、パリ第二大学のオリヴィエ・ボー教授らが、フランスの立憲主義や議会のコントロール権を主張して本改正案に反対した経緯がある（2017年3月2日、元老院）。フランスの憲法学理論や立憲主義の伝統が確認された例といえる。

　その後2017年5月の大統領選挙では、世界のポピュリズムや排外主義の傾向が大統領選挙における極右派（国民戦線）マリーヌ・ルペン候補の支持率につながったが、第2回投票ではエマニュエル・マクロン大統領が勝利した（得票率66％）。同年6月の国民議会選挙でも、既存政党が敗北してマクロンの新政党「共和国前進（LREM: La République en Marche）」による圧倒的多数派が形成された。今後の政治動向は予断を許さないが、少なくとも、世界のポピュリズムの傾向に対して賢明なフランス国民が求めたのは、従来の共和主義とは異なる、リベラリズムや個人主義に根ざした新たな立憲主義であったことが特筆され、憲法政治の展開が注目される。

---

27)　井上武史「フランス第5共和政における憲法改正」山元ほか編・前掲注5) 347頁以下参照。

28)　Projet de loi constitutionnelle de protection de la Nation, prmx1529429, https://www.legifrance.gouv.fr/affichLoi, le texte adopté au Senat, https://www.senat.fr/leg/tas15-113.html（2017年11月3日最終アクセス、以下同様）、辻村・前掲注5)「フランス憲法史の現代的意義」32頁参照。

29)　Lucien Jaume, Macron: un libéralisme de rupture ?, Le Monde, 8 mai 2017, pages Débats は、マクロン大統領の選出をフランス的伝統の歴史的分岐点として捉え、その個人主義的傾向に関心を寄せている。近年の諸国の憲法状況については、辻村責任編集『憲法研究』第2号（信山社、2018年5月刊行予定）所収の論稿を参照されたい。

3 人権論の展開とフランス憲法

(1) フランス人権宣言解釈の現代的展開

　人権論については、1789年宣言当時の自然権（droits de l'homme）から第三共和制下の公的自由（libertés publiques）を経て、第5共和制下の基本権（droits fondamentaux）の概念に展開を遂げたことがフランスの特徴といえる。2008年憲法改正および2010年組織法律によって事後的違憲審査制が導入されたことも、フランスの人権保障にとって画期的なことであった。この制度では、裁判所に係争中の事件の審理中に当事者が「憲法で保障される権利・自由」の侵害を主張した場合には、当該裁判官の判断により「合憲性優先問題（QPC: Questions prioritaires de constitutionnalité）」として破毀院もしくはコンセイユ・デタから憲法院に付託して最終的な判断が下される。憲法典に1789年人権宣言（DDH）と1946年憲法前文、環境憲章以外の人権カタログが明示されていないため、憲法規範（憲法ブロック）自体を確認し、裁判規範性を有する基本権を定義することが必要となる。ここでは、「憲法で保障される権利・自由（憲法上の権利）」の確定自体が重要な課題となり、憲法典、DDH等や共和国の基本原理などの憲法規範のほか、憲法的価値を有する目的（objectif de valeur constitutionnelle）などが憲法院の判例法理によって承認され、そこには思想や意見の多様性も含まれてきた（nº 2010-3 QPC）。

　このようなフランス型違憲審査制自体には、対象の限定や憲法上の権利の確定の曖昧さ、解釈権拡大による「裁判官政治」の危険など多くの課題が指摘され、運用上の課題も多い。しかし、2010年5月28日の最初の判決以降5年間でQPC判決が409件に及ぶ（うち19.6％が違憲判決）など、憲法院によって積極的運用がなされており、[30] フランス社会やEU法、ヨーロッパ人権裁判所判決等の動向を反映した憲法解釈が展開されている。[31]

30）憲法院のウェブサイト参照。http: //www. conseil-constitutionnel. fr/conseil-constitutionnel/francais/les-decisions/acces-par-type/les-decisions-qpc.48300.html

(2) 近代的人権批判と多元的人権論

平等原則については、1789年宣言以来、法の前の平等（形式的平等）原則が確立された。しかし「権利の平等」という場合の「権利」自体が女性や非自由人に対して認められてこなかったことが、大革命期のオランプ・ドゥ・グージュ（1748-1793）によって批判された。彼女の「女性および女性市民の権利宣言」には先駆的フェミニズムとしての位置づけが与えられ、2003年にパリ3区に「グージュ広場」が創設されるなど社会的にも関心が高まった。2015年5月7日には国民議会でグージュの顕彰式典が開かれ、女性参政権70周年の同年10月にも関連行事が行われた。さらに近年の動向として、彼女の再評価の理由が女性の権利要求のみならず、婚外子保護・夫婦財産契約締結等の主張や奴隷制廃止論にあることが注目される。この視点は、白人・ブルジョア・男性を中心とした近代的人権への批判論を含むものであり、抽象的普遍主義から脱して具体的普遍主義ないし「矯正的差異主義」・多元主義への理論的展望を含むものでもある。

特に、婚姻と家族に関して性的マイノリティを尊重する動きが強まり、1999年のパクス（PaCS）法を発展させて、2013年には、同性カップルに婚姻を開放する法律（いわゆる同性婚法）が成立した（世界で14番目の同性婚容認国となった）。さらに、パクス法の下では禁止されていた同性カップルによる養子縁組も認められ、いわゆる同性の両親による子の養育（homoparentalité）によって

---

31) 辻村・前掲注5）「フランス憲法史の現代的意義」33頁以下参照。人権保障とQPC判決の動向については、*Code constitutionnel et des droits fondamentaux*, 6e éd., Dalloz, 2017, pp.1145 et s.；フランス憲法判例研究会（辻村編集代表）『フランスの憲法判例Ⅱ』（信山社、2013年）第Ⅶ章、307頁以下、辻村編集代表・前掲注5）第2巻（糠塚康江・建石真公子・大津浩・曽我部真裕編）『社会変動と人権の現代的保障』所収の建石「フランスの人権保障の展開における合憲性と条約適合性」（同57頁以下）、池田晴奈「事後的・具体的規範統制と基本権保障」（同275頁以下）、曽我部真裕＝田近肇編『憲法裁判所の比較研究――フランス、イタリア、スペイン、ベルギーの憲法裁判』（信山社、2016年）3頁以下〔井上武史執筆〕参照。

32) http://videos.assemblee-nationale.fr/video.6736.2200268　この式典は、新資料の国民議会図書館収蔵等を理由に社会党議員の提案でグージュの誕生日に開催されたが、人権と共和制・民主制を成立させたフランス革命の再評価が根底にあるといえる。

33) オリヴィエ・ブラン（辻村訳）『女の人権宣言――フランス革命とオランプ・ドゥ・グージュの生涯』（岩波書店、1995年）、オリヴィエ・ブラン（辻村監訳）『オランプ・ドゥ・グージュ――フランス革命と女性の権利』（信山社、2010年）巻末解説参照。

親子関係を形成することができるようになった。[36]

　他方、男女平等参画については、1982年の憲法院判決（n° 82-146DC）によって、国民主権と市民の普遍性を理由に、地方議会選挙の候補者に25％クオータ制を導入する法律が違憲と判断された。しかし、1999年憲法改正により男女平等参画規定（パリテ規定）が明記され、2008年憲法改正によって職業上の平等への拡大、憲法第１条への移動が実現した。

　この後2011年１月27日法による取締役会・監査役会における男女の職業平等（40％クオータ制導入）が実現した。[37]

　さらに、2013年５月17日法による県議会議員選挙の男女ペア候補制などの男女平等政策が推進され、憲法院も、有効な措置の導入について合憲判断を下すに至った（n° 2013-667DC）。この結果、2015年３月22日、29日の県議会議員選挙では、女性議員比率が50％に上昇した。[38]

　また、2014年８月４日法によって、下院議員選挙の候補者擁立において男女間の較差が２％を超える場合の政党助成金の減額率が150％に引き上げられたことによって、下院選挙でもパリテ政策の効果が顕著となった。2017年５月の大統領選挙後、マクロン政権下での６月の下院議員選挙の結果、女性議員比率が改選前の26.9％から38.65％に増加した。特にマクロン率いる新政党「共和国前進」が50％以上の女性議員候補を擁立して、577議席中319議席を獲得した結果、女性議員比率が飛躍的に向上したものである。世界的にみても、2017年10月１日現在、世界193ヶ国中、フランスは15位（39.0％）に急上昇した。[39]

　このほか、2008年憲法改正時に第75条の１が新設されて地域言語はフランス

---

34)　O. Bui-Xuan, *Le droit public français entre universalisme et différencialisme*, Économica 2004,p.270；辻村『ポジティヴ・アクション──「法による平等」の技法』（岩波新書、2011年）117頁、同『憲法とジェンダー』（有斐閣、2009年）196頁、M.Tsujimura et D.Lochak (dir.), *Egalité des sexes : La discrimination positive en question*, Société de Législation Comparée, 2006, pp 21 et s.

35)　辻村『憲法と家族』（日本加除出版、2016年）23頁以下、齊藤笑美子「婚姻・家族とフランス憲法」前掲注25）『社会変動と人権の現代的保障』123頁以下参照。

36)　辻村・前掲注35）25-26頁、Loi ouvrant le mariage aux couples de personnes de même sexe , (loi n° 2013-404) 参照。

37)　糠塚康江「平等理念とパリテの展開」前掲注25）『社会変動と人権の現代的保障』123頁以下参照。

38)　辻村・前掲注４）『選挙権と国民主権』269頁、国立国会図書館調査及び立法考査室・服部有希「フランスの県議会議員選挙制度改正──パリテ２人組投票による男女共同参画の促進」外国の立法261号（2014年）22頁以下参照。

の資産であることが明記され、メディアの多元性の尊重が第34条に明記されるなど、多元主義の確保が重視された。

　これらの動向により、アメリカ型の「国家からの自由」ではなく、「国家による自由」を重視してきたフランス型人権保障体系が変容したかのようにみえる。しかし他方で、1990年のゲソ法や2001年の反セクト法、スカーフ禁止法（2004年）やブルカ禁止法（2010年）等が、共和国の基本原理を維持するために容認された。オランド政権下では、禁止立法の傾向が多少とも緩和されたが、フランス共和国におけるライシテ原則の重視はドイツの「闘う民主制」とも軌を一にするもので、フランス憲法史の展開のなかで確立されたフランス型人権保障の基調は健在であるといえよう。

4　日本憲法史／憲法論との関わり

　フランス憲法史研究は、上記の主権論・「市民権」論・選挙権論、人権論、憲法訴訟論のいずれについても、貴重な憲法理論的課題を提示している。以下では、従来あまり論じられなかった論点として、日本の立憲主義に重要な影響を与えた例を紹介しておこう。それは、自由民権期の憲法思想が、フランス1789年人権宣言や1793年憲法の紹介、鈴木安蔵等の憲法史研究や「憲法研究会案」を介して、マッカーサー草案に取り入れられた系譜のことである。

　すなわち、アメリカ独立宣言の影響も受けて成立したフランス人権宣言は、模範国を選択する作業のために明治政府によって雇用されたデュ・ブスケの口

---

39) IPU, http://www.ipu.org/wmn-e/classif.htm 参照。選挙前は、25.8％で193ヶ国中63位であったが、選挙後に15位（2017年10月1日現在）となった。世界経済フォーラムのGGI（ジェンダーギャップ指数）も2017年度は、144ヶ国中11位に上昇した。World Economic Forum, http://www3.weforum.org./docs/WEF_GGGR_2017.pdf 参照。なお、日本はIPU 165位、GGI 114位である。

40) ブルカ禁止法についてヨーロッパ人権裁判所2014年7月1日判決は条約適合性を承認した。詳細は、中島宏「フランスにおける宗教的着衣規制立法に関する覚書」前掲注25）『社会変動と人権の現代的保障』219頁以下参照。

41) 辻村・前掲注9）『市民主権の可能性』200頁以下参照。

42) 山元一・只野雅人編『フランス憲政学の動向』（慶應義塾大学出版会、2013年）、山元一『現代フランス憲法理論』（信山社、2014年）等の多くの研究成果がある。

43) 辻村・前掲注5）「フランス憲法史の現代的意義」37頁以下参照。

44) 辻村『人権の普遍性と歴史性』（創文社、1992年、初版2刷2000年）第4章参照。

訳によって自由民権運動期に日本でも広められた。千葉卓三郎の五日市草案などに1789年宣言17条に酷似した条文が認められる。また、ルソーの民約論を翻訳した中江兆民によって、1793年憲法冒頭の人権宣言が和訳され、「政理叢談」に収められた。現在の憲法学・憲法史学や社会科教科書等でもほとんど扱うことのないフランス1793年憲法を、明治初期の日本社会に普及させようとした先見性・革新性には驚かされる。

　これらの自由民権期の憲法思想は鈴木安蔵らによって研究され、1945年12月27日公表の「憲法研究会案」が策定された。この草案は同年12月初旬に民政局のラウエルからの同研究会高柳会長への書簡に基づいて英訳が総司令部に提出されており、ラウエルが翌46年1月11日に作成した覚書にはこの研究会案を評価する内容が列挙されていた。また後日完成した総司令部案にも同研究会案の項目の大部分が含まれていたことが明らかになっている。

　このような日本国憲法制定過程の背後にある憲法史・憲法思想の研究は、昨今の「押しつけ憲法」論へのアンチテーゼになるものであり、上記の事実自体、一般に共有されるべき論点であろう。

　「押しつけ憲法」論については、(i)本来の立憲主義の定義からして憲法は須く旧体制の政治権力に対する押しつけであるという本質、(ii)当時の与党案等よりも人権・民主主義・平和主義が確立された新憲法が世論に歓迎された点で「押しつけられてよかった」こと等が反論として指摘できる。(iii)これにもまして、上記の民間草案や自由民権運動などの日本の憲法思想が新憲法に継受されたという事実は、外在的な「押しつけ憲法」論への反証となりうるであろう。

---

45) Du Bousquet の口訳ジブスケロ譯「国民権利之布告」が生田精筆録『佛蘭西憲法』（1876年）として刊行されている。辻村・前掲注44）『人権の普遍性と歴史性』229頁以下、281頁以下参照。

46) 千葉卓三郎「日本帝国憲法」（五日市答案）の原文は、辻村・前掲注44）303頁以下に収録。

47) 中江兆民「一千七百九十三年佛蘭西民権之告示」同「政理叢談」1号（1881年）（『中江兆民全集』14巻（岩波書店、1985年）78頁以下所収）。原文は辻村・前掲注44）283頁以下に収録。

48) 鈴木安蔵『日本憲政成立史』（学芸社、1933年）、同『憲法制定前後――新憲法をめぐる激動期の記録』（青木書店、1977年）ほか、辻村・前掲注44）265頁以下参照。

49) 国民主権と妥協的な天皇制存続等の基本構造において総司令部案に類似していた。憲法研究會「憲法草案要綱」は憲法調査会『憲資・総第9号・帝国憲法改正諸案及び関係文書（一）』（1957年）33頁以下、辻村・前掲注44）325頁以下に収録。

50) 辻村『比較のなかの改憲論』（岩波新書、2014年）95頁以下参照。

また、近年の「選び直し」論に対しても、憲法施行直後の経緯が重要な論点を提示している。すなわち、1946年10月の極東委員会による新憲法見直し実施案を日本政府が1948年6月から翌年4月の過程で事実上拒み、「憲法改正をしないことを表明した」（古関彰一）ことを、十分に認識しておく必要があろう。[51]

おわりに

　日本の近年の憲法政治をみる限り、首相個人の強いイニシアティヴの下で、立憲主義の理解を曲げてまで改憲への世論誘導が行われている昨今の状況は、まさに異常というほかはない。この様な状況下では憲法学からの緊急かつ多様な対応が求められるが、基礎となる実証的で重厚な憲法史研究・憲法理論研究が重要な意義をもつことは否定できない。フランスや日本だけではなく、アメリカ憲法学で合衆国憲法制定期のフェデラリストや修正1条の歴史的背景等が熱心に研究されてきたことも、憲法史研究の重要性に根差したものにほかならない。

　日本の憲法学では、旧憲法との「断絶」を強調するため八月革命説が支持されてきた反面、自由民権期の憲法思想との関連や戦後初期の憲法論など、実証的研究が必ずしも十分ではなかった領域も多い。これらの課題に対応した憲法史的研究や学説史研究も今後の憲法学界全体で取り組むべきテーマといえよう。そのために、本書に収録された研究会の成果が役立つことがあれば幸いである。

（つじむら・みよこ　明治大学教授）

---

51)　古関彰一『日本国憲法の誕生』（岩波書店、2009年）362頁以下、引用は375頁参照。

第4章

主権のヌキ身の常駐について

――Of sovereignty, standing and denuded

長谷部恭男

はじめに

　樋口陽一教授は『近代立憲主義と現代国家』の補章において、「現代に特徴的な法イデオロギーのひとつ」として「超実定法的『主権』概念への特殊なしかたでの回帰」がみられることを指摘する。それは「国民の憲法制定権」あるいは「国民主権」が「実定憲法の正当性の所在を示すものとして凍結されていた状態から目をさまして、いわばエネルギー解放され、実定法秩序のなかにヌキ身で常駐し――あるいは、すくなくとも『非常的に』有事駐留し――、たえず――あるいは、すくなくとも『非常時に』――発動することによって、実定法の破壊を実定法上の概念の名において正当化すること」を意味する[1]。

　本稿は、国民の憲法制定権力あるいは主権が現実世界に「ヌキ身で常駐」した典型例として、フランス革命時の convention nationale をとりあげ、非常事態の法理と対比しつつ、その特質を描くことを目的とする[2]。

1　山岳派の機会主義的転換

　1793年6月はじめのジロンド派の追放から94年7月のテルミドール反動にい

---

1)　樋口陽一『近代立憲主義と現代国家』（勁草書房、1973年）302頁。強調は原文通り。

たるまで、convention の活動を主導したのは、マクシミリアン・ロベスピエールの率いる山岳派である。山岳派は、少数派に甘んじていた convention の初期においてこそ主権が人民にあり、それは代表されえないこと、議員は受任者であって人民から独立しえないことを強調していたが、93年6月はじめの人民蜂起によってジロンド派が追放され、山岳派が議事の主導権を握る一方、全国各地でジロンド派による反乱が発生する状況に直面すると、convention を支配する山岳派による革命的統治（gouvernement révolutionnaire）こそが、腐敗分子を浄化・粛清し、公益を目指す徳性を備えた真の市民を形成して、主権の不可分性を保障することができるとの立場に転換する[3]。

　6月24日に採決され、その後8月にレファレンダムで承認された93年憲法は、第29条で「各議員はナシオン全体に属する」として命令委任を否定しており、同日には、エロー・ドゥ・セシェルの提案した議員の再選可能性を審査する一種のリコール制も否決されている[4]。憲法59条の定める法律に対する人民拒否制度も、手続の複雑さのため実際に起動することは考えにくく、同憲法は、内実においては、91年憲法と同様、有権者に対する議会の独立性を保障していると考えるべき十分な理由がある。今や convention 主流派となった山岳派にとって、現実の人民による直接の政治参加は、むしろ警戒の対象であった[5]。

　93年10月10日に革命的統治が宣言されるに至ると、convention に蟠踞し、密告と即決裁判を通じて全人民の生殺与奪の権限を握る山岳派に対抗しうる人

2） 「国民公会」と訳されるのが通例であるが、当初の任務からしても、アメリカの用法にならった語義からしても、憲法制定会議と訳してしかるべき存在である。通常の立法と区別されるべき憲法を制定するために、それを目的とする特別会議（convention）の選挙と招集が必要だとの考え方は、1770年代後半のアメリカ諸州で広まった（Gordon Wood, The *Creation of the American Republic 1776-1787* (University of North Carolina Press, 1998), pp. 306-10)。convention とは、もともとはイングランドで正式の議会（Parliament）の枠外での集会を広く指すことばで、17世紀の長期にわたる憲法争議において、国王抜きで集会した庶民院および貴族院も convention と呼ばれた。名誉革命によるジェームズⅡ世の亡命後、ウィリアムとメアリが王位に就くまでの庶民院および貴族院も convention である。18世紀はじめには、国王を欠いた議会が一般的に convention と呼ばれるようになった。独立前のアメリカ諸州においては、正式の議会がイギリス政府を代表する総督によってしばしば閉会されたため、人々は総督抜きの集会である convention によって意思を表明し、こうした convention に通常の議会によっては変更しえない憲法を制定する役割が期待されることとなった（Wood, ibid., p. 338)。

3） Lucien Jaume, *Le discours jacobin et la démocratie* (Fayard, 1989), pp. 280-82, 338-40.

4） *Moniteur*, no. 178, an II, p. 768.

権はもはやありえなくなる。シィエスが指摘するように、政府は公事に関するrépublique であることをやめ、公私の別なくすべてを支配するré-totale となる。

2　93年憲法の施行停止

　山岳派が策定を主導した93年憲法は施行されることはなかった。施行停止を決定的にしたのは、サン－ジュストが提案し93年10月10日に採択された「平和に至るまでのフランスの統治は革命的である Le gouvernement est, jusqu'à la paix, déclaré révolutionnaire」とするデクレである。

　convention の任務が新たな憲法の制定に尽きるのであれば、93年8月10日の人民による憲法承認の宣言によりその使命は終わり、新たな立法議会に席を譲るべきだったはずである。実際、ダントン派はそれを要求した。それにもかかわらず、いかなる正当化根拠により、統治の革命性を宣言し、憲法の施行を停止し、恐怖政治を実行することができたのか。

　この憲法の施行停止についてカール・シュミットは、次のように言う。「いかなる制定された機関も憲法の停止を宣言することはできない。つまり convention は、人民の憲法制定権力（pouvoir constituant）を直接に召喚することにより行動している」。

　憲法制定権者は人民自身であって convention ではないという反論は意味を

---

5) Jaume, op. cit., pp. 326-30, & 332-35. 1794年2月5日のロベスピエールの演説は、人民の直接参加に消極的なこの時期の彼の姿勢を示している。「民主政とは、人民が継続的に集会し、自身ですべての公事を処理する国家ではないし、人民が何万もに分割され、区々に分かれて性急に相互に矛盾する措置をとり社会全体の運命を決める国家ではさらにない。……民主政とは主権的な人民が自身の制定した法に導かれ、自らなし得ることはこれをなし、なし得ないことは代表に委ねる国家である」（*Moniteur*, no. 139, an II, p. 561）。

6) Sieyès, intervention du 20 juillet 1795, *Moniteur*, no. 307, an III, p. 1236; cf. Jaume, op. cit., p. 407. ré-totale については、Pasquale Pasquino, *Sieyes et l'invention de la constitution en France* (Odile Jacob, 1998), pp. 108 & 175-76参照。

7) *Moniteur*, no. 21, an II, p. 86.

8) Jaume, op. cit., p. 124.

9) Carl Schmitt, *Die Diktatur*, 7th ed. (Duncker & Humblot, 2006 (1921)), p. 145; 邦訳『独裁』田中浩・原田武雄訳（未來社、1991年）167頁（必ずしも邦訳に忠実に従っていない）; cf. Olivier Jouanjan, 'La suspension de la constitution de 1793', *Droits*, no. 17 (1993), p. 132.

なさない。憲法制定権力は常に自然状態にとどまり、いかなる規範からも、いかなる形式からも自由である[10]。したがって、それがconventionという形態をとり、かつ、とり続けることも当然可能であるし、conventionに具現化された憲法制定権力は何者によっても制約されず、その任務が憲法の制定にとどまる理由もない。それは全権力（plenitudo potestatis）、すなわち主権である[11]。シュミットの言う通り、conventionの諸権限は、convention自身によって認定された憲法制定権力の直接の流出物（Emanationen）にほかならない[12]。

　しかもconventionの活動は革命のイデオロギーによって武装されていた。conventionは均質性を帯びる人民との同一化を通じて人民を代表する。それにはまず、人民の均質性を確保するための浄化（épuration）が必要であり、かつ、人民との同一化を確保するためのconventionの浄化も要求される。つまり、制定されるべき新憲法にふさわしい徳性を備えた均質な市民を創造するために内外の敵対分子を排除・粛清する恐怖政治（politique de Terreur）が当然に帰結する[13]。敵対分子の密告は、市民の徳性の現れとして奨励される。排除・粛清の対象となる敵対分子の側に抵抗する術はない。憲法前の、憲法が存在しない状態では、権力の分立も人権の保障もないからである。権力が分立せず、権利が保障されない社会に憲法はないという89年人権宣言16条の原理が、ここでは論理的に逆回転する。「有徳の少数者は徳に勝利を得させるべく、あらゆる暴力的手段をとることが許される」[14]。

3　主権独裁と委任独裁

　シュミットは主権独裁と委任独裁とを区別する[15]。委任独裁は、既存の政治体

---

10)　Emmanuel Sieyès, *Qu'est-ce que le tiers-état?* (Flammarion, 1988), p. 132；邦訳『第三身分とは何か』稲本洋之助ほか訳（岩波文庫、2011年）109-10頁.
11)　Jouanjan, op. cit., pp. 132-33.
12)　Schmitt, *Diktatur*, p. 149；邦訳171頁.
13)　Jouanjan, op. cit., p. 134. 要求される徳性の核心は理性ではなく心情（coeur）である（Jaume, op. cit, pp. 318-23）。なお、革命的統治のイデオロギーを端的に示すものとして、ビヨー＝ヴァレンヌ（Billaud-Varenne）の言説を紹介するLucien Jaume, *Le religieux et le politique dans la Révolution française: L'idée de régénération*（PUF, 2015）, pp. 37-48をも参照。
14)　Schmitt, *Diktatur*, p. 121; 邦訳138頁.

制を守るため、非常時に際して特定の機関に権限を集中する形態であり、発動には明白な必要性が要求される。他方、主権独裁に守るべき既存の体制はない。主権独裁は守るべきもの、守るに値するものを自ら創造する。convention はそれであった。convention は新たな共和国の創設を目指しただけではなく、その共和国にふさわしい徳性を備えた人民を自ら作り出そうとした。その徳性をすでに備えた山岳派は、浄化と粛清を実施する人民の前衛として行動する。主権独裁は憲法制定権力であり、制定された権力である委任独裁とは異なる。[16)]

ここでは、革命的統治と立憲的統治とを区別する93年12月25日のロベスピエールの演説が参照に値する。[17)]

> 立憲的統治の目的は共和国を保全することにある。革命的統治の目的は共和国を創設することにある。革命とは自由による、その敵対者との戦いであり、憲法とは勝利し、平和を得た自由の体制である。……革命的統治が通常の統治より、より積極的に突き進み、より自由に活動することで、その正義や正当性は弱まるだろうか。いや、革命的統治は法の中でも最も神聖な法、人民の安寧（salut public）により支えられている。しかも、最も論駁不能な権原である必要性（nécessité）により支えられている。

あるべき人民との一体化を果たした convention（の指導的少数者）を通じて、人民は自身を浄化し、自身に対して独裁を行使する。[18)] これはプロレタリアート独裁やファシズム独裁体制と共通する革命の正当化の論理である。[19)] それらの独裁においても、被治者の均質性が確保されてはじめて治者と被治者の自同性（identity）という民主主義の理想が実現する。

---

15) Ibid., p. XIX; 邦訳12頁.
16) Ibid., p. 143; 邦訳167頁. 前提となるのは、ルソーの言う一般意思を「良心」と同視して実体化する解釈である（cf. Jaume, *Le discours jacobin*, p. 322）。この解釈については、長谷部恭男『憲法の円環』（岩波書店、2013年）114-17頁参照。
17) *Moniteur*, no. 97, an II, p. 390.
18) Schmitt, *Diktatur*, p. 148; 邦訳170頁.
19) Ibid., pp. 201-02; 邦訳229頁. 異分子を排除・粛清して人民の均質性を実現することが、人民を代表することである。こうした代表観は、カトリック教会の純化された統一性を要求し、ナント勅令の廃止を擁護したボシュエの教説と並行関係にある（Jaume, *Le discours jacobin*, pp. 368-85）。さらに Carl Schmitt, *Die geistesgeschichtliche Lage des heutigen Parlamentarismus*, 3rd ed. (Duncker & Humblot, 1961), p. 20;（邦訳）樋口陽一訳『現代議会主義の精神史的状況』（岩波書店、2015年）140-50頁で示されたルソー国家論の理解参照。

オリヴィエ・ジュアンジャンは、convention が主権独裁の実行に際して非常事態の概念に訴えたとしているが[20]、ここには、議論の混乱が見受けられる。少なくとも、既存の体制が通常の状態に復帰するための前提として、非常の権限が行使されているわけではない。非常事態ないし緊急事態という概念は、既存の憲法体制への復帰を予定して非常の権限行使が正当化される事態を指して使われることが通常であろう。フランス行政法における非常事態（circonstaces exceptionnelles）の法理も同様である[21]。

この混乱は、シュミットがおそらくは意図的に誘発したものである。シュミットは『独裁』において、主権独裁は、ルソーの言う立法者（législateur）と独裁者（dictateur）という 2 つの概念を融合したものであるとする[22]。立法者は憲法以前の存在であり、宗教の力を借りつつ人民の精神を変革し、あるべき国制を提案してそれを受け入れさせるが、自ら権力を行使することはない。他方、独裁者は祖国の危機に際して行政権を一定期間、集中して行使するが、体制そのものを変更することはできず、立法権を行使することさえできない[23]。2 つを融合することで、非常事態に対処するはずの独裁を入り口として、主権独裁が忍び込もうとしている。

「主権者とは非常事態に関して決定する者である」との断言で始まる『政治神学』第 1 章でシュミットは、ワイマール憲法第48条について、「第48条はむしろ、制約なき絶対権限を与えており、したがって、〔同条第 5 項が予定する法律による〕限定が定められないならば、1814年シャルト第14条の非常事態権限が国土を主権者としたように、主権が付与されていることになる」と述べる[24]。

---

20) Jouanjan, op. cit., p. 135.
21) フランスの行政判例法理によると、非常事態において行政は、法律の適用を停止すること、通常の権限を超えて活動すること、および、私人の基本的自由を侵害することが認められる。全くの私人が行政庁として行った活動に、正規の行政活動としての身分が認められることさえある。行政賠償責任の分野では、通常時は過失（faute）を構成すべき行為も責任を免除されることがあり、また、通常時であれば暴力行為（voie de fait）として司法裁判所の管轄に属すべき行為も、単純な過失として行政裁判所の管轄に属する行為とされる。さらに、通常時であれば過失による損害賠償の対処となる行為が、無過失責任による賠償の対象となることもある。非常事態の法理については、長谷部恭男「非常事態の法理についての覚書」同『憲法の論理』（有斐閣、2017年）所収参照。
22) Schmitt, *Diktatur*, p. 126; 邦訳146頁. 前者は『社会契約論』の第 2 篇第 7 章、後者は第 4 篇第 6 章に登場する。
23) Cf. Schmitt, *Diktatur*, p. 148; 邦訳170頁.

ここでも非常事態に対処し、既存の憲法への復帰を可能にするための第48条を、無制約の主権を基礎づける根拠規定として読み替えようとしている疑いがある。そもそもシュミットが引き合いに出す1814年シャルト第14条に関しては、非常事態に対処する権限を国王に与えているかについてさえ、争いがあった。主権独裁を正当化する条文では到底ありえない（そもそもそうした条文が存在しうるかも問題だが）。シュミットはここでも、主権独裁と委任独裁の境界線を曖昧化しようとしている。委任独裁に対応する非常事態の法理と、主権独裁の問題とは、明確に区別する必要がある。

『政治神学』冒頭のシュミットの断言にもかかわらず、主権者は非常事態、つまり既存の憲法体制への復帰を予定しつつ、通常とは異なる権限集中が行なわれる状況において決定を下す者ではない。むしろ非常事態の法理が前提とするはずの通常の憲法体制がこれから創設されようとしている薄明の混沌状態において、人民との一体性を標榜しつつ、なお未分化な全権力のままにとどまる憲法制定権力を行使し続ける者こそ主権者であり、それが主権がヌキ身で常駐する典型的な状態である。

非常事態に出現するのは委任独裁にとどまる。『政治神学』の前年の1921年に初版が刊行された『独裁』において、シュミット自身が行った委任独裁と主権独裁の区別に忠実であろうとする限り、主権独裁は非常事態では出現しない。

委任独裁の活動は、回復されるべき既存の憲法体制によって正当化される。主権独裁の活動は、これから創設されるべきことが標榜される憲法体制によっ

---

24) Carl Schmitt, *Politische Theologie*, 8th ed. (Duncker & Humblot, 2004 (1922)), p. 18; 邦訳『政治神学』田中浩・原田武雄訳（未來社、1971年）18頁。See also Carl Schmitt, 'Die Diktatur des Reichspräsidenten', in Carl Schmitt, *Die Diktatur*, 3rd ed. (Duncker & Humblot, 1964 (1924)), pp. 258-59; 邦訳『大統領の独裁』田中浩・原田武雄訳（未來社、1974年）91-92頁参照。第48条第5項が予定するライヒ法律による非常権限の細目の定めは、結局置かれなかった。なお、シュミットは「1815年シャルト Charte von 1815」とするが、これは1814年の誤りである。
25) François Saint-Bonnet, *L'état d'exception* (PUF, 2001), pp. 321-24.
26) この点については、Saint-Bonnet, *L'état d'exception*, pp. 308-15 参照。もっとも、この区別が実際には困難であることは認めざるをえない。委任独裁が主権独裁へと変貌する危険は常にある。この危険に対処する手段の1つは、ボン基本法115g条が規定するように非常事態に対処する国家機関の活動を裁判的コントロールの下に置くこと、つまり、委任「独裁」たる性格を否定することである。しかし、そのためには、統治行為論の消去、および任免の過程を含めた裁判官の独立の強固な保障が必要となる。

て正当化される。しかも、創設が標榜される体制の候補は1つではない。根底的に対立する憲法原理が相争っている。だからこそ、敵対分子を排除・浄化するための革命的統治が要求される。主権独裁が活動する状態は、あえて言うならば、非常事態が恒常化した状態であり、恒常化した非常事態はもはや非常事態とは言えない。そこにあるのは、内戦であり、革命的暴力である[28]。そして、シュミットが「非常事態 Ausnahmezustand」という概念で指示しているのも、実は身分闘争、階級闘争により根底的に揺さぶられる内戦状態である[29]。

既存の憲法体制が否定されるだけでなく、国家機関と社会組織の境界線もかき消され、いかなる憲法体制が創設されるべきか、新たな国家はいかなるものであるべきか等につき、根源的に対立する憲法理念が暴力的に衝突する場では、誰のいかなる行為が国家（法秩序）に帰責されるべきかも不分明となる[30]。そこでは複数の法秩序の候補が相争っているのだから。そこにあるのは、むしろ法的把握を許さない裸の革命的暴力である。主権者がヌキ身で常駐する状態は、誰が真正の主権者であるかを見極めることが困難な状態でもある。

ジョルジョ・アガンベンは、法秩序の定常的な運用が停止され、あるいはそれが消滅した状態をすべて「非常事態」と呼び、なかでも法的把握が不可能な裸の暴力が顕現するアノミー状態こそが真正の非常事態だと考える[31]。しかし、第一に法秩序の定常的な運用が停止した状態のすべてを覆う単一の法的観念（「非常事態」）が存在するか否かは疑わしい。第二に、非常事態は、前述の通り、法秩序が定常的に運用される状態への復帰を予定するもので、完全なアノミー状態とは異なる。真剣な検討に値するのが主権がヌキ身で常駐する権力の未分

---

27) John McCormick, 'The Dilemmas of Dictatorship', in David Dyzenhaus ed., *Law as Politics* (Duke University Press, 1998) は、1年を隔てた2つの著作の間で、非常事態および独裁に関するシュミットの態度が激変したとする。もっともこの論稿自体が指摘するように（pp. 227-229）、変化の兆しは『独裁』のなかにすでにあらわれている。

28) Giorgio Aganben, *State of Exception*, trans. Kevin Attell (University of Chicago Press, 2005), p. 59.

29) Schmitt, *Diktatur*, 7th ed., p. 17; 邦訳31頁.

30) Cf. Michel Troper, 'Y a-t-il un État nazi?', dans Michel Troper, *Pour une théorie juridique de l'État* (PUF, 1994).

31) Aganben, op. cit. アガンベンは、アノミー状態は目的を度外視した純粋な暴力が行使される点で非常事態と区別されると考えているかにもみえるが（ibid., pp. 61-62）、目的を度外視した暴力は「革命的暴力」ではありえないであろう。

化状態だとしても、それを指して「非常事態」という概念を使用するのはミスリーディングであり、それはシュミットの仕掛けた罠にはまることである。

　他方、ミシェル・トロペールは逆の方向で問題を単純化しようとする。つまり、存在するのは既存の法秩序への復帰を予定する、そして実定法によって統御されうる非常事態のみである。[32] 法的把握の不可能な状態はそこにはない。しかし、ヌキ身の暴力が跳梁する「諸組織のジャングル jungle organisationnelle」の存在は、「ナチス国家」なるものの存否を問う彼自身の論稿がそれを予想していた。[33] 法的に把握不能な概念は、法の世界にはそもそも存在しえないというのであれば、話は別となるが。

4　非常事態の法理の生成

　非常事態の法理は、権力を分立させる憲法体制の存在を前提に、明白な必要性の認められる非常時に限って権限の集中と人民の権利の侵害を正当化する法理である。非常事態が終息し必要性が消滅すれば、元の憲法体制に復帰することが当然の前提となる。しかし、歴史を顧みれば、既存の体制への復帰ではなく、新たな体制を創設するための手段として同様の論理が利用された例も少なくない。

　非常事態の法理の萌芽は、中世末期における教皇と世俗君主（皇帝・国王）との権限争議のなかにも垣間見ることができる。グレゴリウスⅦ世の強力な指導の下で、教皇を頂点とするキリスト教会は、皇帝や国王から聖界の権限を剥奪し、立法・司法・行政の三権を世俗の諸権力から独立して行使する近代国家の装いを示し始める。[34] 中世末期には、そうして形成された聖俗の権力分立を前提にしつつも、共同体の保全等のため、明白な必要性が認められる非常時には、規範的要請の階層化が発生し、通常時を超える権限の行使が正当化されるとの主張が現れる。フランスのフィリップⅣ世（端麗王）と教皇ボニファティウス

---

32) Michel Troper, 'L'état d'exception n'a rien d'exceptionnel', dans Michel Troper, *Le droit et la nécessité* (PUF, 2011).

33) Troper, 'Y a-t-il un État nazi?', op. cit., p. 180.

34) Harold Berman, *Law and Revolution* (Harvard University Press, 1983), pp. 113-15.

Ⅷ世との闘争はその典型例である。[35]

　当時の封建的主従関係の下では、君主といえども直接の封臣に対してのみ人的・物的貢献を要求することができた。世俗の君主による聖職者への課税も認められていなかったが、十字軍の費用調達のための課税等の例外はあった。しかし、そのためには、教皇の同意が条件となる。フィリップは、イングランドのエドワードⅠ世との戦争の費用調達を目的として、1296年に等族会議の同意は得たものの、教皇の同意抜きで50分の1税を聖職者から徴収した。ボニファティウスは、教会法に反して納税した聖職者は破門され、その地位を失うと主張したが、フィリップは安全を保障される聖職者が戦費に貢献するのは当然であると反論した。これに対してボニファティウスは1302年11月の回勅 Unam sanctam で、聖俗両界にわたる全権限は教皇に属し、教皇への服従が魂の救済の条件となるとの絶対君主制に見紛うテーゼを打ち出す。この対立が結局、教皇を異端として公会議に訴追しようとするフィリップの部下により教皇の身柄が拘束される1303年9月のアナーニ事件を引き起こし、教皇の屈伏を帰結したことは、周知の通りである。[36]

　両者の対立の経緯には、権力分立を前提としつつ、明白な必要性が認められる非常時には、通常時を超える権限行使が正当化されるとの非常事態の法理と、権力分立原理自体を破毀し、不可分の全権力の集中を要求する主権の論理とが、2つながら萌芽的な形態で姿をみせている。帝国の下でのキリスト教世界の統一性が破綻し、各国が、ときには教皇権にも対抗する自足的な人民の安寧の秩序単位たることを標榜し始めた時期である。全ヨーロッパを覆うキリスト教世界の一員としての魂の救済ではなく、国ごとの安全保障を究極の目的として封建的主従関係を突き崩し、議会を通じて全国民の同意を調達すると同時に全国民に直接支配権を及ぼす思考様式が誕生する。[37]生成しつつある近代国家と正当防衛の観念が結び付くことで、国家防衛を弁証する正戦論も形作られる。[38]

---

35)　Saint-Bonnet, op. cit., pp. 99-102.
36)　Unam sanctam については、J.H. Burns ed., *The Cambridge History of Medieval Political Thought* (Cambridge University Press, 1988), pp. 401-10［J.A. Watt］参照。アナーニ事件は、ダンテの『神曲』煉獄篇32歌で暗に言及されている。当時の教皇権に対するダンテの批判については、J.A. Watt, pp. 411-15参照。
37)　Saint-Bonnet, op. cit., pp. 114-15, 149-51.

むすび

　主権がヌキ身で常駐する状況は、新たな憲法体制の創設を目指して特定組織が理想の人民との一体性を標榜しつつ、裸の暴力の行使を通じて敵対分子を排除・粛清する状況である。既存の体制への復帰を目指す委任独裁が活動する非常事態とは、区別されなければならない。

　　　　　　　　　　　　　　　　（はせべ・やすお　早稲田大学教授）

---

38) Ibid., pp.127-28

第5章

憲法制定権力論の神学と哲学

福島涼史

1 概念の規定力

(1) 制定権と改正権の両立条件

　本書は、厳しい改憲状況下、憲法理論、特に、憲法改正の限界論や憲法制定権力論を探求することが目的と課題の1つとされている。

　これに関して、たびたび言及されるのが、カール・シュミットであり、対照的な現れ方をすることが見て取れる。シュミットの憲法制定権力論は、まず、立憲主義と緊張関係にあるものとして、いわば警戒すべきものとして登場する。[1] 他方で、憲法改正の限界を基礎づけるものとして、よるべき砦のようでもある。特に、フランス憲法学に対するシュミットの影響・貢献が、オリヴィエ・ボーを介しての、憲法制定権と改正権の区別であったというのが、[2] 逆説的にも思える。シュミットは、護憲派には魔性で、改憲派には窮屈、ということになるかもしれない。

　いずれにしても、これら2つの概念の区別にどれほどの意味があるかは、実は定かではなく、意図的に曖昧化したという指摘もされている。[3] 優れてイデオ

---

1) 山元一「『憲法制定権力』と立憲主義——最近のフランスの場合」法政理論33巻2号（2000年）3頁。特に警戒されるのは、「憲法制定権力」そのものから導かれる「主権独裁」という正統化論——動態的性格（26頁）。
2) この峻別は憲法改正権の実質的限界を導く前提（山元・前掲注1）44-45頁）。

ローグであったシュミット自身は、イデー・概念には特別の規定力があり、理論的な区別を立てただけで、現実にも規律が及ぶと確信していたのかもしれない。

ただ、そのような概念の規定力を信じるとしても、真正の区別がなされているかは、理論的な関心である。具体的には、いかなる手続き、制約にも服さない絶対の憲法制定権力が控えている──「主権がヌキ身で常駐」する──ところで制約され、限定された改正（権）は、果たして存立・論議可能なのか、が究明されるべきである。

(2) パラレルな現象

このような不思議な、背理的な概念の並存は、憲法の分野に限られず、国際法においてもあり、そのパラレルな現象が図1である。

図1

正戦論	戦争	〜〜	過剰な軍事復仇	‖	軍事復仇(reprisals)
憲法制定権力論	憲法制定権力	〜〜	限界を超えた憲法改正	‖	憲法改正(権)

(a) 国家の戦争権と復仇との並存

日本の国際法学の教科書では、国際連合の集団安全保障体制の前史として、2回の転換が説かれる。中世の正戦論の時代から、その崩壊を契機とした無差別戦争観（戦争の自由）の時代への転換、さらに、国際組織の成立による、戦争の違法化への再転換という変遷論が、通説的である。

ここで、同じ国際法の教科書に、復仇という行為・カテゴリーがあり、それが無差別戦争観の時代を通じて、認められていることで、先に触れた困難な概念の並存が生じる。復仇は、先行する違法行為や均衡が要件として課せられた、法的な行為であるのに対して、無差別戦争観という言葉で示されているのは、何らの要件にも服さない、戦争の自由だからである。

(b) H.ケルゼンによる理論的超克

この点を突いて、戦争の自由がありえないことを論難したのが、ハンス・ケ

---

3) 長谷部恭男「主権のヌキ身の常駐について──Of sovereignty, standing and denuded〈「国家と法」の主要問題(3)〉」法律時報87巻9号（2015年）105-106頁〈本書第4章56頁〉。

ルゼンで、こそ泥は罰され、強盗は許される、という逆説的な事態になるとした。ちょうど、アリストテレスが実無限を否認したように、ケルゼンは、背理に陥る戦争の無制約・無限を否認し、復仇の側を前提とした。その上で、血讐（*vendetta*）やスコラ正戦論まで持ち出して、国際法の法秩序性を、不法行為に対するサンクション、すなわち、正戦論から基礎づけた。

(c) シュミットによる理論的批判

通説的理解においては、シュミットも、復仇―正戦論者であることが見落とされている。シュミットが持ち出す等族間のフェーデは、ケルゼンの血讐同様、復仇のカテゴリーに入れられるもので、限定された法的な行為である。シュミットにあっても、実は、戦争の自由などなく、自助的な不法に対するリアクションとしてのみ戦争がありえる。

国際連盟期の「事実上の戦争」を巡る論議で、さらにその戦争観が確かめられる。見た目には軍事行動に出ているにもかかわらず、連盟が動かなかった各種のケースについて、それらは禁止された戦争ではないとする容認論があり、それをシュミットは厳しく糾弾している。

この時期の「事実上の戦争」は、上記の図にある「過剰な軍事復仇」にあたり、その根拠は、手続き的なものであった。典型的には開戦宣言――*animus belligerendi*（戦意）の表明――がなされた場合に戦争になり、それがなされない間は、戦争ではないという論法である。このような主張を、シュミットは、「外見上の実証主義よりする、概念二者択一の空回り」と断じた。

ノモス論などの上位の理論をもつシュミットにとっては、平和、戦争などの各概念は、それぞれの内実をもったものとして定義・輪郭づけられており、手続き的、あるいは主意主義・実証的な分類とは独立、無関係に同定可能なものであった。

このようにいわば、カウンターパートの国際法を眺めると、およそ2つの推測、示唆を得ることができる。1つには、空回りとまでいわなくても、概念の

---

4) Hans Kelsen, *General Theory of Law & State*, Transaction Publishers, 2006, p. 340.
5) Carl Schmitt, *Der Nomos der Erde im Völkerrecht des Jus Publicum Europaeum*, Duncker & Humblot, 4. Aufl., 1997, S.158.
6) Carl Schmitt, 'Über das Verhältnis der Begriffe Krieg und Feind', in: *Positionen und Pegriffe im Kampf mit Weimar - Genf - Versailles 1923-1939*, 3 Aufl., Duncker & Humblot, 1994, S.280-284.

二者択一に注意すべきであり、憲法改正として逸脱的・イレギュラーであるとしても、憲法制定権力の側で正当化できるとは限らず、また、憲法制定権力の発露と目されないとしても、憲法改正の範囲に収まっているとも限らない。

もう1つは、これに関わり、いついかなる時にも「行使」される、絶対・無限の憲法制定権力などは、措定しがたいということである。国家であれば、任意に戦争ができるということがありえないのと同様に、主権者や憲法制定権力が、ただその主体・存在のゆえに、任意に憲法を破棄したり、作ったりできるという、シェイエス的含意は問い直す必要がある。

(3) 区別の方途
(a) 政治・時代背景の相違
国際法の戦争観変遷論は、戦争の判定機関の権威の存否に連動するものであるが、国内法の側でも同種の説明が散見される。独裁についてのシュミットの各論が、大統領に対する信頼、議会に対する不信に基づくとされ、現代の議会政治との相違をもって、その論が退けられることもある。

(b) 歴史的一回性
より積極的に、2つの概念を時間的に区別する方途として、憲法制定権力の側を、現在は「凍結」するということも有名である[7]。この場合、憲法制定権力の発露と近代化過程が一体化され、いわば終わらない近代のなかで生きている我々には、改正権の側のみがありえることになる。

(c) 方法・観点
無差別戦争観の時代の学説について、戦争を、法の外の事象、extra legal なものとして扱ったものであるという指摘もあるが、憲法制定権力に対しても、同様の処理がありえる。すなわち、最も方法論的に徹底した区別として、それを事実の問題とし、法の対象ではないと切り捨てる立場である[8]。

両概念を区別するための、パラレルにみられるこれらの方途は、封じ込め策、

---

7) 近代市民革命が国家への集権の過程を完了させ、国民主権原理によって、人権主体としての個人が成立──特殊であることでフランスが近代の典型性を示す（樋口陽一『憲法 I』（青林書院、1998年）28-29頁）。1791年フランス憲法第七篇制定の審議過程での「凍結」（樋口陽一『近代立憲主義と現代国家』（勁草書房、1973年）301頁）。広義の近代の下の現代──「普遍化的近代化」（高田敏『法治国家観の展開──法治主義の普遍化的近代化と現代化』（有斐閣、2013年）415-416頁）。

対処法という実践的観点も強く、少なくともシュミットに即しての、その理論上の区分の明確化ではない。

シュミットが、国家論上の重要概念は、世俗化された神学概念であると言明したことは、よく知られている。そこで、概念区分の明確化の方法として、その元になっている神学概念に遡ってみることは、内在的な検討として、得るものがあるはずである。

2　神学的アプローチ

(1)　創造 (*creatio*) と統治 (*gubernatio*)
(a)　創造と統治との区分
憲法制定権力論は、しばしば、神の世界創造のアナロジーのうちに語られるため、まず、この分野から始めると、先の2つの概念の区分は、神の創造 (*creatio*) と統治 (*gubernaito*) の区分に相当する。

(b)　ドノソ・コルテスの連続性説
この2つの区分を意図的に曖昧化しようとする論者もあり、シュミットが持ち上げる19世紀半ばのスペインの外交官、Donoso Cortés がそうである。

(c)　トマス・アクィナスの神の間接的統治の規定
ドノソがこのような操作をするのは、トマス・アクィナスの神学大全においては、統治の側の場合、間接的に行われえると規定され、君主が大臣を通じて統治するという例が出されているからである[9]。統治の段階に入れば、神は直接の関与をしないこともありえる。神が世界とその法則を作り、その後は、その向こうに隠れているというのは、ドノソが批判した理神論的な構成である。そこで、間違いなく直接的である創造に引きつけて、統治の直接性を言おうとしている[10]。

ドノソの試みは、聖書の記述の次元では、そう荒唐無稽ではなく、ノアの洪水 (*el diluvio*) は、悪に対する統治の一環として、神が世界を破壊し、再び創

---

8) R. Carré de Malberg, *Contribution à la théorie générale de l'Etat: spécialement d'après les données fournies par le droit constitutionnel français*, Tome 2, Sirey, 1922, p.492.

9) Thomas Aquinas, *Summa Theologiae*, Ia, Q. 103, art. 6, co. et ad. 3.

造した事例、とみることもできる。ちなみに、二度と世界を破壊しないという神と人との契約の虹は、先の主権凍結論に親和的なものである。それでは、ドノソのいう創造・統治が、シュミットが掲げるような神学概念かというと、全く違う。

(2) 世界永遠性論争
(a) アヴィセンナの無時間的創造
　神学の創造論というのは、時に関して展開されるものである。先のトマスの時代に即せば、世界永遠説の受容問題ということになる。中世期、文献次元でも先進、優位にあったイスラム圏から流入してきたアリストテレス解釈は、キリスト教圏にあっては、衝撃であったといわれる。アヴィセンナと呼ばれたイブン・シーナーの無時間的な創造論もその例外ではなく[11]、これへの対処ということが、創造論の課題であったといえる。

(b) ボナヴェントゥーラの理性による永遠性否定説
　世界永遠説に真っ向から対峙したのが、トマスのライバルとされ、ともに13世紀に活躍したフランシスコ会のボナヴェントゥーラであった。このアリストテレス・ショックの反動として、アリストテレスもろとも、理性・哲学全体を拒絶する向きのあったなかで、ボナヴェントゥーラは、敵の土俵で、すなわち、理性による推論で、永遠性は否定できるとした[12]。

(c) トマスの第三の立場
　このボナヴェントゥーラの内なる敵がトマスで、理性・哲学によっては世界の永遠性は否定できず、別の言い方をすれば、時間を伴った創造は証明できず、ただ信仰によってのみ、措定されるものとした[13]。この論争が創造論の高みであ

---

10) Donoso Cortés, 'Carta de París', in: Donoso Cortés, *Obras completas de Juan Donoso Cortés. Marqués de Valdegamas*, Tome I, Edición, introducción y notas de Carlos Valverde, La Ediorial Catolica, S. A., 1970, p.924.
　聖書上は6日間創造後に、ノアの洪水など「創造」＝統治（破壊と再秩序化）の例（'El diluvio, por el cual el bien salió triunfante del mal, fue un milagro.' Donoso Cortés, 'Cartas al Conde de Montalembert', in: Donoso Cortés, *Obras completas de Juan Donoso Cortés. Marqués de Valdegamas*, Tome II, 1970, p.332）。
11) 中村広治郎「イブン＝シーナーの創造論」東京大学宗教学年報16号（1999年）10頁。
12) 長倉久子「ボナヴェントゥラにおける創造の問題」南山神学1号（1979年）106頁。

るのは、それまであった論争にも回答を与えているからである。

(3) 創造＝認識論
(a) アレキサンドリア派系譜の一回性説
　聖書に戻ると、創世記には、神が６日間で世界を創造したとある。この記述に対しても、文字通りに解釈することはできないとする系譜が、すでにあった。プラトンを掲げたフィロンの影響を残す、アレキサンドリア派系譜の学者たちの間では、哲学的な探求が進み、創造は一回（同時）的なもの以外ではありえないとされていた。[14]

　このような伝統があるなかで、ボナベントゥーラは、字義どおりに、６日間創造、継続創造の立場をとった。他方で、世界の永遠性の可能性を前提とするトマスは、*creatio* は *relatio* であるというテーゼにまとめられるように、創造を関係であると捉え直し、創造をプロセスであるとする理解を退けた。また、エッセの流出であるという独自の存在論も伴って、その無からの創造（*creatio ex nihilo*）の論は、一回（同時）創造の側を補強している。

(b) アウグスティヌスの認識論的解釈
　６日間創造を時間の経過として認めないという点では、古代に属する教父、アウグスティヌスの説も有名で、一日を、天使が、神や自己、また他の被造物を認識する順序、段階の区切りと解釈した。ネオプラトニストのプロティノスの影響を指摘する研究では、「認識における創造」と端的に性格づけられている。[15]

(c) トマスのイデアの選び取りとの基礎づけ
　創造を、世界が神に依存しているという意味での関係だとするトマスもまた、創造を認識と捉える。トマスは、創造を知性と意志の協働とし、神の内なる無

---

13)　*Summa Theolociae*, Ia, Q. 46, art. 2, co.. "creatio demonstrari non potest, nec a philosophis conceditur; sed per fidem supponitur."（*Super Sent.*, lib. 2 d. 1 q. 1 a. 2 co..）
14)　山本清志「聖トマスの『創世記』『６日創造』解釈──教父たちの解釈に対するトマスの態度」武庫川女子大学紀要人文科学編14号（1966年）249頁。
15)　「霊的知性的被造物の在り方と認識における創造」（河野一典「アウグスティヌスの創造論におけるギリシア哲学概念の変容──永遠・時間と形相・質料」新プラトン主義研究９号（2009年）63-67頁）。

限のイデアとその選び取りを論じる。[16]

　ドノソなどの聖書の記述上のイメージでは、創造は、パンを成形したり、クレーンで組み立てたりという過程、あるいは、外に向けられた行為と観念されてしまっている。これに対して、神学者たちの間では、過程は過程でも神の内なる過程、認識から選択という過程が捉えられており、その外への現れはいわば、瞬間の出来事とされる。

3　世俗化された哲学概念

(1)　主体から状況へ

　これまでの検討から分かるように、創造論というのは聖書の記述にはさほど規定されておらず、もっぱら哲学的に構築されているということである。

(a)　啓示を超えた広義の神学

　用語を整理すると、理性に基づくキリスト教的哲学（広義の神学）と聖書を根拠とした論議である狭義の神学、という区別ができる。ただし、トマスの場合は、聖書を超えて、神の学知という見えないものを、理論的起点として措定している。聖書を起点とするボナベントゥーラに比べ、このような構成は、聖書を相対化し、より哲学的、思弁的な性格を帯びると評されている。[17]

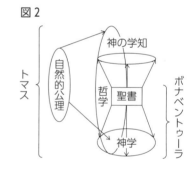

図2

(b)　汎神論的傾向

　広義の神学と呼ぶべき創造論はその典型であり、聖書というよりは、哲学者を相手に、その精緻な議論に呼応すべく磨き上げられている。これが可能であったのは、聖書を超える、上位の神の学知を措定し、その次元の内容を扱う哲

---

16)　山本耕平「創造における神の知——トマス・アクィナス　De verit. Q. 2, 3」中世思想研究16号（1972年）65-66頁、75-76頁。

17)　「ボナヴェントウラの神学が聖書の解釈にとどまる面を強く残しているのとは対比的に、アクィナスの『聖なる教え』は思弁的神学の性格を強く持つことになっている」（川添信介『水とワイン——西欧13世紀における哲学の諸概念』（京都大学学術出版会、2005年）153-154頁）。

学が、聖書の下の神学の基礎理論、オペレーションシステムになっているからである。

この副産物といえるものもある。ケルゼンは、科学的、哲学的であろうとすれば、必ず汎神論にならざるをえないと言っているが、その当否は別にしても、トマス的に哲学を前提とする場合、汎神論的な傾向をある程度帯びることになる。[18]

(c) 創造がなされる状況に主眼

汎神論というのは、神即世界、世界即神であり、神が世界に埋没し、吸収されるもので、ルーリアなどのユダヤ教神秘主義も汎神論からスタートしている。これが世俗化されると主権者、あるいは、国家即法となり、法と国家の同一化という国家法人説的な国家論になる。さらには、シュミットが、制定された権力と制定する権力の区分の文脈で言及するスピノザも、正統ユダヤ教から危険視されるような、汎神論者である。

もちろん、アウグスティヌスやトマスの理論はこれらとは重要な点で異なるが、神が主体として、世界の外に潜在的破壊＝創造者として控えていることやその全能などは背景に退く。代わって、創造が起こる状況、前提の条件に主眼が移り、認識論、イデア論がその核になる。

(2) *ex nihilo* から *ex cathedra* へ

(a) 例外状況を巡っての決断

世俗化された神学概念というのは、その実、世俗化された哲学概念であり、没主体的な認識論であるということを前提にすると、有名なシュミットのテーゼ、「主権者とは例外状況を巡って決断する者のことである」がよく理解できる。主権者が、国家に超越するものとして予め存在し、その主体が、全能によって任意に決断できるというのではない。まず状況、ここでは、あるべき秩序についての認識、複数の秩序観――厳密にいえば、秩序についての複数のイデア――の並存状況があり、それらの選び取りが行われた場合に、翻って、その

---

18) 神が世界に埋没・吸収‖（実体的）国家が法に埋没・吸収。「汎神論と純粋法学（Pantheismus und reine Rechtslehre）」(Hans Kelsen, *Der soziologische und der juristische Staatsbegriff kritische Untersuchung des Verhältnisses von Staat und Recht*, Tübingen, 1922, S.247-263)。

決定をなした者を主権者とみなすという意味である。

(b) 複数説並存状況を巡っての *ex cathedra* の不可謬決定

これに関連して、シュミットが、ジョゼフ・ド・メーストルの言葉を借りて「主権と不可謬は完全に同義である」というのも納得できる。全能の主権者だから過たないのではなく、間違えるということがそもそもありえないような始原的な選び取りをなすことを、主権と規定しているのである。主権というのは、創造に際しての神の知性と意志の意味であり、主権者、主体としての神の世俗版ではない。

ここでシュミットたちが、不可謬というのは、ローマ教皇の不可謬決定のことであるが[19]、こちらも先の構図と全く同じである。教義に関する複数の神学説（イデア）が並存する状況（Zweifelsfälle）に際して、教皇が *ex cathedra*（使徒座より）、特別に決定・宣言する場合に、それは、不可謬性を帯びるというものである。

この意味で、シュミットの世俗化には、分野上は二段階あり、神学のさらに下に教会論が直近の理論として介在している。ここでの課題である、2つの概念の区分ということでは、直接には、教会論の方がより具体的な違いを明らかにしてくれる。

(c) 裁治権と不可謬性との区別

不可謬性を文章によって確認、あるいは、確立した第一バチカン公会議の「キリストの教会に関する第一教義憲章」の第3章は、位階制のトップとしての権威、すなわち、その地位に基づく首位権を認めている。これに対して、第4章の不可謬性は、直前の首位権の一部、もしくは、帰結とされているのではなく、また、最高審級という地位・主体に基づくのでもない。

第一バチカン公会議当時、この不可謬性について、まさに教皇が、ヌキ身の主権者として、常駐し、人事などの統治を主権的に、介入的に行うことになると、特にドイツでは反発、警戒されたようである。これに対して、カトリックの教会法学者、神学者は、その決定がなされる状況、対象などを厳密に練り上げて、いわばルール化して、杞憂であることを明らかにしてきた。その区分を

---

19) Carl Schmitt, *Der Wert des Staates und die Bedeutung des Einzelnen*, J. C. B. Mohr（Paul Siebeck）, 1914, S.81.

みれば、技術的には、憲法制定権力と制定された権力、改正権の区分が可能になる。

　これまで述べてきたことは、シュミットのテキストに即していえば、『憲法論』の上に『政治神学』を置いて、それを前提に、憲法制定権力概念を読み解くという構えなので、まとめも兼ねて、少々弁明をする。

　『憲法論』では、憲法制定権力の主体の連続性／変更というので、主体性があたかも重要なように思われるが、そうではない。トマスの創造論と同様、ここでは、ある始原的決定への依存関係だけが問題であり、その決定の範囲内の場合に、連続的とされ、もはや別の決定に基づくとみなすしかない場合に、起点となる決定の変更という意味で、憲法制定権力の変更と表現されるに過ぎない。

　憲法制定権力と改正権を区別するのは、前者が立ち現れる要件としての例外状況である。憲法制定権力の永続、超越的な常駐ということも、その後、同等の決定がなされるべき例外状況が出来していないという、これもまた状況の表現でしかない。

(3) 転換の上位理論
(a) 革命・反革命期の哲学なき素朴神学
　もう１つの弁明として、シュミットが依拠する神学概念が、それほど哲学的なものなのかについて、言及したいと思う。レオ13世期のトマス・ルネッサンス、トミズム復興の後、神学とその研究・教育の水準は飛躍的に高まっている。革命・反革命の時代の論者たちは、この時代に特有の素人「歴史家・神学者」で、現代の厳密化された神学・哲学理解に照らせば、不整ばかりの素朴なものである。

　これに対して、シュミットは、*forma／materia*（形相／質料）などのアリストテレス的哲学概念も使いこなしている。また、*Summa*というトミズムの雑誌に寄稿した「教会の可視性——スコラ的考察」などは、ドノソたちが、及びもつかない神学・哲学的に高度なものと評価できる。

(b) シュミットの哲学的な上位理論
　ジェイエス、ド・メーストル、ドノソなどの論者にシュミットが言及するか

らといって、彼らが、シュミットの理論の基礎を提供しているわけではない。反対に、神学、さらには哲学が基礎、上位になっているからこそ、それらの体系的整合性を欠いた論を、要所、要所で使うことができたわけである。

宮沢俊義・八月革命説の来歴についての石川教授の論考に、当初、転身後のフェアドロスなどの国際法一元論が、革命を経た国家の法的連続性を基礎づけるものとして、取り込まれかけていたという指摘がある。結局は、よりダイナミックな、シュミットの憲法制定権力変更論へと転向し、そのような上位理論は堅持されなかったということである[20]。しかし、シュミット自身は、戦争観の変遷と同様、上位理論を堅持しつつ、主体変更論を展開している。ヴィヴィッドな転換論、さらには、啓示的、実定的な、憲法条文や歴史事象などに即して語られる、魔性の個別の理論は、その実、抽象的で見えにくい、哲学的な理論を上位にもち、それに手なずけられている。

(c) 歴史叙述ならざる憲法制定権力論はいかにして可能か

目の前の実定憲法典が、今、ここ（hic et nunc）にあることを弁証し、それに正統性を与えるのに、その背景・過程を理想化しつつ、浮かび上がらせる歴史叙述は有効であろう。しかし、その憲法がイレギュラーに運用されようとする時に歴史により頼んでも、その教訓からの警鐘か古き良き時代への懐古に止まる。

制定権、改正権は、それぞれ何であり、何であるべきか。これらに答えるためには、歴史の流れや各制定権主体から一度離れて探求する必要があると考える。そのための方途として、歴史的転換や主体論の側を弁証すべく持ち出される神学（創造論）をそれらから引き離し、哲学の次元に引き上げるという作業を行ってみた。言葉の真正の意味での憲法制定権力の理論を希求しつつ。

（ふくしま・りょうし　長崎県立大学准教授）

---

[20] 石川健治「八月革命・七〇年後——宮沢俊義の8・15〈「国家と法」の主要問題(1)〉」法律時報87巻7号（2015年）81-85頁〈本書第1章7-21頁〉。

第 6 章

ドイツにおけるケルゼン「再発見」と
国法学の「変動」の兆し

高田　篤

はじめに

　ハンス・ケルゼンは、「20世紀を代表する法学者」であり、その法学を練り上げ、憲法制定に関わり、憲法裁判所裁判官として活躍したオーストリアだけではなく、世界的に影響力を有している。日本においても、第二次大戦後の憲法学の分野だけをみても、多くの研究者が彼から影響を受けている。しかし、ドイツにおいては、事情が異なっていた。ケルゼンには、ナチス期は当然として、第二次大戦直後にも激しい批判が加えられた。その後、1960年代から1980年代まで、ケルゼンは無視されただけではなく、彼を取り扱うことがいわばタブーとなっていたのである。そのドイツにおいて、現在「ケルゼン・ルネッサンス」[1]、ケルゼンの「再発見」[2]が語られている。有力な国法学者によってケルゼン研究が復活し、ケルゼンの著作が次々と復刊されている。1990年代以降、1980年代まで大きな影響力のあったシュミット、スメントの影響力が急速に低下し、ケルゼンがタブーの対象から定位点になる、という一八〇度の転換が生じたのである。

1）　Matthias Jestaedt u. Oliver Lepsius, Der Recht- und der Demokratietheoretiker Hans Kelsen – Eine Einleitung, in: Hans Kelsen, Verteidigung der Demokratie, Mohr Siebeck, 2006, S. XI.
2）　Matthias Jestaedt（Hrsg.）, Hans Kelsen und die deutsche Staatsrechtslehre, Mohr Siebeck, 2013, S. 145 ff.

この劇的変化、ケルゼン「再発見」という現象を前に、本稿では、日本の学界において十分に認識されてきたとは言い難い戦後ドイツ国法学におけるケルゼンのタブー視の背景を検討し、そこからの急展開がドイツ国法学の「変動」の兆しを表しているのかについても簡単に考察する。

1 戦後ドイツにおけるケルゼンの不受容と「再発見」

(1) ケルゼンの不受容

ドイツでは、ヴァイマル期、ナチス期においてケルゼンに対してなされた批判が、戦後においてもそのまま継続された[3]。また、戦後においては、自然法論の復活、法実証主義批判の文脈で、ケルゼンが批判された。さらに、ケルゼンは、ドイツが無条件降伏し、アメリカ、イギリス、フランス、ソ連の四ヶ国共同統治となったことについて、ドイツが主権国家として一旦消滅したと解した[4]。これは、法解釈としては十分に存立しうる立場であるが、ケルゼンの見解は多くのドイツの法律家から不道徳な「裏切り」とみなされたのである[5]。

戦後ドイツにおける自然法論の復活、法実証主義批判に対しては、1960年代以降、批判的再検討が加えられた。そして、ナチス期の法律家が実証主義的であったことはなく、反対に、実定法規範よりもナチス的法理念・原理に定位し、実定法規を曲げてナチスに迎合する法解釈・適用をおこなっていたことが、実証的に明らかにされたのである。しかし、実証主義批判が次第に克服されたにもかかわらず、その後もドイツ法学においてケルゼンが「復権」することはなく、それどころか、ケルゼンに言及することをためらう雰囲気があった[6]。結局、ケルゼンをタブー視する風潮は、1980年代まで続いたのである[7]。

(2) ケルゼンの「再発見」

ドイツ国法学におけるケルゼン研究は、1980年代から徐々に復活した。1986

---

3) Jestaedt u. Lepsius (Anm. 1), S. XI ff.
4) Hans Kelsen, The Legal Status of Germany according to the Declaration of Berlin, in: American Journal of International Law 39 (1945), pp.518-526.
5) 詳しくは、Horst Dreier, Rezeption und Rolle der Reinen Rechtslehre, Manz, 2001, S.27 f.

年に刊行されたホルスト・ドライアーの博士論文は、戦後ドイツにおける最初の本格的なケルゼン研究であった。その後、ドライアーは公法学界を代表する研究者の1人となったが、ケルゼン研究者としては、戦後初めてのことであった。1990年代以降は、後にドイツ国法学において中心的な活躍をすることとなる有力な研究者達がケルゼンと取り組むようになった。さらに、「ルネッサンス」ということで、ケルゼンのテキストについて、その引用はすでに正常化しているという。すなわち、個別領域では、国際法、国家概念、立憲主義、連邦国家、連邦憲法裁判所、民主制、選挙法、瑕疵の効果、妥当性、行為形式などで、ケルゼンの引用がなされ、特に、規範の妥当性、瑕疵の効果、民主制、連邦憲法裁判所の立場と働きなどの領域については、ケルゼンを引用しないと、そのことが奇妙に思われるといわれる。

このように、現在では、ケルゼンに言及し、あるいは、その人や理論にシン

---

6) それを如実に示す1960年代のエピソードがある。ドイツの法学雑誌には、著名な法学者の節目の誕生日を祝う記事を掲げる慣行がある。雑誌『公法論叢（Archiv des öffentlichen Rechts）』は、1966年にケルゼンの生誕85周年を記念しようとした。当時、同誌の共同編集者であったホルスト・エームケは、助手であるペーター・ヘーベルレに簡単な祝辞を書くよう依頼した。それに対してヘーベルレは、著者として自分の名前を出さないようエームケに懇願した。彼は、その祝辞がケルゼンへの支持と誤解され、キャリアに好ましくない影響を与えることを恐れたのである（Oliver Lepsius, Hans Kelsen und die Pfadabhängigkeit in der deutschen Staatslehre, in: Matthias Jestaedt（Anm. 2）, S 252. なお、この論稿は、当初、2012年3月の大阪大学滞在中に、同月に開催された日独法学会における講演原稿として書かれ（オリバー・レプシウス（髙田倫子訳）「ドイツ国法学におけるケルゼン・ルネサンス」日独法学30・31・32号合併号1頁）、後にわずかな修整を施して、ケルゼン「主要問題」100周年、生誕130周年記念シンポジウムの報告集に掲載されたものである）。

今から振り返ると滑稽にも思える態度であるが、当時、それは全く故のないことでもなかった。1960年代、70年代にも、ケルゼンに肯定的に言及する公法学者が、わずかながら存在した。たとえば、ディートリッヒ・イエッシュ、ハンス・ハインリッヒ・ルップ、ノルベルト・アハターベルクなどである。しかしながら、彼らには不幸の陰がつきまとった。イエッシュは、39歳の若さで交通事故によって死亡した。ルップも、国法学者協会で役員を務めるなど一定の地位を築いたが、その業績の大きさに比して、大きな学的影響を残せなかった。特に悲惨だったのは、アハターベルクである。彼は、学界から冷遇され、1988年に自殺をとげたのである。

7) 筆者自身、ケルゼンのタブー視を直に体験している。筆者は、1988年からDAAD奨学生として、私の研究に理解を示して下さるケルン大学のシュテルン教授の下に留学したが、教授以外に多くの有力な公法研究者と知り合う機会があった。そして、私の研究業績に話が及び、ケルゼンを研究対象として論文を書いたことが明らかになると、しばしばよそよそしい雰囲気が生じ、端的に「間違った研究対象」に関与することからの脱却を強く勧められることもあった。当時のドイツ公法学には、ケルゼンにシンパシーを抱いている者を歓迎する雰囲気はなかった。

パシーを公に表すことについて、公法学関係者がためらいを覚えなければならない状態ではなくなっている。[12]

2 ケルゼンのタブー視継続の原因

このように、今やドイツにおいて、ケルゼンは完全に「復権」しているが、1970年代、80年代に、第二次世界大戦後の実証主義批判が克服されていたにもかかわらず、ケルゼンが「復権」せず、タブー視が継続したのは何故なのだろうか。

(1) ドイツ国法学に即した説明

その理由をドイツ国法学に即して説明すると、ひとつには、国法学をめぐる学的系譜、方法がある。すなわち、この時期の国法学の通説は、理論研究が最盛況だったのがヴァイマル期だったこともあって、理論型体についてヴァイマル期との間に顕著な連続性を有しており、また多くの国法学者が政治的に保守的であったため、カール・シュミットとルドルフ・スメントが強い影響力を保ったのである。他方、進歩的、左派的立場の公法学者の間では、この時期、社会学的方法論への定位が全盛であった。ケルゼンは、社会学的方法を法学に直

---

8) Horst Dreier, Rechtslehre, Staatssoziologie und Demokratietheorie bei Hans Kelsen, Nomos, 1986.
9) ドライアーは、代表的な憲法・基本法のコンメンタールの編著者であり、また、最終的に実現はしなかったが、連邦憲法裁判所副長官候補者として名前を挙げられた。
10) レプシウスは、ケルゼンの学的な概念形成、イデオロギー批判、議会制分析に注目し、それらを高く評価した（Oliver Lepsius, Die gegensatzaufhebende Begriffsbildung. Methodenentwicklungen in der Weimarer Republik und ihr Verhältnis zur Ideologisierung der Rechtswissenschaft im Nationalsozialismus, C. H. Beck, 1994; ders, Steuerungsdiskussion, Systemtheorie und Parlamentarismuskritik, Mohr Siebeck, 1999)。そして、イェシュテットは、ケルゼンの方法論に着目する（Matthias Jestaedt, Das mag in der Theorie richtig sein... Vom Nutzen der Rechtstheorie für die Rechtspraxis, Mohr Siebeck, 2006）と同時に、ケルゼンの全著作を、その原稿から検討した上で、順次刊行していくプロジェクトを推進している（現在、Hans Kelsen Werke は Mohr Siebeck 社から 5 巻まで刊行され、それによってケルゼンの1905年から1920年までの著作が復刻されている）。また、メラースは、ケルゼンの国家概念批判、権力分立批判に注目し、自らの議論の支えにしている（Christoph Möllers, Staat als Argument, C. H. Beck, 2000; ders, Gewaltengliederung, Mohr Siebeck, 2005）。
11) Ulrike Lembke, Weltrecht-Demokratie-Dogmatik, Kelsens Projekte und die Nachwuchswissenschaftler, in: Jestaedt (Anm. 2), S. 225 f.

輸入することについて、オイゲン・エールリッヒと激しい論争をするなど、極めて批判的であったため、通説的立場からだけではなく、左派的立場からも、受け容れられなかったのである。

　もうひとつの理由は、ドイツ国法学の課題である。つまり、この時期、国法学が抱える最大の問いは、社会国家原理をどのように捉え、いかに国法学の体系に取り込んでいくかであった。また、国法学の焦点は、基本権の裁判的保障についていかなる解釈論を展開するかにあった。この両者について、ケルゼンは、その学問体系において正面から論じなかった。彼の理論は、この時期の国法学にとってアクチュアルなものとはいえなかった。

　確かに、これらの学的背景から、何故にケルゼンの理論がこの時期のドイツ公法学において関心を取り戻すに至らなかったのかを説明できよう。しかし、それらは、関与が躊躇されるほどにケルゼンがタブー視され続けたことに十分な説明を与えていない。

(2)　ドイツ国法学の傾向からの説明――ギュンター

　ケルゼンのタブー化について、フリーダー・ギュンターは、戦後ドイツ国法学に残存した反ユダヤ主義、反実証主義、反亡命者、非リベラル・非多元主義の傾向から説明しようとした。たとえば、反ユダヤ主義的傾向にもかかわらず、ゲルハルト・ライプホルツのように、第二次大戦後ゲッティンゲン大学に復帰し、連邦憲法裁判所判事になった者もいる。しかし、ケルゼンは、戦後ドイツ

---

12)　その顕著な例として、現在の現連邦憲法裁判所長官アンドレアス・フォスクレが、副長官に就任する際のインタビューで尊敬する人物を尋ねられた際、ヴェーバー、ルーマン、ケルゼン（3名の中では唯一の法学者）の名をあげた（2008年4月25日付けの Frankfurter Allgemeine Zeitung において）。

　また、エルンスト－ヴォルフガング・ベッケンフェルデは、自身にとってケルゼンが大きな存在であったとした。すなわち、ケルゼンの「民主制の本質と価値」、存在と当為の二元論、自然法の基礎の三点において、ケルゼンと取り組み、格闘してきたという（Ernst-Wolfgang Böckenförde, Diskussionsbeitrag, in: Jestaedt (Anm. 2), S. 141 f.）。そもそも、1980年代半ばまでの憲法解釈や裁判で重要な役割を果たしたのは基本権と法治国家原理であったが、1980年代終わり以降、ベッケンフェルデの民主制論の大きな影響で、民主制原理が学説や裁判実務でも大きな意味をもつようになっていった。彼の民主制論について、ドイツでは、主にシュミットやヘラーから影響を受けたものと理解されている。しかしながら、ベッケンフェルデが彼の民主制論をケルゼンへの取り組みの結果としても叙述したことは、ドイツにおいてはケルゼン「再評価」の表れと受け取られることとなろう。

国法学の反実証主義的傾向により、無視ないし批判され続けることになったという。また、そもそも戦後すぐのドイツには、亡命した者に対し、国民（Nation）としての信頼性という面で冷淡な傾向があったが、ケルゼンが、無条件降伏、四ヶ国共同統治によりドイツの主権国家性が一旦消滅した、と亡命先で論じたことは、国法学のコンセンサスに反し、冷淡さに拍車をかけることになったとする。さらに、ドイツ国法学は、1920年代において、政治的に右派的傾向を示し、しっかりと結び合わされた、価値拘束的で、調和的な秩序を志向したが、それが戦後も継続し、その雰囲気が、リベラルで多元主義的なケルゼンとは合わなかったという。つまり、ギュンターは、ケルゼンが特定の傾向にだけではなく、挙げられた全ての傾向に関わるが故に、徹底的に排除されたとするのである[13]。

確かに、彼の議論は、ケルゼン排除が何故あれほど徹底的に行われたのかについて、ある程度、説得的な理由付けを提供していると思われる。しかし、それは、諸傾向が徐々に消滅に向かった1970年代中盤以降においてもケルゼンのタブー視が続いたことに、十分な説明を与えていないのである。

3 現在のドイツ国法学における　　ケルゼン「再発見」をめぐる議論

1970年代、80年代にケルゼンのタブー視が継続した理由の追究は、ケルゼンがタブー視を脱して「再発見」された理由と併せて検討することによって、初めて可能になるであろう。

その際、「再発見」をめぐるドイツ国法学研究者による議論を検討する必要がある。その適当な素材として、2011年に開催されたケルゼン「主要問題」100周年、生誕130周年記念シンポジウムにおいて、「再発見」の意義に懐疑的な見解を提起したシェーンベルガーの報告[14]と、シンポジウム後にシェーンベル

---

13) Frieder Günther, „Jemand, der sich schon vor fünfzig Jahren selbst überholt hatte "- Die Nicht-Rezeption Hans Kelsens in der bundesdeutschen Staatsrechtslehre der 1950er und 1960er, in: Jestaedt (Anm. 2), S. 72 ff.

14) Christoph Schönberger, Kelsen-Renaissance? Ein Versuch über die Bedingungen ihrer Möglichkeit im deutschen öffentlichen Recht der Gegenwart, in: Jestaedt (Anm. 2), S. 207 ff.

ガー報告を踏まえて書かれ、「再発見」の意義を大きいものと評価するレプシウスの論稿がある。[15]

(1) 「再発見」の意義への懐疑――シェーンベルガー

シェーンベルガーは、ケルゼン理論にドイツにおける不受容の原因があるとする。すなわち、ケルゼンは、法学を規範科学に過度に縮減し、法哲学、比較法、法社会学に開かれ、言語論的転回（1970年代）、文化論的転回（1990年代）などの影響を受けた法学にとって、その理論はモダンさを欠いているという。[16] そして、ケルゼンの強みが規範の観察的・記述的構造分析にあり、法の内容を問わないのに対し、1945年以降のドイツにおいては、人権・基本権の重要性が増大し、法秩序の実質化が進んだのであり、ケルゼンの理論は公法上の基本テーマに合致していない。ケルゼンが法学を認識領域へ過激に縮減したため、彼の理論に基づいて法の適用理論を展開すること、ドイツ法学の中核である法ドグマーティクを展開することは困難であるという。[17]

次に、シェーンベルガーは、ケルゼン理論はドイツ公法ドグマーティクに合わないとする。つまり、公法ドグマーティクが行政裁判権の存在を前提に、公法と私法の区別を維持しているのに対し、ケルゼンはその区別を徹底的に批判し、公法の独自性を認めない。また、戦後ドイツでは、憲法裁判所の影響で憲法が独自の問題をもつ固有の層として前面に立ち、憲法中心化が進んだのに対し、ケルゼンは、憲法を法の段階構造における一段階に過ぎないものとして国法における憲法の自立性を否定し、むしろそれによって憲法による裁判的コントロールに途を開こうとする立場にあった。シェーンベルガーは、こういったケルゼンの理論をドイツの公法ドグマーティクに接続させることが困難であるとする。[18]

シェーンベルガーによれば、確かに、近年、基礎法学への関心が高まり、そ

---

15) Oliver Lepsius (Anm. 6), S. 241 ff.
16) ケルゼンの社会学的、心理学的、人類学的な研究も含めた全著作を、ケルゼンが活躍したそれぞれの社会、時代の知の文脈を踏まえて把握しようと試みる日本の研究者にとっては、ケルゼンにモダンさが欠けるという議論がなされること自体が、現時点でのドイツにおけるケルゼンの読まれ方の一端を示す、大変興味深い事象である。
17) Schönberger (Anm. 14), S. 215 ff.

れがケルゼン理解に有利に働くかもしれないが、数多くの理論がケルゼンと競合している。また、ケルゼンは、国家概念や主権概念の世俗化によって、ヨーロッパ化やグローバル化の時代に適合しているようにみえるかもしれない。しかし、ケルゼンの法理論は、超国家的ではあるが、階層的一体性思考に定位しており、法システムの多元化、多中心化、ヘテラルキー的結びつき、ネットワーク化という現状をそのカテゴリーで描出することは困難である。さらに、ケルゼン理論は閉じた全体システムを表象しており、その個別要素の受容は困難であるという。すなわち、ケルゼン受容が成功した国々では、それはポスト形而上的世界把握として受け入れられており、オーストリアにおける成立文脈に似た条件を有するイタリア、ラテン・アメリカなどでは、カトリック、権威信奉の伝統に対し、世俗化をもたらすもの、従来の法のイデオロギー的基盤を破壊し、それに代わる包括的理解を提供するものとして受容された[19]。これに対し、宗教的伝統が地域的に多元的であるドイツには、ケルゼンの包括的受容にとっての歴史的・文化的条件がない。それ故、ドイツにおけるケルゼン受容には限界があり、結局、ケルゼンは、法律家の世界を乱す挑発者であり続けよう[20]、と結論づけるのである。

(2) ケルゼン理論のドイツ国法学における現代的意義——レプシウス

これに対し、レプシウスは、ケルゼン「ルネッサンス」の原因を4つあげている。第一は、法実証主義の復権である。第二は、ドイツ国法理論において、国家論から憲法理論へ、実体から権限へのパラダイム転換が起こったことである。第三は、民主制論の隆盛である。第四は、膨大な判例素材の集積を前に、

---

18) Schönberger (Anm. 14), S. 217 ff. シェーンベルガーの説明も、ギュンターのそれと同様に、ケルゼンが1970年代、80年代においてもなお、ドイツでタブー視され続けた理由について、解明していない。
19) この説明は、日本の研究者の興味を喚起しよう。たとえば宮沢俊義の大日本帝国憲法下でのケルゼン受容(「憲法の科学」)、戦後の「新憲法」体制への転換の把握(「八月革命」説)を、シェーンベルガーの説明になんとか重ね合わせることは不可能でないようにみえる。しかし、1970年代、1980年代の日本におけるケルゼンへの関心は、シェーンベルガーが表象するよりもはるかに広範、多様、かつ個々的だったのであり、それを知る者からすれば、シェーンベルガーの受容観は貧弱に感じられよう。
20) Schönberger (Anm. 14), S. 219 ff.

ドグマーティクによる対処が困難になり、理論の需要が生じたことである[21]。

その上で、レプシウスの論稿では、ケルゼン理論のアクチュアリティーを、2つの領域について示そうとする。第一の領域は、ケルゼンの法秩序の段階構造論である。それは、諸規範の相互関係についての分析であり、実体的ではなく、関係的、プロセス的、権限に係る考察である。段階構造論により、法創設・法適用を複合的に理解することが可能になる。また、段階構造論は、時間的に生じる法の変化や、連邦国家やヨーロッパ法の妥当領域において地域ごとに異なる法創出などを、関係的に説明づけることができるとする[22]。

第二の領域は、ケルゼンの民主制論である。それは、法を創出するアクターの正統性の構造および正統性の条件を法学の対象とする。彼は、国民概念の様々な概念レベルと機能とを明らかにし、国民概念を脱実体化することによって、それを正統性主体の基本類型として利用可能にする。そして、民主制を自由によって基礎づけることを通じ、民主制のアクター、たとえば代表者や選挙人に大きな自由の余地を与える。また、ケルゼンは、民主制を少数者によって正当化し、時間や妥協をその理論のなかに位置づける。このようなケルゼンのアプローチは、多元社会における民主制の把握に適し、民主制における憲法裁判権の機能を記述することができ、国家国民を超えたところでの民主的正統性の関係の成立を可能にするという[23]。

レプシウスは、ケルゼンの規範理論と民主制理論の検討を踏まえて、最後に、ケルゼンは、ドイツ法学に対して、鏡を差し出し、19世紀に由来する実体的体系概念、権限と文脈を顧慮しないドグマーティク、そして実体法と法律法源への一面化という伝統への径路依存（Pfadabhängigkeit）[24]を問いただすよう迫る。ケルゼンの法学理解は、ドイツ法学にとって改革プログラムを意味するというのである[25]。

---

21) Lepsius（Anm.6）, S. 255 f.
22) Lepsius（Anm.6）, S. 257 ff.
23) Lepsius（Anm.6）, S. 261 ff.
24) レプシウス論稿のタイトルにも記される「径路依存」という概念は、まず、シェーンベルガーとレプシウスの討論で使用された（Jestaedt（Anm. 6）, S. 274, 279）。この概念は、特定の路線に沿って展開し、そこからの逸脱が困難なことを意味する。
25) Lepsius（Anm.6）, S. 266.

(3) 径路依存という共通の見方

　前述のシンポジウムにおけるシェーンベルガー報告後の質疑で、レプシウスは、シェーンベルガーの見解を批判した。すなわち、過去において、公法／私法の区分、法の実質化が、ドイツにおけるケルゼン受容を妨げてきた、というシェーンベルガーの指摘は正しいが、今後もそれが続くとは思えない。現在の法政策のホット・スポットは、公法／私法の区分が困難である領域であり（たとえば、規整法（Regulierungsrecht）、消費者法、同権化法）、また、公法学における実質化について、将来もそれが続くことはない。すでに、手続法、組織法、権限問題へ関心が移りつつある。ケルゼン受容が法秩序の実質化のために失敗するというテーゼは、法律学的思考の不可逆的な径路依存を想定する。しかし、シェーンベルガーも含めた若い世代の研究をみれば、それは維持できない[26]、とした。

　これに対し、シェーンベルガーは、ドイツにおいて、公法／私法の区分が消え、コモン・ローにおけるように行政法の独自性がなくなるとは考え難い。彼自身は、組織、手続、権限への定位を望ましいと考えるが、個人的選好と予測は区別しなくてはならない。実質化についてドイツ公法学における径路依存はまだ強い[27]、と答えた。

　このように、シェーンベルガーとレプシウスは、今後のケルゼン受容の見通しについて見解を異にしているが、ドイツ公法学に径路依存があるということについては一致しているのである。

4　ケルゼンタブー視の原因としてのドイツ公法学の径路依存とそこからの脱却？

　前節で示されたドイツ公法学の径路依存という観点から、1970年代、80年代におけるケルゼンのタブー視継続を説明することができるだろうか。

---

26) Jestaedt（Anm. 2），S.273 f.
27) Jestaedt（Anm. 2），S.278 f.

第6章　ドイツにおけるケルゼン「再発見」と国法学の「変動」の兆し　85

(1)　アハターベルクの拒絶とケルゼンのタブー視

　それについて、1970年代終わりに発生したドイツ公法学上の出来事が、径路依存がタブー視の継続と結びついていることを示唆しているように思われる。それは、ノルベルト・アハターベルクが、1979年の国法学者大会における報告[28]の際、批判というより嫌悪感に基づく拒絶に遭遇したというドイツの公法学者の間では有名な「事件」である。

　アハターベルクは、この時代には珍しくケルゼンに依拠して法機能論や法秩序論という独自の学説を展開していた。その彼が、「基本法制定30周年のドイツ」[29]というテーマについて国法学者大会で報告した際、国法学者協会の名誉会長であり「最長老」であったハンス–ペーター・イプセンが、討論において、同報告に対し協会員から質問・コメントがほとんど無いことを指摘した上で、実際に適用することなく方法論だけを語り、理解不能な新奇の外来語ばかり使用して、与えられた課題をこなせていない[30]、として報告を全否定したのである。アハターベルクの報告は、テーマもあって、総花的で深みに欠けるものではあったが、ルーマン理論が完全に市民権を得、機能主義的な用語に慣れた21世紀に活動する公法研究者の目からすれば、それほど理解困難な報告ではない。それにもかかわらず、国法学者大会の場で全否定に遭遇したのである。

　この出来事は、ケルゼンに対する直接の批判ではないにせよ、ケルゼンへの拒否感の理由を示唆しているように思われる。すなわち、ケルゼンは、法学・公法学において永らく当たり前に使用されてきた概念、理論の実体性を容赦なく批判した。そして、従来の概念・理論を踏まえつつも、いわば一旦ゼロから再スタートして概念、理論を非実体的に構築し直そうとしたのである。伝統的

---

28)　Norbert Achterberg, Deutschland nach 30 Jahren Grundgesetz, VVDStRL 38 (1980), S. 55 ff.
29)　Norbert Achterberg, Problem der Funktionenlehre, C. H. Beck, 1970; ders., Die Rechtsordnung als Rechtsverhältnisordnung, Duncker & Humblot, 1982. 日本でも、法関係論として堀内健司によって紹介、検討された（「N・アハターベルクの『法関係』論について」同『立憲理論の主要問題』（多賀出版、1987年）所収201頁以下）。アハターベルクの法関係論については、山本隆司による批判（『行政上の主観法と法関係』（有斐閣、2000年）453-455頁）も参照。なお、アハターベルクは、議会法の権威として、現在に至るまでドイツ公法学において高く評価されている（Grundzüge des Parlamentsrechts, C. H. Beck, 1971; Die parlamentarische Verhandlung, Duncker & Humblot, 1979; Parlamentsrecht, Mohr Siebeck, 1984）。
30)　VVDStRL 38 (1980), S. 148f.

な法学者は、主たる任務としてのドグマーティクを、実務的蓄積を踏まえ、それに見通し、指針を与えるべく長い年月をかけて磨かれてきた技法と捉えてきた。彼らからは、ドグマーティクとは関係の無いレベルで、ゼロから概念・理論を構築しているようにみえるケルゼンの理論が、役に立たない、自分勝手なものと映ったのではないかと考えられる[31]。国法学者大会におけるアハターベルク拒絶という事件は、ケルゼンのタブー視が長期にわたるドイツ公法学のあり方と関連していたことを示しているように思われる。

(2) ケルゼンの扱いから見るドイツ国法学の特質とその変化

　もちろん、ケルゼンのタブー視は、様々な要因から生じている。しかし、これらの要因の多くが消滅した1970年代後半以降もタブー視が継続したのならば、その継続を支えた要因が、根強かったタブー視の核をなすもので、同時に、ドイツ国法学に歴史的に刻まれた特質に関わるものとみなしえよう。逆に、1990年代以降、ドイツ国法学においてケルゼンが「再発見」されたことは、そのあり方に変化の兆しがあるとの予測も生じさせる。ケルゼンのタブー視と「再発見」という現象は、ドイツ国法学の特質とその「変動」の兆しを具体的・客観的に探究していく上で重要な手がかりを与えるのである。

5　ドイツ国法学の「変動」の兆し？

ドイツ国法学の「変動」の兆しはどのように現れているのであろうか。

(1) ケルゼンとドイツ国法学の「変動」の兆し
　レプシウスと同様の見解は、前述のシンポジウムで次世代の研究者を代表す

---

31) ケルゼンを評価し、的確に理解していた前述のイエッシュも、ケルゼン理論は法理論として模範的なのであるが、ドグマーティクに役に立つものではないとしている（Dietrich Jesch, Gesetz und Verwaltung, J. C. B. Mohr, 1961, S. 57)。ケルゼン自身も、法学（法科学）を志向していたのであり、自らの法理論をドグマーティクの省察に投入することはなく、またその必要も無かった。ケルゼンは、オーストリア共和国の憲法起草者であり、その下で活動する憲法裁判所の判事であった。彼は、自身で法政策を展開すれば事足りたのであり、憲法解釈と法理論・法科学との厳格な区別を維持し続けることに、何の問題ももたなかったのである。

る形で報告したウルリケ・レムケによっても提起されている。レムケによれば、公法は、国際化とグローバル化、新操作（Steuerung）モデル、変化と改革によって、境界喪失と過剰要求の危険にさらされている。公法学は、問いに対応して、新たな尺度を設定し、学際的になり、効果に定位し、実務と関連することを求められるとする。そして、彼女は、そのような課題に答えるべくケルゼンに依拠して進めうるプロジェクトとして、①ケルゼンの国際法についての考え方に基づく普遍法的世界国家のプロジェクト、②ケルゼンの形式主義的、価値相対主義的、動態的、参加志向の民主制観に基づく多元主義的民主制理論、③法学を脱イデオロギー化し、政治と法（法学）の均衡ある関係を促進する純粋法学に基づくドグマーティクの脱権力化の３つをあげている。[32]

このように、レプシウスとレムケは、ケルゼン理論が、求められる国法学の「変動」に対して有益な刺激を与えうると考えている。その内容を要約すれば、ケルゼン「再発見」は、

①1990年代以降、国法学の方法をめぐる議論が活発化し、そのなかで「ドグマーティク」とは異なる「理論」の意義が強調されているが、ケルゼンがそれに有効な視座を与えうる、
②1980年代終わり以降、民主制原理が重要性をもつようになり、その意義と法治国家など他の憲法原理との関係が問い直されているが、ケルゼンの民主制論がそこにおいて重要な役割を果たしうる、
③1990年代以降、ヨーロッパ化、グローバル化の進展が、「国家」に定位した国法学のあり方・議論に大きな変化をもたらしているが、ケルゼンの理論構成がその解明に親和的である、

というように、現在の国法学の中心的課題克服の文脈で論じられている。このように、ケルゼンの「再発見」は、ドイツ国法学をめぐる近年の動き、「変動」の兆しとつながっているのである。

---

32) Lembke (Anm.11), S. 234 ff.

(2) ケルゼン「再発見」と「連邦憲法裁判所批判」の相似性

　ケルゼンの「再発見」が、ドイツ国法学の「変動」の文脈で論じられていることは、近年の国法学における他の「変動」現象との関連をみることによって、よりよく把握されうるように思われる。その現象とは、ケルゼンの「再発見」を主導し、それをめぐる論争に参加した有力な国法学者が、連邦憲法裁判所をかつてない形で批判し、注目されていることである。

　2011年に出版された『越境する司法』[33]は、連邦憲法裁判所に対する根本的な批判をその内容とし、ドイツにおいて注目されている。その4名の著者のうち、3名は、ドイツ国法学においてケルゼン「再発見」を促進したイェシュテット、レプシウス、メラースであり、もう1人は、ケルゼン受容に懐疑的だが、その議論に参加するシェーンベルガーである。与えられた紙数の関係で、この批判内容を詳細に紹介し、検討することはできない[34]。ここでは提起された最重要論点のみ指摘する。4人は、共通して、

1) 連邦憲法裁判所と国法学が、脱文脈化、体系化、実体化したドグマーティクを介して強く結びつき、そのことが前者を強力にし、後者におけるドグマーティク偏重を招いていること（ドグマーティッシュな手法・方法とその相対化の必要性）、
2) 連邦憲法裁判所の積極主義的在り方が、民主的に正統化できるレベルを超え、政治と法を過度に結びつけていること（民主制と法治国家の関係）、
3) ヨーロッパ化の進展は、連邦憲法裁判所の役割を、欧州司法裁判所、欧州人権裁判所との関係において相対化させるはずであるが、前者が依然としてナショナルな在り方に執着していること（ヨーロッパ化への対応）

を、批判している。

---

[33] Matthias Jestaedt, Oliver Lepsius, Christoph Möllers, Christoph Schönberger, Das entgrenzte Gericht　Eine kritische Bilanz nach sechzig Jahren Bundesverfassungsgericht, Suhrkamp, 2011. 本書の邦訳として、鈴木秀美・高田篤・棟居快行・松本和彦監訳『越境する司法——ドイツ連邦憲法裁判所の光と影』（風行社、2014年）がある。

[34] さしあたり、前掲邦訳書（注33）とそこに付された解説（高田篤「解説」366-376頁）をご参照いただきたい。

ここで展開されている連邦憲法裁判所批判は、ケルゼンの「再発見」をめぐる議論において提起された論点と、内容的、構造的に相似している。そして、これらの論点は、連邦憲法裁判所をめぐる議論にとどまらず、ドイツ国法学のその他の重要議論においても中心的に問われていくことになるはずである。このように、ケルゼンの「再発見」は、ドイツ国法学をめぐる近年の動き、「変動」の兆しとつながっているのである。

おわりに

本稿では、戦後ドイツ国法学におけるケルゼンのタブー視の理由が検討され、それを乗り越えてのケルゼンの「再発見」が現在のドイツ国法学における「変動」の兆しと密接に関連していることが確認された。ケルゼンのタブー視は、きわめて不自然、不健全なものだったため、それが解消されたことは肯定的に捉えられよう。今後問われるべきは、ドイツ国法学の中心的課題克服のためにケルゼン理論がどのように貢献できるかについて、的確な形で議論がなされているかである。本稿では、最後に、この問題を、ケルゼンをめぐる議論に焦点を絞って、上記三論点に即して簡単に取り扱うこととする。

(1) 方法論について、ケルゼンの法理論が、ドグマーティクではない理論であることが強調され、ドグマーティク偏重のドイツ国法学を是正しうるものとされている。この場合、ドグマーティクとの関係におけるケルゼン理論の抽象レベルが的確に理解されているかが、問題となる。

ここでは、1950年代、60年代のドイツにおいて、例外的にケルゼンを評価していたディートリッヒ・イエッシュが、ケルゼン理論は法理論として模範的であるが、ドグマーティクに役に立つものではないとしていたこと[35]と、その意味が注目される。イエッシュは、行政の法律適合性の原理を、ボン基本法成立後に新たに基礎づけ、ドグマーティクを展開・転回しようとした。その際、イエッシュは、ドグマーティクと、ケルゼンの法理論とを厳格に区別することを

---

35) Jesch (Anm. 31), S. 57.

出発点とした。その上で、行政の法律適合性をドグマーティッシュに扱うことを可能にすべく、それを実定憲法構造の機能として把握する理論レベルを新たに開拓し、立憲君主制下の実定諸憲法と立憲民主制下の実定憲法・基本法との比較・分析をおこない、同原理の転換を導き出したのである。つまり、ケルゼン的な法理論が、法秩序に関する一般的・普遍的な言明であって、そこから直接的にドグマーティクを省察することが出来ないため、イェッシュは（現在のドイツ国法学の概念でいえば）憲法理論（Verfassungstheorie）という理論レベルを切り開いたのである。果たして、ケルゼン「再発見」を主導する論者たちは、ドグマーティクを省察するイェッシュの理論の抽象レベルと、実定憲法上の規範論的問題と直接つながらないケルゼンの理論の抽象レベルとを明確に区別しているのだろうか。理論の意義という場合、その理論の抽象レベルが問われなければならないのである。

(2) 民主制論をめぐってケルゼンの理論が有用であるとされる場合、それはもっぱら法理論として理解されており、そこに法理論的なものと社会学的なものの両方が含まれていることは意識されていない。

たとえば、ケルゼンの民主制論では、レプシウスも強調しているように、妥協が積極的・肯定的に位置づけられている。ケルゼンは、法理論的に、妥協を、少数派の自由・自己決定の部分的実現ということで、正当化し、積極的に評価している。他方、社会科学的には、妥協が、社会心理学的効果として、民主制における決定の受容可能性、社会の漸進的変動の可能性を高める、としているのである。だが、レプシウスなどは、ケルゼンの妥協分析に法理論的側面と社会科学的側面があることを十分に把握していない。また、ケルゼンは、多数決、妥協の意義を強調すると同時に、多数派に属さず、妥協に与れなかった少数派・少数者にとって、多数決が他律であることも強調し、憲法で基本権が保護され、少数派・少数者がその裁判的保護を受けることに大きな意義を置いている。レプシウスらは、それを看過してはならないのである。

---

36) Jesch (Anm. 31), S. 57 Fn. 95, S. 188.
37) Jesch (Anm. 31), S. 66 f.
38) Jesch (Anm. 31), S. 74 ff.
39) 髙田篤「ケルゼンの民主制論の意義について」文明と哲学 5 号（2013年）116頁。

(3) ヨーロッパ化について、レプシウスは、ヨーロッパ法のように法創出者が多層的、多元的に存在する場合、ケルゼンの法秩序の段階構造論が法創設・法適用を複合的、関係的に捉えることが出来、有用であるとする。それに対し、シェーンベルガーは、ケルゼンの法理論が、超国家的ではあっても、階層的一体性思考に定位しており、法システムの多元化、多中心化、ヘテラルキー的結びつき、ネットワーク化という現状を描出することは困難だとする。

確かに、ケルゼンの動態的な法の段階構造論は、法を多層的、多段階の法動態として、関係的・手続的に把握することが出来る上に、時間の要素も含めることが可能である。しかし、この理論は法的現象の理解を追究するものであって、法にかかる多層状態、併存状態、相互連関から生じる問題の解決に直接示唆を与えるものではない。また、ケルゼンの法理論は、法現象を規範理論的に説明するものであって、法の現象を見えるままに写し取ることを目的とするものではない。ケルゼンの法理論は、社会学的な法把握とは異なる分析視角に基づいている。

以上のように、ケルゼン理論の現代ドイツ国法学における中心的課題克服ための有用性をめぐって展開されている議論は、現在までのところ不十分な形で行われており、その深化、発展が求められよう。

日本におけるケルゼン研究には伝統的蓄積があり、そのレベルは高い。ケルゼン理論の意義について、それに関心をもつドイツ国法学者との学的対話が進めば、日本のケルゼン研究の伝統の故に、それを完全に対等・双方向のものとすることができ、さらには、日本の研究者がドイツにおける議論の深化、発展に寄与することも可能であろう。ドイツにおいて、ケルゼンをめぐる議論が国法学の重要な課題とつながっているため、このような学的対話は、より広範なものへと発展していく契機ももっているように思われる。

（たかだ・あつし　大阪大学教授）

第7章

多元主義法理論の共時性と通時性

―― サンティ・ロマーノの「制度」概念と憲法秩序の変動

江原勝行

はじめに

「制度」の概念は、社会構成員に対する権利の保障や義務の強制等を目的として個別具体的法規範に昇華した行動様式という意味においては、憲法学というより法律学一般における基本的項辞として確立しているといっても過言ではないであろう。その一方で、「憲法制定権力による〈天地創造〉……によって排除されたはずの〈抵抗勢力〉」に由来する「個人と個物の多様な集合」として憲法解釈の対象となる「制度」の概念は、いわゆる制度的保障に対する解釈が揺らいでいる現況とも相俟って、憲法学の基本的項辞としての地位を確立させているとはいい難いように思われる。かかる「制度」の概念については、身分との関係、国家や中間団体一般との関係、個別的法制度との関係、あるいは個人の基本権との関係等、その直接的・間接的概念規定をめぐって明らかにすべきことが未だ残されているであろうからである。

本稿では、王国時代のイタリア（1861-1946年）を代表する法学者の1人であり、19世紀より「制度（istituzione）」の現実的自律性を弁証しようと試みたサンティ・ロマーノ（1875-1947年）の法思想を採り上げる。ロマーノは、自由・平等・正義といった啓蒙主義的諸概念に枠づけられたアプリオリな知的能力と

---

1) 石川健治「制度的保障論批判――『大学』の国法上の身分を中心に」現代思想43巻17号（2015年）110頁, 112頁。

しての理性の観念を忌避し、経験上の所与に基づき構築された認識としての理性の観念を前提に自らの法思想を展開したと評されているが、憲法上の自由をその享有主体に留保された領域への不介入という公権力の限界を示す消極的権利に留まるものと規定し、権利としての自由に対する限定的概念構成を明示した論者であった。本稿の企図は、かかる概念構成を必然的たらしめる理論装置となった「制度」の観念の帰結としての多元主義法理論が内包する含意を提示することをもって、「制度」の概念が憲法学の基本的項辞として十分に確立されていない状況の是正にわずかな参与を試みることである。

1　法秩序の共時的多元性

(1)　自治と制度

　青年期から晩年に至るまでのロマーノの一連の仕事は、諸規範の総体には還元されえない客観法を生成する力の源泉を探究するという根本的関心の下に、一面において「自治（autonomia）」の概念をいかに構成するかという意識に貫かれていた。彼は、政治代表の観念を代表者と有権者との間にいかなる関係も創出しない名目ばかりの擬制として捉えていたのであるが、研究生活を開始した19世紀末の段階から、法の生成を国家による権威的命令に還元する見解に対し懐疑的な態度を示し、「議会の全能性という誤った教条」を解体する必要性を意識していた。

　そのような意識を背景として、彼は、1897年、22歳のときに、「分権（de-

---

2) ロマーノの法思想について紹介・検討する論稿はこれまでにも散見されるが、憲法学におけるごく最近の業績のみ挙げるなら、田近肇「多元的法秩序の理論とイタリア政教関係——サンティ・ロマーノの学説とその影響」『自由の法理　阪本昌成先生古稀記念論文集』（成文堂、2015年）711頁以下参照。

3) Mauro Fotia, *Il liberalismo incompiuto. Mosca, Orlando, Romano tra pensiero europeo e cultura meridionale*, Milano, Guerini e Associati, 2001, p. 9.

4) Santi Romano, *Principii di diritto costituzionale generale*, 2ª ediz., Milano, Giuffrè, 1946, pp. 113 e 121.

5) S. Romano, *Lo Stato moderno e la sua crisi. Saggi di diritto costituzionale*, Milano, Giuffrè, 1969, p. 21.

6) S. Romano, Saggio di una teoria sulle leggi di approvazione, in id., *Scritti minori*, volume primo, ristampa dell'edizione del 1950, Milano, Giuffrè, 1990, p. 109.

centramento)」の概念について分析し、その概念を、国家行政との関係における地方政府の職務の位置づけに関わる「官僚機構の（burocratico）分権」と、法人格を備えた地方公共団体に関わる「自律的（autarchico）分権」とに分節化した。後者の分権概念は、さらに、行政区画を基礎とした地方公共団体に関わる「領土の（territoriale）自律的分権」と、領土上の基盤をもたない公法人に関わる「制度の（istituzionale）自律的分権」とに分節化された。この「制度の自律的分権」を化体する団体について、ロマーノは、抽象的には固有の運営、目的、伝統を有する「自治制度（istituzione autonoma）」と規定し、具体的にはカトリック修道会を想定していた。この段階における制度の概念は、分権ないし自治の概念の枠内において、換言すれば、国家が体現する優越的利益に当該制度の固有の利益が従属することを前提に、国家の間接的統治の態様ないし手段を表象するものとして提示されていたのである。

20世紀に入り、ロマーノは、近代国家に対する「危機」の認識を深め、「原子的性格を喪失しつつある社会の個別的利益に基づく漸進的組織化」、および「国家の構造の内部で社会それ自身がその構造を反映させ承認させるために保持する法的・制度的手段の欠如」という2つの現象のなかにかかる危機の要因を読み取った上で、危機を克服する処方箋として「協同体体制（sistema corporativo）」の構築を展望するようになる。この展望を経て、1918年、彼は、一般法理論を構築するという観点から、いわゆる「法秩序の多元性」原理を基軸として自らの基本的法思想を展開する『法秩序』を刊行した。

青年期のロマーノは、「法は本質的に関係、2つの人格の間の、2つの主体の間の関係である」と述べ、法の本質を「関係（rapporto）」に求めていたが、「協同体体制」への展望以降の彼は、法の観念の拡大および質的転換を図るに至った。彼は、『法秩序』において、「社会そのものの組織化、構造、状態」と

---

7) S. Romano, Decentramento amministrativo, in id., *Scritti minori*, volume secondo, ristampa dell' edizione del 1950, Milano, Giuffrè, 1990, pp. 13-14.
8) Ibid., p. 74.
9) S. Romano, *Lo Stato moderno e la sua crisi*, supra note 5, pp. 19 e 23.
10) S. Romano, *L'Ordinamento giuridico. Studi sul concetto, le fonti e i caratteri del diritto*, Pisa, Spoerri, 1918.
11) S. Romano, La teoria dei diritti pubblici subbiettivi, in Vittorio Emanuele Orlando（a cura di）, *Primo trattato completo di diritto amministrativo italiano*, vol. I, Milano, SEL, 1900, p. 117.

して理解されるべき法を「法秩序（ordinamento giuridico）」の概念によって定義づけ[12]、この法秩序の本質として制度の概念を使用するようになる。そして、制度の概念は、「構成員、財産、規範等の個々の要素が変動したとしても、自己同一性を喪失すること」なく、「同一の実体を保持し、固有の個体性を維持しつつ、改良されうる」、「堅固で恒久的な統一体」という本質的特質を内包する「あらゆる団体または社会体（ente o corpo sociale）」として定式化された[13]。組織化を伴った実在としての法秩序はそのような特質によって同定され、法秩序の概念と制度の概念が等式化される。

(2) 主権の観念

ロマーノは、『法秩序』において、制度の形態を「始源的（originario）」、「派生的（derivato）」、「中間的（intermedio）」という3つの類型に分類した。制度の始源的性格は、当該制度の定立が他の制度に依存していないことに、派生的性格は、当該制度の定立が従属の対象となる他の制度に依存していることに、中間的性格は、当該制度のなかに始源的性格と派生的性格が混交していることに、それぞれ由来している[14]。そして、始源的制度たる国家は、その効力範囲のなかでは当該国家秩序に優越するいかなる他の主体も存在しないという意味において、内的観点からは常に主権的（sovrano）であると規定され[15]、制度の始源性＝その主権性という等式が成立するに至った。

ロマーノにとって、主権の概念は、優越的権威に基づく最終審の権力（potere di ultima istanza）または絶対的命令権（*imperium*）に還元されず、むしろ法秩序の存在様式、始源的法秩序としての「質（qualità）」を意味する[16]。反対にいえば、彼にとって、秩序としての制度を構成しない実在ないし観念たる議会にも、国民（nazione）にも、人民（popolo）にも、主権は帰属しない。したが

---

12) S. Romano, *L'Ordinamento giuridico*, 2ª ediz., Firenze, Sansoni, 1946, pp. 12 e 27.
13) *Ibid.*, pp. 35-39.
14) *Ibid.*, p. 141.
15) S. Romano, *Principii di diritto costituzionale generale*, supra note 4, p. 70.
16) *Ibid.*, p. 65. このような観点から、国家の不可欠な構成要素としての主権＝統治権という観念は否定され、制度を支える力が帰属する諸個人の総体およびそれらの諸個人が任ぜられる個別的統治機関を意味する「政府（governo）」がそれに取って代わる。V. *ibid.*, p. 49.

って、始源的法秩序としての質を有する制度は多元的に存在する「主権的実体 (corpi sovrani)」として規定されることになり、ロマーノは、そのような主権的実体としてカトリック教会や国際社会（comunità internazionale）を列挙していた。そのように国家主権の概念を権力性の契機の縮減という方向性において相対化することによって、国家以外の始源的制度も主権的実体として観念し、いわば主権国家の存続過程と共時的に法秩序が多元的に存在するという想定を行うことが可能になっていたのである。

　制度の始源性＝主権性というかかる等式の帰結として、ロマーノが青年期に提示した、「自治制度」に対する「自律的分権」の保障という考え方は修正される。カトリック教会のような始源的制度は、「自律的分権」の結果としての自治を享有するのではなく、主権性の概念が妥当する団体である。換言すれば、自治の観念は、本来は始源的制度における至高の統治権を構成する立法・執行・司法という基本的権力が始源的制度によって非主権的主体に付与される場合に認められる法秩序の自律性を指示するという点において、原則として派生的制度に帰属すべきものとされる。

(3) 「観点」の原理

　主権的実体が多元的に存在するという観念について留意しなければならないことは、ロマーノが主権の概念を構築するに際して第一に重視していたのは法秩序の内的効力範囲であったということである。法秩序の内的効力範囲に着目すればこそ、「固有法（ius proprium）」を構成する各法秩序が固有の領域の内部において自己の主権を行使するという想定が可能となっていたのである。

　ロマーノは、連邦国家の秩序においてみられるように、ある国家の地位を、その国家が構成するより大きな共同体によって具体化される他の秩序との関連

---

17) *Ibid.*, p. 68. 国際社会も、「固有の意思、およびこの意思を実現する手段としての機関を有する団体」という見地においてではなく、「団体の安定的・永続的構造」という見地においては組織化されていると説明される。V. S. Romano, *Corso di diritto internazionale*, 4ª ed. riveduta, Padova, CEDAM, 1939, pp. 6-7.

18) S. Romano, Autonomia, in id., *Frammenti di un dizionario giuridico*, Milano, Giuffrè, 1947, pp. 17-18.

19) S. Romano, *Principii di diritto costituzionale generale*, supra note 4, p. 67.

において考慮に入れる場合、当該国家に主権が欠如しているといいうることを認めている。この欠如は、異なる秩序から派生する2つの異なる地位という視点により、すなわち、国家への帰属がその国内法の観点から説明される主権と、国際法に代表される、より広範な共同体の法によって国家に帰属しうる、または当該国家に対し否定されうる主権とは異なるという説明により正当化される。その結果、ある国家に対外的主権が欠如している場合であっても、その国家は対内的主権を有するという命題が成立することになる。秩序としての国家は常に始源的＝主権的であるが、それを包摂する他の法秩序への従属という観点によって、主権的ではない国家が存在しうるということを彼は肯定しているのである。[20]

このように法秩序相互の関係の態様に応じて制度の基本的性質が単一的にではなく、複層的に理解されうるというロマーノの視点は、彼の法理論に関する現代的解釈において「パースペクティビズム（perspectivism）」とも規定されている。[21] ロマーノによれば、法現象は自己目的を追求することに適合的な有機的・永続的構造の確立を意味する組織化の概念を核心とする法秩序の定立・存続に還元され、その法秩序の本質は制度の概念によって指示される。よって、法・法秩序・制度という3つの概念が同一視されるに至るのであるが、このことは、制度としての法秩序が、外部的秩序による客観的規定とは無関係に、秩序としての法の存在、効力、正当性という「法的性格（giuridicità）」を——相対的・主観的に——構成することを意味する。そして、かかる構成は、客観的視点からみた場合、彼にとっては法秩序が多元的に存在するがゆえに、法的性格が国家を媒介とした一元的生成を超えて発生するということのみならず、法秩序間の「関連性（rilevanza）」[22]が多面的に存在するという想定に鑑み、法的

---

20) *Ibid.*, p. 71. 法秩序としては始源性＝主権性を有する国家その他の団体に自治の概念が妥当する場合があるとされる。V. S. Romano, Autonomia, supra note 18, p. 18.

21) Filippo Fontanelli, Santi Romano and *L'ordinamento giuridico*: The Relevance of Forgotten Masterpiece for Contemporary International, Transnational and Global Legal Relations, in *Transnational Legal Theory*, 2011, volume 2, issue 1, p. 90.

22) 「関連性」とは、「ある秩序の『存在』、『内容』または『効力』が、ある法的『資格（titolo）』に基づき、他の秩序との関係において条件づけられている」ことを意味するとされ、具体的態様としては法秩序間の従属、前提、共同依存、承継等が列挙されている。V. S. Romano, *L'Ordinamento giuridico, supra* note 12, pp. 145-148.

性格が重層的に捉えられうるということを帰結する。ある法秩序の法的性格は、それ以外の法秩序に応じて異なる観点による被制約性を免れないものと捉えられているのである。

　ロマーノの多元主義法理論は、国家という始源的制度の周縁または内部に位置する多様な制度と国家法秩序との関係の客観的にありうる姿を説明し、かつ、その説明のなかに、法的性格の重層性を基礎づける「観点（punto di vista）の相違」という思考様式を導入することをその趣旨とするものであった。そして、この「観点の相違」ないし「パースペクティビズム」という思考様式は、彼の多元主義法理論における通時的局面の正当化という重大な帰結を浮き彫りにするものでもある。

2　法秩序の通時的多元性

(1)　「緊要性」という法源

　ロマーノは、国家主権を理論的に制限する企図を、法秩序の属性としての始源性の概念構成および多元的法秩序相互の関連性という見地においてのみならず、それ以前に法源論の見地においても具体化しようとしていた。その際、特に啓蒙思想を起源とする自然法イデオロギーに依拠することなく国家主権の観念を制限的に捉えることを可能にする法源として提示されたのが、法の始源的形成形態としての「緊要性（necessità）」の概念である。

　ロマーノの法思想に通底する方法は、法現象を観察する際の中心的対象を命令権の保持主体から、利益ないし理想の自生的発生を投影する場としての社会へと移動させることであったが、緊要性の概念の提示も、社会という、法源の

---

23)　したがって、国家にとっては関連性をもたない、または反法的であるが、他の秩序の観点からは法的性格を承認すべき諸規範が国家秩序のなかに事実上存在することになる。V. S. Romano, *Principii di diritto costituzionale generale*, supra note 4, pp. 81-82. また、国際法秩序と国家法秩序との関係については、包含関係として捉えられるべきではなく、「固有の始源的独立性（indipendenza propria e originaria）」を有しつつも、後者に対する前者の「限定的優越性（superiorità limitata）」の観点から捉えられるべきであるとされる。V. S. Romano, *L'Ordinamento giuridico*, supra note 12, pp. 163-164.

24)　Paolo Grossi, Santi Romano : un messaggio da ripensare nella odierna crisi delle fonti, in id., *Società, Diritto, Stato. Un recupero per il diritto*, Milano, Giuffrè, 2006, p. 152.

国家外的次元への着目を前提としたものである。そして、その概念については、「新しい制度もしくは新しい規範が即時的に発せられる原因となる社会的需要の切迫した明示的要求を含意」し、かつ、「法規範を生起させる社会的需要それ自体と当該法規範の発見および宣言との間に、この宣言を行う権限を有する機関の合理的活動が介在すること」を許容しない「根源的法源」であると規定される。ロマーノが想定する緊要性は、法準則（*regula iuris*）の原初的形態などではなく、その即時的産物としての法の内実そのものであり、それゆえ、立法作用に対する内在的限界にして立法権に正統性を付与する要因であった。

彼によれば、絶えざる生成・変転の途上にあるがゆえに妥当性（validità）の概念よりも、実効性（effettività）の概念に支配される社会のなかに自生する制度は、「それ自体としては同一のまま存続するが、生ある限り、時に緩慢な、時に迅速な過程をもって、その多数の要素において絶え間なく刷新される実在である」ために、その存続過程において「その構造および作用の徹底的かつ根源的でさえある修正を受ける余地」があり、そうであればこそ、社会生活における本質的な変動・運動を安定化・正常化させる機能、つまり「保守的な」機能を果たしうる。そして、そのような制度の概念が内包する動態的・変遷的性格を説明する根本的規範定立事実が緊要性であったと理解することができる。

ロマーノは、法の概念を定義づけるに際し、意思行為によって創出される「当為の領域から存在の領域へと遡及することが必要である」と考えており、そのため、「絶えざる修正および表明を通じて、法が法から発展するということはありうる」ということを認めつつも、「従前においては存在していなかっ

---

25) S. Romano, *Il diritto pubblico italiano*, Milano, Giuffrè, 1988, pp. 273-274.
26) S. Romano, Osservazioni preliminari per una teoria sui limiti della funzione legislativa nel diritto italiano, in id., *Scritti minori*, volume primo, *supra* note 6, p. 236. したがって、事実の法状態への変容を説明する根拠として緊要性の概念が用いられる。V. S. Romano, L'instaurazione di fatto di un ordinamento costituzionale e sua legittimazione, in id., *Scritti minori*, volume primo, *supra* note 6, p. 186.
27) S. Romano, Diritto（Funzione del）, in id., *Frammenti di un dizionario giuridico*, *supra* note 18, p. 86.
28) P. Grossi, Il diritto tra potere e ordinamento, in id., *Società, Diritto, Stato*, *supra* note 24, p. 183 e M. Fotia, *Il liberalismo incompiuto*, *supra* note 3, p. 130.
29) S. Romano, Diritto（Funzione del）, supra note 27, p. 80.

た、もしくは従前においてはその調整が法的なものではなかった社会生活の要求から即時的に湧出すること」が法の始源的形成形態であると見なしていた。[30]

このような法の基本的な概念ないし機能に関する想定の帰結として定式化された緊要性の概念について、立法権の行使に正統性を付与し、もって自然法への依拠を回避しつつ国家主権を限界づけるための原初的な法的枠組みとして理解することによって、ロマーノの問題意識に忠実たろうとする解釈もみられる。[31] しかし、緊要性の概念の下に含意されている社会的要求を公権力が考慮に入れることによって、国家主権と社会との調和という望ましい状態がもたらされると考えることは、いかにして国家の自己制限を担保することが可能かという、そのような視点に留まらない問題が含まれていることに目を閉ざした素朴な解釈であるといえるかもしれない。かかる社会的要求への合致のなかには革命の正当化／正統化が論理的に内包されているように思われるからである。[32]

(2) 法現象としての革命

ロマーノによれば、事実の法状態への変質は、緊要性の概念の下に含意される社会的要求への合致に立脚しているはずの事態であり、その社会的要求への合致の存在は、新しい体制ないし制度が安定性を獲得し、一定期間にわたって存続する可能性によって検証されうる。[33] したがって、法状態に変質する事実が一般的に革命と規定される一連の運動である場合であっても、緊要性によって表象される社会的要求への合致が検証されうる限り、かかる運動は法的視点に

---

30) S. Romano, L'instaurazione di fatto di un ordinamento costituzionale e sua legittimazione, supra note 26, p. 182.
31) Maurizio Fioravanti, Per l'interpretazione dell'opera giuridica di Santi Romano：nuove prospettive di ricerca, in *Quaderni fiorentini per la storia del pensiero giuridico moderno*, n. 10, 1981, p. 207 e id., 'Stato giuridico' e diritto costituzionale negli scritti giovanili di Santi Romano（1897-1909）, in id., *La scienza del diritto pubblico. Dottrine dello Stato e della costituzione tra Otto e Novecento*, t. I, Milano, Giuffrè, 2001, pp. 317-318.
32) 他方において、国家外的に形成される法として規定される緊要性の概念が、国家主権を強化するイデオロギーとしての機能を果たしうることを指摘する見解として、V. Cesare Pinelli, La Costituzione di Santi Romano e i primi maestri dell'età repubblicana, in *Rivista telematica giuridica dell'Associazione Italiana dei Costituzionalisti*, 2012, n. 2, p. 5.
33) S. Romano, L'instaurazione di fatto di un ordinamento costituzionale e sua legittimazione, supra note 26, p. 186.

基づく正当性を付与されるであろう。緊要性と一般的に革命と規定される運動との関係をめぐるそのような観念は、ロマーノが法秩序の相互関係を体系化する際に基軸としていた「観点の相違」という思考様式を革命という事象に対する認識・評価にも適用することによって弁証される。

　この弁証を行うに際し、ロマーノは、革命という概念の通俗的語法、すなわち既存の秩序を打倒し、新しい秩序を事実上創設することを目的とした人民による暴力的運動としての革命の観念を確認する。この意味における革命は、いかなる国家秩序によっても許容されることはなく、したがって、革命と規定される一連の運動が解体しようとする権力によって当該運動の進行が規律される余地はないとされる。このような視点からは、革命という事象は、戦争とは異なり、仮に正当なものと評価される余地があったとしても、「定義上違法な」事実状態であって、法制度（istituto giuridico）としての性格を実定憲法上もちえないということが帰結される[34]。

　しかし、直ちに付言されるに、かかる違法性は、革命運動が打倒しようとする法に起因するものであって、革命運動が確立することに成功し、正統性を獲得しうる法に対するものではない。単なる無秩序あるいは偶発的な反乱や暴動と区別される真の意味での革命は、「その対象となる国家の実定法に照らせば違法な事実であるが、革命そのものを規定する異なる観点からみれば、その固有の法によって支配される、十分に構造化された運動である」[35]と分析される。「異なる観点」という、法秩序の相互関係を説明するための視座がここで適用されているのは、ロマーノが革命という事象それ自体のなかに――始源的――法秩序としての性質＝制度としての契機をみているからである。彼にとって革命とは、権力が帰属する所在の転換という単なる事実上の変動に理論上留まるものではなく、既存の国家機構に代わる権威、権力、作用を構成する――萌芽的段階にある――国家の組織化である。このことから、革命運動は暴力的ではあるが、法的に組織化された暴力であるという、逆説的とも思われるテーゼが明示される[36]。このような革命観は、因果連関によって二元的に把握することが

34）　S. Romano, Rivoluzione e diritto, in id., *Frammenti di un dizionario giuridico, supra* note 18, pp. 221-222.
35）　Ibid., p. 224.

究極的には否定される事実と法との混交物として法的現実を提示する彼の一般理論に起因している。[37]

　革命の概念がそれ自体として法状態を意味する国家の組織化を表象するものであるなら、革命の帰結としての憲法制定行為もまた、政治勢力の優劣をめぐる闘争の結果として行われる単なる歴史的・社会的事実には留まらない。ロマーノによれば、憲法の制定へと至る一連の事実は、法的規制に服さない社会的諸力によって支配されるものでありうるが、憲法の制定は、秩序が創設され、法による規律が確立されなければ顕在化しえない「正統な」ものである。[38]それゆえ、憲法の制定が革命という——現象としては——事実上の変動の正統性を確定させる行為として行われようと、既存の憲法上の権力を通じて既存の法的手続に従って行われようと、その結果として現出する諸規範は「新憲法の外面的徴表」あるいは「新憲法を確定する一形式」にすぎず、新たな秩序を創設する契機としては観念されない。[39]革命および憲法制定行為のなかに秩序＝法の契機をみいだすこのような見解は、憲法秩序の根本的変動——特にその正統性の形成——を喝采や服従の随伴という事実の次元に還元される政治レベルの問題のなかに位置づけることを許容しないであろう。

　さらに、法現象としての革命という観念は、法解釈の内実に関わる基礎理論にも重大な影響を及ぼす。ロマーノによれば、解釈の変遷と呼ばれる事態は、解釈の対象となっている法秩序そのものの変遷にすぎず、解釈が、法規範それ自体に焦点を当てるよりもむしろ、諸規範と制度の変遷との密接な関係に焦点を当てる限りにおいてのみ起こりうるものである。制度の変遷は、諸規範に対し、それゆえ、諸規範が依存する法秩序全体に対し強力な影響を有するためである。[40]

　ロマーノの法理論に現代的意義を付与しようとする言説として、その方法論

---

36) Ibid. それゆえ、革命の概念は常に「法的な」ものとして語られることになるであろう。
37) Michele Fabio Tenuta, *Le sovranità ordinamentali. Lineamenti di una teoria a partire da Santi Romano e dalla scienza giuridica del Novecento*, Roma, Aracne, 2012, p. 64.
38) S. Romano, *Principii di diritto costituzionale generale*, supra note 4, p. 4.
39) *Ibid.*, p. 92.
40) S. Romano, Interpretazione evolutiva, in id., *Frammenti di un dizionario giuridico*, supra note 18, p. 125.

的意義、すなわち、ロマーノが法現象に対して極めてリアリスティックな分析・認識を行ったことに着目する場合がみられる[41]。それは、いかなる憲法秩序の変動であっても、そのなかに制度の生成としての契機を承認しようとする、いわば価値自由な彼の態度への着目である。しかし、そのような方向においてロマーノ理論を意義づけようとする議論は、先験的価値判断からの法学の解放という評価では済ませることのできない——法秩序の多元性というより遍在性に潜む——危険性をもロマーノ理論が内包していることに自覚的でないように思われる。

おわりに

ロマーノは、革命という事象そのものについては、国際レベルでの病理の徴表である戦争と同様に、国家レベルでの病理の徴表であると考えていた[42]。それにも拘らず、彼は、総体としての法の概念を社会的現実を基層にもつ現象の名辞とみなすことによって法秩序の観念を多元的実在として提示する一般理論を法秩序の変動に対する認識・評価の問題に通時的に適用した結果、革命という国家秩序の根本的転換に関わる事象を始源的法秩序の——定義上、その正統性に異論の余地がない——形成として捉えるに至った。彼は、次のようにさえ述べる。「法学者は概して革命を愛さず、革命は法学者を愛さずに、法学者に疑いを抱いている。しかし、法学者の個人的・政治的傾向は、法の客観的な機能および任務についての誤った観念を帰納するものであってはならない」[43]と。彼がこのように述べるのは、法学者は、自らが有意なものとして解釈する法秩序の作用に対しある意味において助力するという自身の役割に起因する知的習性を有しているために、政治的傾向としてはしばしば保守的であるという認識に基づいている。

ロマーノの理論的営為は、「所与の内部に定位」することをもって法現象に

---

41) V. Andrea Morrone, Per il metodo del costituzionalista：riflettendo su ≪ Lo Stato moderno e la sua crisi ≫ di Santi Romano, in *Quaderni costituzionali*, 2012, n. 2, p. 379.
42) S. Romano, Rivoluzione e diritto, supra note 34, p. 220.
43) S. Romano, Diritto（Funzione del）, supra note 27, p. 86.

対する「正当化と立証」を回避するものであったと同時代の法哲学者に評されたが[44]、前段の言明も、法学者に宿命づけられた一般的傾向としての「保守性」の容赦ない剔抉を前提としている[45]。法秩序の共時的多元性の観念について説明する際の鍵となる思考様式を法秩序の変動に対する認識・評価の問題に適用することにより、革命を法現象とみなし、もって、多元的法秩序の観念のなかに通時的局面がありうることを提示するに彼を至らしめたのも、「所与」の認識に関わるそのような峻厳とも思われる姿勢を背景としてのことであったであろう。彼の理論は、危険なまでに矛盾なく一貫している。

しかしながら、現代のイタリアにおいては、ロマーノの峻厳な多元主義法理論における共時性と通時性という２つの局面の併存が、管見の限りでは自覚化されていないように思われる。彼は、近代立憲主義の到来を象徴する人権宣言や権利章典を指して「おめでたい勧告の冗長な表明」といい切ったが[46]、かかる２つの局面の自覚化という視点に立つとき、国際的・地域的レベルの秩序との関係における国家主権の被制約性を説明することに資するという点にロマーノ理論の現代的意義を求める言説は[47]、――その当否は別としても、彼の法理論の本領を共時的多元性の提示に還元しているという意味において――「おめでたい理解」と彼の眼には映らないであろうか。

現代のイタリアにおいてロマーノ理論の究極的含意に対する理解が十分には為されていないように思われる状況のなかで、彼の孫にあたる行政法学者が、他の法学者によるロマーノ理論へのアプローチとは異質に響く修辞をもって、彼の方法論を形容している。曰く、法現象の本質を分析しようとする際のロマ

---

44) Giuseppe Capograssi, L'ultimo libro di Santi Romano, in id., *Opere*, V, Milano, Giuffrè, 1959, p. 245.
45) ロマーノは、ファシスト政権期の1929年に国務院長官に就任し、1934年以降は、ファシスト政権が崩壊した後の1944年に公職追放を受けるまで、元老院議員も兼職していた。この事実について、ファシスト政権以前の体制との連続性を担保するために、――「保守性」の殻を打ち破ろうとする――法学者がファシスト政権の確立という現実の政治に対して負う道義的義務の表れとして語る解釈が存在する。V. M. Fotia, *Il liberalismo incompiuto, supra* note 3, pp. 172-173.
46) S. Romano, Le prime carte costituzionali, in id., *Scritti minori*, volume primo, *supra* note 6, p. 327.
47) V. p. es. Pasquale Serra, Il problema dello Stato. Scienza giuridica e rapporto tra ordinamenti (Analisi critica di due modelli di relazione), in *Democrazia e diritto*, 2008, n. 2, p. 31. そのような想定は、1990年代以来の欧州連合をめぐる法学上の議論を、主権概念に対する評価を核心とする、秩序間の関係に関する議論に置き換え、国家の中心性および権力行使の垂直性に立脚しない体制の下での主権概念を展望するという志向性をその文脈としている。

ーノの姿勢は、「シロアリの巣を解剖し、その内部に蝟集したシロアリを観察する昆虫学者の冷徹さ」に例えられると[48]。では、ロマーノが観察していた「シロアリの巣」とは何を意味するのであろうか。憲法の基本原則が改変され、法秩序の作用に対し助力する知的習性をもった「保守的な」法学者が、「保守する」ものを喪失し途方に暮れる状況のことであろうか。恐らくそれ以前に、彼が冷徹さをもって分析の対象としていた「シロアリの巣」とは、時として普遍的価値観を表象すると考えられる憲法の基本原則を改変することに至りうる憲法秩序の変動が、社会に実在する所与に基づき正当化／正統化される可能性のことであると思われる。そして、その可能性こそが、絶えざる変容可能性によって持続性を担保される制度の概念を本質規定とする法秩序の多元性を説くことに辿り着いたロマーノの法学者としての矜持を示すものなのであろう。

（えはら・かつゆき　岩手大学准教授）

---

48) Alberto Romano, Su Santi Romano. *Lo Stato moderno e la sua crisi e L'ordinamento giuridico*, in Eugenio Ripepe (a cura di), *Ricordando Santi Romano in occasione dell'inaugurazione dei corsi dell'a. a. 2010-2011 nella Facoltà di Giurisprudenza dell'Università di Pisa*, Pisa, Pisa University Press, 2013, p. 80.

第Ⅱ部

平和主義の思想と「実行」

第 8 章
「不断の努力」と憲法

蟻川恒正

序

　憲法研究者の深瀬忠一は、亡くなる前日（2015年10月4日）、病床を訪れ、憲法について自ら書いた文章を読み聞かせた若い友人・吉田行男氏に、「学問より実行」と伝えた[1]。
　この唐突な遺言は、解明を要する。
　深瀬は、その研究生活の当初から、学問としての憲法研究と、実践としての憲法訴訟とを、車の両輪のようにして、連関づけ、憲法訴訟の実践のためには深い学問的研鑽が不可欠であることを事ある度に強調してきた憲法研究者である。
　深瀬の言葉は、憲法の体系への問いに今後われわれが向き合う上で、その意味を考察しておくことが肝要な一言であると思われる。

1）「天に召される前日、奥様のすすめもあり、私が持参した平和憲法について書いた『園だより』の文を読んでさしあげると、即座にハッキリしたお声で「学問より実行」とおっしゃいましたね。研究だけでなく教育と実践、特に恵庭・長沼裁判での農民・市民・平和団体などとの連帯を大切にしてこられた先生らしいお言葉と感じ入りました」。吉田行男「弔辞」『札幌　独立教報』393号（2016年）32頁、33頁。この言葉を、学問だけでなく実行を重視してきた深瀬らしいと読むか、それとも、その両者をふたつながら重視してきた深瀬にもかかわらずと読むか、仮に、らしいと読むとしても、いかなる意味で深瀬らしいのか、従前の深瀬と同じ意味で深瀬らしいのか、否か、否としたら、従前の深瀬の学問はあらためて如何に評価されるべきか、などが、考察すべき要点であろう。

1　憲法の「実行」

告別式での吉田の弔辞でこの言葉を聞いた深瀬の長女・えみ子さんは、遺族挨拶のなかで、次のように述べた。

> 「父は、特に晩年には、平和憲法、平和的生存権の「実行」ということを考えていたようです。吉田先生が、父が召される前日に、「学問より実行」と言ったことを教えてくださいました。農業開発関係のリサーチをすることとなった私には、「憲法は、守るより実行すべきだ」、との中村哲氏の新聞記事〔毎日新聞2013年6月6日夕刊—引用者注〕をくれました。干ばつに苦しむアフガニスタンで、灌漑設備を建設し、砂漠を農地にするという大業を成し遂げられた中村氏は、憲法九条は住民と平和な信頼関係を築く安全保障であると語っておられ、こういう憲法の実行のしかたもあるのかと、はっとさせられました。父は、平和的生存権は、戦争がない状態だけではなく、飢餓、貧困、疫病、文盲などの「欠乏」をなくする世界に貢献する積極的な努力も要求していると話していました。平和憲法には、いろいろな「実行」の道があり、「のろきうし」の私でも、主が用いたもうなんらかの役割があるのでは、そしてどんなに小さくとも、与えられたタラントを、恐れて地の中にうずめることなく（マタイ25章25節）、生かせば、父も主もよしとしてくれるのではと、自分を励んでおります」[2]。

深瀬の言葉を読み解く上で、えみ子さんのこの発言は、示唆に富む。

中村哲氏は、医師である。

1946年に福岡市に生まれ、1984年からは、日本キリスト教海外医療協力会の派遣医として、パキスタン北西部の町ペシャワールで医療活動に従事する。その当初の目的は、主に、そこに蔓延するハンセン病の施療であったが、中村氏をこの町に赴かせたのは、1978年、ティリチミールの登山隊に同行した氏がそこに見た無医地区における夥しい数の病者の姿であった[3]。

アフガニスタン難民の町と化したペシャワールにあって良心的医療者であることは、夥しい数の病者を個別に治療するだけでは満足できないということ、病者の治療以前に、病者をこれ以上増やさないようにするための取り組みに向

---

2) 深瀬えみ子「主にあって近き父」『札幌　独立教報』393号（2016年）39頁、41-42頁。
3) 朝日新聞2006年10月23日夕刊。

かわざるをえないということ、そうして、その取り組みを難民救済という社会事業を視野に入れて立案・遂行しなければならないということを意味する。

　中村氏は、1998年、苦労の末、ペシャワールに基幹病院を建設すると、2001年9月はじめまでに、パキスタン側に2ヶ所、アフガニスタン側に8ヶ所、計10ヶ所の診療所を設けるまでに至った。そのようなときに、アメリカ同時多発テロが起こった。パキスタンとアフガニスタンの国境地帯で、両国を股にかけて活動する中村氏らにとって、アメリカによる報復宣言とそれに続く攻撃が、その活動を著しく阻害したことは、いうまでもない。けれども、2000年夏のユーラシア大陸中央部で発生した大干ばつがアフガニスタンに与えた被害は甚大であり、400万人が飢餓に直面したといわれる。中村氏は、活動を阻害されたが、停滞はさせず、飲み水を確保し、赤痢の流行を抑えるため、同時多発テロ以前にすでに500ヶ所以上で利用可能とした井戸を掘る事業を継続した。さらに、中村氏は、2003年からは、大干ばつにより砂漠化した肥沃な農地を回復させるため、農業用水路の建設事業に着手し、2010年には、全長25キロメートルを超える用水路を開通させている。用水路建設に当たっては、あえて最先端の技術を用いず、伝統的な工法を用いることによって、現地の人々が補修等を容易にできるよう配慮した。[4]

　医師でありながら、中村氏が、医業にとどまらず、井戸を掘り、自ら用水路を建設さえしたことは、もとより異例であり、アフガニスタンとパキスタンの人々の生命と健康のために尽くして、誰も真似のできない貢献をしたことは、特筆して賞賛すべきことである。けれども、深瀬がえみ子さんに中村氏の記事を手渡したのは、農業開発に携わるえみ子さんに、農業に近い分野で憲法前文の平和的生存権に関わる「実行」の例を示そうとしたためであり、医師が医業のみにとどまらなかったから「大業」であると考えたわけでは無論なかろう。

　その証拠に、医師があくまでも医師として力を尽くした例を、深瀬は、中村氏の場合と同じように、憲法の「実行」として賞賛している。

　宮崎亮氏とその妻・安子氏である。

　深瀬は、1980年のある講演のなかで、次のように述べている。

---

4)　朝日新聞（福岡1地方）2014年6月8日。

「宮崎医師は現在57才、女医の奥さんとともに、バングラディシュに三度目の医療奉仕に出かけ、日夜をわかたず、第三世界でも極貧の国の最も貧しい人々の生命や健康を救うため献身しつづけています。北大医学部を卒業された若き宮崎さんは、アメリカに留学、いわゆるエリート・コースを進むことに疑問を感じ、アフリカのアオ・オママというところに最初の医療奉仕に出かけます。しかし、すぐさま現地の風土病にかかり、高熱と幻覚にうなされ、生命からがら日本に帰ってこられました。……その後、宮崎さんは……二度目のアフリカ行きを敢行、さらに三度目ナイジェリア・ビアフラ戦争の渦中に二人のお子さんもつれて挺身され、幾多の困難と危険をのりこえて、貧困と戦乱に苦しむアフリカの人々を助けた。……宮崎さんは、平和とは、たんにわが国に戦争がないから満足することではない。隣国から、いや人類から戦争と軍備の重圧と、そしてとりわけ、貧しい国々の人々から「恐怖と欠乏」（憲法前文）をとり除くこと、戦争がなくても経済・社会、軍事・治安権力、教育等の構造的に仕組まれた暴力によって「民衆に平和がない」状態から解放する（ガルトゥンク）、積極的、建設的なたたかい〔圏点原文〕の過程でなくてはならないことを、身をもって教えてくれ〔ました〕。私の「平和的生存権」論は、恵庭・長沼裁判の総括ですが、その内容は、宮崎夫妻の生きた模範が支えていてくれているのです。宮崎さんは、炭鉱の街夕張から生まれました、いな、伝染性疾病で小学生の頃死にかけていた時に百人中一人だけ生命を助けられた。その生命の恩人だった医師がその疾病で死なれた。その原点において、死から生きかえって、人々を死から生きかえらせるために人生を用いることをかたく心に誓って実行〔圏点引用者〕している人です。その思想形成過程で、内村鑑三とシュヴァイツァーに決定的な影響を受けた、と書かれています」。[5]

ここで、深瀬は、自らの「平和的生存権」論の内実を充填するもののひとつが「宮崎夫妻の生きた模範」としての「実行」であることをはっきりと述べている。

フランス領赤道アフリカに幾度となく渡り、過酷な生活のなかで、彼の地の人々の疾病治療に人生を捧げ、1965年、ランバレネの地で90年の生涯を閉じたアルベルト・シュヴァイツァーが、中村氏と宮崎氏の遙かな先例であることは、あえて断るまでもないであろう。その著書『水と原生林のはざまで』には、農

---

5) 深瀬忠一「札幌に源流を発する平和的創造力」同『平和の憲法と福音』（新教出版社、1990年）272頁、277-280頁。

業技師だった者が現地で宣教師になった例が記されているが、医師として奉仕に赴いたところ、現地で建築技師の勤めまでをも買って出たのが、中村氏である。内村鑑三がシュヴァイツァーを讃えたように、深瀬は、宮崎夫妻や中村氏を称えた。

　シュヴァイツァーも含めて、宮崎夫妻、中村氏に共通するのは、貧しい国に出向いて医療奉仕活動に従事したことである。過酷な生活に喘ぐ人々の生命と健康に配慮し、これを守るべく努めることは、深瀬にとって、それらの苦しむ人々に「ひとしく恐怖と欠乏から免かれ、平和のうちに生存する権利」（憲法前文第2段）を保障することを意味した。

　ところで、もしこれが権利であるとしたら、それに対応する義務が観念されるはずである。だが、その義務は、誰が負うのであろうか。

　バングラディシュの貧しい人々の生命と健康を守る義務を負うのは、バングラディシュ政府であって、日本国民たる宮崎夫妻ではない。同様に、アフガニスタンやパキスタンの貧しい人々の生命と健康を守る義務を負うのは、アフガニスタンやパキスタンの政府であって、日本国民たる中村氏ではない。

　この厳然たる事実は、何を意味するか。

　それは、深瀬が「ひとしく恐怖と欠乏から免かれ、平和のうちに生存する権利」を守る「実行」であると考えている宮崎夫妻や中村氏のおこないが、彼らが助ける人々の権利に対応する義務の履践ではないということである。

2　権利と義務

　それならば、深瀬自身は、どうであろうか。

　憲法研究者である深瀬の「実行」は、何よりもまず、恵庭事件への関与において示された。

　恵庭事件は、酪農家である野崎兄弟を被告人とする刑事事件である。北海道

6）　シュヴァイツァー（野村實訳）『水と原生林のはざまで』（岩波文庫、1957年）160頁。
7）　恵庭事件への関与も含め、九条訴訟に対する深瀬の取り組みについては、蟻川恒正「九条訴訟という錯綜体」法律時報88巻9号（2016年）54頁を、恵庭事件そのものについては、蟻川恒正「裁判所と九条」同『尊厳と身分――憲法的思惟と「日本」という問題』（岩波書店、2016年）95頁を、それぞれ参照されたい。

恵庭町にある自衛隊の島松演習場の演習（野崎家牛舎を目安にした戦闘爆撃機の急降下訓練や加濃砲による砲撃訓練等）による耐え難い轟音によって、演習場に隣接する野崎牧場の人々の生活・健康が破壊され、飼育する乳牛が狂奔して死ぬなど、身体上および農業経営上の甚大な被害が継続していたところ、牧場側からの累次の抗議にもかかわらず自衛隊は真摯な対応を示さなかったため、話合いのきっかけを作ろうと通信線を切断した兄弟の行為が自衛隊法121条の防衛供用物損壊罪に該当するとして起訴された。

　1963年の深瀬は、この事件の「争点は、無補償で一方的に犠牲を強制する自衛隊の不条理な行為は、憲法の生活権（財産権・29条、生存権・25条）の保障が生きているかぎり、無効とされねばならないということに尽きる」と書いた[8]。そこには、「憲法上の生活権」という些か聞き慣れない権利名称が姿をみせているが、「憲法の生活権」の観念は、1964年の深瀬の論説にも、29条・25条のほかに、さらに13条をもその根拠法条に加えて、再び現われる[9]。深瀬は、ときに、この権利を「野崎兄弟の人権」（圏点引用者）と簡易に呼びもしたが、その実質は、「全世界の国民が」「ひとしく」「有することを確認」されるべき「恐怖と欠乏から免れ、平和のうちに生存する権利」であるとされた[10]。

　だが、そうであるならば、野崎兄弟にそれを保障するべき主体は、日本政府であって、いうまでもなく深瀬ではない。それが権利であるならば、その権利に対応する義務を負担すべき者は、だから、深瀬ではない。その意味で、この事件に対する深瀬の関与は、どこまでも、義務履行者としてのそれではない、とひとまずいわなくてはならない。そうして、この限りで、恵庭事件への深瀬の関与は、バングラディシュでの宮崎夫妻のおこないと、また、パキスタンやアフガニスタンでの中村氏のおこないと、異なるものではない。

　ところで、深瀬は、恵庭事件での野崎兄弟に対する自らのコミットメントを、憲法訴訟の被告人に対する憲法研究者としての単なる通常の接近とは考えていない。

---

8)　深瀬忠一「島松演習場事件と違憲問題——自衛隊法をめぐって」同『恵庭裁判における平和憲法の弁証』（日本評論社、1967年）3頁、6頁。
9)　深瀬忠一「恵庭事件と自衛隊法の違憲問題——自衛隊法をめぐって」同・前掲注8）14頁、23頁。
10)　深瀬忠一「恵庭は今日も眠っていない——特別弁護人の回顧と展望」同・前掲注8）204頁、212、231頁。

恵庭事件第一審の最終弁論において、深瀬は述べている。

　「これは野崎さん兄弟だけの問題ではない。野崎さんが守ろうとした憲法上の徹底的に平和な人権主義か、検察官・自衛隊側が押しつけようとしている軍事目的優越主義か、という憲法原則の争いであります。国民はどちらを勝たせるか高見の見物ではすまされない。ここでは、野崎さん兄弟を通じて自分自身の権利が争われているのだという本質をみなければならないと思うのであります」〔圏点引用者〕。

　たとえ他者の権利であるとしても、その他者を通じて自分自身の権利が争われているといえれば、その権利を守ることは、そのまま自分の権利を守ることであり、そこには、権利保障者が負うべき義務とは異なる位相に属するものではあるけれども、その他者の権利を守る何らかの意味における義務を観念することが不可能ではない。この意味において、「自分自身の権利が争われているのだという本質」をこの裁判闘争のうちに認めた深瀬は、「恐怖と欠乏から免かれ、平和のうちに生存する」野崎兄弟の「権利」のための闘争において、義務を履行する者としての資格に準ずる資格を主張したといいうる。

　だが、そうであるとすれば、同じ理は、「恐怖と欠乏から免かれ、平和のうちに生存する」バングラディシュの人々の「権利」のためにたたかった宮崎夫妻にも、また、「恐怖と欠乏から免かれ、平和のうちに生存する」パキスタンやアフガニスタンの人々の「権利」のためにたたかっている中村氏にも、当て嵌まるはずである。

　先に私は、宮崎夫妻や中村氏のおこないは、彼らが助ける人々の権利に対応する義務の履践ではないと書いたが、バングラディシュの人々の権利・パキスタンやアフガニスタンの人々の権利を「自分自身の権利」と認めるここに述べ来った位相においては、彼らのおこないのうちにもまた、彼らが助ける人々の権利に対応する義務の履践に匹敵する義務の履践を観念することができるといわなくてはならない。

　この義務は、では、何か。

　それは、他者の権利を自分自身の権利と認め、その他者が自らの権利のため

---

11) 深瀬忠一「憲法の平和主義の背景と意義」同・前掲注8) 165頁, 195頁。

の闘争を義務づけられているように、その他者の権利の実現のためにたたかう義務というべきものである。

　最終弁論で、深瀬は、「野崎さん兄弟を通じて自分自身の権利が争われているのだという本質をみなければならない」と述べたが、野崎兄弟を通じて自分自身の権利をみることなど、はたして可能なのか。また、仮に、野崎兄弟のたたかいは、徹底的に平和な人権主義か軍事目的優越主義かのたたかいであって、「野崎さん兄弟だけの問題ではない」とする説得が奏功し、兄弟の権利は自分自身の権利であるとの共感が得られたとしても、さらにそこから、兄弟の権利の実現を自らの義務としてたたかうという地平までの距離は絶望的に大きいといわなければならない。

　深瀬は、どう考えていたのであろうか。

　深瀬には、恵庭事件について、二冊の著書がある。一冊は、彼の処女作である1967年10月出版の『恵庭裁判における平和憲法の弁証』（日本評論社）であり、もう一冊は、7歳年少の高等学校教諭である牧師の橋本左内との共著である1968年5月出版の『平和憲法を守るキリスト者――恵庭事件におけるキリスト者の証し』（新教出版社）である。

　この二冊には、明確な役割分担がある。それぞれのはしがき（前者は「まえおき」、後者は「まえがき」）から抜き書きする。

　　「まえおき」――〔冒頭に「日本国憲法前文冒頭」、「9条1項・2項」、「12条前段」、「前文結び」を掲げる―引用者注〕恵庭裁判とは何か。その経緯、問題点、意義は何か。本書全体が答えてくれることを望みたい。本書は、一小刑事事件の起訴によって起こりうべき最悪の事態を見通しつつ、平和憲法を確保し・被告の人権を通して一般国民の平和な人権を守るために努力してきた人々の、四年間のありのままの記録（年月順に原文のまま配列し補註を加えた）である。第一部を論文篇、第二部を資料篇とした。著者の立場は、冒頭掲載の憲法の宣言している「日本国民」の一人として当然のことをしただけの立場であり、また、裁判所の「正しい判決の形成に協力」すべく「公法学者の良心にしたが」って、特別弁護人として弁護に参加した立場である。〔以下略〕」〔圏点原文〕。（『恵庭裁判における平和憲法の弁証』）

　　「まえがき」――「平和憲法とは、日本国民にとって、特に日本のキリスト者にとって、何であるか。本書は、自覚ある主権者たるべき日本国民として、また

神の前に日本の社会と歴史の中にあって責任ある応答をなしてゆくべきだと信ずる一団のキリスト者が、「恵庭事件」という裁判を契機として展開した、平和憲法擁護の運動（第一部）と、精神（第二部）と、理論（第三部）の記録である。本書は、何よりも先ず、平和憲法が、回避、放置、忘却されてはならない、日本のキリスト者に対する基本的課題の一つであることを、前提とし、強調している。さらに、平和憲法が、客観的・普遍的な現実の歴史の中に生きて働き給う「平和の君」のまさに審判と恩恵のみわざであり、はかり知れない神の真理と力とを内包していることを、深く学ぶべきことを、提言している。そしてとりわけ、平和憲法が単なる観念的学習の対象ではなく、主体的にその聖書的真理を守り抜き、自らのものとするため戦わねばならない責任の問題であることを、告白しているのである。〔以下略〕」〔圏点原文〕。（『平和憲法を守るキリスト者——恵庭事件におけるキリスト者の証し』）

二冊の役割分担は明瞭であろう。深瀬のなかには、——それが最後まで股裂きになっていると考えたか、何らか統合されるべき運命にあると考えたかはともかく——日本国民としての立場と、キリスト者としての立場との、ふたつの異なる立場が差し当たりあって、主として日本国民としての立場を前者の一冊が、主としてキリスト者としての立場を後者の一冊が、担当しているのである。

後者の書物のなかで、深瀬は、次のように述べている。「私たちの一貫した使命は、野崎さんの人権を通じて、基地周辺、そして国民一般の平和に徹した憲法上の人権——「神の似姿を宿す」人間一人一人の尊さ——を軍事権力に対して守ることにあるのです」[12]。

野崎兄弟の権利を守ることを深瀬が自らの義務としうるのは、野崎兄弟が深瀬と同じ人間だからである。この簡明な事実が、彼をして義務という厳格な倫理を発動せしめるまでに至るのは、その小さき者ひとりひとりに、良心的キリスト者は神を重ねるからである。これは、宮崎夫妻の場合も、中村氏の場合も、変わらない。宮崎亮氏と中村氏は、ともに、日本キリスト教海外医療協力会によってそれぞれの地に派遣されたキリスト者である。

深瀬は、1988年のある礼拝証詞で、「宮崎兄は、『アフリカの密林で病と貧困に苦しんでいる人々があなたの隣人ですよ』と鋭い、厳しい、しかもまことに

---

12) 深瀬忠一「あとがきに代えて」深瀬忠一・橋本左内『平和憲法を守るキリスト者——恵庭事件におけるキリスト者の証し』（新教出版社、1968年）257頁、260頁。

優しく温かい心からの警告を発せられました」と語ったことがある[13]。

中村氏は、2001年の講演で、「人間の一番大事な権利は生存する権利であり、そのための食料、水、健康を守るための活動をしている」という趣旨のことを述べている[14]。

深瀬、宮崎夫妻、中村氏は、いずれも、キリスト者として生き、小さな者に「恐怖と欠乏から免かれ、平和のうちに生存する権利」を保障することを、隣人に対する厳しい義務として自らに課し、その使命に能う限り忠実であろうと努めた。深瀬にとって、「実行」とは、「恐怖と欠乏から免かれ、平和のうちに生存する」他者の「権利」の実現を自らの義務として履践するおこないを指す。

シュヴァイツァー、宮崎夫妻、中村氏に並べて、ここにもうひとつの名前を書き加えることができる。スコットランドの医師・ドゥガルド・クリスティーである。彼は、1883年から1922年まで、約40年にわたり、中国・満洲の人々のための医療奉仕に務めた。

1938年にクリスティーによる満洲生活の記録『奉天三十年』を翻訳し、同年創刊の岩波新書第一番として上梓した矢内原忠雄は、その「訳者序」で、次のように書いている。

> 「満洲及び支那問題の解決、即ち東洋平和の永久的基礎は、満洲人及び支那人の人心を得ることでなければならない。而してそれは国家としての愛撫政策を以ては足りない。況んや国家を背景とする公私の利得的行動を以ては達し得られない。人間としての無私純愛の生活態度を以て、彼等のために深く、且つ長く奉仕する個人こそ、東洋平和の人柱であり、その如き人間をば満洲及び支那に供給することこそ、日本国民の名誉でなければならない」[15]。

クリスティーが活動を終えて以降の満洲をめぐる歴史の展開を知っているわれわれには、1938年の矢内原によるかかる序言の物言いをそのまま受け入れることは難しい。けれども、その点を姑く措くならば、矢内原の言葉には、玩味すべきものがある。

名誉は、あるいは、名誉心は、人を惑わす危険な罠である。名を残すことを

---

13) 深瀬忠一「主にある友情」同・前掲注5）288頁、295-296頁。
14) 朝日新聞2001年11月19日。
15) 矢内原忠雄「訳者序」クリスティー『奉天三十年〔特装版・上〕』（岩波新書、1982年）4頁。

求めてする行為には、大抵の場合、過剰な自意識が随伴する。宮崎夫妻や中村氏の「実行」が名誉に値するのは、その動機に、先にみたような意味での自己義務づけに由来しないものがないからである。彼らは、義(ただ)しい務めをなすことを自己に課し、他者の「生存する権利」を自らの義務として守ろうと努めた。義務の履践は、名誉の基盤である。矢内原によれば、名誉は、「国家」にではなく、そのような個人を「供給」する「日本国民」に冠せられる。

跋

　宮崎夫妻と中村氏の活動は、「恐怖と欠乏から免かれ、平和のうちに生存する」他国の国民の「権利」を義務として守るおこないである限りで、深瀬の考える「実行」であり、そうである限り、日本国民の「名誉」(憲法前文・第2段)となる。

　同様に、恵庭事件への深瀬の関与は、「恐怖と欠乏から免かれ、平和のうちに生存する」野崎兄弟の「権利」を義務として守るおこないである限りで、深瀬の考える「実行」であり、そうである限り、「この憲法が国民に保障する自由及び権利」を支える日本国民の「不断の努力」(憲法12条)となる。

---

16)「実行」の概念は、深瀬において、少なくともふたつの思想的水脈に連なるものであると臆度される。ひとつは、この稿でも取り上げたキリスト者としての思想に関わって、札幌農学校のいわゆるクラーク精神から内村鑑三に流れるDoの思想である。もうひとつは、高知県出身の深瀬にとって少なくない影響を受けていたと思われる中江兆民の思想である。ここでは、後者に関して引用する。民権論について、中江はいう。「これ理論としては陳腐なるも、実行としては新鮮なり。……その実行として新鮮なるものが理論として陳腐なるは、果して誰の罪なるか。……国民たるもの無気力の致す所ろにして、しかしてその無気力なるは他なし、何事も考へずして……己はかつて関与せざるが故なり。……我国の民権は行はれずしてしかもかつ言論として陳腐となれるは、果て何を意味するか、人民の無気力を意味するなり。人民の思考なきを意味するなり。かくの如き人民は真の人民にあらざるなり。脊椎動物の屯聚なり」〔圏点引用者〕。中江兆民「考へざるべからず」同(松永昌三編)『中江兆民評論集』(岩波文庫、1993年)。「無気力」への批判は、深瀬の得意とするところである。ちなみに、「不断の努力」の「努力(endeavor)」には、「実行」そのものであるといいうる側面がある。実際、深瀬は、自ら編集責任者を務める札幌福音的教育・平和研究会の刊行物「平和文庫」の第28号の「あとがき」を、「平和憲法は、日本人のみならず、世界の宝(遺産ではない)であるかもしれない(実行に向う「不断の努力」があるかぎり)、と思うのである。」の一文で締め括っている。2015年3月31日の日付があるこの号に掲載された「あとがき」は、深瀬の最後の思考の——この限りでは最初期から一貫した——姿を伝えるもののひとつといえよう。

憲法前文・第2段の「名誉」、憲法12条の「不断の努力」に関する、こうした或る種の体系的理解は、深瀬の考えるキリスト者としての矜持を水脈のひとつに有するとしても、そうした矜持とは独立の水脈からも導き出せないものではない。深瀬自身の思考のなかにも、いくつかの水脈が交錯している痕跡が認められる。[16]

　深瀬の憲法論は、日本国憲法のなかに、こうした、いわばもうひとつの体系ともいうべきものが隠されていて、公権力を義務者とする標準的な憲法の体系を下支えしていることを、いつもわれわれに透かし見せてくれる。[17][18]

（ありかわ・つねまさ　日本大学教授）

---

[17]　深瀬は、1964年に、「新憲法下においては、憲法こそが権力者や実力者の権力濫用やわがままから国民一人一人の人間の尊さと権利を守ってくれる身近な友であります。平和憲法が傷だらけになって倒れようとしているとき、国民こそがよき友として危急を救って健全なものとし、再び強くなった憲法によって自らの平和と人権を守ってもらおうではありませんか」と書いている。ここにも、公権力から国民を守る憲法という標準的な憲法理解を前提としつつも、国民——精確には個人というべきであろう——が憲法を賦活する契機を留保する基層的な憲法理解がみられる。深瀬忠一「身近にできること」同・前掲注12) 113頁、115頁。

[18]　この稿では立ち入らないが、いわゆる安保法制をめぐる攻防のなかで、憲法12条の「不断の努力」概念が孕むポテンシャルを「発見」したのは、学生団体シールズ（SEALDs）に属する学生たちである。日本の憲法学は、それまで、基本的には、憲法12条にも、また、そこにいう「不断の努力」概念にも、関心を向けることが少なかった。これに対し、その研究生活の当初から、例外的に、この概念のポテンシャルに自覚的であり、この概念を自らの憲法学の機軸に据えさえしていたのが、深瀬である。本文でも言及した深瀬の処女作の「まえおき」は、その集約的表現といえる。シールズが「不断の努力」概念を「発見」できた背景要因としては、消極的には、憲法12条に関心を向けることが少なかった日本の多数派憲法学との接点が少なかった可能性と、積極的には、深瀬の憲法学の基底の重要な一部を占めるキリスト者としての発想をシールズもまた何ほどか共有していた可能性が、考えられる。もっとも、本注に対応する本文で述べた「もうひとつの体系というべきもの」が、キリスト者としての着想と一意対応するものでないことは、跋の第3・第4文で述べた通りである。

第 9 章

平和と秘密

――『永遠平和のために』の秘密条項について

小島慎司

はじめに

　イマニュエル・カント（1724-1804）は、前年に出版された『永遠平和のために』の版を1796年に改めるにあたり、「第 2 章第 2 補説」を加えた。その第 2 補説は「永遠平和のための秘密条項」と題され、平和を可能にする諸条件についての哲学者の格率を参考にするべきであることが説かれた。ここでいう哲学者の格率、つまり、行為の指針には、『永遠平和のために』の本論の諸条項も含まれるであろうから、カントは、いわば根幹の要請を定める条項を敢えて「秘密」にしたのである。本論文の目的は、なぜこの条項を秘密にしたのかを考え、その意味を検討することである。フランスでは、ミシェル・フーコーの講義に触発されたと思われる論者たちの間で統治の秘密についてかなりの議論の蓄積があるところ、本論文では、その一端を摂取して、それを第 2 補説の秘密性に則して考えてみたい。

　上記の『永遠平和のために』の本論の諸条項は、戦後日本の通説的な憲法 9 条解釈と無関係ではない。カントは、その第 3 予備条項において、常備軍を全廃するべきであるとしつつ、人民による武装をその例外とする（A345）。この

1）　先行して一部の抜粋が存在したが、Michel Foucault, *Sécurité, territoire, population: cours au Collège de France 1977-1978* (Paris: Gallimard-Seuil, 2004)。本論文の内容に関係が深いのは pp. 101-03, 241-43, 270-71である。

内容は、憲法9条2項により警察力以上の実力をもつことが禁じられるとする一方で、民衆が武器を取って対抗する群民蜂起は可能であるとする有力な「武力なき自衛権」[3]論の説くところと似ている。カントは、その内容についても、しかし、国家が参考にするべきであることは秘密でよいとするのである。

もちろん、日本の平和主義論は、論者自身の従軍経験から生じたと解しうる場合があるほか[4]、戦前の「天皇制文化」からの文化的革命を遂行する狙いをもたされることもあり[5]、たとえカントを引いていても同一の前提に立つわけではない。しかし、内容に似た永遠平和論がいかなる身分の議論であるのかは、理論的な関心を向けるに値するのではないかと思われる[6]。

1　設問——秘密と怜悧

第2章第2補説が秘密条項であることは、国家が統治に関わる何事かを秘密にすることを意味する。『永遠平和のために』は、こうした戦略について次の2箇所で論じている。

第一は、第1予備条項である。この条項は、将来の戦争の可能性を留保して結ばれた条約が決して平和条約とはいえないと説く。都合のよい将来の機会を利用しようと考えつつ、今はその主張を隠しておくこと、つまり、「心裡留保（*reservatio mentalis*）」について、カントは、権力の増大を名誉とする「国家の怜悧（Staatsklugheit）」に適うとしても、権力者の品位（Würde）に悖るというのである（A343-44）[7]。

2）　翻訳にあたっては、カント「永遠平和のために」（遠山義孝訳）『カント全集14』（岩波書店、2000年）を参照したが、一部に表現を改めた箇所がある。また、原文を引用する場合でも、ゲシュペルトを外し、ラテン語をイタリック体に変えている。これらについては他のカントの著作についても同じである。

3）　芦部信喜『憲法学Ⅰ』（有斐閣、1992年）266頁。深瀬忠一『戦争放棄と平和的生存権』（岩波書店、1987年）258頁がみた新しい自衛権である。

4）　髙見勝利『芦部憲法学を読む』（有斐閣、2004年）はじめに、489頁。

5）　深瀬・前掲注3）382-89頁。

6）　とりわけ、隠し立てのなさを求めるプープル主権論の貫徹と平和主義とを順接の関係にあるとする考え方（杉原泰雄『憲法Ⅰ』（有斐閣、1987年）53、415-18頁）にとって、第2補説の秘密性は小さな問題ではないと思われる。

7）　こうした心裡留保の不正さについては、A385でも指摘している。

第二は、この国家の怜悧について論じる付録である。その第1節でカントは、国家の怜悧に適うように道徳をこしらえる「政治的道徳家」を批判する。すなわち、政治的道徳家の原理は、これこれの実質的な目的、すなわち、「技術的課題（problema technicum）」である。この原理は、たとえば、ある条約の締結行為のなかに「その違反について秘密の留保を同時に含む」といった、蛇のように狡猾な行為にもみられ、それで平和が達成されるか否かという成果については状況次第で不確実であるとされる。それに対して、カントは、目的がどうであれ、汝の格率が普遍的法則となることを汝が欲するように行為せよという定言命法の形式的な原理を対比させる（A376-78）。第2節でも、「他人の権利に関する行動で、その格率が公開性（Publicität）と合致しないものはすべて不正である」という公開性の消極的公式を通して、「哲学によって」「後ろ暗い政治の陰謀」も頓挫することになるとする（A381, 386）。

　このように、カントは、何事かを秘密にして事態を有利に進めようとする国家の戦略に対して批判的である。そうであれば、第2補説に限ってはなぜ秘密条項でよいのか。この疑問が切実になると思われる。

2　統治の技術としての秘密

　(1)　第2章第2補説を秘密条項とするくだりについては、カントが弾圧を恐れてアイロニカルな表現を用いたとする解釈も存在する[8]。しかし、ベルギーの法哲学者トマ・ベルンは、このくだりでは、16世紀から18世紀にかけてのヨーロッパでの国家理性論の長い伝統、統治のアルカナ（arcana imperii）の伝統が下敷きにされているとする[9]。この点、すでに引いた「怜悧」とは、カントの定義でいえば、自らの最大の幸福（Glückseligkeit）のためにいかなる手段を選択するべきかについての命法を指す。仮言命法の一種であるが、カントにおいて人間はすべて幸福を欲していると考えられているので、怜悧の命法は現実的な（wirklich）ものとされる[10]。確かに、カントがこのようにいうとき、国家理性論

8）　宮田光雄『平和思想史研究　宮田光雄思想史論集1』（創文社、2006年）156頁。
9）　Thomas Berns, « Secrets et implicites d'une cosmoplitique non politique chez Kant », *Dissensus: Revue de philosophie politique de l'ULg*, n°1, 2008, pp. 37-38.

の伝統との関係を明示してはいない。しかし、「怜悧」は、フランス語や英語では prudence に相当し、国家理性論でも用いられた概念である。したがって、ベルンの見立てに従って以下の検討を始めることは少なくとも可能であると考えられる。そこで、国家理性論についての二次文献を補助線にしつつ読み解いてみたい。

　この国家理性論の prudence 論の特徴はどこにあるのか。ミシェル・スネラールによれば、それは、中世の古典であったトマス・アクィナスの統治の prudentia 論に見られた2つのモメントの一方を増大させたところにある。[11] すなわち、トマス『神学大全』は、一方では、prudentia を理性の内に存するとした上で、技術（ars）が家やナイフといった外的な物に関わるのに対して、prudentia は行為者や行為に関わると分類しており、また、狡猾さ（astutia）、[12] 詐欺（dolus）、欺罔（fraus）を prudentia に反するものとして挙げていた。[13] 他方で、知恵（sapientia）や学問（scientia）と異なり、prudentia は変わりやすいもの（contingentia）に関わるとし、統治の prudentia は通常の徳（virtus）とは異なると考えていた。[14]

　2つのモメントのうち、マキャヴェリ（1469-1527）[15] 以降、後者のモメントを増大させる動向がみられたところ、国家理性論もその動向に属する。確かに、マキャヴェリが国家理性論の創始者か、そもそもマキャヴェリと国家理性論は順接の関係に立つのかについては、一般に争いがある。[16] そして、少なくともフ

---

10) カント（平田俊博訳）「人倫の形而上学の基礎づけ」［1785年］『カント全集7』（岩波書店、2000年）A415-16。

11) Michel Senellart, *Les arts de gouverner: du regimen médiéval au concept de gouvernement* (Paris: Seuil, 1995), pp. 176-79, 221-23. 後述のノーデが曲解を込めてトマスを順接的に受容したことについては、Etienne Thuau, *Raison d'État et pensée politique à l'époque de Richelieu* (Paris: Albin Michel, 2000 [1966]), p. 324; François Saint-Bonnet, *L'État d'exception* (Paris: PUF, 2001), pp. 223-24.

12) Saint Thomas d'Aquin, *Somme théologique: la prudence,* trad. par H.-D. Noble（Paris: Revue des Jeunes, 1925), question 47 article 5, p. 31.

13) Thomas, *op. cit.* (n. 12), question 55 articles 3-5, pp. 206-15.

14) Thomas, *op. cit.* (n. 12).

15) たとえば、「必要なのは、君主が地位を保持したければ、善からぬ者にもなりうる方法を身につけ、必要に応じてそれを使ったり使わなかったりすることである」（Machiavel, *Le prince,* trad. par Jean-Louis Fornel et Jean-Claude Zancarini (Paris: PUF, 2014), Chapitre 15, p. 189)、「必要なのは、……偉大な偽装者・隠蔽者であることである」（*ibid.*, Chapitre 18, p. 205)。

ーコーは国家理性論がマキャヴェリと順接の関係に立たないと考えるかにみえる[17]。しかし、上記のように prudence が形而下的なものに化していく方向についてはマキャヴェリがそれを後押ししたと考える点では、フーコーに連なる論者も同様である[18]。そうした動向の具体的な内容について、本論文ではスネラールが極点に置くガブリエル・ノーデ（1600-1653）に則してみておきたい[19]。

第一に、ノーデは、主権者の徳が「私人（particuliers）とは異なるように歩む」という。主権者は重大で危険な任務を果たす。したがって、「他人の目には狂っており堕落したように見えうるものの、主権者には必要で、誠実でも正統でもある」——そうした歩みが主権者には求められる[20]。したがって、トマスであれば prudentia に反するとされた詐ったり欺いたりする行為も、ノーデにとっては、そもそも統治の prudence に反しないことがありうることになろう。

さらに、ノーデは、「公共善を理由とした一般法（droit commun）の踰越」を行う国家の非常の（extraordinaire）活動のなかに、国家の格率（maximes）から「クーデタ（coups d'État）」を区別する。格率によって行われることについては、原因が効果に先行するのに対して、クーデタの場合には、「大雲のなかに雷鳴を聞く前に、雷が落ちるのを見る」あるいは「執行が判決に先立つ」[21]。つまり、原因ではなく帰結、つまりは、実効性こそが正統性を基礎づける。いわゆる arcanum も、「学問（science）の準則や格率には帰せられるべきではない。学

---

16) 川出良枝「内戦の記憶 『国家理性』論再考」『年報政治学2000年度』（岩波書店、2001年）3頁以下、Senellart, « La raison d'État antimachiavélienne: essai de problématisation », in Christian Lazzeri et Dominique Reynié（dir.）, La raison d'État, politique et rationalité（Paris: PUF, 1992）, pp. 17-25を参照。

17) Foucault, op. cit. (n. 1).

18) Senellart, op. cit. (n. 16), p. 22. 順接に立たないのは、循環論的な説明でよしとするかについて違いがあるからであり、この点については別の論文を予定している。

19) Senellart, op. cit. (n. 11), pp. 272-77. 以下については Yves Charles Zarka, « Raison d'État, maximes d'État et coups d'État chez Gabriel Naudé », in Zarka, Raison et déraison d'État: théoriciens et théories de la raison d'État aux XVIe et XVIIe siècle（Paris: PUF, 1994）, p. 151 et s.; Saint-Bonnet, op. cit. (n. 11), pp. 219-25も参照。

20) Gabriel Naudé, Considérations politiques sur les coups d'État（Paris: Gallimard, 2004 [1667]）, pp. 86-87.

21) Naude, op. cit. (n. 20), p. 104. 原文は　部がイタリック。

問は一般の（commun）のものであり、誰によっても理解され実践されるからである。arcanum はむしろ、何らかの理由で認識・暴露されるべきではないことに帰せられるべきである」[22]。

これらをかみ砕いていえば、公開してしまえば失敗し、実効的ではない以上、秘密でなければならないのであり、そうする戦略の善悪を論じても無意味である。そうした領域がクーデタと呼ばれるものである。ノーデにおけるクーデタないし秘密は、政治を道徳の物差しで測らないようにする、その意味で道徳から政治を解放する機能を果たしている。つまり、秘密は、何事かを公にしないという消極的な性格だけでなく、それによって政治に固有の合理性を作り出す、創出の道具としての積極的な性格を有している。

たとえば、ノーデは、1572年8月にシャルル9世の母后カトリーヌ・ド・メディシスがギーズ公と組んで企てたとされるサン・バルテルミの虐殺を、クーデタとして「非常に正しく、まさに特筆するべき活動」と評価する。このことは、ノーデが政治に不道徳な行為を推奨したことを意味しない。むしろ、政治的合理性が、行為の道徳性ではなく、帰結によって測られる道具的なものであることを意味する。ゆえに、ノーデは、さらに衝撃的なことに、サン・バルテルミの虐殺は、「中途半端にしか行われなかった」がゆえに、生き残ったユグノーがそれを批判し、カトリックさえ「それを行わずに済ましえたなどと公言している」ことが難点であるとさえ指摘するのである[23]。マキャヴェリズムの定式として「目的は手段を正当化する」といわれるものの[24]、ここでいう政治的合理性の特徴は、正確には、道徳的に正当な手段ではなく最も実効的な手段が選ばれること、ゆえに、目的が示されたとしても手段が時と場合によって変わりうることにある[25]。

(2) 以上でみたところと類似した、秘密が生み出す積極的な政治的合理性への関心は、ノーデよりも少し前のモンテーニュ（1533-1592）にもみられる。モ

---

22) Naudé, *op. cit.* (n. 20), p. 89.
23) 本段落の引用箇所は Naudé, *op. cit.* (n. 20), pp. 130, 133. ここでカトリックとの関係でも失敗とされているのは、カトリックでありながら王権に敵対する旧教同盟（Ligue）の結成に帰結したことであるという（Thuau, *op. cit.* (n. 11), p. 329）。
24) Alain Boyer, *Chose promise: étude sur la promesse, à partir de Hobbes et de quelques autres* (Paris: PUF, 2014), p. 93.

ンテーニュにとって、「法律が信用され続けているのは、それが正しいからではなく、それが法律だからである」。法律はしばしば、「平等を嫌い、衡平を欠いた人々」によって作られる。したがって、法律の権威は、道徳的な正しさによってではなく、循環論的にしか説明されないのである。

　この点、モンテーニュは、秘密の存在を論難した論者として引かれることがある。モンテーニュは、「近頃深く信じられている偽装（faintise）や隠蔽（dissimulation）などの新しい徳については、私はそれを非常に嫌っている」とし、「仮面の下に自らを偽り、隠すこと、そして、その人のありのままの姿を見えないようにすることは、卑怯な気質である」という。確かに、仮面を外した生身の姿を求めるモンテーニュには、そうした一面がみられる。しかし、嫌いな仮面を受け入れたのもモンテーニュのもう１つの面である。キケロのテクストに範を求めつつそれを批判して真の友誼を論じたくだりで、ブロッシウスの発言に対して施したモンテーニュの好意的な解釈は、友誼に無理解な者に対抗するための偽装や隠蔽をその発言にみるものにほかならないと思われる。

　以上を要するに、国家理性論やそれに近い文献において、秘密は、何事かを公にしないことで公共善を実現することを可能にする積極的な創出の道具である。ただ、そこで追求される目的、つまり、公共善が道徳的に正しいか否かについては不問に付されている点で特徴的なのである。

---

25) Senellart, *op. cit.* (n. 16), p. 15 note 1; *op. cit.* (n. 12), p. 226は、マキャヴェリズムの定式がマキャヴェリ自身にも当てはまらないことを指摘する。ローマ建国のために弟を殺害したロムルスについて、キケロが「有益性の大きさを考えて徳性を放棄」した「邪な」行為の例とみた（キケロ（高橋宏幸訳）「義務について」『キケロー選集９』（岩波書店、1999年）300頁）のに対して、マキャヴェリは「その行為が非難されるようなものでも、もたらした結果さえよければ、それでいいのだ」とする（マキャヴェッリ（永井三明訳）『ディスコルシ 「ローマ史」論』（ちくま学芸文庫、2011年）第１巻第９章68頁）。
26) Montaigne, *Essais*, Livre 3 Chapitre 13, *in Œuvres complètes* (Paris: Gallimard, 1962), p. 1049. Voir Berns, *Violence de la loi à la Renaissance: l'originaire du politique chez Machiavel et Montaigne* (Paris: Kimé, 2000), pp. 380-82, 397-99.
27) Montaigne, *op. cit.* (n. 26), Livre 2 Chapitre 17, p. 630. 大竹弘二「公開性の起源(5)　偽装と隠蔽のバロック」atプラス15号（2013年）102-03頁を参照。
28) 拙稿「近代社会における１つの友誼――プープル主権論について」憲法問題26号（2015年）101-02頁を参照。

3　第2章第2補説の秘密性の意義

（1）　以上の迂回を経て、『永遠平和のために』第2章第2補説の秘密性の問題に戻りたい。カントは、この点を次のように説明する。この秘密性は、「客観的には、つまり、その内容に従って考慮すれば」矛盾であるが、「しかし、主観的には、つまり、その条項を定める人の地位（Qualität）に従って判断すれば」成立しうる。なぜなら、この条項を公にした場合には、国家が「服従者（Unterthanen）」であるに過ぎない哲学者の教示を求めていることが明らかになってしまうからである。その直後での表現を用いていえば、第2補説が永遠平和を可能にする諸条件に関して哲学者の格率を参照せよというにもかかわらず、「国家が法律家の要求よりも哲学者の原則を優先させることを意味しない」からともいえる。[30]「国王が哲学をすること、あるいは、哲学者が国王になることを当てにするべきではない」ともされる（A368-69）。

2でみたように、国家理性論において、統治の秘密の意義は、国家が道徳的に正しく行為するべきか否かとは独立して判断されてきた。そして、カントのprudence論は、一般に、無私の道徳的行為が現実には存在しないという近代的な前提を踏まえていると考えられており、[31]国家理性論と同一の動向に属する。したがって、2にいう秘密の特徴を補助線として考えると、『永遠平和のために』の第2補説においても、秘密は、国家の行為に政治的合理性を見出す創出

---

[29]　これと同じ循環論的な性格は、技術が用いられる至るところでみられる。たとえば、田中耕太郎の世界法論は、その支えの1つを技術論に求めているところ、田中の特徴は、道徳的正当化に元来なじまない技術に道徳的意義をみる点にあると思われる（拙稿「日本における制度法学の受容」岡田信弘ほか編『憲法の基底と憲法論　髙見勝利先生古稀記念』（信山社、2015年）270-75頁を参照）。半澤孝麿『近代日本のカトリシズム　思想的考察』（みすず書房、1993年）20頁、グローバル経済システムの無法性を指摘する井上達夫『世界正義論』（筑摩書房、2012年）25-26頁が田中を批判するのは、この同じ点を衝くものと思われる。筆者自身の歩みに属するものとしては、モーリス・オーリウが取り出しながらも独自の意義をそこに認められなかったcommerce論も、これに関わる（拙著『制度と自由　モーリス・オーリウによる修道会教育規制法律批判をめぐって』（岩波書店、2013年）150-51頁）。また、レオン・ミシュウやレイモン・サレイユを通して、現在の日本の民法総則の教科書に影響がみられる法人の技術的実在説も、元を辿ると同じ技術論に行き着くと思われる（別の論文を予定している〔拙稿「技術の精神　日本におけるフランスの法人論の受容について」北大法学論集68巻3号（2017年）136頁以下〕）。

の道具として機能しているといえる。

　しかし、カントにとっては、1でみたように、帰結において成功するからといって秘密を用いることは、国家の怜悧に適うにせよ、定言命法に違反しており、「客観的には」道徳的に不正である。ただ、それは、「主観的には」、つまり、権力者の地位にある者の意欲の主観的な原理、つまり、権力者の格率としてみた場合には、こうした秘密もありうる。

　ここでは権力者の政治が道徳と不一致を生じさせていると思われるが、こうした不一致が、しかし、論理的には仮のものであり、いずれは解消されるはずであると想定されている。カントによれば、「客観的には……道徳と政治の間に争いはまったく存在しない。これに対して、主観的には……この争いは常に残るであろうし、また残ってもよい。なぜならこの争いは徳（Tugend）を磨く砥石のために役立つからである」（A379）。

　こうした想定については、「永遠平和の保障」を論じる第2章第1補説でも同型のものがみられる[32]。すなわち、永遠平和の保障の具体的ありようとして、第一に、人々が必ずしも道徳的でなくとも、対外的な戦争への恐怖から国家を形成するというプロセス、第二に、国家が言語や宗教が異なるがゆえに互いに分離して、常に「戦争状態（Zustand des Krieges）」にあるからこそ、均衡を通して平和が生じるというプロセス、第三に、金銭の力を必要とする諸国家が、利己心という「商業の精神（Handelsgeist）」によって戦争を防止し平和に向かうプロセスが紹介されているのである（A365-67）。こうした理解は、カントの他の著作でもみられる[33]。

　(2)　以上のように考えられるならば、第2補説の秘密性は、権力者にみられるこうした不一致が残されてもよいとする限りで、ある意味では、権力者を守っている。しかし、上記のくだりについては、秘密が権力者だけではなくむし

---

30)　本文にいう「法律家」は「現存の法律を適用すること」を仕事とする者を指す。「法律家は、私のものと君のものとを保障する法律を……自分の理性のうちにではなく、公的に与えられ最高機関で裁可された法典のなかに求める」（カント（角忍・竹山重光訳）「諸学部の争い――3部からなる」『カント全集18』（岩波書店、2002頁）A24-25）。

31)　Gil Delannoi, « Prudence », in Philippe Raynaud et Stéphane Rials, *Dictionnaire de philosophie politique*, 3ᵉ éd. (Paris: PUF, 2008), p. 596. 道徳についての定言命法は「いかなる実例によっても、ゆえに経験的には確認されない」（カント・前掲注10）A419）。

32)　Voir Berns, *op. cit.* (n. 9), p. 41 note 17.

ろ哲学者を守っているともいえる。少なくとも、ベルンはそのように解している[34]。

　現にカントは、上記のくだりに続けて、「なぜなら、権力を占有すると理性の自由な判断は必ずや堕落させられるからである」という（A369）。つまり、第２補説の秘密性が、哲学者の理性的な議論、ここでは永遠平和論を守り、「プロパガンダ」を行わない哲学者の非政治性を支えている。それによって、哲学者の永遠平和が権力者の平和と化さずに済んでいるというのである。

　しかし、そうだとすると、一見すると、ここには矛盾が残るように思われる。権力者の場合には、公開性という道徳の要請との不一致は、残されてもよいとされているにせよ、不一致として認識されている。しかし、１でみたように、哲学は、公開性の公式を通じて、権力者の怜悧を頓挫させるはずである。それなのに、その哲学の判断自体が権力者の秘密によって守られているとすれば、公開性それ自体が秘密と順接でつながることにならないだろうか。

　このように秘密と公開性が順接でつながるのには、確かに、違和感が残る。たとえば、カール・シュミットは、２でみた統治のアルカナと意見の公開性とを対立させている。シュミットによれば、「およそ政治にはアルカナ（Arcana）、政治的・技術的な秘密が付いており、その秘密が、私的所有権と競争に基づく経済生活にとって営業秘密や企業秘密が不可欠であるように、絶対主義にとって不可欠であるという観念——そうした観念を、公開性の公理は自らの敵としている」[35]。この秘密はカントのいう国家の怜悧にも相当すると思われるので、公開性と対立するというのは、続くくだりでシュミット自身が引くとお

---

33) ほかにも例はあるが、たとえば、人間の「非社交的社交性」を論じたことで知られるカント（福田喜一郎訳）「世界市民的見地における普遍史の理念」［1784年］『カント全集14』（岩波書店、2000年）は、自然は人間に、敵対関係のなかに平和を、つまり、戦争を通して同盟を求めさせており（A24）、それほどまでに自然は不必要なことは行っていないという（A19）。独断論（dogmatisme）から批判的に切り離されていることがより明確なものとしては、カント（北尾宏之訳）「理論と実践」［1793年］同『カント全集14』A307-13 など。Voir Jean Ferrari, *Les sources françaises de la philosophie de Kant* (Paris: Klincksieck, 1979), pp. 222-23; Simone Goyard-Fabre, *La construction de la paix ou le travail de Sisyphe* (Paris: Vrin, 1994), pp. 185-209; *La philosophie du droit de Kant* (Paris: Vrin, 1996), pp. 241-47.

34) Berns, *op. cit.* (n. 9), p. 40. François Marty, « Un article secret pour la paix perpétuelle », *in* Pierre Laberge et al. (dir.), *L'année 1795: Kant, Essai sur la paix* (Paris: J.Vrin, 1997), pp. 324-25 は、君主が秘密にするのも、理性の次元で説明が付くからであるというが、これも似た論旨と思われる。

り、カントの考え方とも整合する。

　しかし、このシュミットの議論について、スネラールは、アルカナの定義に関しては正しいが、公開性との関係についての理解の一部に誤りがあると指摘する。すなわち、統治のアルカナを論じた国家理性論の意義の1つは、確かに、絶対主義的な権力を神秘化することにある。これは、「国家の神秘」と題する論文でエルンスト・カントロヴィッチが指摘したことと重なる。カントロヴィッチは、統治のアルカナという絶対主義的な観念が、中世における国王権力と教会権力、法学と神学との相互借用から生まれたというのである。[36]

　スネラールもカントロヴィッチの分析を絶賛している。しかし、スネラールによれば、国家理性論のアルカナの意義は、神学的な世界の階層構造から政治を解放したこと、つまり、政治を脱神秘化したことにもある。もはや地上の世界は、特定の教義や道徳的価値によって縫い目のない織物のように覆われてはいないことが前提とされるに至ったのである。上記の引用箇所でシュミットが統治のアルカナと形而下的な経済生活上の秘密とを同型と見ているのは[37]、スネラールにとってもこの2つ目の意義を指摘する点で的確である。

　しかし、だからこそ、そうした統治のアルカナの意義は、公開性と重なる。君主に秘密を奨励したマキャヴェリも、その直後で「人間は、一般に、手によるよりも目によって判断する。……誰もがあなたの外見を見るのであって、あなたが実はいかなる人かを感じる人は少数しかいない。そして、この少数の人々が、stato〔＝君主〕の威厳を持って君主を支持する大多数の意見に敢えて反対することはない」という。[38] つまり、権力者が見られていることは前提とさ

---

35) Carl Schmitt, Die geistesgeschichtliche Lage des heutigen Parlamentarismus, 2. Auf. (München: Duncker und Humblot, 1926), S. 48.

36) Ernst H. Kantorowicz, « Mystères de l'État: un concept absolutiste et ses origines médiévales (bas Moyen Âge)» trad. par Laurent Mayali, *in Mourir pour la patrie et autres textes* (Paris: Fayard, 2004), p. 93 et s.

37) Schmitt, Die Diktatur von den Anfängen des modernen Souveränitätsgedankens bis zum proletarischen Klassenkampf, 7. Auf (Berlin: Duncker und Humblot, 2004 [1. Auf., 1923; 2. Auf., 1925]), S. 13でも同旨の指摘を行っていた。これがカトリック公法学者としてのシュミットに撞着をもたらしたことについては、和仁陽『教会・公法学・国家　初期カール＝シュミットの公法学』（東京大学出版会、1990年）304-06頁を参照。

38) Machiavel, *op. cit.* (n. 15), p. 208.

れており、統治がそのように可視的であってこそ、権力者が秘密によって人々の意見（opinion）を巧妙に管理することも可能になるのである。したがって、シュミットが空虚化したと批判した公開性は、まさにそうであるがゆえに、アルカナないし秘密のある面と一致することになる。[39]

かみ砕いていえば、秘密は、何かと何かの間についたてを作ることであり、ついたてを作って、神秘化された統治の空間を循環論的に基礎づけることもできる。しかし、それを批判して公開されたところに統治を置いたとしても、循環論によって自己利益を基礎づける空間は観念せざるをえず、その境界にはついたてを用意せざるをえないことになる。国家理性論にいう統治のアルカナの意義は、後者のついたてを作ることにもあったといえる。

これを参考にすると、第2補説の秘密性が、公開性によって活動が可能になる哲学者を支えていると考える場合、そこでいう秘密は、神秘的な空間を作るついたてというよりも、ただ私秘的な空間を作るついたて、そういう意味での技術であると思われる。だからこそ、脱神秘化を求める公開性、非政治性とも順接でつながりうる。

結

秘密は、秘することで統治の神秘性と高める奥義でもあったが、経済生活に

---

39) Senellart, *op. cit.* (n. 12), pp. 229-30, 246-47, 281-82. 大竹弘二「公開性の起源(2) 政治における秘密」at プラス12号（2012年）113-15頁も参照。シュミット自身は、アルカナの1つ目の意義を重視して（そしてそれと結びつく公開性であれば支持して）、空虚化した公開性を批判したとされる（同『正戦と内戦 カール・シュミットの国際秩序思想』（以文社、2009年）391-97頁）。

現在、大学も含め、多くの社会的な組織には、マネージメントの論理に従って、公開されて評価を受ける要請が課されている。しかし、そこには、アルカナの形而下的な一面、それゆえの権力性が隠されていることになろう（Voir Yve Charles Zarka, « L'évaluation: un pouvoir supposé savoir », *Cités: philosophie, politique, histoire*, 2009, p. 113 et s.）。

40) カント（樽井正義・池尾恭一訳）「人倫の形而上学」［1797年］『カント全集11』（岩波書店、2002年）A350。

41) 〔本文で進めてきた解釈によれば、カントは、壊れやすい、私秘的なものを守ろうと秘密条項としたことになるところ、こうした姿勢は、平和主義と、事実として自由であることの保障とを結びつけて考えていたと思われる注3）～5）の通説的解釈論とやはり響き合うのかもしれないと考えられる。秘密は自由にとっても不可欠の支えだからである。〕

おいてそうであるように、形而下的なものと化した技術でもあった。以上のように考えてみると、『永遠平和のために』第2章第2補説は、国家が非政治的な哲学者の格率を参考にするべきであることを、後者の意味で秘密にすることで、その哲学者が求める永遠平和という理性的な議論の純粋性を守っていることになる。カントが「永遠平和（国際法全体の最後の目標）はもちろん実現不可能な理念である」と述べているのは、そうした純粋さを表現している。[40]

　永遠平和は、経済生活で使われるような秘密を用いることで、政治的道徳家による歪曲から守られる――そうした永遠平和の、脱神秘化された、しかし、究極的な性格を第2補説の秘密性は示していると思われる。[41]

　　　　　　　　　　　　　　　（こじま・しんじ　東京大学准教授）

第10章

9条と司法権
―― parens patriae 訴訟を参考に

青井未帆

はじめに

　2015年に制定された、いわゆる安保法制法（10本の法律の改正法である平和安全法制整備法および新法として国際平和支援法。以下、「安保法制法」という。）は、元内閣法制局長官も含む法律専門家をはじめ、多くの人々から憲法違反であると指弾された。そして、法律の施行後、各地でこの問題を司法に訴える動きが相次いでいる（まとめて、「安保法制違憲訴訟」という。）。
　本稿は、安保法制違憲訴訟について、憲法上の争点として9条違反に焦点を絞り、客観的な法秩序の維持における司法権の役割という限定的な視角から検討する。憲法適合性に関する実体論の「前提」部分が議論の対象である。[1]

1　9条と「事件」

　司法権の発動要件として、通常、具体的な事件または争訟が想定されており

＊　本稿は、安保法制違憲国家賠償請求訴訟（平成28年（ワ）第135325号）につき、2017年6月2日に東京地方裁判所民事第1部に提出した意見書を元にしている。
1）　本稿の目的は、憲法判断に際して司法権がもつ裁量の広さを確認することにある。安保法制違憲訴訟において憲法判断（違憲判断）がなされる必要があること、また、原告らが法的保護に値する利益を主張していることについて、筆者はいずれも肯定しているが、かかる論証については本稿の射程の外にある。

(「事件性の要件」)、また事件性は「法律上の争訟」(裁判所法3条1項)性と同義と理解されている。判例で「法律上の争訟」とは、「当事者間の具体的な権利義務ないし法律関係の存否に関する紛争であって、且つそれが法律の適用によって終局的に解決し得べきものであることを要する」ものである[2]。

安保法制違憲訴訟の1つの訴訟形式である立法行為違憲国賠訴訟では、訴訟物が損害賠償請求権であることから、権利保護の資格は認められるが、損害賠償の対象となりうる法的利益の侵害の有無が問題となる[3]。もっとも、「当該事件において憲法判断をすることが必要であるか」という憲法実体問題からすれば、これらを厳格に区別する意義は大きくないといえるため、以下では裁判所が判断の対象とするカテゴリーを、大くくりに「事件」という言葉で表すこととする。

さて、一般論としていえば、憲法9条違反の国家行為を訴える場合、これを「事件」として扱うことには、困難が伴う。9条のような統治の構造に関わる法は、民主的政治過程により国民代表を通じて調整されるのに向いている。しかし、司法による政治部門の統制という性格をもつ81条の違憲審査権と、前文等に示された日本国民の平和への強い希求を前提にし、また憲法の究極の目的として自由の確保を念頭におくならば、私人が9条違反を主張する訴訟を起こすことを、少なくとも9条は「許容」しているはずではないのか。

というのも、日本国憲法は明治憲法体制が軍の統制に失敗したことを踏まえ、市民(国民)の目線から、「政府の行為によつて再び戦争の惨禍が起ることのないやうにすることを決意し」、「全世界の国民が、ひとしく恐怖と欠乏から免かれ、平和のうちに生存する権利を有することを確認〔した〕」、(前文)のであって、それは9条が戦争放棄、戦力不保持、交戦権の否認を定めた1つの大きな理由といえる。

これを言い換えれば、9条に期待される効用の1つは、国民の自由や生活が再び破壊されることがないよう、事前に、手前の段階で、歯止めをかけること

---

2) 最大判昭和27・10・8民集6巻9号783頁〔警察予備隊違憲訴訟〕、最三小判昭和28・11・17行集4巻11号2760頁ほか。

3) 権利保護の利益が否定された例として、首相の靖国参拝違憲国賠訴訟に対する最二判平成18・6・23集民220号573頁等。

にある。自由が現実に侵害されてからでは手遅れになってしまうからこその、予防的な仕組みである。だとすると、予防的仕組みを機能させるためには、その目的たる自由や市民の生活が危険に晒されてしまう「おそれ」に敏感であることが、本質的に要求されよう。そして、憲法秩序の維持に責任を負う司法権には、かかる「おそれ」に適切に対応することが求められる。

2　司法権再考

　日本では、基本的に「小さな司法」像を超えることなく違憲審査権が行使されてきたと指摘されている。司法権が「大きな司法」として振る舞うことを拒むために使われる論拠として、たとえば、①抽象的審査はできない、②不必要な憲法判断はしてはならない、③「直接国家統治の基本に関する高度に政治性のある国家行為」（統治行為）は、司法審査権の対象外である、といった法理が挙げられる。

　もっとも、いずれにも例外を見つけることができる。考えるに、司法権の限界をあらかじめ完全に描き出すことはそもそも不可能であり、司法権の範囲を決定するにあたって裁判所が有する裁量の余地は広い。

　以下では、司法過程を通じて法秩序の維持がなされることについて、同じく付随審査制をとるアメリカの *parens patriae*（パレンス パトリー）訴訟を参考に、考察する。司法権が果たしうる役割の潜在的な広さを確認したい。

4）　棟居快行「最高裁は何処へ？」同『憲法学の可能性』（信山社、2012年）173頁。
5）　長谷部恭男は「ある法律上の問題について当事者間の主張が対立しており、少なくとも当事者間では当該法律問題が統一的に確定している必要のある状況」を「争訟の状況」と呼び、司法権の発動にはかかる状況が必要とするが、司法ではなく政治部門の解決するべき「政治の状況」と「争訟の状況」は、明確には分けられるものではないことを指摘している。長谷部恭男「司法権の概念と『争訟の状況』」新堂幸司監修／高橋宏志・加藤新太郎編集『実務民事訴訟講座〔第3期〕第1巻　民事司法の現在』（日本評論社、2014年）63-64頁。

3　*parens patriae* 訴訟

(1)　*parens patriae* 訴訟

　後にも述べるように、*parens patriae* 訴訟それ自体としては、日本の憲法訴訟へ直接に応用することは困難である。しかしこれは、個人的な利益の侵害が観念しがたい、ある種の一般的な公益に関わる問題に連邦司法権が対応するルートと解することができ、一般的公益の問題であるにもかかわらず、付随審査制の下で「事件及び争訟」要件を満たすものと取り扱われていることに注意を払いたい。つまり、司法的判断がなされるべきかという実体判断が、訴訟の入り口問題に影響を与えているものと思われる。付随的違憲審査制を抽象的に運用する１つの限界的な例として参考にしたい。

　そもそも英米では伝統的に、公益や公共的な権利が司法を通じて実現・執行（enforce）される経路があり、その際には法務長官（Attorney General）が重要な役割を果たしてきた。本稿にみる *parens patriae* 訴訟は、アメリカで州の法務長官が *parens patriae*（"parent of the country"）として起こす訴訟である。[6]
parens patriae は、州にスタンディング（原告適格、主張適格）を与える理論であり、この訴訟形式は、かれこれ１世紀ほど前から大きく展開するようになった。[7]

　母国イギリスでの用法を超えて発展するきっかけとなった Louisiana v. Texas[8] で最高裁は、州が提起する *parens patriae* 訴訟の有効性を認めた。本件は、検疫を理由にテキサス州がルイジアナ州との間の通商を禁じたことに対して、ルイジアナ州がテキサス州を差別的であると訴えた事案である。最高裁は結論

---

[6]　起源について、Hugh H.L. Bellot, *The Origin of the Attorney-General*, 25 Law Q. Rev. 400（1909）など。日本では、環境法、少年法、反トラスト法、消費者法などの分野で紹介がなされている。飯泉明子「アメリカのパレンス・パトリエ訴訟に関する一考察──環境法の視点から」企業と法創造７巻２号（2010年）291頁以下、佐野つぐ江「米国の州司法長官の権限及び活動に対する法学者の見解と、クラスアクション制度との比較」成蹊大学法学政治学研究41号（2015年）１頁以下など。

[7]　概観として、Margaret H. Lemos, *Aggregate Litigation Goes Public: Representative Suits by State Attorneys General*, 126 Harv. L.Rev. 486（2012）; Jack Ratliff, Parens Patriae: *An Overview*, 74 Tul.L. Rev. 1847（2000）など。

[8]　Louisiana v. Texas, 176 U.S. 1（1900）.

においては管轄権がないと斥けたのだが、ルイジアナ州の主張に、一定の理解が示されたのであった。

曰く、ルイジアナ州の主張の骨子とは、「私人が訴訟を提起するに足りる特別で特定的な損害の問題ではなく、ルイジアナ州は全州民の *parens patriae*、受託者、後見人、または代表者の立場として、訴えを提起している」、「訴訟原因は、ルイジアナ州の権限への侵害や、同州の財産への特別な損害に関わるものと捉えるべきではなく、この問題が市民全体に関わるがゆえに救済を求める資格を同州が有すると主張するものと理解されるべきである」と。州の住民一般の利益の代表として、州が訴訟を提起する道が開かれたと理解されている。

その後、パブリックニューサンス禁止につき、住民の利益の代表者として州が争う訴訟が相次いで認められた。合衆国憲法修正11条により、市民が他州に起因する公害につき、他州を被告として連邦裁判所に訴訟を提起することが認められていないため、産業革命による環境の変化や天然資源等をめぐり、州法務長官が代わりに訴訟を起こす方法に活路が見出されるようになったのである。

20世紀中盤に入ると、反トラスト法の領域での利用が活発となり、連邦や州の制定法で州法務総裁に *parens patriae* としての訴権を付与する規定が設けられるようになる。そして1990年代中盤からはさらに大きな展開があり、大規模な不法行為訴訟において集団訴訟の重要性が陰りをみる一方で、それに並ぶ、あるいは代替として、被害救済に *parens patriae* 訴訟が広く用いられるようになった。今日、州と州民の利益のために、州の法務長官が *parens patriae* として訴訟を起こすことは珍しくなく、連邦政府を被告とすることもしばしばであ

---

9) 176 U.S., 19.
10) North Dakota v. Minnesota, 263 U.S. 365（1923）; Wyoming v. Colorado, 259 U.S. 419（1922）; New York v. New Jersey, 256 U.S. 296（1921）; Kansas v. Colorado, 206 U.S. 46（1907）; Georgia v. Tennessee Copper Co., 206 U.S. 230（1907）; Kanzas v. Colorado, 185 U.S. 125（1902）; Missouri v. Illinois, 180 U.S. 208（1901）.
11) その理由として、この訴訟類型が集団訴訟よりも便利で効率的であるという理由がしばしば挙げられる。なお、集団訴訟への優位性が示されるのに大きな役割を果たしたのが、タバコ訴訟である。Texas v. American Tobacco Co., 14 F. Supp. 2d 956（1997）で連邦地裁は、州は制定法上の根拠がなくとも、医療提供のために年数百万ドルの支出があることや、テキサス州の州民の健康と福祉を向上させるものであるため、「準主権的利益」（quasi-sovereign interests）を追求する訴えを提起することができると判示したのだが、この「準主権的利益」という概念がアメリカの *parens patriae* 訴訟の特徴となった（準主権的利益について本文で後述する）。

(2) 淵　源

　parens patriae 訴訟の淵源はどこに求められるのか。判例や学説には、parens patriae 訴訟の説明として、(a)イギリス法の継受であることを強調する歴史的な理解と、(b)法の一般原理であることを強調する非歴史的な理解とがあると指摘されている。[13]

　(a)ではブラクストンの『イングランドの法釈義』(1765年) が権威として求められており[14]、同書は初期のアメリカ連邦最高裁判決に引用され[15]、繰り返し判例で言及されてきた[16]。未成年者、精神遅滞者、精神障害者などの保護等、慈善行為の後見が、国王の良心の守護者である大法官を通じて行われてきたことに由来し、独立戦争の時に州が"guardian of realm"として、イギリスの国王大権を継受したという理解である[17]。このような説明は、額面通りに受け止められる傾向もあるようだが[18]、継受が歴史的事実か、異論も呈されている[19]。いずれにせよ、歴史的物語として「イギリス法からの継受」という理解が共有されていることを確認したい。

　次に parens patriae 訴訟の淵源の説明として(b)は、政府が機能するのに当然に必要な普遍的な権能として理解するものである[20]。これは、アメリカ法の歴史においても「一般的な法原理」が特に好まれ、連邦コモン・ローが導かれてい

---

12) Richard P. Ieyoub & Theodore Eisenberg, *State Attorney General Actions, the Tobacco Litigation, and the Doctrine of Parens Patriae*, 74 TUL.L.REV. 1859, 1864 (2000) は、反トラスト法の領域についての論文であるが、parens patriae と明示する判例が少なくなってきていることを指摘している。州法務長官による訴訟として一般化されたため、明記する必要性が薄れてきているという。

13) Margaret S. Thomas, *Parens Patriae and The States' Historic Police Power*, 69 S.M.U.L.REV. 759, 768 (2016).

14) WILLIAM BLACKSTONE, COMMENTARIES ON THE LAWS OF ENGLAND 47.

15) Trs.of Phila.Baptist Ass'n v. Hart's Ex'rs, 17 U.S. 1, 47 (1819).

16) Hawaii v. Standard Oil Companu of California, 405 U.S. 251, 257 (1972).

17) George B. Curtis, *The Checkered Career of Parens Patriae: The State as Parent or Tyrant ?*, 25 DEPAUL L. REV. 895, 896-898 (1976).

18) Curtis, *supra* note17はイギリスでの用法について判例を示している。

19) *See e.g.* Thomas, *supra* note 13.

20) ローマ法に淵源があるとした判決として、Late Corp. of Church of Jesus Christ of Latter-Day Saints v. United States, 136 U.S. 1, 51-56 (1890) など。

た時代に言及されるようになった理由づけであると指摘されている[21]。すなわち、判例によると parens patriae たる権能は、統治の根本的な性質に関わり、人間性への利益を守るため、自らを守れない者への侵害を防ぐために正当化される[22]という[23]。

連邦司法権が一般原則を生み出すことを正面から認める連邦コモン・ローは、少なくとも建前上は1938年の Erie Railroad Company v. Tompkins で終結したが[24]、parens patriae の領域においては、かかる思考の残滓があるといえる。ここにも parens patriae 訴訟の特殊性が現れていよう。

以上のように、parens patriae 訴訟の歴史的理論的淵源は明らかというわけではなく、訴訟形式としての位置づけ自体が曖昧さを抱えている。むしろ、そうだからこそ、「イギリス法からの継受」や「法の一般原則」といった高次の理由に正統性が求められているのであろう。

(3) parens patriae と事件性、準主権的利益

さて、アメリカの場合、連邦司法権の発動される対象は合衆国憲法3条によって、「事件及び争訟」とされており、事件性は憲法明文での要請である。parens patriae 訴訟についても、それが連邦裁判所で争われる場合、「事件及び争訟」性を満たさなければならない。しかし先にみたように、州民一般の利益の代表として州が提起する parens patriae 訴訟は、伝統的な意味での連邦司法権が対象としてきた「事件」とは言い難い。

州が州や州民の一般的利益のために、スタンディング（原告適格、主張適格）をもつことを、どう説明するか。司法権発動要件に事件性の要件を据えている日本の議論にとっても、興味深い問題である。そこで、parens patriae 訴訟のスタンディングに関して、問題の所在を説明する判例として、Alfred L. Snapp & Son, Inc. v. Puerto Rico ex rel. Barez をみておきたい[25]。

---

21) MORTON J. HORWITZ, THE TRANSFORMATION OF AMERICAN LAW 1870-1960: THE CRISIS OF LEGAL ORTHODOXY 121 (1992).
22) Thomas, *supra* note 13, at 780.
23) Latter-Day Saints, 136 U.S. at 57.
24) Erie Railroad Company v. Tompkins, 304 U.S. 64 (1938).
25) Alfred L. Snapp & Son, Inc. v. Puerto Rico ex rel. Barez, 458 U.S. 592 (1982).

本件は、プエルトリコ政府がヴァジニア州のリンゴ農家らを被告として、被告らがプエルトリコ出身の農民に仕事を与えないことや、プエルトリコの労働者に他の季節労働者よりも厳しい労働条件を課すことは違法であるとし、*parens patriae* として宣言判決とインジャンクションを求めたものである。

　プエルトリコ政府が *parens patriae* 訴訟を維持しうるか、スタンディングの有無が主たる争点となったが、連邦最高裁は、プエルトリコ政府が「準主権的利益」を有し、*parens patriae* 訴訟を提起しうると判示した。曰く、「*parens patriae* の概念は、何らかの原因で自分自身の利益を主張できない特定の市民の利益を、州が代弁するものではない。」。「スタンディングを有するというために、州は『準主権的』利益（"quasi-sovereign" interest）として結実してきたものへの侵害を主張しなければならない。準主権的利益は司法の解釈に基づく概念であり、簡単にあるいは正確に定義できるものではない。」。「準主権的利益とは、主権的利益でもなく、財産的利益でもなく、州が名目上の当事者として訴えを提起する私人の利益でもない。それは、州がその州民の福祉に有する一連の諸利益から成っている。このように広義に定義すると、合衆国憲法3条の要件を満たさない恐れがあるが、準主権的利益は、州と被告との間に現実の争訟を十分に作り出すものでなければならない。この概念の曖昧さは、個々の判決を検討することによってのみ補うことができる」。

　「*parens patriae* に関する過去の諸判決のまとめから、次のような結論が引き出せる。そのような訴訟を維持するため、州は特定の私人の利益から分離された利益をはっきりと示さなくてはならない。」。「かかる利益のいくつかの特徴は明白であり、次の２つのカテゴリーに分けられる。第一に、州は州民一般の健康及び身体的経済的な福祉に関わる準主権的利益を有する。第二に、州は連邦システム内においてその正統な地位を差別的に否定されないことについて、準主権的利益を有する。」。

　このように、個別の利益に分割されないような、州や州民全体に関わるある種の利益を準主権的利益として、州が *parens patriae* の立場から訴えを提起しうるとされたのであった。

(4) 連邦政府に対する *parens patriae* 訴訟

　以上にみたのは、州が他の州を相手に起こす *parens patriae* 訴訟である。連邦政府を被告として州が *parens patriae* 訴訟を起こせるかにつき、伝統的には否定的に解されていた。たとえば1923年の Massachusetts v. Mellon では、マサチューセッツ州が連邦財務長官を相手に、Maternity Act の連邦補助金プログラムは州に不平等な負担を課すものであり、同法は州が留保している権限を行使するものであって合衆国憲法修正第10条に違反すると主張したが、連邦最高裁は州のスタンディングを次のような理由で否定した。

> 「マサチューセッツ州の市民は、合衆国の市民でもある。州は *parens patriae* として、連邦の制定法の運用から市民を保護するための訴訟を起こすことはできない。特定の状況下では、州は *parens patriae* たる資格において自州の市民を保護することができるが（Missouri v. Illinois, 180 U.S. 208, 241）、州と連邦政府との関係において、市民を保護することは州の義務でも権能でもない。かかる問題について、適切な場合に *parens patriae* として代表するのは、連邦であって州ではない。」。

　そのようななかで注目されるのは、Massachusetts v. EPA である。というのもこれは、州が連邦政府に対して訴えを提起することを認めたためであり、*parens patriae* たる州がいかなる地位にあるか、スタンディング要件がそれとの関係でどのような意味をもつか、理解が示されたからである。

　本件は、アメリカ環境保護庁（EPA）がなした Clean Air Act の下での規制権限不行使の決定を、いくつかの州等が争った事案であり、スタンディングの有無が争点となった。連邦最高裁は州のスタンディングを認めた上、EPA は新規に登録された自動車からの温室効果ガス放出について規制をする制定法上の権限を有していると判断した。

　EPA の法廷意見は、憲法上の司法権発動要件たる事件性の要件を確認した後、連邦議会が Clean Air Act において、不当に規制権限を行使しなかったという行政庁の不作為を争う権利を規定していることに注意を喚起する。そして

---

26) 他にも、South Carolina v. Katzenbach, 383 U.S. 301（1966）など。
27) Massachusetts v. Mellon, 262 U.S. 447（1923）.
28) Massachusetts v. EPA, 549 U.S. 497（2007）.

制定法が具体的な利益を保護するために手続的権利を認めている場合、救済可能性や切迫性についての通常の基準を全て満たさなくとも、そのような権利を主張できると述べ、州が特別な地位を有していることを強調した。

その際に、かつてジョージア州が、州外に発生源をもつ大気汚染物質の流入から州民を保護しようとした事案で、Georgia v. Tennessee Copper Co.が、ジョージア州は「その領域内の大地と大気」に対する独立の利益の保護という[29]「準主権的」な能力において訴訟を提起していると判断したことを、先例として挙げた。そしてこれと同様に、EPA においても、マサチューセッツが主権的領域の保全を求めていると理解されたものである。そして以上を前提に、マサチューセッツは、連邦司法権の行使を認めるのに十分具体的な利害関係を有するとして、スタンディング要件を満たしているとされた。

以上に対しては、Roberts 長官、Scalia 判事、Thomas 判事、Alito 判事の反対意見が、次のような批判を加えた。第一に、先例解釈に鑑みれば、本件は適切に事件性を備えておらず、このようなことの解決は政治部門の任務である。第二に、本件でスタンディングを有する者はおらず、法廷意見は州のスタンディングに関してルール変更を行っている。第三に、州は連邦政府との関係では準主権的権利を主張できない、と。

法廷意見と反対意見はそれぞれの脚注で本件事案の意味づけをめぐる議論を戦わせた。法廷意見は脚注17で、反対意見の論旨を「法廷意見は先例である *Tennessee Copper* の読み方を誤り、新しいスタンディングの法理を創出している」と解し、HART & WECHSLER'S THE FEDERAL COURTS AND THE FEDERAL SYSTEM を権威として引用しながら、同書が *Tennessee Copper* をスタンディングの判例としており、準主権的利益の保護のための *parens patriae* 訴訟の展開に紙幅を割いていることをもって反論している。しかし反対意見がその脚注１でいうように、本判決でのポイントは、*Tennessee Copper* が *parens patriae* スタンディングに関する判例であったかどうかではなく、スタンディング要件のコアの部分が、*parens patriae* 訴訟であることを理由に代替されうるのかという点にあったろう。

---

29) 同事件での Holms 判事の言い回しである。

EPA の法廷意見は、私人ではなく州が訴えを提起した点を殊更に強調した。しかし、制定法の定める「市民訴訟（citizen-suit）」条項に基づいて私人が市民たる地位で提起した訴訟でスタンディングが認められなかった Lujan v. Defenders of Wildlife[30]と、事案の性格としては、それほど異なるものではない。むしろ法廷意見が依拠した Snapp 判決脚注16では、連邦政府に対して州が parens patriae 訴訟を提起できないことの根拠として、先にみた Missouri v. Illinois が引用されている。EPA が州の特別性を強調して州にスタンディングを認めたことは、十分に説得的ではなかったように思われる。

　法廷意見は、「準主権的」利益という極めて曖昧な概念に訴えて問題を処理したが、それはつまりは本件で、州に関わる公的利益が保護されなければならないという結論が先にあったからなのではないか。

(5) 若干の検討

　parens patriae 訴訟は、かれこれ 1 世紀ほどにわたって展開してきた訴訟類型であるが、上の EPA でもみたように、結局のところ、州の特別な parens patriae としての権能が行使されうる外延は明快とは言い難い[31]。

　parens patriae 訴訟の抱える問題として、「parent としての州」ではなく、「tyrant としての州」にも容易に転化してしまいかねない恐れが挙げられ[32]、特定の立場を「州の住民一般の利益」として構成し、司法過程を通じてそれを実現するという恣意的な利用も懸念される[33]。また州法務長官がアグレッシブすぎる場合も、十分にアグレッシブでない場合も、いずれも問題を生じさせる。州の parens patriae 権能は、アメリカ合衆国の連邦制構造と密接不可分であり、州の本来的な権能の大きさに留意する必要がある。parens patriae 訴訟は結局のところ、アメリカという特殊な文脈における特殊な議論であって、日本に直接に応用することは困難である。

---

30) Lujan v. Defenders of Wildlife, 504 U.S. 555（1992）.
31) Ratliff, *supra* note 7, at 1857.
32) Curtis, *supra* note 17, at 915.
33) 州の法務長官が parens patriae 訴訟で「スーパー原告」として振る舞うようになっていることを批判的に検討するする論文として、たとえば、Donald G. Gifford, *Impersonating the Legislature: State Attorneys General and Parens Patriae Product Litigation*, 49 B.C.L.REV. 913（2008）.

さりながら、これが伝統的な典型的な意味での個人的な利益の侵害が観念しがたいある種の問題について、「事件及び争訟」要件を満たすものとされていることからは、一定の示唆を得られるだろう。parens patriae 訴訟は、「事件及び争訟」要件には、実体についての判断いかんによって、裁判所が柔軟に解釈構成する余地があること、そしてその次第で司法権が一般的公益の実現に果たす範囲が、大きくもなりうることを示しているものと理解したい。

4　9条と司法権

(1)「事件」と「憲法判断」

以上を参考に、「事件」と「憲法判断」の関係を検討する。憲法上の争点についての判断（「憲法判断」）が、具体的な「事件」から切り離して観念されること、そして「事件」が「憲法判断」についての態度次第で柔軟に可変であるものとすると、「事件」と「憲法判断」をめぐり、次の4つの組み合わせが考えられる。

(a)「事件」があり、「憲法判断」がなされる、(b)「事件」があり、「憲法判断」がなされない、(c)「事件」がなく、「憲法判断」がなされる、(d)「事件」がなく、「憲法判断」がなされない。

これまで、一般的に、司法権の対象である「事件」を、「憲法判断」に対して優先させる思考が、とられてきたといえる。また(a)については、法律判断に加えて裁判所（特に下級裁判所）が憲法判断を付加的に判示しうる場合を、「憲法判断回避の準則」を根拠に、極めて限定的に理解する立場も、しばしば示されてきた。

しかし、純粋な私的利益に分解されることが容易ではない、客観的な憲法秩序の維持に関する問題について司法過程に争点が提起される場合に、硬直的に「事件」を「憲法判断」に当然に優位させるなら、司法過程を通じて憲法の実現をはかるルートは閉ざされてしまう。

無論、国家行為の正当性について、すべての事案にこのルートを利用可能とすれば、政治部門の判断は必ず司法府の承認を必要とするといったことにもなりかねず、司法権による他権力の簒奪となるであろう。しかし、三権分立の下

で司法権が公益の実現に関わることの重要性に鑑みるなら、事案に応じて、例外的にであれ、「憲法判断」を「事件」に優先させる可能性が、理論上は排斥されないものと解すべきである。

　これは、「事件」について柔軟な解釈を認める主張であり、「事件」がないにもかかわらず「憲法判断」するという、先の(c)の立場とは違う。法的保護に値する利益についての司法権の広い裁量を正面から認め、司法が取り上げて判断するべき問題状況であると認められるケースであって、適切な者が提訴しているならば、司法権が「事件」性について柔軟に判断することも、司法権の範囲内にあるとするものである。司法過程に私人が憲法的な争点を提起することを通じて、法秩序が維持されることもまた、憲法を頂点とする客観的法秩序を国民が主体的に維持する１つの方策なのである。

(2) 安保法制違憲訴訟

　安保法制違憲訴訟について考えるに、2015年に制定された安保法制法が憲法９条に違反するという多くの法律専門家の指摘は、司法過程においても真摯に受け止められるべきである。本稿では９条を、自由を守るための予防的な仕組みであると位置づけているが、そのような仕組みそのものへの攻撃がなされている場合、司法過程を通じた法秩序の維持は、三権分立の下で当然に期待される１つの方策である。また、参議院特別委員会採決が極めて異常な手続きでな

---

34) なお合衆国の連邦における納税者訴訟について、安西文雄は「推量を働かせれば、個人的損害という事実があることを根拠としてスタンディングを認めると言うより、むしろ政教分離条項という憲法上の規範を司法的に実現すべきであるとする規範的要請が背後にあり、その要請に影響されて個人的損害という事実が多少なりとも無理して認定され、あるいは擬制（フィクション）され、もってスタンディングが認められているのではなかろうか。」（安西文雄「政教分離条項と当事者適格」法政研究75巻４号（2009年）731頁）、と述べている。本稿が本文で示した理解も、これと同様の理解をとりつつ、それを妥当であると評価するものである。

35) 田中英夫・竹内昭夫「法の実現における私人の役割（一）」法学協会雑誌88巻５・６号（1971年）８頁は、「法は、まさに、国民を治めるために治者が動かすものと考えられることになった。法のエンフォースメントは、治者によっていわば『独占』される。被治者のなし得ることは、治者に対し、法の下での救済・庇護を求めることしかない。」「国民は、治者による統治の客体であって、国民相互の間で正義を追求し秩序を維持するための積極的努力をなすべきで〔ママ〕主体ではない。」という明治以来の日本の特質を挙げるが、この指摘は、今日なお妥当しよう。このような理解からの転換が必要と考える。

されたことなど、安保法制法制定過程を裁判所が改めて取り上げて検証することの重要性は高い。

　裁判所が、「違憲判断をすることが必要な状況である」との結論に至るのであれば、自由が制約される「おそれ」を最も鋭く摘示しうる者を「代表」に、それらの者に保護に値する法的利益を認め、9条適合性を司法判断の対象とすることは、当然に司法権が有する裁量の範囲内にある。

　　　　　　　　　　　　　　　　　　（あおい・みほ　学習院大学教授）

第Ⅲ部

人権をめぐる個人と国家

第 11 章

憲法学における「自律した個人」像をめぐる一考察

佐々木くみ

はじめに

(1) 自律した個人

　樋口陽一教授、長谷部恭男教授、南野森教授による2015年春の鼎談で、「現在の日本の憲法学が大前提にしている『自律した個人とは一体何なのか』という問題」について、3つの混乱が正された[1]。第一に、自律した個人の主張は、完全なあるべき人間というモデルがあって、その人間像に到達しているものだけが主体たりうるといったパーフェクショニズム（perfectionism）ではないという点。第二に、自律した個人とは、自分のことはなんでも自分でやり自分一人の力で生きていくという意味での「自閉」的な個人ではないという点。第三に、自律した個人の主張は、「生命と人身の自由」が基本的に獲得されていることを前提とするが、他方で、経済的・身体的弱者と自律した個人とは両立可能であるという点である。ところが、樋口教授は、以上3点を首肯しながらも、鼎談の終盤おもむろに、これとは一見矛盾する発言を行う。

　　弱い人たちを助けてあげなければということを根幹に置こうというのでは、権利のための闘争はありえないということになります。誰かがしてくれるのを待

---

1) 参照、長谷部恭男・樋口陽一・南野森「〈鼎談〉いま考える『憲法』」論究ジュリスト13号（2015年）18-19頁。

っていればいいというのでは憲法論は成り立たないでしょう。(以下、「樋口発言」)

　この樋口発言にみられる自律した個人は、権利のために闘争しようとする人間像をモデルとする一種のパーフェクショニズムにみえる点で、前述の第一点に反し、また、極端に弱い立場にあって権利のための闘争の不可能な者が人権主体から排除されることになるようにみえる点で、第三点に反するようにみえる。しかし、樋口教授は、自身の発言をこのような矛盾をはらむものとはおそらく捉えていない。ここに、第四の混乱の可能性がある。

(2)　樋口発言の議論の位置づけ

　「各論者の問題意識や課題設定の違いを無視して人権論の当否や優劣を論じても、決して生産的ではない」。この点、石川健治教授は憲法学における人権論を、(a)「憲法上の権利」と、(b)政治思想としての「人権」論とに大別する。樋口発言は、(a)、(b)いずれの議論としても位置づけ可能である。

　たとえば、樋口教授が権利のための闘争を担う「強い個人」の意義を強調することに対して、「法の解釈適用において、権利のための闘争すなわち裁判を担う生身の主体に『強い個人』のモデルを当てはめることは、少なからぬ人々の権利を逆に制限しかねない」と批判を向ける笹沼弘志教授であれば、樋口発言を議論(a)と位置づけ、弱い立場にある人間の「行為能力」あるいは「訴訟能力」を制限しかねないことに疑問を呈するように思われる。他方で、たとえば、樋口教授の人権論を、奥平康弘教授のそれと比較して、「裁判的救済ではなく、人権の思想的意義を重視する」ものとする愛敬浩二教授の評価に依拠すれば、

---

2)　樋口・前掲注1)19頁。
3)　同様に、樋口教授が人権主体を人一般としての個人とする一方で、「人」権思想の思想的根拠として「権利のための闘争」を担う主体としての強い個人の意義を強調することに対して、両者の関係が不明確であると指摘するものとして、笹沼弘志「人権批判の系譜」愛敬浩二編『講座　人権論の再定位2　人権の主体』(法律文化社、2010年)22-52頁。
4)　愛敬浩二「近代人権論と現代人権論――「人権の主体」という観点から」愛敬浩二編『講座　人権論の再定位2　人権の主体』(法律文化社、2010年)13頁。
5)　参照、石川健治「人権論の視座転換――あるいは「身分」の構造転換」ジュリスト1222号(2002年)2-10頁。
6)　笹沼・前掲注3)26頁。

樋口発言を議論(b)に位置づけることも可能であろう。

　本稿では、樋口発言を議論(b)に位置づけられるものと仮定する。というのも、樋口教授は、「人権」をとりあげ立ち入った議論をするにあたって、「実定法上の制度のなかの人権」の話（議論(a)）と「思想としての人権」の話（議論(b)）とを区別した上で、自律した個人に関する問題を後者の話としてとりあげており、さらに、後者の話のなかで、笹沼教授が提起するような「自己決定をしたくともできない」極端に弱い立場に置かれた者の問題を、「人権の虚偽性」の問題とは一応は区別された「弱者の人権」の問題として論じているからである。

　では、樋口発言を議論(b)の文脈におけるものであると仮定した場合、鼎談で混乱が正された自律した個人像と整合的なものとみなすことのできる樋口発言の解釈とは、いかなるものであろうか。これが、本稿の課題である。

1　Martha C. Nussbaum

(1)　樋口発言との異同

　樋口発言を解釈するにあたって本稿が注目するのがMartha C. Nussbaumである。Nussbaumは、Amartya Senと並ぶケイパビリティ・アプローチ（capability approach）の主導者として知られる。ケイパビリティとは、Nussbaumによれば、人間の尊厳に相応しい生活を送るために必要な中心的要求事項を支援するもので、ケイパビリティの内容はいわゆる第一世代の権利と第二世代の権利とを含むものとなっていること、そのようなケイパビリティを人々に保障することが政府には求められること等、現代人権論に共通する多くの特徴を有している。Nussbaumは、ケイパビリティ・アプローチを「人間の中核的な権原に関する説明の哲学的根拠」を提供するために用い、自身の立場を、個人の「平等な真価」と「自由」を重視するリベラリズムのなかでも、形而上学上・

---

7)　愛敬・前掲注4) 16頁。
8)　参照、樋口陽一『一語の辞典　人権』（三省堂、1996年）34-35頁、46-64頁。
9)　本稿では、Martha C. Nussbaum, FRONTIERS OF JUSTICE (2006) 〔マーサ・C.ヌスバウム（神島裕子訳）『正義のフロンティア』（法政大学出版局、2012年）。以下、FJと略す〕を主たる素材とする。
10)　参照、Nussbaum・前掲注9) 75、164-173〔89、190 200〕頁。

宗教上の原理には基礎づけられない政治的リベラリズムに位置づけているが、[12]
このような Nussbaum のケイパビリティ・アプローチが前提とする個人像と
樋口教授の自律した個人像とには、多くの共通点がある。

　たとえば、Nussbaum は、先の鼎談で確認された三点につき、まず第一に、
ケイパビリティが多元的であることや、ケイパビリティの行使の選択が個人に
委ねられていることを根拠に、ケイパビリティ・アプローチはパーフェクショ
ニズムではないとする。[13]第二点についても、後述の通り、Nussbaum は、必ず
しも切り離され独立しているとはいえない個人像を前提としている。第三点に
ついても、生命と人身の自由はケイパビリティの１つとされ、また、経済的、
身体的弱者も自律的足りうるとして、そのような実例を摘示する。[14]このように、
Nussbaum が前提とする個人像もまた、前述の三点を首肯するものとなってい
る。

　しかし、Nussbaum は、経済的、身体的弱者に対する人権の保障は、弱い人
たちを助けてあげるという発想に基づくものではないとしつつ、政治的リベラ

---

11) 参照、Nussbaum・前掲注９）284-298〔326-341〕頁。Nussbaum は、ケイパビリティ・アプローチを、基本的な権原に関する未完の政治的見解であるとし、司法解釈も参照しつつ、世界の多くの国々の憲法の枠組みの基本となっている人間の尊厳についての直観的観念から、ケイパビリティのリストを導き出す（Nussbaum・前掲注９）155-156〔179-180〕頁参照）。そのため、ケイパビリティのリストは変更可能とされ、実際に修正されている。FJ で Nussbaum が掲げるケイパビリティは、１.生命、２.身体の健康、３.身体の不可侵性、４.感覚・想像力・思考力、５.感情、６.実践理性、７.連帯、８.ほかの種との共生、９.遊び、10.自分の環境の管理である（Nussbaum・前掲注９）76-80〔90-94〕頁参照）。ケイパビリティのなかで特に重要なのは、真に人間らしい生活に不可欠な連帯と実践理性の２つとされるが、身体の健康を守るために実践理性が制限されることもある等、ケイパビリティは相互に複雑に関連している（マーサ・C.ヌスバウム（池本幸生・田口さつき・坪井ひろみ訳）『女性と人間開発』（岩波書店、2005年）96-97頁、108頁参照）。
12) 参照、Nussbaum・前掲注９）６，221〔11、254〕頁。
13) ケイパビリティ・アプローチでは、ケイパビリティが一人ひとりのために追求されるものであることと多元主義とが核とされ、それがケイパビリティのリストの内容にも影響している。まず、人間の尊厳のある生活の諸要素は多元的であり質的に異なることから、すべてのケイパビリティが尊厳ある生活の最小限の要求事項とされ、その間のトレードオフが禁じられる。また、ケイパビリティのリストは抽象的かつ一般的な形で定められており、その内容の具体化は各国の市民たちと議会および裁判所に委ねられている。さらに、適切な閾値レベルで保障されているケイパビリティを行使するか否かの選択は、個々人に委ねられることになる（Nussbaum・前掲注９）78-81、164-195〔93-96、190-225〕頁参照）。
14) 参照、Nussbaum・前掲注９）427-428〔484〕頁。

リズムが前提とする個人像は、権利のために闘争する完全な個人である必要は必ずしもないと述べており、この点で、樋口発言とは袂を分かつようにみえる。Nussbaum の個人像と樋口教授の「自律した個人像」のこの違いが何に起因するのかを解き明かす鍵となるのが、Nussbaum による「契約主義的アプローチの批判」である。

(2) 契約主義的アプローチの批判

Nussbaum は、「これまで提示されてきた基本的な社会正義に関する理論のなかでもっとも説得力があるもの」として、Hobbes、Locke、Hume、Kant らによって主張されてきた、基本的な政治原理を社会契約の所産と観念する契約主義的アプローチをあげる[15]。しかし、今日の社会には契約主義的アプローチによって放置されている未解決の問題があり、その1つが、身体的あるいは知的な損傷（impairment）のある人々が、他の市民と平等であるという根拠に基づく市民としては、今なお社会に包摂されていないという問題である[16]。Nussbaum によれば、契約主義的アプローチがこの問題を解決できないのは、政治共同体に生きる「私たち」が従う諸原理は「私たち」が決めるという、社会契約の所産として社会の基本的諸原理を観念する、契約主義的アプローチの理論構造モデルに原因がある[17]。

Nussbaum は、あるべき社会の基本的諸原理が誰によって（by whom）設計されるかという問題と、社会の基本的諸原理は誰のために（for whom）設計されるのかという、社会の基本的諸原理の「内容」に関わる問題とは、社会正義の理論において、融合されてはならない原理的に異なる問題であると強調する。

---

15) 参照、Nussbaum・前掲注9）10〔16〕頁。FJ がとりあげる社会契約説は、Hobbes、Locke、Hume、Kant らによる「歴史的な社会契約の伝統」と、David Gauthier、John Rawls、Thomas Scanlon らによる現代版の社会契約説とに大別されるが、Nussbaum は、主として Rawls による現代版の社会契約説の修正を目指している（Nussbaum・前掲注9）10-14〔17-21〕頁参照）。ただし、樋口発言を解釈する上でより有用なのは、歴史的な社会契約の伝統であるため、本稿では、前者に関する Nussbaum の分析を中心に取り上げる。

16) 参照、Nussbaum・前掲注9）1-2〔6〕頁。なお、Nussbaum の「知的な損傷」には、統合失調症、自閉症やアスペルガー症候群等も含まれる（Nussbaum・前掲注9）423-424〔482-483〕頁参照）。

17) 参照、Nussbaum・前掲注9）25-54、103-154〔33-65、121-178〕頁。

しかし、契約主義的アプローチでは、契約当事者たちは、共に生き、また、選択される諸原理によって人生を統制されることになる市民たちと、同一であるとされ、理論構造上、「社会の基本的諸原理を選択する契約当事者」と、「社会の基本的諸原理の主題となる者」とが同一とされる。正義の第一義的な主題にのぼるのは、社会の基本的諸原理の選択者と同じ人びととなるのである。

他方で、契約主義的アプローチでは、社会の基本的諸原理を選択する契約当事者たちは、「相互有利性」のために協働するものとされ、「自由かつ平等かつ別個独立」で「かなり理想化された合理性」によって特徴づけられる存在者とされる。しかも、この場合の「平等」は、「道徳的な平等性」にとどまらず、「能動的な能力」「合理的な選択能力」といった「力や能力」の平等性を指している。力や能力について統計上相対的に稀有であるという点で「正常ではない」と分類される者は、その相対的稀有さ故に、少なくとも経済的意味での相互有利性を確保できない[18]。そこで、相互有利性が達成されるには、相互に他の人々を支配しえないよう、契約当事者は身体的・知的な力においておおよそ平等でなければならないのである。こうして、契約主義的アプローチでは、「自由かつ平等かつ別個独立」「合理的」という要件を満たさない弱い人たちは、社会の基本的諸原理を選択する契約当事者となれないだけでなく、社会の基本的諸原理の主題からも排除されることになる[19]。

契約主義的アプローチがこのような個人像を採用する背景には、誰も同意なくして他者の支配下に置かれてはならないということを明らかにし、君主制的で階層制的な政治の諸構想の基礎を掘り崩すという課題があった[20]。確かに、「合理的で別個独立の成人の間でなされた契約の所産としての政治原理の構想は、人間一人ひとりの真価と、階級、富、地位、既存の力の階層制という人為的な有利性が（規範的な）政治上の諸目的にとっては関連性をもたないことを

---

18) この点で、このような弱い人たちに対する差別を終わらせる制度編成は、人種と性別を根拠とする差別を終わらせるための制度編成と異なるものになるとNussbaumは指摘している（Nussbaum・前掲注9）117-118〔138〕頁参照）。
19) さらに、Nussbaumは、「社会契約の諸説は、私たちの政治生活において、深淵かつ広範な影響を及ぼしている。私たちは何者であるのかに関するイメージと私たちはなぜ集うのかに関するイメージとは、どのような政治原理が支持されるべきかに関する思考と、そのような原理の枠組みづくりに誰が関与すべきかに関する思考を形成する」と指摘する（Nussbaum・前掲注9）4〔8-9〕頁参照）。

強調する点で正しい」。しかし、「弱い人たち」を社会に包摂するという現代の基本的な政治原理の設計に係る課題に対処しようとするとき、「力や能力の平等性」というフィクションは、むしろ、「自らの人間としての vulnerability」[21]を自覚することを難しくさせ、vulnerable な者を、恩恵ではなく正義の問題として、社会の基本的諸原理の主題とすることを阻み、反対に、誰かを vulnerable とみなしてスティグマを押すことを容易にするというマイナスの効果があると、Nussbaum は契約主義的アプローチを批判する[22]。

(3) ケイパビリティ・アプローチ

　これに対して、ケイパビリティ・アプローチでは、あるべき社会の基本的諸原理が誰によって設計されるかという問題より先に、「まっとうに（decently）正義にかなった社会」といえるための基本的諸原理は何かという、社会の基本的諸原理の内容に関わる問題が問われる[23]。Nussbaum がまっとうに正義にかなった社会とみなすのは、「人間の尊厳に見合った生活を生み出したいという分かち合われた欲求に基礎をおく社会」である[24]。ここで「人間」とは、合理性と社会性を一時的にもつことはあっても、新生児としてスタートし多くの場合誰かに依存して命を終える、ニーズに満ちた儚い vulnerable な動物である。また、「尊厳」とは、政治原理によって輪郭と内容が与えられる抽象的な観念である。Nussbaum によれば、人間の尊厳に見合った生活に必要な中心的要素が

---

20) 参照、Nussbaum・前掲注9) 31-32〔40-41〕頁。これに加えて、現代版の社会契約説については、「正義の諸原理が強い諸仮定に依拠しないことを確実に」し、「論争的ではない少数の想定に依拠して」適正な諸原理が生成される公正な手続を組み立てるという課題があると Nussbaum は指摘する。なお、Nussbaum は、契約主義的アプローチでも、手続それ自体の設計において実際には「直観と熟慮された判断」が用いられており、「単なる合意の観念それ自体」はそのような善の説明を生み出すには十分でないと批判する。高級な最新式のパスタ製造機が最高のパスタ製造機（最高の手続）であったとしても、それが製造するパスタ（実体）が良いものだという保障はない（Nussbaum・前掲注9) 81-85〔96-100〕頁参照）。

21) vulnerability は「脆弱性」と訳されることもあるが、人権の本質を vulnerability に求める山元一教授は、日本語訳では表しきれないニュアンスが vulnerability にはあると述べており（山元一「現代における人間の条件と人権論の課題」憲法問題23号（2012年）7頁以下）、本稿もそれに従う。

22) 参照、Nussbaum・前掲注9) 68-69〔82〕頁。

23) 参照、Nussbaum・前掲注9) 69-92〔83-108〕頁。

24) 参照、Nussbaum・前掲注9) 70〔84〕頁。

ケイパビリティであり、「自由かつ平等かつ別個独立」「合理的」といった要件を満たさない vulnerable な人も含む多種多様な人びとのために、社会の基本的諸原理は設計されている。したがって、ケイパビリティがあらゆる個人一人ひとりに対し適切な閾値レベルで保障されていない社会は、まっとうに正義にかなった社会とはみなされない。[25]

このように、ケイパビリティ・アプローチは、社会の基本的諸原理が「誰のために」設計されるかという問題に直観的に答えを出すため、社会の基本的諸原理が「誰によって」設計されるかは副次的な問題となる。とはいえ、Nussbaum は、社会の基本的諸原理の設計主体であることを、ケイパビリティの1つとしての「自分の環境の管理」の一内容としており、この問題を軽視している訳ではない。

さらに、Nussbaum は、あらゆる個人にケイパビリティを保障する社会を築くための社会的協働が可能となるためには、「たくましい慈恵と正義へのコミットメント」を有するという個人像が前提となるとも主張する[26]。つまり、「誰もが vulnerable であるということを承認し社会的協働を選択する」という意味で「強い個人」であることを、Nussbaum も個人に要求してはいる。ただし、Nussbaum のケイパビリティ・アプローチでは、このようなエートスを有することが、社会の基本的諸原理（ケイパビリティ≒人権）を設計・維持する社会的協働が可能となるような個人像に関連して語られており、社会の基本的諸原理がその者のために設計されるべき「正義をもって扱われる権利資格を有する者」たる条件とはされていない。こうして、ケイパビリティ・アプローチで前提とされるのは、選択への深い関心を抱きつつも、全く異なるニーズをもっており、必ずしも別個独立とはいえない、「vulnerability を承認する」個人像であるということになる。[27]

---

25) 参照、Nussbaum・前掲注9) 75 [89] 頁。Nussbaum は、「……私の見解は、人間が必然的に依存的でかつ相互依存的であり、また尊厳は依存の関係性にも見出されうると主張するが、市民たちが完全な平等を享受するのは、全範囲のケイパビリティを行使できる場合に限られると理解するものである〔傍点引用者〕」と述べる（Nussbaum・前掲注9) 218 [250] 頁参照）。ケイパビリティは正義の完全な説明を提供することを意図するものではなく、「人間の尊厳に見合っていない」人生を見極めるものなのである。関連して、人権の根拠に関する「コペルニクス的転回」を指摘するものとして、若松良樹「人権の哲学的基礎」ジュリスト1400号（2006年）9頁。
26) 参照、Nussbaum・前掲注9) 158-159 [183] 頁。

2 樋口発言

(1) 樋口発言が前提とする主体の活動場面

　以上の Nussbaum の議論からすると、憲法学において「主体」が論じられる場面は2つある。(a)個人の領域において「正義をもって扱われる権利資格を有する者」は誰かが論じられる場面と、(b)公共社会を担う主体について論じられる場面である。これらの場面は、鼎談で自律した個人像が論じられる際には明確には区別されておらず、このことが、本稿「はじめに」の(1)で示唆した、自律した個人をめぐる第四の混乱の近因となっている。

　(a)(b)いずれの場面の主体について論じられているかを意識して鼎談を再読すると、鼎談で混乱が正された三点はいずれも場面(a)における主体の問題として、自律した個人について語られている。これは、三点について議論をリードした長谷部教授が、自律した個人を「自分がどういう人生を送っていくかは、自分で考えて判断し、それを自ら生きていくということ」と定義し、ここでは一貫して個人の「生き方」を論じていることによくあらわれている。[28] これに対し、樋口発言はどうか。本稿では、樋口発言も同様に、場面(a)における主体について語るものとして、三点との矛盾の可能性を示唆した。しかし、樋口発言を注意深く読むと、「権利のための闘争」が「憲法論」の成立要件とされていることに気づく。ここから、1つの仮説が浮かび上がる。樋口発言を場面(a)における主体に関する言明と解するのは誤読であって、樋口発言は場面(b)における主体に関するものなのではないか。

---

27) 参照、Nussbaum・前掲注9）160〔185〕頁。Nussbaum によれば、このような個人像を採用することは、「人間の尊厳の尊重が要求するぎりぎりの最小限」という「結果」が何かを直観的に把握した後にその結果を達成する手続を設定するという結果指向の正義構想であるケイパビリティ・アプローチでは可能であるが、契約主義的アプローチでは理論構造上不可能である。しかし、社会的協働が相互有利性によってのみ可能になるという前提をとらなければ、契約主義的アプローチでもこのような個人像を採用することが可能なのではないか。Nussbaum 自身、契約主義的アプローチが社会契約を結ぶ理由について慈恵などの自他主義を排除し相互有利性に限定している点を批判し、相互有利性のためだけに限らず、幅広い動機に基づいて社会的協働が可能となることを繰り返し強調している。

28) 参照、長谷部・前掲注1）18頁。

この仮説を検証するために、樋口発言を敷衍するものといえる、「強い個人が人権主体として想定されることへの疑問」に対する樋口教授による応答をみてみよう。

　　「『自由』が弱者の側の願望」だということを前提として、しかしなお、つぎのことが決定的である。
　　　……しかし弱者が弱者のままでは「自由」にはならない。「自由」は、単に弱者ではなく、強者になった弱者……でなければならない。（加藤周一「自由の女神」）
　　強者に「なった」弱者ではなくとも、強者であろうとする弱者、という擬制のうえに、「人」権主体は成り立つのである。[29]

この応答は、強者であろうとすることを、場面(a)における個人（人権主体）の資格として論じているように読める。しかし、この応答を、「弱者」が場面(a)において人権主体とされる公共社会を成り立たせるためには、場面(b)の主体に「強者であろうとする」ことが求められるという主張、と読むことも不可能ではない。というのも、場面(a)に関して、人間の vulnerability を前提とした個人像を提示し、鼎談で確認された三点を首肯するようにみえる Nussbaum も、vulnerable な者が包摂されるあるべき社会の基本的諸原理を形成・維持するために、樋口発言同様に、「たくましい慈恵と正義へのコミットメント」を場面(b)の主体には求めているからである。このことを想起するならば、樋口教授が求める強者であろうとする個人像もまた、Nussbaum 同様に、個人の領域において、正義をもって扱われる権利資格を有する場面(a)の主体たる条件として論じられているのではなく、場面(b)に関連して公共社会を担う主体としての個人に求められるエートスとして論じられている可能性がある。

(2)　樋口憲法学のモデル

　樋口発言のこのような解釈を裏付けるように、樋口教授の憲法学のモデルは、Nussbaum が対比する「契約主義的アプローチ」と「ケイパビリティ・アプローチ」の理論構造モデルのうち、ケイパビリティ・アプローチにより近い。こ

---

[29]　参照、樋口・前掲注8）64頁。

の点は、石川教授による樋口教授の憲法学モデルの図式化が明解である[30]。

　石川教授は、「自分のことは自分で決めることができるためには、『自分のことは自分で決める』ことを認めるという『秩序』とその運営が不可欠」であり「少なくとも『自分のことを自分で決めさせない』秩序を採用しないという、公共的な選択が前提とされている必要」があるとした上で、「個人の自己決定を尊重するということと、こうした社会運営の『秩序』設定そのものを個人の選好（preference）に委ねるかどうかは、一応水準を異にする問題である」と述べており、Nussbaum同様に、あるべき社会の基本的諸原理が誰によって設計されるかという場面(b)の主体と、社会の基本的諸原理は誰のために設計されるのかという場面(a)の主体とが区別可能であると示唆する。その上で、石川教授は、樋口教授の憲法学のモデルでは、場面(b)の公共社会の秩序設定が、「個人とはかかわりのない公共的存在」である「国家」による選択として図式化されていると分析する。そのため、そのような公共社会を設定すべき根拠は、それが個人の選好であるということに求められるのではなく、そのような公共社会を支える「『理論』自体の説得力」に求められることになる。

　石川教授による図式化に符合するように、樋口教授は、「個人の自己決定という形式」に対する「個人の尊厳という実質価値内容」による拘束のフォーミュラは、「個人の領域」と「公共社会の運用の場面」とでは異なると述べる[31]。樋口教授によれば、「人間の尊厳」という実質価値によって個人の領域での主体である個人の自己決定を拘束することは許されないのに対して、公共社会の運用の場面では、「立憲主義」という実質価値によって人民の自己決定が拘束されることになる[32]。

　このように図式化された樋口教授の憲法学のモデルは、場面(a)の社会の基本的諸原理は誰のために設計されるのかという、社会の基本的諸原理の内容に関わる問題に対して実質価値に基づき応答することから出発しているという点で、

---

30)　参照、樋口陽一編『ホーンブック憲法〔改訂版〕』（北樹出版、2000年）第3章〔石川健治執筆〕129-130頁。
31)　参照、樋口陽一「人間の尊厳 vs 人権？──ペリュシュ判決をきっかけとして」『憲法という作為──「人」と「市民」の連関と緊張』（岩波書店、2009年）第Ⅲ章第2節。
32)　樋口教授は、人民の自己決定が、個人の自己決定とは異なり、これ以上「divideできない」ものではないことに着目する。

契約主義的アプローチよりもむしろケイパビリティ・アプローチの理論構造に近い。したがって樋口教授の憲法学のモデルでも、社会の基本的諸原理がその者のために設計されるべき「正義をもって扱われる権利資格を有する」個人の領域（場面(a)）の主体と、そのような公共社会を担う（場面(b)の）主体とは、一応は区別して論じられうるのであり、場面(b)の主体に求められるエートスは、必然的に場面(a)の主体たる条件となる訳ではない。さらに、権利のために闘争するという、樋口発言にみられる実質価値は、個人の領域（場面(a)）における人権主体の条件にはできないはずであり、そうだとすれば、このような条件は場面(b)の公共社会を担う主体にのみ課されるものである蓋然性が高いのである。

樋口発言にみられる「権利のための闘争」を場面(a)の主体たる条件と解することが誤読であって、権利のための闘争は場面(b)における個人に求められるエートスと解されるべきであるとすれば、樋口発言と鼎談で確認された三点との間に矛盾はない。また、樋口教授の憲法学はNussbaumが問題にするような契約主義的アプローチとは異なり、Nussbaumと樋口教授の個人像の違いは、それぞれの個人像が論じられる場面のズレ、あるいは、それが論じられる場面を区別して論じる意識の違いから生じている、ということになる。

ただし、前述の通り、ケイパビリティ・アプローチでも、社会の基本的諸原理が「誰によって」設計されるかという問題自体の重要性が否定されているわ

---

33) Nussbaumの個人像もまた、「重なり合うコンセンサスの対象となりうることが望まれる」人格として、形而上学的ではない政治的な構想として、提起されている。Nussbaumは、合意できるということ（acceptability）は、安定性をもたらすという点と、異なる選択をする仲間の市民を尊重するという点で、正当化に深く関わっており、善に関する政治的構想が正当化されるのは適切な理由に基づいた理にかなった合意の可能性がある場合だけであるとし、ケイパビリティ・アプローチが「潜在的な重なり合うコンセンサス」の対象になると十分期待できると述べる（Nussbaum・前掲注9）70、163-164、298-305〔84、188-189、342-350〕頁参照）。ここから、ケイパビリティ・アプローチは契約主義的アプローチから完全に離れるものではないとされている（Nussbaum・前掲注9）163-164〔188-189〕頁参照）。ではなぜ人びとはそのような社会を創りだそうとするのか。この問いへの答えは、「私たちに正義へのコミットメントと他者への愛とがあるから、つまり私たちの人生は他者の人生と結びついておりまた私たちには他者と諸目的を分かち合っているという感覚があるからというものでしかありえない」とNussbaumは述べる（Nussbaum・前掲注9）222-223〔255〕頁参照）。

34) 例えば、樋口陽一『加藤周一と丸山眞男　日本近代の〈知〉と〈個人〉』（平凡社、2014年）78頁。なお、Nussbaumは、契約主義的アプローチの対象からRousseauを除外している（Nussbaum・前掲注9）49-50〔61〕頁参照）。

けではなく、さらに、自分の生を律する政治的選択に実効的に参加しうることがケイパビリティの「自己の環境の管理」の一内容とされている。つまり、場面(a)と(b)の主体は、一応は区別可能であるとしても、結局は循環する可能性も否定できないのである。樋口教授が、Rousseau の「我々はシトワイヤンとなってはじめてオムとなる」という言葉をしばしば引用し、強者であろうとすることが個人の領域における人権主体の条件であるとも読める発言をする理由も、その辺りにあるのかもしれない。しかし、権利のための闘争ができない者も人権主体として公共社会に包摂されていることも、また、そのような公共社会を支えるエートスを醸成することも、いずれも現代の憲法学が抱える重要な課題であることからすれば、樋口発言を真面目に受け止めるためにも、ケイパビリティ・アプローチ、あるいはそれに相当するものが求められるのではないだろうか。

　　　　　　　　　　　　　　（ささき・くみ　東北学院大学准教授）

第12章

立ち竦む「闘う共和国」

――テロリズム攻撃に直面するフランスにおける表現の自由

山元　一

1　パリ2015年11月13日――「闘う共和国」vs テロリスト

　2015年11月13日パリで発生した同時多発テロ事件は、130人もの人命を失わせる恐るべき結果をもたらし、フランスのみならず世界中に強い衝撃を与えた。当局がこの一連のテロの首謀者として断定し事件の5日後銃撃戦で殺害した Abdelhamid Abaaoud は、1987年ベルギーの移民家庭に生を受け、その地で成長したモロッコ国籍の若者であった。共和国の最高責任者 François Hollande 大統領は、事件後直ちに「テロリスト軍隊によって犯された戦争行為」であると断じ、国民に向かって「統一」「結集」「冷静」を呼びかけるとともに、フランスは国内外すべての場所で仮借ない態度を取ることを宣明した。翌14日政府は閣議決定により、非常事態を定めた1955年4月3日の法律に基づいて12日間の非常事態を宣言し、直ちに施行した。

　この事件で何よりも注目されるのは、関与したテロリストのほとんどが、フランスやベルギーなどのヨーロッパ文化圏の先進民主主義国家で成長した者たちであり、海外のテロリズム組織で訓練を受けた後ヨーロッパに戻ってきた者も珍しくはないことである。この事件は、2015年1月15日に同じくパリで発生し12人が犠牲となったシャルリ・エブド（Charlie Hebdo）襲撃事件（やはり実行犯はフランスに生まれ育ったアルジェリア系フランス人であった）に引き続いて非ヨーロッパ系移民のフランス社会への統合の難しさを露呈した。多文化主義

政策に明るい宮島喬は、オランダやドイツの移民を取り巻く現状について、「1つの領土のなかに移民とそれ以外の人々が共存し、国籍上は混淆が進んでいながら、生きる場所の共有が少なく、人的つながりに欠け、マジョリティからの理解への努力が進まない『平行社会』」となり、このような状況のなかで、「ポピュリスト政治家がくりかえし発するイスラーム批判の言葉に接して、平行、隔離による共存を当然とみる市民意識も存在しているようである。」、と指摘する。もしそうだとすれば、今日のフランスではさらに事態は深刻化しているといわなければならない。というのも、そもそも伝統的なフランス共和主義的な考え方からすれば、相異なった文化の併存する一種の均衡状態を包含した「平行社会」というあり方そのものが、直ちに文化ゲットーとともにイメージされる「共同体主義（communautarisme）」社会という批判を引き起こすものであったのであるが、それが、21世紀に入ると「イスラム嫌悪（islamophobie）」という形態で結晶化してきているからである。このような動向は、文化の併存状態を好意的に捉える多文化主義的傾向の議論に著しい警戒感を示し、〈現在のフランスにあるのは移民問題ではなく、「イスラム問題」にほかならない〉、とするものである。このような趣旨の発言が知識人階層のみならず社会の各層に広がっており、このような考え方によれば、自らのアイデンティティに籠ろうとする者を共同体主義者としてカテゴライズして、彼らをフランスの公共秩序を根底から覆す可能性のある脅威としてのみ認識する。そしてその際引き合いに出されるのが、20世紀初頭以来カトリック保守勢力に対抗するシンボルとして引き合いに出されてきたライシテ（laïcité 政教分離原則）にほかならない。今日のライシテは、従来担っていた解放と自由化という役割だけでなく、秩序・支配・排除のために奉仕するようになっており、そこではイスラム系移民の精神と身体を規律することそのものが課題とされ、実質的には、イスラム系移民を差別する政教分離原則の解釈・適用が行われている、と指摘されている。

現在のテロ攻撃をイデオロギーとして支えているのは、「ジハード主義

---

1) 宮島喬『多文化であることとは』（岩波書店、2014年）129頁。
2) 参照、山元一『現代フランス憲法理論』（信山社、2014年）109頁以下。
3) cf. Abdellali Hajjat et Marwan Mohammed, *Islamophobie: Comment les élites françaises fabriquent le « problème musulman »*, La Découverte, 2013, p. 16 et s., p. 101 et s., p. 141 et s.
4) cf. Alain Renaut, Débattre du pluralisme culturel en France, in *Le Débat*, n° 186, 2015, p. 153 et s.

(djihadisme)」（イスラム教的目的を実現するために暴力の行使を煽動する現代の教説）であるが、それにコミットするイスラム系若者たちの行動が、実は現代フランス社会を根底で基礎づけている個人主義と強く関連していることを指摘したのが、政治史と政治哲学の双方に明るい Marcel Gauchet である[5]。彼によれば、今日「ジハード主義」の虜となってしまう若者たちは、伝統的イスラム教の文化圏から現実のフランス社会を支える個人主義の文化圏へと円滑に移行することが困難な状況において、個人主義文化に最も強く揺さぶられ脅かされて、それまでほとんど知らなかった非個人主義的なイスラム教に対して、西洋的意味において個人としての極めて強烈なアンガージュマンを行うことによって個人的信条の実現を企図するのである。しかも、その大義をほかならぬ個人の命を差し出すことによって実現するという、逆説に満ちた生き方を選択しているのである。この Gauchet の指摘は、フランスで発生したテロ事件が、この国の今日の文脈を踏まえることなくしては適切に理解することができないことを含意している。

　筆者の視角からすると、そのような生き方を生み出してしまうこわばった状況の根本的原因は、「記憶のための法律」という仕方で立法府が歴史的事実の確定とその評価に乗り出すことすら辞さない《L'État moralisateur（倫理志向的国家）[6]》として現出している現在のフランスの「闘う共和国」的性格[7]に起因している。現在のフランス共和国の法的政治的枠組は、フランス的な共和的価値を前提とする実質的価値に強く拘束されているものであって、一定の歴史的事実の確定を基本前提とする人間の尊厳の擁護を中核とする社会秩序の維持が前面化し、法的に許容される言論や活動は、そのようにして定められた範囲内に強く限定されているのである。そしてこの「闘う共和国」というあり方は、フランス的な特色を伴いながらも、第二次世界大戦後のヨーロッパを規定する「倫理的政治的世界」ないし「戦後政治パラダイム」に基礎を置いている。

---

5) Marcel Gauchet, Le fondamentalisme islamique est le signe paradoxal de la sortie du religieux, in *Le Monde*, le 22 novembre, 2015.

6) Cédric Groulier (sous la dir.), *L'État moralisateur: Regard interdisciplinaire sur les liens contemporains entre la moral et l'action publique*, Mare & Martin, 2014.

7) 参照、山元・前掲注 2 ）106 頁。Ruti Teitel, Militating democracy: comparative constitutional perspective, 29 Michigan Journal of International Law 49, 53, (2008).

2015年1月7日に発生したシャルリ・エブド襲撃事件を規定した状況もまさにこのような文脈的状況にそのままあてはまる。この事件が改めて提起した「表現の自由」そして「精神的自由」の限界、というトポスについて、この国のかたちである「闘う共和国」との連関を踏まえてその一端を明らかにしようとするのが、本稿の課題にほかならない。

2　パリ2015年1月7日の襲撃から11日の追悼大行進へ
──「表現の自由」vs テロリスト

　2015年1月7日パリで発生し12人を殺害したシャルリ・エブド襲撃事件の犯人は、外国からの派遣者ではなく、パリ生まれのアルジェリア系フランス人兄弟であった。シャルリ・エブド紙（広告掲載なし。発行部数3万部）は「バカバカしくて意地悪」「無責任新聞」を自称する風刺紙であったが、2006年デンマーク保守系『ユランズ・ポステン（Jyllands Posten）』紙に掲載されたテロリズムと結びつけられたムハンマド風刺画を転載したエピソードで知られ、数々の名誉毀損事件を起こし、2011年には編集部が放火された。襲撃される直前の号においても、テロリストとイスラム教徒を結びつける風刺画を掲載していた。[9]

　本事件において注目すべきことは、本事件から4日後の11日に追悼大行進が行われたことである。パリでは160万人、フランス全土では370万人が参加し、パリの行進には英首相、独首相らの姿も見えた。本事件後一躍スローガンとなった「私は、シャルリ（Je suis Charlie）」がパリの街中にあふれた。社会党のイニシアチブで、この大行進からは移民排斥を主張する極右政党国民戦線党首の参加は、排除された。

　本事件に関して、長谷部恭男は、「逃げ去る準拠国（États paradigmatiques en fuite）」[10]という見出しの下で、(a)「この前のシャルリエブドの事件は、要する

---

8) フランスでは、風刺画は、鋭い権力・権威批判を行うための革命時代以降の伝統だといわれる。
9) その際、世界各地で反シャルリのデモが行われ、同紙は発禁になったケースもある、という。ただしこのようなイスラム側からの反発に対しては、「風刺画問題をめぐるイスラム世界の対応は、イスラームの教えに基づくものではなく、イスラームの教えからの逸脱、欧米流の『権利の言語』の浸透も反映している」、とする指摘もある。中田考「幻想の自由と偶像破壊の神話」現代思想34巻6号（2006年）184-185頁。

にテロ行為ですから、あの事件を表現の自由がどこまで許されるかという問題として捉えるのは、根本的に間違っている」、と指摘しつつ、(b)「ああしたテロ行為が起こっている要因の1つは、フランスという社会の建前と違って、そこで暮らす人々すべてを公平に配慮する立憲的な共和国の運営に真剣に取り組んでいないことにもあるのではないか。」と指摘している。本稿が問題にしたいことは、(a)と(b)の実質的な関連性如何、すなわち現在のフランスの文脈では、まさしく表現の自由の限界問題の処理の仕方自体が共和国のあり方に大きな疑問を引き寄せているのではないか、ということに関わる。

ところで、表現の自由をスローガンとして高く掲げた追悼大行進について、その実態を強く批判したのが、内外のメディアでよく知られた歴史家・人類学者 Emmanuel Todd の書物『シャルリとは誰か？ 1月11日の行進に関する宗教的危機についての社会学』である。Todd は、本書において、追悼大行進を「集団的ヒステリー」だと断定した。彼の指摘に従えば、「あたかも、イスラムを冒涜することが義務であるかのようである」。「自分自身や先祖の宗教〔カトリック〕を嘲笑することと、他者の宗教〔イスラム〕を侮辱することは話が違う」のであり、現在のフランスの社会的経済的状況において、脆弱で差別された集団の宗教の中心的な人物であるモハメッドについて、繰り返し徹底的な仕方で冒涜することは「宗教的種族的人種的憎悪への扇動」に該当し、イスラムを風刺することは移民という社会の弱者を侮辱することである、と指摘する。興味深いのは、Todd による行進参加者の実態分析である。彼によれば、追悼大行進の本質は中産階級の行進であり、郊外の若者や労働者階級は参加していなかった。デモ参加者は、カトリックの伝統の強い地域が、歴史的に共和派の地域の2倍であった、という。Todd は、それを「カトリック・ゾンビの復活」という極めて辛辣な言葉で表現し、そこでは、エリートに蔓延するイスラム嫌悪を背景として、中産階級に支えられた、利己的で自閉的で抑圧的気分に支配され、平等を重視しない「ネオ共和主義」が主張されているというのであ

---

10) 長谷部恭男・樋口陽一・南野森「〈鼎談〉今考える『憲法』論究ジュリスト13号（2015年）12頁の長谷部発言。

11) Emmanuel Todd, *Qui est Charlie ? Sociologie d'une crise religieuse sur les manifestations du 11 janvier*, Seuil, 2015. 本書の邦訳として、エマニュエル・トッド（堀茂樹訳）『シャルリとは誰か？』（文藝春秋、2016年）がある。

る。ここでいわれる「ネオ共和主義」は、「文化的レイシズム」そしてそのヴァリアントとしての「普遍主義的レイシズム」のメイン・ストリーム化と結びついており、「『民主主義』『男女平等』『表現の自由』などの普遍的価値は自分たちの伝統や文化に根付いており、そういった価値観と相容れない文化をもった集団は脅威であり、自国から排除しなければならない」、という主張が導出されてくる。このようなToddの議論に対しては、首相Manuel Vallsがル・モンド（Le Monde）紙に登場して恐らくは異例の反論を行い（2015年5月7日付）「階層の違いを超えて、平等を求める行進を行ったのだ」と反論した。だからこそ、このような議論こそが、上からの議論の統一であって追悼大行進の実態は官製行進にほかならない、との主張が、別の論者から提出されている。

　イスラム風刺画をめぐる表現の自由をめぐっては、2つの見方が激突する。一方で、〈表現者の最後の頼りとなる場所としてのフランス〉という見地であり、「『イスラームに理解を！』とか『過激な表現には制限を』というのは簡単だろう。しかし、彼らの過酷な現実から目を逸らし、イスラームからの時に理不尽な要求に聞く耳を持つ態度を見せれば、現在イスラーム文化圏で多くの検閲や投獄、生命の危険に晒されながら自由な表現を求めている知識人たちの首を、さらに絞めてしまう状況を作る可能性だってある。」、と主張される。他方でこれと対照的に、「キリスト教社会の変容としての共和国で許されることが全世界的に効力を持ったら間違いだし、イスラーム社会に対しては効かないことに気がつかなければならない。違う社会に生きる人たちにとって、生のファ

---

12) 森千香子「ヘイト・スピーチとレイシズムの関係性」金尚均編『ヘイト・スピーチの法的研究』（法律文化社、2014年）7頁。
13) Robert Kahnは、フランスに限らず、このような思考に基づいてヨーロッパでイスラム教徒を排除的に機能する「市民的ナショナリズム（civic nationalism）」（エスニック的ないし有機的ナショナリズムとは無縁のナショナリズム）が広がりつつあることを指摘する。Kahnは特に、デンマークにおけるイスラム風刺画事件を分析し、宗教冒涜的表現の自由を主張する者の主張の本質は、イスラム教徒がデンマーク社会の価値を完全に受け入れることであった、という。Robert Kahn, The Danish cartoon controversy and the European civic nationalism https://www.researchgate.net/publication/229947567_The_Danish_Cartoon_Controversy_and_the_Exclusivist_Turn_in_European_Civic_Nationalism
14) アラン・バディウ（箱田徹訳）「赤旗とトリコロール」現代思想43巻5号（2015年）16頁。
15) 関口涼子「表現は誰のものか」鹿島茂ほか編『シャルリ・エブド事件を考える』（白水社、2015年）14頁。

ウンデーションに関わっているようなものに勝手に触れることは、『自由』では正当化できないということです。」(西谷修[16])と反駁されるのである。

　こうして、憲法学上興味深い論点として浮上するのは、同じ表現内容規制に分類されるにもかかわらず、この国ではLondon Charterで認定された第二次世界大戦下におけるユダヤ人虐殺をはじめとする人道に反する罪に属する歴史的事実を否定しようとする表現を禁ずるGayssot法[17]は正当だと広く一般に考えられていることと対照的に、イスラム風刺画は断じて許容されなければならないとするのは、ダブル・スタンダード的な態度なのではないか？[18]、という設問である。果たして、禁止されるべき人種差別的表現と保護されるべき「宗教的冒瀆的言辞」[19]の間に明確な線を引くことができるのか。両者はともに表面的には特定者に加害的ではないメッセージでありながら一定の強い悪意を隠しもっているのではないか、もしショアの生存者を孤立化させるところにアウシュビッツ否定論の問題性があるのだとすれば、イスラム風刺画もイスラム教徒の地位を毀損しかねない表現（たとえば、すべてのイスラム教徒は暴力的だということをほのめかしかねない、ターバンに爆弾を隠しもつムハンマド）も同じ問題性を有しているのではないか。

　このような疑問に対する現在のフランスの「知的エスタブリッシュ」の認識は、Robert Badinter（ユダヤ系、司法大臣〔1981-1986、父、祖母、叔父たちはナチスに連行され戻らなかった〕、憲法院院長〔1986-1995在任〕）とMireille Delmas-Marty（法学者、コレージュ・ド・フランス〔2002-2012在任〕）による対談「表現の自由は、全ての他の諸権利の行使を条件づける。」[20]にみることができる。

---

16)　栗田禎子・西谷修「〈討議〉罠はどこに仕掛けられたか」現代思想43巻5号（2015年）35頁。
17)　ただし、規定の内容としては、1945年のLondon Charterで認定された人道に反する罪を否定すること一般が禁止された。
18)　ノーム・チョムスキー（佐野智規訳）「パリの襲撃事件は、西洋の怒りが偽善であることを示している」現代思想43巻5号（2015年）18頁。日本のイスラム研究者からの同様の指摘として、白杵陽「同時代的現象としてのイスラモフォビアの反セミティズム」現代思想34巻6号（2006年）132頁。Ruti Teitel, No Laughing Matter: The Controversial Danish Cartoons Depicting the Prophet Mohammed, and Their Broader Meaning for Europe's Public Square http://writ.news.findlaw.com/commentary/20060215_teitel.html
19)　フランスにおける人種差別的表現規制とその運用については、参照、光信一宏「フランスにおける人種差別的表現の法規制(1)(2)(3)」愛媛法学会雑誌40巻1・2号（2014年）39頁以下、同3・4号（2014年）53頁以下、同42巻1号（2015年）51頁以下。

Badinter によれば、ホロコーストの否定はユダヤ人に対する憎悪の言説であり、反ユダヤ主義の言説である。ショアないし他の全てのジェノサイドはイデオロギーの次元の問題ではなく、事実に関する問題である。ナチスによるユダヤ人虐殺がなかったと主張すれば、「人間そのものを攻撃したことになるのだ」、という。[21]

しかし、果たして「闘う共和国」は、本当に公平な共和国なのであろうか。公立学校における女生徒に対するスカーフの禁止を実際には狙いとする2004年3月15日の法律に基づいて「これ見よがし」の宗教的標章が禁止され、2010年11月10日の法律では「公道や公衆の立ち入り可能な場所等における『全面的覆面のための服装』を禁止する規制」が導入され、表向きは宗教的に中立的な規制でありながら、実際には、ブルカ（全身を覆うイスラム女性の宗教的服装）の規制が導入されたことが、ここで想起される。[22]

3　「闘う共和国」フランスの将来像

「闘う共和国」フランスの今後について、どのような将来像を理論的に想定することができるであろうか。これについては、以下の3つの選択肢を想定することができよう。

【選択肢A】は、現在のフランス国家・社会のありようで公正さが十分に保たれている、という認識に基づく現状維持路線である。ユダヤ人虐殺をめぐる歴史修正主義への戦闘性を維持した上で、フランスにおける伝統的「自由」を忠実に継承し、精神的自由の核心を、〈宗教の支配からの解放〉にみる方向性である。ここでは、たとえどれほど「イスラム嫌悪」と批判されようとも、イスラム教徒に対する厳しいライシテの考え方が維持されよう。

---

20) Entretien avec Robert Badinter et Mireille Delmas-Marty, La liberté d'expression conditionne l'exercice de tous les autres droits, in Le Monde hors-série La liberté d'expression mars 2015, p. 8 et s.
21) これに対して、スペイン憲法裁判所2007年11月7日判決は、過去の事実についての議論は、むしろ表現の自由によって保護されなければならないとした、という。Emanuela Fronza, The criminal protection of memory: some observations about the offense of holocaust denial, in Ludovic Hennebel & Thomas Hochmann（edited by）, *Genocide Denials and the Law*, Oxford University Press, 2011, p. 172 ff.
22) 山元・前掲注2) 94頁以下。

「記憶のための法律」の登場に対する危機意識から2005年に設立され、著名な歴史家が名を連ねた「歴史のための自由（Liberté pour l'Histoire）」という歴史家団体は[23]、そのような法律にみられる歴史研究におけるタブーの設定は、国家による学説の公定に堕し、精神的自由・学問的自由の本質が蹂躙されてしまうとし、フランスが一定の集団を特段の保護の対象とするアイデンティティ・ポリティクス、すなわち「共同体主義の論理」[24]に乗っ取られている事態である、と激しく批判した。だが実は、そのような批判の矛先は、必ずしもGayssot法には向かわなかった（同法の狙いは、反ナチズムを標榜して反ユダヤ主義の伝播を阻止することであり、「共同体主義の論理」をそこにみることはできない、と論じられた）[25]。まさしくこの点に関して、ジェノサイドにおけるユダヤ人虐殺問題の特権化は、むしろ他のジェノサイド問題の軽視につながりかねない、という批判が生み出されている[26]。このような批判は、フランスの現体制が実質的にはユダヤ人を優遇する知的基盤の上に構築されているという疑念を引き起こさざるをえない。

【選択肢B】は、全方向的な戦闘性の低下を志向する方向性である。

具体的には、歴史修正主義言説も含めたヘイト・スピーチについての規制を緩和し、「闘う共和国」の〈修正1条アメリカ化〉を目指すか、あるいはそこまではいけないとしても、表現規制を刑事罰から解放し、それを民事責任に限定することや[27]、イスラムに対するライシテの抑圧的な解釈をやめて、学校にお

---

23) cf. http://www.lph-asso.fr/index.php?lang=fr
24) Appel de juristes contre les lois mémorielle, le 21 novembre 2006. 2005年12月12日に出されたアピール。植民地領土におけるフランスの果たした積極的役割を強調する2005年2月23日の法律〔現在廃止〕に対抗して出されたものである。初代代表のRené Rémondは、〈国民のための正史の構築〉という共通の問題意識から、法の多文化主義化の一環としての「記憶のための法律」に反対した。「記憶は特定的なものであり、ある集団のものであるのに対して、歴史は一般的なるものを目指す。」様々な記憶が歴史を乗っ取ってしまう。記憶の義務が国民的意識を分裂させ、集団相互に対立をもたらす可能性がある、という。René Rémond, *Quand l'État se mêle de l'histoire*, Stock, 2006, p. 101 et s. cf. Robert Kahn, Does it matter how one opposes hate speech bans ? A critical commentary on Liberté pour L'Histoire's opposition to French Memory Laws（Working Paper（2014））, p. 31 ff. http://papers.ssrn.com/sol3/papers.cfm?abstract_id=2416553
25) R. Kahn, supra note（24）, p. 24 ff. http://papers.ssrn.com/sol3/papers.cfm?abstract_id=2416553
26) トルコによるアルメニア人虐殺という歴史的事実を承認するという2001年11月29日の法律の評価が論点となる。

けるイスラムスカーフ規制の緩和などに進むことが想定されうる。このような選択肢は、一定の学者・知識人にとっては共感されうるとしても、極右勢力が躍進を続けるフランスの政治的社会的状況には、このような方向に向かうモーメントがほとんど欠けている。

【選択肢C】は、表現の自由領域における「闘う共和国」の全方位化（表現の自由に対する法的包囲網の強化）という方向性である。この方向性は、全方位化を通じて新たな公正さを実現しようとする立場である[28]。この考え方は、宗教そのものに対する侮辱も、人種差別主義の延長線上に捉える。このような見地から、イスラエルの法学者 Meital Pintoは[29]、« vulnerable cultural identity principle（ヴァルネラブルな文化的アイデンティティ原理)»に基づいた解決を提唱する[30]。すなわち、特定の時代・社会という文脈における文化的アイデンティティの社会的地位に光を当て、①文化的多数派が少数派によって不快にさせられている場合（→多数派の文化的アイデンティティは害されていない）、②少数派対少数派（双方の言い分に理があるので、ゾーニング等によって対処すべき）、③文化的少数派が多数派によって不快にさせられている場合（主観的被害感情ではなく、客観的社会経済的指標による判断）の類型に区分する。そして、③を念頭におきつつ、人種的ヘイト・スピーチに該当しない形態の攻撃的行為がありうるとし、全ての個人は、自らの文化的アイデンティティに対する全ての形態の攻撃的行為から保護される一応の（prima facie）権利を有する、と論じる。この観点からは、一定の宗教的冒涜表現の規制の必要性が導き出される。しかしながら、この考え方についても、宗教の支配からの解放を自由の核心とみる見方とは真っ向から対立するために、「闘う共和国」が今後そのような方向性を採用する現実性は乏しいであろう。

---

27) Carole Vivant, *L'historien saisi par le droit: Contribution à l'étude des droits de l'histoire*, Dalloz, 2007, p. 462.
28) ちなみに、Todd は、宗教的冒涜の権利は絶対的なものだと考えて、このような選択を支持しない。E. Todd, *supra* note (11), p. 233.
29) Meital Pinto, What are offences to feeling really about? A new regulative principle for the multicultural era, in *Oxford Journal of Legal Studies*, Vol. 30, No. 4, 2010, p. 695 ff.
30) 筆者が今日の人権論の核心は、様々な具体的な生を生きる人間の vulnerability に対する法的救済を現実化することにあると考えていることについては、山元一「現代における人間の条件と人権論の課題」憲法問題23号（2012年）7頁以下、を参照されたい。

このようにみてくると、2015年1月と11月の惨劇を前に立ち竦んだ「闘う共和国」フランスは【選択肢B】や【選択肢C】への転換を峻拒しつつ【選択肢A】を堅持して、現状のフランス社会を偽善と差別と抑圧に満ち溢れていると断定するテロリズム攻撃と真正面から対峙し続ける、という最も険しい道を邁進していくということになろう。[31]

（やまもと・はじめ　慶應義塾大学教授）

---

31)　本稿を法律時報誌に掲載後の2016年7月14日、ニースでテロ事件が発生し86人が命を奪われ、世界中を震撼させた。フランス憲法学がテロ攻撃をきっかけとして緊急事態法制をめぐってどのような議論を行っているかについては、山元一「フランス憲法学と『立憲主義』」辻村みよ子編集代表／山元一ほか編『講座　政治・社会の変動と憲法――フランス憲法からの展望　第Ⅰ巻　政治変動と立憲主義の展開』（信山社、2017年）74頁以下、を参照されたい。

第13章

「自己統治」の原意と現意
――パブリック・フォーラムの条件

松田　浩

1　民主政・人民主権・「自己統治」

　いわゆる表現の自由の原理論において、合衆国原産の極めて言論保護的な諸法理を支える最大の柱石は、「自己統治（self-government）」論であろう。彼の地の憲法理論において、「自己統治」は民主政（democracy）と互換的に用いられてきているが、「自己統治」と人民主権（popular sovereignty）との関係はどうであろうか。合衆国憲法（理論）における人民主権概念の精確な位置づけは、さしあたり筆者の手に余る問題であるが、人民主権がその主要な発現形態として選挙などにおける投票を含んでいる以上、政治的表現と投票の関係を切り口として、「自己統治」と人民主権との関連を浮かび上がらせることができるように思われる。民主政といい、人民主権といって、いずれもその概念発生時点に遡れば（前者については古典期アテネ、後者についてはとりわけ18世紀半ばのJ-J.ルソー）、その語義も制度化形態も、20世紀半ば以降の合衆国における「自己統治」とは凡そ無縁なものにみえる。しかし、彼の地の「自己統治」論者が、それらの概念史とその背後にある精神史から何を、いかなる理由で批判的に摂

―――
1)　両者は「論理的には切断されている」が公共圏論によって接合を試みる議論として、毛利透『表現の自由――その公共性ともろさについて』（岩波書店、2008年）1、2章をみよ。この点に関する最近の論攷として、毛利透「表現の自由と選挙権の適切な関連づけのために」法律時報88巻5号（2016年）22頁以下も参照。

取してきたかを検討してみることは、その「自己統治」論の上澄みを掬ってきた日本の憲法判例の再検討のためにも一定の意味をもちうるだろう。

　本稿はかかる問題意識から、まず、「自己統治」論の原型を創ったA.ミクルジョンの憲法思想の形成過程を分析する。ついで、現在の「自己統治」論者の代表格であるR.ポストの議論と、これと同時代的に共振する政治哲学者N.ウルビナティの議論を分析し、「自己統治」の原意と現意のあいだにみられる連続／不連続のありようを特に人民主権との係わりにおいて明らかにする。最後に、現代の「自己統治」に不可欠な空間とされるパブリック・フォーラムの条件について若干の考察を行いたい。

2　「自己統治」の原意──ミクルジョンの「精霊の支配」

　母校ブラウン大やアマースト大で教鞭を執っていた20世紀初頭、哲学教師ミクルジョンの思考の基底にあったのは、「精霊」（ミクルジョンはspiritとmindをほぼ同義に使うので、以下この訳語で統一する）と「肉体」のプラトン的二元論であった。リベラル・カレッジの前期教育に精力を傾注した彼にとって、入学生の精霊を錬磨し、知性（intelligence）、知恵、感受性、寛大さといった諸徳を身につけさせることが半生を掛けたゴールとなった。精霊の卓越主義に基づく個人の育成は、やがて国家の精霊の形成にも課題を広げ、個人の精霊が肉体を支配するように、国家統治にも精霊が召喚される。精霊に関わる合衆国憲法規定は修正1条であるが、その「宗教・言論・プレス・集会・抵抗〔「請願」

2）　参照、高見勝利「表現の自由と最高裁」法律時報59巻9号（1987年）13頁以下、阪口正二郎「表現の自由の原理論における『公』と『私』──『自己統治』と『自律』の間」長谷部恭男・中島徹編『憲法の理論を求めて──奥平憲法学の継承と展開』（日本評論社、2009年）39頁以下。

3）　Alexander Meiklejohn, *The Liberal College* 30（Marshall Jones Company, 1920）.

4）　Alexander Meilkejohn, *The Experimental College* 317-318（The University of Wisconsin Press, 2001〔original 1932〕）. 1927-1932年にウィスコンシン大マディソン校でミクルジョンが主導した「実験カレッジ」は大学教育史上、名高い。そこでは前期学生の「自ら使える思考枠組の獲得」を目指して、古典期アテネと現代アメリカにおける知的・芸術的創作活動を比較させるアテネ＝アメリカ・カリキュラムなどが実践された。*See*, Adam R. Nelson, *Education and Democracy: The Meaning of Alexander Meiklejohn, 1872-1964* 133-196（The University of Wisconsin Press, 2001）.

5）　国家の統一的な精霊形成という問題意識は、すでにMeiklejohn, *supra* note 3, at 61-64にみられる。

の誤記であろう（松田）〕の領域では、政府は、その権限を越えた活動に直面する。政府は、それらの奉仕者であり、それらに忠誠を誓う。……公私のいかなる機関もそれらに統制を及ぼしてはならない」。この言明は、国家の精霊による政府＝肉体の支配を意味する。「民主政とは、それぞれの欲望の充足を求める肉体の雑多な集合体ではない。民主政とは共通の理念への賞賛と献身という繋がりによって１つになった人間集団における精霊の統一である。……あらゆる民主政の本質的徴証は、単一の精霊の意図によって全メンバーに行使される支配である。」

　精霊による国家生活の統一の主張者が、第２次大戦期に全体主義への対抗を意識しつつ、教育権の教会から国家への移行を説明するのに、ルソーの主権・教育理論に共鳴板を見出すのは自然である。「ルソーにとって、国家は朋輩の agency であり、従ってあらゆる道徳の源泉であり、同じ理由で、知性の源泉である。」ルソーの有機理論に、J.ロック、J.デューイの無機理論が対比され、後二者における国家が衝動と私的利害を抑制されない個人のバラバラな集合体であるのに対し、ルソーにあっては知性によって衝動が矯められ、共感と連帯に基づく国家が構想された、とされる。「一般精霊（general mind）」よりも「一般意思」について語ったルソーの人民主権論について、知性主体としての国家の分析が不完全であったとしつつも、その全面譲渡＝「かつてなき自由」論に大方賛同するミクルジョンは、「我ら合衆国人民は、……自由の恵沢を我らと我らの子孫に確保するため、この憲法を制定樹立する」と宣言する憲法前文を捉えて、「まるでルソーによって書かれたかのようだ」とさえいう（国家＝「自己統治する主権者人民」観）。「共同生活を導き、統制する知性の活動に自由に参加する国家の支配者すべての義務、これが自由である。」個々人の精霊

---

6) Alexander Meiklejohn, *What Does America Mean?* 107（The Norton Library, 1972〔original 1935〕). 霊／肉、内／外、支配／被支配、修正１条／修正５条、無制限／制限という鋭い二項対立の連結が、この書物に一貫する論理である。
7) *Id.*, at 194-195.
8) Alexander Meiklejohn, *Education Between Two Worlds* 210（Aldine Transaction, 2006〔original 1942〕).
9) *Id.*, at 211-224. なお、ミクルジョンの「社会契約説」について参照、蟻川恒正『憲法的思惟――アメリカ憲法における「自然」と「知識」』（創文社、1994年）95-106頁。
10) Meiklejohn, *supra* note 8, at 273-274.

を離れて「社会の精霊」は存在しないが、支配者の義務とも特権ともされる精霊の自由は、著しく主知主義的かつ道徳主義的である。

　第2次大戦後の書物で、「自己統治」に与えられた定義は、個人についても社会集団についても「自分の行動に指示を与えるために精霊（mind）を用いること」であり、かの「精霊による肉体支配」以来、一貫している。『言論の自由とその自己統治との関係』と題されたこの主著は、後に、その修正1条の自由論が「言論の」では一方で狭すぎ（保護が言論以外の行為に広く及ぶ）、かつ他方で広すぎる（保護が及ばない私的言論は修正5条の射程に入る）として、12年後には『政治的自由』と改題して再刊された。そこに説かれたのは「人権論」というより、むしろ「主権論」および「統治機構論（四権分立論）」である（副題は、「人民の憲法上の諸権力（傍点松田）」）。

　「合衆国人民を統治する全ての憲法的権限は、集合としての政治体のメンバーとして行動する人民自身に帰属する。」この人民主権論の憲法上の根拠は、上述の前文、修正1条のほか、1条2節1文（下院議員選挙権）、修正10条（人民に留保された権力）であった（従って、「権利章典」は精確には「権力と権利の章典（傍点松田）」といわねばならない）。ここで修正1条は1条2節と結び合う。「投票権力を通じて、人民は選挙人として、法の服従者としての人民自身と法の制定者、管理者、解釈者としての諸機関を統治することに積極的に参加する。……修正1条の革命的意図は、従って、人民の投票権力の自由を剥奪する権限を、全ての従属機関に否定することである。」主権者であり第四（序列的には第一）の統治機関である人民は、三権に優位する独立の統治権力として修正1条

---

11) Alexander Meiklejohn, *Free Speech And Its Relation to Self-Government* 8 (The Lawbook Exchange, 2000〔original 1948〕).

12) Alexander Meiklejohn, *Political Freedom: The Constitutional Powers of the People* 95-96 (Harper & Brothers, 1960). 前著からのもう1つの変化は、ルソー的全面譲渡論への留保の表明である。改版は、「『人民』は全ての権限を移譲したのでは無く、統治の作用に直接参加する権力をみずからに留保したという派生的事実に、自由のための議論を基礎づけている。」(*Id.*, at 96.)

13) Alexander Meiklejohn, The First Amendment Is an Absolute, 1961 Sup. Ct. Rev. 245, 253.

14) *Id.*, at 254. なお、最晩年には修正2条から修正9条までをすべて「被治者の権利」として分類したミクルジョンであるが、1950年頃の当初の分類では「今や時代遅れ」な修正2条（人民の武器保有権）を「統治者の権利」の側に位置づけていた。*See*, Alexander Meiklejohn, Freedom to Hear and to Judge, 10 Law. Guild Rev. 26, 27 (1950).

15) Meiklejohn, *supra* note 13, at 254.

を行使する（修正1条＝「絶対」[16]論）。

「憲法の特定の文言としては、人民の統治活動は、投票行動にのみ現れる。しかし憲法のヨリ深い意味においては、投票は、統治の自由が市民に与える判断形成の責任を市民が果たそうとする手段となる広くかつ多様な諸活動の外部的な現れにすぎない。……自己統治が可能となるのは、投票者が、知性、誠実さ、感受性、公共の福祉に対する寛大な献身を獲得する限りにおいてであって、理屈の上では投票はそれらを表出するものと想定される[17]。」かくて修正1条の保護範囲は、かの精霊の領域に精確に回帰する。教育、哲学と科学、文学と芸術が、「公共の問題の公共の議論」と並んでその射程に入ってくるのは、ミクルジョンの改説というより原点回帰である[18]。投票者の自由（修正1条）と投票（1条2節）の関係は、根と幹の比喩で説明された。枝は無論、三権（branches）であり、ここに統治権力の大樹が聳立する[19]。

3 「自己統治」の現意（I）
　　——ポストの「公共討議による署名経験」

ポストは、現在の修正1条法理における民主政＝集団的「自己統治」の価値の辞書的優先（lexical priority）[20]を主張する。民主政の本質問題は、個人の自律と集団の自律の調和であるが、これをもたらすための装置が「公共討議（public discourse）」である。「公共討議が、個々の市民の自律的参加に開かれており、政府の意思決定が公共討議によって生まれた世論に従うならば、市民がみずか

---

16) この「絶対」論は、無制約論ではなく（*Id.,* at 257-263.）、その本質はいってみれば「政治的美称説」と類比されるべきものである。立法府議員の発言免責特権と人民の修正1条とのアナロジーも（*Id.,* at 256.）、その証左となろう。

17) *Id.,* at 255. こうした投票に対する「哲学」の価値的・論理的先行論は、すでに1920年代にみられる。*See,* Alexander Meiklejohn, *Philosophy* 15-16（American Library Association, 1926）.

18) たとえば、1930年代の筆になるアテネ＝アメリカ・カリキュラムの基本原理における知性の三領域論（Meiklejohn, *supra* note 4, at 59-60.）や、普通選挙や普通教育を含む6つの「内的自由」論（Meiklejohn, *supra* note 6, at 89-102.）と、驚くほどその内容が符合する。

19) Meiklejohn, *supra* note 14, Freedom to Hear and to Judge, at 26-28.

20) Robert Post, Reconciling Theory and Doctrine in First Amendment Jurisprudence, 88 Cal. L. Rev. 2353, 2373（2000）.

らの集団的自己決定の代表として国家を identify するようになる可能性が存在する。」[21] 従って、「自己統治」にまず要請されるのは、諸個人の政治的自律であって、認知的・倫理的自律ではない[22]（「自己統治」と卓越主義の原理的切断）。ポストはこの民主政＝「自己統治」を、人民主権（ポストの定義では「人民が政府に究極の統制を及ぼす状態」[23]あるいは「人民意思への国家の従属」[24]）や、決定手続としての多数決（多数者支配）主義から範疇的に区別しようとする。[25]「人民が自己決定の実践に従事するとは何を意味するか。この実践は、人民が直接決定するか、決定を行う者を選挙するかによって政府の決定に究極的な責任を負うことを意味するとしばしば解釈されている（Meiklejohn 1948）。だが私見では、これでは自己統治の実践の説明として不十分である。……自己統治の実践は、人民がみずからを統治するプロセスに関与しているという正当な確信（warranted conviction）を抱くことを要請する、という方が好ましいだろう。……自己統治とは決定の署名（authorship）に係わることであって、決定の作成に係わることではない〔→上下２つの傍点部を併せて読めば、後者はいい過ぎと解すべきだろう（松田）〕。」[26]

かくして「自己統治」＝自己決定の実践への参加は、①投票＝意思決定への参加、②世論形成＝公共討議への有意味な参加、という２形態が区別される。いずれも「自己統治」の必要条件であるが、少なくとも単独では十分条件ではない（十分条件が別に存在するかについて、ポストは言及を避けている[27]）。公共討議は、集合的 identity を形成する場なので、個人の identity に基づく参加制限

---

21) Robert C. Post, *Constitutional Domains: Democracy, Community, Management* 7 (Harvard University Press, 1995).
22) Robert Post, Participatory Democracy and Free Speech, 97 Vir. L. Rev. 477, 483 (2011).
23) Robert Post, Democracy and Equality, 603 Annals Am. Acad. Pol. & Soc. Sci. 24, 25 (2006).
24) Robert Post, Democracy, Popular Sovereignty, and Judicial Review, 86 Cal. L. Rev. 429, 437 (1998).
25) そこには、これらの手続的決定原理と違って、民主政＝「自己統治」は立憲的実体原理だとの見方がある。*Id.*, at 438.「人民主権は、人民全体の真正かつ自発的な承認を独裁者が実行に移す人民ファシズムの形態とも両立する。」(Post, *supra* note 23, at 25.) ポストのルソー人民主権論への直接的言及は少ないが、つぎの一文はルソーへの消極的評価を窺わせるに十分である。「ひょっとするとルソーはそう主張したと考えられるかも知れないが、個々の市民の特定の意思と民主政国家の一般意思の完全な一致が存在しうると主張するのは、とても信じがたい。」(*Id.*, at 27.)
26) Post, *supra* note 23, at 26.

を課すことは許されない(「誤った思想はない!」)。その意味での政治的自律が保護されるからこそ、公共討議の結果に応答していると参加者に思念される政府決定に、民主的正統性が認められる。言論の「聴き手」に定位して「賢明な決断(decisions)による投票」(ミクルジョン)に修正1条価値を収斂させることは、公共討議の領域に認知的価値に基づく管理を混入させるものであり(議長による議事進行整理を伴う「タウンミーティング」型)、公共討議の辞書的優先を掘り崩す。公共討議においては、あくまでも「語り手」の政治的自律こそが平等に保護される(「ハイドパーク」型)。[28]

「公共討議による署名経験」を「自己統治」の核心と捉えるポスト理論の骨格は以上の如くであるが、もともと公共討議は辞書的優位にたつ憲法価値の1つに過ぎない。公共討議の論理に矛盾しない範囲で、民主政とは別の憲法領域(共同体、管理)では、別の価値が別の保護と規制を与えることが可能であり、必要でもある[29](憲法の諸領域の相互依存性)[30]。ここ数年のポストは民主政と管理の境界域にある難問に係わって、新しい概念装置を使った理論的補完(修正?)[31]に踏み出している。

第一は、「賢明な自己統治」というミクルジョン的課題である。「公共討議の一部は人々のディシプリン知へのアクセスに依存しているが、民主政的力能(democratic competence)とは公共討議における個人の認知能力のことを指す。認知能力は、賢明な自己統治と民主政的正統性の価値の双方に必要である。」[32]

---

27) Robert Post, Equality and Autonomy in First Amendment Jurisprudence, 95 Mich. L. Rev. 1517, 1527 n.25, 1528 (1997). ポストがみずからの定義上、②を欠くために人民主権概念を忌避するのだとすれば、①と②を併せもつ体制を新しい人民主権の定義として肯定的に用いることにポストは反対しないだろう。近年のポストは「知識のない人民は、権力・主権を持たない人民である」(Robert C. Post, *Democracy, Expertise, and Academic Freedom: A First Amendment Jurisprudence for the Modern State* 95 (Yale University Press, 2012).) と述べるに至っている。
28) *See*, Post, *supra* note 21, at 269-276.
29) Post, *supra* note 22, at 489.
30) *See*, Post, *supra* note 21, at 13-15, 192-193.
31) Martin H. Redish, *The Adversary First Amendment: Free Expression and the Foundations of American Democracy* 58, 197 n.30 (Stanford University Press, 2013) は、以下の「民主政的力能」論をポスト理論の「恐らく劇的な変更」とみているが、本稿筆者は辞書的優先理論から整合的に説明できると考える。
32) Post, *supra* note 27, *Democracy, Expertise, and Academic Freedom*, at 33-34.

公共討議内では規範的に政治的自律を認められる諸個人は、記述的に認知能力を獲得している保証はない。従って、公共討議の外で民主政的力能の獲得のために知的ディシプリン権力の他律（「善き思想」と「悪しき思想」の区別）を個人に課すことは、逆説的に公共討議を支えるものとして規範的に是認されうる（ミクルジョン型の包摂）。[33]

　第二に、「自己統治」の2つの参加形態が、投票＝意思決定と世論＝公共討議であったが、前者が行われる代表制の選挙システムは、公共討議と異質な管理の領域にある。この2つの領域の狭間にある選挙運動資金規制の問題にいかに対処すべきか。「選挙が、修正1条にとって不可欠なのは、政府が世論に応答する主要なメカニズムが選挙だからである。選挙が世論に注意深く耳を傾けている公務員を選出していると公衆が信頼できなければ、公共討議と自己統治のリンクは絶たれる。」[34] 従って、「選挙の integrity」（世論に応答するために「利益の共通性と共通感覚」を持つ人物を選べるように構造化された選挙）は、選挙運動資金規制の compelling interest に値する。世論は不定形かつ表象不能であるから、「選挙の integrity」は代表者が世論から指令を受けることを求めない。ポストの「自己統治」においては、命令委任は要求されないし、直接制も代表制の完全な代替物にはならない。

4　「自己統治」の現意（II）――ウルビナティの「二頭制民主政」

　ウルビナティは、ポストの投票＝意思決定と世論＝公共討議という二元的把握を、人民主権の内容となる2つの権力――「意思」と「意見（opinion）・判断（judgment）」――として位置づける（「二頭制（diarchy）」）。[35]「代表制民主政」は撞着語か？、というルソー的難問の克服を目指す理論潮流に属する彼女は、[36]

---

33)　参照、松田浩「プロフェッションの自律――『中間団体』の居場所」憲法問題24号（2013年）47-49頁。

34)　Robert C. Post, *Citizens Divided: Campaign Finance Reform and the Constitution* 60 (Harvard University Press, 2014).

35)　Nadia Urbinati, Free Speech as the Citizen's Right, *in* Post, *supra* note 34, at 132.

36)　*See*, Bernard Manin, *The Principles of Representative Government* (Cambridge University Press, 1997); Hanna Fenichel Pitkin, *The Concept of Representation* (University of California Press, 1967). 参照、早川誠『代表制という思想』（風行社、2014年）3、4章。

ルソー人民主権論の即時的意思一元主義それ自体にメスを入れ、ルソー理論の「民主政化」を企図する。それに拠れば、意思の一頭制（mono-archy）を具現する直接制は、二頭制の代表制に民主政として劣後する。

「単一争点についての投票（直接制民主政）と反対に、候補者への投票は大小さまざまな政治的意見の永続的に進化する性質（longue durée）とそれらの有効性を反映する〔傍点部：原文斜体〕。……意見が均等な重さをもつことは決してない。……もし意見の重さが均等ならば、意見の弁証的発展や投票それ自体、殆どあるいは全く意味を成さないだろう。投票は考えに重さを与える試みであり、考えを重さにおいて、あるいは重さと同一化する試みではない。[37]」すなわち、直接制は一回限りの投票において意見が意思に合一化する「点描主権」であるが、代表制は「時間体制」であって、市民に過去から未来への連続性のなかで「考えの重さと票の重さの相関を繰り返し再評価する努力において、投票行為を超えでることを強制する。[38]」こうして意見に課される独特な負荷が、政治プロセスを統合へ向けて活気づける。「候補者・政党への投票を通して可視化を求める意見、解釈、考えの繋がりが、政治秩序を強化する。不一致は安定化要因となり、全政治プロセスの駆動力となる。不一致は可視的中心のない社会を繋ぎ合わせる接着剤となり、行動と討議（＝市民たちが同志―友として間断なく分かち、語り、想起し、再形成する共通の解釈経験）を通して統合される。[39]」

意思とは分かれた意見が社会の討議空間において常態的に循環する代表制では、国家の意思決定に対する異論が恒常的に存在する。意見の永続的な変更可能性、多数派が多数派に留まり続けることの不可能性が保証される。これは心の平穏を保った環境で市民が異論を唱えられ、また現在の多数派に不同意であっても法に遵うことに同意できる、という市民の自由と平和をもたらす。ここに意思／意見の二頭制民主政の強みが見出された。この観点から、ルソー人民主権論の即時的意思一元性は引導を渡される。「ルソーは、人民集会を唯一の正統な主権者として叙述するとき、市民は1人1人集会に参じ、いかなる演説

---

37) Nadia Urbinati, *Representative Democracy: Principles and Genealogy* 31 (The University of Chicago Press, 2006).
38) *Id.,* at 32.
39) *Id.*

者にも耳を傾けることなく、みずからの心の内でそれぞれが理性を働かせ、好んで沈黙のうちに投票するだろう、と明敏に述べた[40]。」ルソーにおける投票は、今も投票箱の前でみられる数秒間の光景と同様、外部との対話や公開性を欠いたなかで行われる、各市民の内なる理性的推論の結果に過ぎない。意見の際限なき循環性と変更可能性の介入を、ルソーは受け容れがたかった[41]。これに対し、ウルビナティにとっての主権は、「間断のない時間性のなかに存在し、決定と選挙の行為を超えでた、一般利益にかんする基本的な理念や原理の計測不能な影響のうちに存在する〔傍点部：原文斜体〕[42]。」

かくしてウルビナティがルソーの意思一元的主権論を突き破り、真正の民主政の徴表として現代的復権を企てるのは、アテネ民会において市民が保持した2つの平等な政治的自由——*isonomia* と *isēgoria*——である。ギリシャ史家M.H.ハンセンに拠れば、アテネ民主政において最も賞賛された平等原理は *isēgoria* であり、これは民会において発言を望むすべての者に与えられた平等な言論の機会の保障であった[43]。採決における平等な投票権（1人1票）だけでなく、採決前の平等な発言権の保障は、立候補者への籤による行政担当者選任（再任制限を伴うことで支配者と被支配者の経時的交替が確実に生じる[44]）と同様、希望する何人にも重大な政治力発揮の機会を与える民主政的平等の原理であった[45]。特定の物理的議場をもたない現代の意見フォーラムにおいて、いかに *isēgoria* に類した平等な政治的自由を構想し、構造化していくかは実に難題である。だが、投票権との連携の下、実効的な意見フォーラムでの発言権なくして、市民が政府を適切に創設、監視、統制し、政府に応答と説明の責任を負わせていくことはできない[46]。市民の自由と平和を確保しつつ、最終解決の保証なき政治紛

---

40) Nadia Urbinati, *Democracy Disfigured: Opinion, Truth, and the People* 162（Harvard University Press, 2014）.

41) *Id.*, at 41-42. ルソー主権論の批判的分析は、*See*, Urbinati, *supra* note 37, at 60-100.

42) Urbinati, *supra* note 37, at 225.

43) Mogens Herman Hansen, *The Athenian Democracy in the Age of Demosthenes: Structure, Principles, and Ideology* 83（J. A. Crook trans., University of Oklahoma Press, 1999）.

44) マナンに拠れば、これによって支配者に被支配者の立場をリアルに想像させる手段と動機を与えたが、このリアリティはルソーの「法の一般性」にはないものである。*See*, Manin, *supra* note 36, at 30. ルソー人民主権論の「自己統治」としての完成度の不足はここにもある。

45) *Id.*, at 38-41.

争の統御を可能にすることが民主政の無二の徳であるとすれば、市民の参入障碍を極力低減し、政府権力や私的経済権力がその独立性と多元性を脅かさない保障とともに、一定の意見フォーラムを公共財として標準装備しなければならない。

5 「自己統治」の未来へ——パブリック・フォーラムの条件

ルソーからはドクサ（＝意見）を排除してエピステーメとの調和を求めるプラトニズムの木霊が聴こえる、というのがウルビナティの観察である[47]。ミクルジョンもこれと相似た「精霊の支配」論から出発したが、教育者として意思（幹）よりも、これに水と滋養を供給する意見・判断（根）の広く深い領分に着目したことで、ルソーを一歩超えでていた。しかし、卓越主義に浸ったその「自己統治」観の下で、精霊は常に知的・倫理的陶冶の対象とされ（根は樹全体の健やかな成長のためにのみある）、各市民に政治的自律の条件は備わっていない。20世紀晩期以後の「自己統治」論は、この点で決定的な転回を経ている。ここにはもはや単一の精霊と肉体の体系（大樹）は存在しない。各市民の意見は、意思と対話しつつも分離したまま、公共の場で他者の意見と競合しつつ、結合を目指す自律的存在と見なされる。この転回を人民主権論としてみれば、「善き意思」のための集合的実体としての主権者論から、自律的個人の多元的な結合プロセスとしての主権論へ移行した、といえるだろう[48]。

かくて「自己統治」の未来は、いかにして自律した諸個人が平等に参加する意見のパブリック・フォーラム[49]を適切に設営していくかに掛かって来よう。意見が意思と並ぶ双子の主権だとすれば、非制度的なものとはいえ、意見権力の

---

46) 制憲期の議論において、合衆国の代表制における代表の応答性を担保するものとして、言論（＝意見）の自由と頻繁な選挙が、命令委任（指令の権利）とバーターの関係にあるとされたことも重要な歴史的事実である。See, Post, *supra* note 34, at 12-13; Manin, *supra* note 36, at 170.
47) Urbinati, *supra* note 40, at 46.
48) See, Urbinati, *supra* note 37, at 227.
49) 連邦最高裁判例の斬新な読解を経由して、パブリック・フォーラム概念を民主政＝公共討議の領域として定位し直したのは、1980年代末のポストであった。See, Post, *supra* note 21, at 199-267. なお参照、松田浩「『パブリック』『フォーラム』——ケネディー裁判官の２つの闘争」長谷部恭男編『講座　人権論の再定位(3)　人権の射程』（法律文化社、2010年）181頁以下。

不全や濫用や腐食は「自己統治」の根元を揺るがすことになる。ウルビナティが察知する3つの危険をみておこう。パブリック・フォーラムは、ポストのみるようにあらゆる諸個人の identities が集う坩堝である以上、そこで意見の果たす役割も、情報の提供と検証（認知機能）、議題の設定と対決（政治機能）、政府行為の観察と透明性要求（審美機能）とさまざまである。こうしたフォーラムのもつ民主政的役割の多元的・複合的なありかたを維持強化し続けることでしか、自律と民主政を両立させ、自由と平和を拡大する方途はない。ところが、現代世界を見渡せば、これらの機能のいずれかを極端に追求し、フォーラムの外観を醜悪化（disfigure）させる動きに事欠かない。民主政プロセスを short-cut して専門家、官僚制、熟議集団の判断に代替させる新手のプラトニズム（認知主義）、フォーラムを過激に二極化させて対立を煽り、多数派と結んだ強力な指導者が上から少数派を駆逐するポピュリズム（政治主義）、フォーラムを政治劇の舞台に変え、市民を視覚的刺激に反応するだけの無気力な観衆に変質させるプレビシット（審美主義）、がそれである[50]。

　これらの醜状は、厄介窮まることに1つの機能の突出が別の機能を高める強いインセンティブを与える。近年のプレビシットと手を携えたポピュリズムの草の根的拡大が、新プラトニズムの対抗的隆盛となって現れているのは疑う余地がない（ポストの「民主政的力能」論の補完的提唱もそうした事情を窺わせる）。だが、「自己統治」の正道は、1つの突出に対しては出る杭を打ち、平等な政治的自由のヨリ実質的な行使とヨリ一層の環境拡充を以て、フォーラム諸機能の均衡回復を追求する途しかないだろう。2015年9月、時の政権・与党が世論に対する応答責任はおろか説明責任さえ真摯に果たさなかった違憲立法の成立後、プレビシット劇場の虚構から眼を覚ました日本市民が向かうべき先はそこに在る。

---

50) *See*, Urbinati, *supra* note 40.

［付記］『法律時報』2016年1月号に旧稿を発表後、筆者はカリフォルニア大学バークレー校において在外研究に従事しているため、この間の日本における研究状況の進展は詳らかにしない。本稿も最小限の加筆修正に留めざるをえず、この点、大方のご寛恕を乞う次第である（2017年7月31日・識）。

　　　　　　　　　　　　　　　　　（まつだ・ひろし　成城大学教授）

第14章

「隔離」される集会、デモ行進と試される表現の自由

阪口正二郎

はじめに

　自由な社会にとって「異論（dissent）」の存在は不可避であり、健全な民主主義にとって「異論」は不可欠である。しかし、「異論」が歓迎されることはあまりない。
　「異論」は、その時々の権力のありようやそれを支持する多数派の人々の意見とは異なる考えや意見を意味し、それに疑問や異議を差し挟むものであるからである。権力を担い、権力を維持しようとする者にとって、権力の座を維持する手っ取り早い手段は、権力のありように疑問や異議を唱える「異論」を抑圧することである。権力には人を支配する魅力がある。そうした権力の魅力に取りつかれれば、いつまでも権力の座にとどまりたいと考え、そのために「異論」を抑圧したくなるのは自然である。これを、「権力の性（さが）」と呼んでおこう。しかし、「異論」が歓迎されない理由は、「権力の性」に尽きるわけではない。なぜなら権力とはおよそ無関係な位置にある者にとってすら「異論」は無視しえないものだからである。自分とは異なる意見に接する場合、人は穏やかではいられない。時として「異論」は自己のアイデンティティを揺るがすからである。
　このように、「異論」は反発や弾圧を招きやすく、その提示に格段の「勇気」を必要とする。まして、日本社会は「空気」という名のコンフォーミズムの支[1)]

配が強力な社会であるだけに、そうした「空気」を鋭く切り裂く「異論」の提示にはなお一層の「勇気」を必要とするのではないか[2]。

　インターネットの普及によって、言論市場における送り手としての市民の地位が復権しつつあるとはいえ、インターネットによって言論市場における言論の送り手としての市民の地位がマス・メディアと対等になった——あるいは、なる可能性がある——とはいえないのも事実であろう[3]。また、市民の政治的意見表明の場として選挙が重要なことは確かだが、選挙に限界があることも事実である。選挙は定期的にしか行われないし、選挙ではパッケージ化された政策の束に対する市民の意思表示しか求められない。また、小選挙区制を中心とする現行の選挙制度の下では多様な民意は十分に選挙結果には反映されない。

　こうした状況にあって、市民が「表現する自由」の主体——つまり「送り手」として——言論市場に登場するための集会やデモなどの非制度的で日常的な表現活動が極めて重要な意味を有する。

　しばしば、集会やデモは市民がその多様な意見を表明する手軽な手段であるといわれる。しかし、市民にとって集会やデモは容易な表現手段であるとはなかなかいえないことも事実である。集会やデモは、インターネットとは異なって、表現する自分の顔や姿を他者に晒しての表現活動であり、それだけにいっそうの「勇気」を必要とする。日本では、つい最近に至るまで集会やデモは「変り者」の表現手段であり、「ふつうの人」が集会やデモに参加することはあまりなかったといってもよいだろう。3・11後の脱原発デモなどによって、集会やデモに参加することのハードルが下がり、かなり「ふつう」の表現手段となりつつあることは事実であるが、それでもなお他者に自己の顔や姿を晒しながら表現活動を行うことは、集会やデモは抗議活動であることが多いだけに容易なことではなく「勇気」を必要とする。しかし、この「勇気」の必要性が匿名での表現活動が可能なインターネットとは異なって、集会やデモを使っての

---

1) この点については、阪口正二郎「異論の窮境と異論の公共性」同編『自由への問い③　公共性——自由が／自由を可能にする秩序』（岩波書店、2010年）21頁の参照を乞いたい。
2) この点については、阪口正二郎「表現の不自由と日本〈社会〉」奥平康弘・樋口陽一編『危機の憲法学』（弘文堂、2013年）287頁の参照を乞いたい。
3) もちろん、インターネットの普及には、匿名性による名誉毀損やヘイト・スピーチの拡大、さらには、偏見や憎悪の増幅によるバルカン化という負の側面もある。

表現行為に「本気さ」と「真正さ」を付与する。

　しかし、それでもなお、ふつうの市民にとって、集会やデモという表現活動には特別の困難さが伴う。それは、何よりもそれらが一定の「場所」を必要とすることにある。集会やデモは「場所」がなければ不可能である。そうした「場所」は、ほとんどの場合、自己が所有・管理する場所ではなく、他の私人や公権力が所有・管理する場所である。集会やデモの自由が憲法上問題になるのは、「集会の自由」という呼称にもかかわらず、主として「国家からの自由」という局面ではなく、給付の局面においてのことである。

　異論の窮境の原因を「場所」との関係で考えることも可能である。あるアメリカ憲法学の論文は、「言論をなす公共の場所が存在しない場合に、言論の自由原理はいったいいかなる価値を有するだろうか。政治的な意見の違いが『思想の自由』の領域に、すなわち、圧倒的な多数派とは政治的な意見を異にする人々の沈黙した内面に追いやられた場合に、異論にいかなる意味があるだろうか。公的な異論が目に見える形で提示されなければ、いったい言論の自由にどんな価値があるのか。これらは馬鹿げた問いかけではない。現在の修正１条法理の下では、公務員は場所の規制を通じて異論から有効な言論の場を奪うます有効な手段を行使しつつある。異論を目に見えないようにすることによって、言論の場に対する公務員のコントロールは、修正１条によって保障されている中核的で、いささかロマンティックである価値を脅かしている」と述べている。

　近時のアメリカの憲法学において、公共の場での集会やデモの問題が改めて関心を集めつつある。最近出版された２冊の書物は、何れも集会やデモなどの「場所」の「喪失」を問題にしているが、この「場所」の「喪失」には、物理的喪失と法的喪失の２つの「喪失」がある。前者は、都市計画や民営化などによって集会やデモを行える場所が減少の一途を辿っていることである。これは

---

4) Thomas P. Crocker, *Displacing Dissent: The Role of "Place" in First Amendment Jurisprudence*, 75 FORDHAM L. REV. 2587 (2007).

5) TIMOTHY ZICK, SPEECH OUT OF DOORS: PRESERVING FIRST AMENDMENT LIBERTIES IN PUBLIC PLACES (Cambridge U. Pr., 2009); RONALD J. KROTOSZYNSKI, Jr., RECLAIMING THE PETITION CLAUSE: SEDITIOUS LIBEL, "OFFENSIVE" PROTEST, AND THE RIGHT TO PETITION THE GOVERNMENT FOR A REDRESS OF GRIEVANCES (Yale U. Pr., 2012).

これで極めて深刻な問題であるが、本稿が問題にしたいのは「法的喪失」である。

1 集会・デモのゾーニング規制——ある事例を手掛かりに

(1) デモ可能地域の指定

　表現行為の規制形態は時代によって異なる。アメリカにおける最近のデモ規制の手法を分析したある論文は、そうした規制手法として、①時期を限定した一定の場所におけるデモの禁止、②抗議の対象であるイヴェントや、メッセージを伝達したい人的対象からデモを距離的に遠ざけること、③特にその対象が大統領である場合にデモを大統領から遠ざけ目に見えないようにすること、④警察がデモの規模を過大に広報することで過剰な警戒を行うこと、を挙げている[7]。

　上記の 2 冊の書物が、「法的喪失」として問題にしているものの 1 つに、「9・11」以降のアメリカで出現している、「言論の自由ゾーン」、「抗議行動禁止ゾーン」、「指定されたデモ・ゾーン」など呼称はさまざまだが、集会やデモ活動を禁止するのではなく、それらの表現活動が可能な場所や空間を一定の場所や空間に「隔離」し、そうすることで抗議対象や聴衆に対する「有意味なアクセス」[8]を奪い、集会やデモを「マージナライズ化」[9]しようとする、集会やデモなどの新たな規制形態である最近のゾーニング規制の問題がある。

　こうしたゾーニング規制は比較的最近用いられるようになったものであるが、「9・11のちょっと前、そして特にそれ以降、警備を担当する公務員は重要な公的イヴェントや公的抗議を形成、管理、統制するためにさまざまな種類のゾーンや囲い、檻、ネットをますます頻繁に用いている」[10]とか、「デモ・ゾーン

---

6) ZICK, *id.* at 5.
7) Mary M. Cheh, *Demonstrations, Security Zones, and First Amendment Protection of Special Places*, 8 D.C. L. REV. 53, 55-61 (2004).
8) ZICK, *supra* note 5, at 1.
9) KROTOSZYNSKI, *supra* note 5, at 7, 15.
10) クロトスジンスキによれば、こうした形のゾーニング規制は1988年アトランタで開催された民主党の党大会に起源を辿ることができる。*Id.* at 32.

または言論の自由ゾーンは、デモをよりコントロールするための当たり前の手法となってきている」と指摘されるほど、集会やデモの日常的な規制方法となりつつある。

ここでは、ある事例に焦点を当てよう。当該事例において現場の実況検分を行った連邦地裁の判事は、「指定されたデモ・ゾーンによって生み出される全体的な印象は捕虜収容所のそれであり」、「危険な人物を他者から隔離する檻のような象徴的意味を持ち」、それは「表現の自由の役割に関する象徴的な侮辱である」とまで評価しながらも、当該ゾーニング規制を合憲と判断した。

事件の舞台となったのは2004年に大統領候補と副大統領候補を選出するための民主党の党大会が開催されたボストンであった。民主党や共和党の党大会ともなれば、代議員やマスコミ以外にも、各候補者の支持者や反対者、さらには党の政策に反対する群衆も押し寄せて党大会会場の周辺では派手に集会やデモ活動が繰り広げられることになる。おりしも2004年の党大会は「9・11」後初めて実施される大統領選挙に向けて開催される大会であった。

警備を担当する者たちが神経を尖らせたことは容易に推測可能である。連邦政府、特にシークレット・サーヴィスの要請もあり、ボストン市当局は、不測の事態に対処すべく党大会が開催される会場であるフリート・センターの周囲に「セキュリティ・ゾーン」を設定した。センターの建物と隣接する建物の周囲をシークレット・サーヴィスが管轄権を有する「ハード・セキュリティ・ゾーン」とし、候補者、代議員、VIP、党大会のスタッフとプレスなどシークレット・サーヴィスの許可を得た者しかゾーン内には立ち入れず、出入りはセキュリティ・チェックなど厳重な警備体制の下で行われる。そのゾーンの外側にさらに市が管轄権を有する「ソフト・セキュリティ・ゾーン」を設け、そこは

---

11) James J. Knicely & John W. Whitehead, *The Caging of Free Speech in America*, 14 TEMP. POL. & CIV. RTS. L. REV. 455, 457 (2005).

12) Joshua Rissman, *Put it on Ice: Chilling Free Speech at National Conventions*, 28 LAW & INEQUALITY 413, 415 (2009).

13) *Coalition to Protest the Democratic National Convention v. City of Boston*, 327 F. Supp. 2d 61 (D. Mass. 2004), at 74-75.

14) *See*, Nick Suplina, *Crowd Control: The Troubling Mix of First Amendment Law, Political Demonstrations, and Terrorism*, 73 GEO. WASH. L. REV. 395, 395-96 (2005).

15) *Coalition to Protest*. 327 F. Supp. 2d, at 65-66.

誰でも立ち入りが可能で、ゾーン内のレストラン、バー、その他の店は営業することができる。ビラ配りや20人以内の人数のデモなら許可なく行うことができる。しかし、21人以上50人以内の規模のデモを行う場合は事前に市の許可を得ることが求められる。またソフト・ゾーン内の人数が一定数を超える場合は、ボストン市警は一定の時間人数制限をなすこともできる。

　問題となった「指定されたデモ・ゾーン (designated demonstration zone)」は、「ハード・セキュリティ・ゾーン」に接する形で「ソフト・セキュリティ・ゾーン」内に設けられたもので、300×90フィートの規模で、使用されなくなった地下鉄の線路が使用され、周囲をフェンスと鉄条網で囲い、頭上には液体飛散防止用ネットが張られていた。このように、「指定されたデモ・ゾーン」は完全に隔離されているため、「当該ゾーンから党大会の代議員や招かれたゲストにビラを手渡すことは、たとえそれらの人々がビラを受け取るためにゾーンの端まで近づこうとしても完全に不可能であった」[16]。また、「代議員たちがデモをなす集団の姿を見ることも、彼・彼女らの声を聞く機会も殆どない」[17]状態であった。「指定されたデモ・ゾーン」が設けられることはあらかじめ伝えられてはいたものの、その実態が明らかになったのは予定されたデモの直前のことであった。そこで、デモを企画した団体がこの「指定されたデモ・ゾーン」の変更を求めて連邦地裁に暫定的差止命令を求めた。

(2) 連邦地裁の判断

　暫定的差止命令を出すことを求められた連邦地裁は、差止命令を出すべきかどうかは原告らが本案でどれだけ成功するかどうかによることを前提として、規制の合憲性を判断した。

　この事案で連邦地裁が規制の合憲性を判断するために実質的に適用した審査基準は、パブリック・フォーラムにおける表現行為の時・場所・方法の規制を判断するために連邦最高裁が1989年の Ward v. Rock Against Racism 事件において、先例を参照しながら示した基準であった[18]。この基準は、事件名にちなん[19]

---

16) Id. at 68.
17) Bl(a)ck Tea Society v. City of Boston, 378 F.3d 8 (1 st Cir. 2004), at 11.
18) 491 U.S.781 (1989).

で Rock Against Racism 基準として、アメリカでは有名なものである。この基準は、規制が、①規制を受ける言論の内容に言及することなく正当化可能なものか、つまり内容中立的規制であるかどうか、②重要な政府利益を達成するために狭く形造られている (narrowly tailored) か、③規制を行っても、コミュニケーションのための代替手段が十分に残されているか、どうかを問うものである[20]。この場合、②に関して、「選択された手段が政府の利益を達成するのに相当程度以上に広範なものであってはならない」ことが求められるものの、LRA がないことまでは求められない[21]。

連邦地裁は、「ソフト・ゾーン」におけるデモ規制に関して、①については、「ソフト・ゾーンにおけるパレードに対する制約は、観点はいうまでもなく、内容にも関係なくあらゆるパレードに適用される[22]」ものであるとして、簡単に規制は内容中立的規制であると判断している。

判決が、行数を割いて論じているのは②と③の論点であった。

そもそも連邦地裁は、「指定されたデモ・ゾーン」に関して、「指定された抗議活動ないしデモ活動のゾーンを設定するというのは比較的最近の試み」であり、「それに関する判例も多くなく、本件のような事例は極度に事案の事実に拘束されざるを得ない[23]」ことを率直に認めている。

しかしながら、②に関する連邦地裁の判断は、シークレット・サーヴィスや警察当局の証言を重視し、「法執行に携わるさまざまな人々の宣誓に基づく供述書を検討した結果、ロス・アンジェルスにおける2000年の民主党大会を含む、本件事例と比較可能な過去のイヴェントに関する経験に照らすならば、指定されたデモ・ゾーンにおける公共の安全のためにとられた各々の措置は合理的であったということは十分納得できるものである[24]」としている。連邦地裁は、他のより制限的でない規制措置の可能性についても検討したが、「代議員の安全

---

19) *Clark v. Community for Creative Non-Violence*, 468 U.S. 288 (1984); *Heffron v. International Society for Krishna Consciousness Inc.*, 452 U.S. 640 (1981).
20) 491 U.S., at 791.
21) *Id.* at 800.
22) *Coalition to Protest*. 327 F. Supp. 2d, at 70.
23) *Id.* at 73.
24) *Id.* at 75.

と調和するような有意味な修正案はないことに納得した[25]」としている。

③に関する連邦地裁の判断も、党大会が開催されるフリート・センターやボストン市全域にわたって、「ソフト・ゾーン」内で20人以内によるデモであれば当局の許可なしで行いうること、21人以上50人以内なら市当局の許可を得ることは必要ではあるものの、デモ自体は可能である以上、十分な表現活動の機会が代替肢として残されており、規制は最高裁の Rock Against Racism 基準に照らして合憲であり、暫定的差止命令を出す必要性はないと判断している。

(3) 連邦控訴裁判所の判断

デモを企画した側は連邦地裁のこうした判断に当然納得することはなく、上訴した。しかし、上訴を受けた第1巡回連邦控訴裁判所の判断も、連邦地裁の判断を支持するものであった。

連邦控訴裁判所と連邦地方裁判所が規制の合憲性を判断するにあたって用いた基準に変わりはない。むしろ、この点では連邦控訴裁判所が明示的に Rock Against Racism 基準に依拠する旨断っていることが注目に値する。

連邦控訴裁判所は、当該基準を適用する旨示した後で、規制が内容中立的規制に該当すること、また党大会という政治的な集会において安全を維持することが重要な政府利益であることには疑いの余地はなく、今回の場合、問題は、連邦地裁と同様に、②と③にあるとしている。

連邦控訴裁判所は、②について、連邦地裁とは異なって、今回の規制がデモ参加者と代議員たちの間のコミュニケーションの可能性を著しく制約することは確かであり、しかも「安全とは、(それがいかに抑圧的なものであろうと)言論に対するどんな制約であっても正当化するのに政府が援用しうる護符(talisman)ではない[26]」としている。しかも、連邦控訴裁判所は、本件において、デモ参加者がフェンスを乗り越えようとしたり、代議員に液体を投げつけるような何らかの違法行為に及ぶ可能性に関する情報を、市当局が事前に何ら有していなかったことも認めている。具体的な危険性のない表現活動に対する過剰な規制ではないかということが当然問題となる。規制を正当化する側が示したの

---

25) *Id.*
26) *Bl(a)ck Tea Society v. City of Boston*, 378 F.3d at 10.

は、具体的な危険性が立証できずとも過去の同種の政治的イヴェントにおける経験に照らすならばこの程度の規制をなさざるをえないという理屈であった。

この点に関して、連邦控訴裁判所は、政府が規制の必要性を考えるに際して、一般的に過去の経験に依拠してはならないとまではいうことはできないとし、問題は、過去の経験から得られる推測に合理性があるかどうかであるとしている。その上で連邦控訴裁判所は、記録に照らせば連邦地裁の判断があまりにも不合理で裁量権の逸脱であるとはいえないとしている。このようにして、連邦控訴裁判所は、②の規制は狭く形造られたものでなければならないとする表現の自由が要求する要件は今回の場合は充足されているとして、③の要件の充足可能性の検討に移る。

控訴裁判所は、③について、上訴人らは代替的な表現活動が代議員からは見えず、音声も聞こえないため十分な代替手段とはいえないと主張するが、そもそも「『指定されたデモ・ゾーン』は、不完全なものではあるにせよ、代議員の目に見え音声が聞こえる範囲内での表現の機会を与えている」[27]以上、この上訴人らの主張は前提を欠くとしている。

さらに、控訴裁判所は、2つの考慮すべき点があるとしている。第一は、「たとえば代議員の傍をうろついたりビラなどを渡すなどの方法を通じて、代議員集団と直接接触する機会を持つことは疑いもなくデモ参加者が意図する聴衆に到達することを促進するであろうが、デモの参加者にそうした種類の特定的なアクセスを付与すべきことを憲法は要請してはいない[28]」。第二に、代議員たちにデモの様子が見えず、デモの音声が聞こえなければ意味がないとの上訴人らの主張は、党大会のような大きなイヴェントの場合、テレビ、ラジオ、新聞、インターネットなどの手段を通じて代議員達に意見を伝える機会がある以上、「現代におけるコミュニケーション手段の性質を著しく過小評価するものである[29]」。

---

27) *Id.* at 14.
28) *Id.*
29) *Id.*

2　試された表現の自由の法理

　表現行為に対する規制形態は時代によって変化し、新たな規制は既存の法理を試すことになる。「表現の自由の役割に関する象徴的な侮辱」とまで裁判官に言わしめた規制が、それにもかかわらず憲法適合的であると判断されるのであれば、表現の自由に関する既存の法理の妥当性が問われてしかるべきではないか。
　本稿は、大別して、表現の自由に関する既存の法理の3つの問題点を考えてみることにしたい。

(1)　パブリック・フォーラム法理の限界

　1つは、「パブリック・フォーラム」の法理に関する問題である。本件の場合には、第一審でも控訴審でも裁判所は規制の場が「パブリック・フォーラム」であることを前提にしているため、「パブリック・フォーラム」の法理それ自体のありようは問われていない。ただし、集会やデモが他者の管理・所有する「場所」を必要とする以上、集会やデモの自由の問題を考えるためにはやはりこの「法理」の現状を見定めておく必要がある。「パブリック・フォーラム」の法理の意義は、政府など他者が所有ないし管理する「場所」——正確にいえば「財産」——にまで表現の自由法理を及ぼすこと、つまり「給付」の場面に「規制」の論理を及ぼすことを可能にすることにある。所有者・管理者が「政府」であるにすぎないにもかかわらず、あたかも「私人」であるのと変わらないかのように——「私人」であれば誰を自宅に招くかは所有者・管理者の自由である以上、政府もまた当該場所に関してそうしたことができるはずであるという形で——「公共の財産」の管理者である政府に当該場所の広範な裁量を付与することを否定することに、この法理の第一義的な意義がある。その意義を過小評価すべきではないものの、それを超えてどこまでこの法理が今日における市民の集会やデモなどの表現活動にとって意義を有するものなのかは開かれた課題である。
　第一に、この法理は、まずは「公共財産」に表現の自由法理の保障を及ぼす

ものではあるものの、法理の現状に照らすならば、それが影響力を発揮するはずの「公共財産」の射程に大きな限界がある。問題は主として「指定的パブリック・フォーラム」の認定方法にある。この点に関する法理の現状は、政府が、当該「公共財産」を表現の自由の「場所」として提供するような意図を有していたかどうかを重視するものであり、当該「公共財産」を表現の自由の場として提供することが当該場所の本来の利用方法と調和するかどうかという点にはない。政府の「意図」を重視すれば、「公共財産」であっても政府が何らかの形で当該財産を表現活動の用に供するものでなければ、それは「パブリック・フォーラム」と認定されることはない。

　第二に、たとえ当該「公共財産」に関する政府の「意図」ではなく、当該「公共財産」の性質に目を向けて、それが表現活動の用に供することと矛盾しないものかどうかに焦点を当てるにしても、そこには当該「公共財産」の本来の利用方法との調整という問題が残る。

　第三に、現在の「パブリック・フォーラム」の法理は、「パブリック」の意味を、意識的か無意識的かは問わないが、「政府」に限定している。しかし、「民営化」が進めば「公共財産」は容易に「私有財産」に転化しうるし、何よりも、そもそも公共的な表現活動にとって有効な「場所」は、その所有者・管理者が政府であるか私人であるかを問わないはずである[30]。たとえば、公民権運動の最中に座り込みなどの抗議活動が向けられた相手方は、差別をなす私人の経営するレストランや商店であった。また、現代にあって、人々が集まる場所は「伝統的なパブリック・フォーラム」とされる道路・公園には限られない。アメリカを対象とはするものの、ジックは、現在、人々が多く集まる場所は、

---

30) この点に関しては、日本の判例においていちはやく「パブリック・フォーラム」の法理の導入を訴えた、最三判昭和59・12・18刑集38巻12号3026頁と最三判昭和62・3・3刑集41巻2号15頁における伊藤正巳の議論が、「もとより、道路のような公共用物と、一般公衆が自由に出入りすることのできる場所とはいえ、私的な所有権、管理権に服するところとは、性質に差異があり、同一に論ずることはできない。しかし、後者にあっても、パブリック・フォーラムたる性質を帯有するときには、表現の自由の保障を無視することができないのであり、その場合には、それぞれの具体的状況に応じて、表現の自由と所有権、管理権とをどのように調整するかを判断すべきこととなり、前述の較量の結果、表現行為を規制することが表現の自由の保障に照らして是認できないとされる場合がありうるのである」(刑集38巻12号3032-3033頁)として私有地をも法理の射程に取り込んでいたことを忘れてはならないように思われる。

ショッピング・モール、空港、鉄道の駅、高速道路のサービス・エリアであるにもかかわらず、これらはその所有者が私人であるというだけの理由で「非パブリック・フォーラム」だと認定される傾向にあり、公共的な表現活動がなされる場所と、現実に人々が表現活動を認められている公共の場所の間にはズレがあり、「パブリック・フォーラム」法理の弱点を「歴史的な『硬化（ossification）』」と評価していることが興味深い。

(2) 表現行為の時・場所・方法の規制法理の限界

2つめの問題は、表現行為の時・場所・方法の規制法理の問題である。表現行為の規制に関しては、良かれ悪しかれ、表現行為の内容に基づく規制と内容中立的規制を区別し、前者については厳格審査基準、後者については中間審査基準を用いて規制の合憲性を判断すべきだと考えられている。

この場合、規制が内容に基づく規制と内容中立的規制の何れに分類されるかが決定的に重要な意味をもつことになる。しかし、第一にこの分類の判断が極めて形式的な形でなされることが多い。本稿が取り上げた「指定されたデモ・ゾーン」については、文面上は、デモ行為をなす者が誰かを問わず適用される。この点をつかまえて連邦地裁も連邦控訴裁判所も規制を簡単に内容中立的規制に区分している。しかし、この規制をそれが適用される現実の文脈に引き付けて考えれば簡単に内容中立的規制であるといえるかどうかは疑わしい。民主党大会の周辺でデモ活動をなす人々は、民主党の政策に異議を唱える人々か、そうでないにしても有力な候補者の政策に異議を唱える人々が大半のはずである。

第二に、仮に規制が内容中立的規制だと判断された場合に適用される中間審査基準は、中間審査基準とはいえ緩やかなものにすぎない。先にみたように、Rock Against Racism 基準は、規制が目的を達成すべく狭く形造られていることを求めるものの、それが目的を達成するための必要最小限の規制であることまで求めるものではない。しかも、この場合、「控訴審の判断は、どのようにすれば市の利益が……最も良く達成されうるかという市の合理的な判断に敬譲を払わなかった点で誤っている」とされるように、規制が目的を達成する度合

---

31) Zick, *supra* note 5, at 55.
32) *Ward*, 491 U.S. at 800.

いについては政府の判断に敬譲が払われる。

(3) 衡量と「安全」という白紙手形

　3つめの問題は、規制の合憲性は殆どの場合、政府の利益と表現行為の利益の衡量によって判断されることになるが、表現行為の側の利益は過小評価される一方、政府の側の利益は過大評価されがちである。1の事例はその典型といえる。デモという表現行為の側の利益は、「特定的なアクセス」まで保障する必要はなく、他にいくらでも表現活動の余地が残されているという形で簡単に蹴られている。しかし、限界があるとはいえ表現行為の向けられた相手に対する一定の意味のあるアクセスを保障しなければ民主主義は絵に描いた餅にしかならないし[33]、他に表現活動の余地があるとしてもそれが同じような効果をもつとは限らないはずである。集会やデモなどの直接行動の場合には、その直接性にこそ意味があるはずである。

　他方で、規制する政府の側の利益としての「安全」は、「9・11」以降ほぼ「白紙手形」[34]として機能している可能性が高い。かつて冷戦下で、表現行為の弊害が大きければそれが発生する切迫性を割り引いて規制の合憲性を判断してもよいのではないか、という形で「安全」ないし「恐怖」を「明白かつ現在の危険」基準を骨抜きにする形で用いたのはハンド判事であった[35]。「9・11」以降、本稿が検討した「指定されたデモ・ゾーン」などの表現行為の規制に関する裁判所の判断のなかに、ハンド的な思考方法の鮮やかな再現を見て取ることができるのではないか。その意味で、われわれはいまだハンド公式をきちんと「清算」できていないように思われる[36]。

（さかぐち・しょうじろう　一橋大学教授）

---

33)　クロトスジンスキは、この点で表現の自由条項には限界があり、等閑視されてきた感のある請願権条項に目を向けるべきことを説く。*See generally,* KROTOSZYNSKI, *supra* note 5. しかし、闘いに用いる条項を変えればうまくいくのかどうかは定かではない。

34)　*Id.* at 32.

35)　*Dennis v. United States*, 183 F.2d, 201, 212（2d Cir. 1950）. この点については、阪口正二郎「合衆国表現の自由理論の現在（二）」社会科学研究47巻1号（1995年）201頁以下。

36)　*See,* Christina E. Wells, *Fear and Loathing in Constitutional Decision-Making*, 2005 WIS. L. REV. 115.

第15章

「法解釈の技術」と「文化現象の真実」[1]
——猥褻表現規制と弁護士・大野正男

駒村圭吾

1　13条と21条——チャタレー事件と新憲法

チャタレー事件の主題は「人類」であった。

D.H.ロレンス作・伊藤整訳の『チャタレイ夫人の恋人』をめぐる刑事事件の上告審判決において、田中耕太郎長官の筆と目される多数意見は、猥褻表現規制の根拠を"羞恥心"（つまりは、性行為の非公然化）に求めた。その際、多数意見は、羞恥心を「普遍的な道徳の基礎を形成する」「最も本源的な感情」とおき、それを語る論旨において、「人間」、「人間性」、「人類一般」、「人類社会」の表徴を多用している。このことからすれば、本件の主題が「人類」の視点に立つものであったことは明らかといえよう。本判決の背景に、田中独自の世界法論や自然法論あるいはカトリシズムがあったことを考慮すれば、「人類」の水準で本件を考えることは、彼の思想にとっていわば当然の問題設定であった。[2]が、彼の個人的な思想・信条から離れて、裁判官たる田中が「人間」、「人類」のタームで応じなければならなかった法的理由は、被告弁護人・正木ひろ

1）　本稿は、駒村圭吾「ロレンスからサドへ——あるいは、文学裁判から憲法裁判へ」松井茂記・長谷部恭男・渡辺康行編『自由の法理　阪本昌成先生古稀記念論文集』（成文堂、2015年）763頁所収の続編と位置づけられるが、一応独立した一個の論考である。
2）　チャタレー事件最高裁判決（最大判昭和32・3・13刑集11巻3号997号）における田中耕太郎の近代批判については、駒村圭吾「文学裁判とふたつの近代批判——『チャタレイ夫人の恋人』事件判決」駒村圭吾編著『テクストとしての判決』（2016年、有斐閣）所収を参照されたい。

しが、猥褻物頒布罪による文学規制の是非を「人類の永遠性」という尺度で判定すべきことを求めたがためである。要するに、「人類」はむしろ被告側から提議された問題設定であり、田中は本件に対して自分の思想で応答する好機を正木の弁論のなかに、その裁判的必然性と並行して、見出したといえるだろう。

では、正木はなぜ本件において「人類」の視点を設定したのか。正木にとって、新憲法の制定こそは「優秀なる精神文明」である西洋思想の「堂々たる輸入」であった。したがって、彼は、第一審最終弁論の終結部において、「この一本の香り高き西欧産の一枝の薔薇が、日本産の台木に、完全に接木が出来ているか否かを試すのが、この裁判の人類史的な意味であります」（傍点筆者）と述べざるをえなかったのである。つまり、ロレンスが本作で示したかった（と弁護団が考える）真実の愛の精華の姿を翻訳書の形で刊行することは、エログロナンセンスで混迷を極める終戦直後の日本における性愛文化状況に大きな一石を投ずるものであったのであり、それを刑法で罰することは、まさに、狭隘な家族主義的道徳観に閉塞し、人類の進歩の可能性を封じ込め、ヒューマニティの向上線を歪めるものである、と。このように述べて、正木は事の重大さを告発したのであった。

訳者であり被告人であった伊藤整は、この正木の弁護方針を、刑法解釈論を超えて「憲法論で戦うことを宣言した」との印象をもって受け止めた。そして、かかる憲法論の主戦場は、「公共の福祉」論すなわち13条論であった。正木は言う。

> いかにかゝる「健全なる風紀」とか「善良なる風俗」とかいう代ものが、不安定な概念であって、それを基準として人を刑罰に陥れるが如きこそ、「ヒューマニティ」の原則に反する、すなわち「公共の福祉違反」と断定せざるを得ないのであります。[4]

実際、憲法13条はGHQ草案段階では「一切ノ日本人ハ其ノ人類タルコトニ依リ（by virtue of humanity）個人トシテ尊敬セラルヘシ」となっていたのであり、正木の人類史的視点は必ずしも独自の見解というわけではない。新憲法が

---

3) 本稿における正木ひろしの言説の詳細は、駒村・前掲注1）を参照されたい。
4) 家永三郎・佐伯千仭・中野好夫・森長英三郎編『正木ひろし著作集・第1巻』（三省堂、1983年）392頁。

立ち上がったばかりの時期に、正木は、人権制約原理とみられている公共の福祉を人権保護原理として逆照射し、「公共の福祉違反」という逆転の発想で勝負しようとしていたのである。

　他方で、憲法21条を通じて刑法175条に肉薄する回路も開かれていた。戦時下において公然とファシズムを批判する個人誌『近きより』を発行し、同誌の寄稿者であった長谷川如是閑、内田百閒をはじめとする作家や批評家と広い交流をもつ、反骨の言論人でもあった正木が、新生憲法のこの条文に着目しないはずはない。チャタレー事件において弁護士として正木を支えた環昌一も当時を述懐して、同事件が勃発したのが新憲法が施行されて3年あまりの昭和25（1950）年であったため、憲法を使って違憲審査をするということ自体にまだ不慣れであったにもかかわらず、正木が「憲法21条の問題があるのではないかということを、ある段階で言い出されてハッとしたことを憶えています」と述べている。また、チャタレー事件の弁護に対して側面から理論的支援をした団藤重光も、ドイツ刑法論の観点からカール・ビンディングの相対的猥褻概念を積極的に紹介するなかで、やはり表現の自由の論点があることを明確に指摘している[6]。

　が、実際はやや違っていた。チャタレー事件では、弁護の基本方針においても、また大法廷判決の論旨においても、憲法21条論は後景に退いており、人類の普遍道徳の名を借りた人類の進歩の疎外をめぐる議論が前景に押し出されることになった。21条は主戦場ではなかったのである。

2　アメリカ憲法との邂逅——チャタレー事件から『悪徳の栄え』事件へ

(1)　弁護人・大野正男と憲法21条

　しかし、憲法21条を主戦場とする機会はすぐにやってくることになる。それはアメリカからもたらされた。

　1930年台から第2次大戦終結前後までの時代は、アメリカ司法において、イギリス由来のヒックリン・テストが紆余曲折を経て動揺をきたしていた時期で

---

[5]　奥平康弘・環昌一・吉行淳之介『性表現の自由』（有斐閣、1986年）9-10頁。
[6]　駒村・前掲注1）767-771頁。

あった（同テストの内容は後述）。このころ、アメリカ憲法、なかでもその表現の自由論は、新憲法制定直後からアメリカなるものを積極的に摂取しようとした一群の法律家、すなわち河原畯一郎、時國康夫、津田正良などによる紹介を通じてわが国でも徐々に知られるところになっていた。もっとも、それらはチャタレー事件に十分活用されることはなかったのである。

チャタレー事件上告審判決が下された3ヶ月後、昭和32（1957）年6月24日、ある重要判決がアメリカ合衆国最高裁で下される。Roth v. U.S.事件合衆国最高裁判決である。これは、猥褻処罰法の法令審査を行うことによって、合衆国最高裁がはじめて猥褻表現規制に真正面から取り組んだ判決であり、それまでのアメリカ司法の動向を整理する役割を担うものであった。時間的な継起の関係で、チャタレー事件にそれは活用されなかったが、これを活用する機会は時をおかず、すぐにやってきた。昭和35（1960）年4月に発生した、澁澤龍彦の訳になるマルキ・ド・サド『悪徳の栄え』をめぐる刑事事件である。

弁護を引き受けた大野正男は、チャタレー事件のときに団藤＝ビンディングが敷いた相対的猥褻概念の路線に、Roth判決の成果を盛り込もうとした。旧制一高出身で同人誌『世代』に参加した文学青年の顔をもつ大野は、また正木と違ったタイプの表現者として憲法21条にこだわりをみせるのは当然のことであろう[8]。大野は、文芸裁判の先例であるチャタレー事件が主題化した13条論に代えて、同事件が主題化しそこねた21条論を前面に押し出そうとする。

(2) Roth v. U.S.事件合衆国最高裁判決

大野が依拠したRoth判決とはどのような判決であったのか。猥褻物の郵送

---

7) Roth v. U.S., 354 U.S. 476 (1957). なお、Alberts v. California 事件が companion case である。

8) チャタレー事件と『悪徳の栄え』事件には、参加した法律専門家に奇妙な相同性がある。『悪徳の栄え』事件では、弁護団に大野正男、中村稔を配し、理論面での支援を伊藤正己が提供する。チャタレー事件における正木・環昌一・環直哉の役割を大野・中村が果たし、団藤の役割を伊藤が果たす布陣である。さらに、自らが言論活動を行っていた正木、旧制三高出身で文学に通じていた環昌一の役割は、ともに一高出身で同人誌「世代」に参加した文学青年としての顔をもつ大野・中村に代わった。環はのちに最高裁判事となり、大野も同様に最高裁に入る。団藤と伊藤も、それぞれのちに最高裁判事に転ずる。このように各人各様に表現の自由にこだわりをもった法律専門家がこぞって最高裁入りを果たしたことこそ、両事件が憲法21条にもたらした最大の成果（？）といえるかもしれない。

を禁じた連邦法が問題となった本件は、合衆国憲法修正1条（言論の自由）の観点から猥褻物処罰法を真正面から吟味する初の文面審査である。

ウィリアム・ブレナン裁判官の筆になる法廷意見は、大要、次のような理路で本連邦法を合憲と判断した。

まず、第一に、猥褻表現は修正1条の保護範囲から除外される（354 U.S. 476, 484-487. 以下、数字はこの判例集からの引用頁数を表す）。表現の保護を、政治的・社会的変革につながる思想の交流と関連づけて考える傾向はすでに制憲期から濃厚であった。どのような異端思想、論争的思想、敵意に満ちた思想であっても、「それを埋め合わせるいくばくかの社会的重要性（the slightest redeeming social importance）」が認められれば十分な憲法的保護に値するのである。が、表現の自由の伝統は、猥褻物（obscenity）をかかる埋め合わせに値する社会的重要性をもたない表現として修正1条の保護範囲から除外してきた（484）。この理は、先例である1942年の Chaplinsky v. New Hampshire 事件判決[9]で明言されている。それは次のような論旨であった（485）。

> それらを禁止し処罰することがいかなる憲法問題も提起しないと考えられてきたところの、よく画定され狭く限定された一定の言論類型が存在する。それらは、淫らで猥褻な言葉……である。このような発話は、思想表明に必須の部分を成すものではなく、また、真理への到達へ導くような社会的価値をほとんど有しないので、この表現のいかなる派生利益も、秩序や道徳といった社会的利益によって明らかに凌駕されてしまう、ということはよく認識されてきたところである。〔なお、省略記号「……」は原文。Roth 判決は Chaplinsky 判決を引用するにあたって「……」にあたる部分を削除してる〕

これに対して、猥褻物処罰法は、反社会的行為（antisocial conduct）を制限しているものではなく、性に関する不純な考え（impure sexual thoughts）を制限するものであるから、本来は、明白かつ現在の危険（clear and present danger）の法理が適用されるはずだとの主張がある。しかし、前述のように、そもそも保護範囲から除外されるのでこの主張は成立しない[10]（486-487）。

第二に、性表現と猥褻表現は区別される（487-491）。芸術、文学、科学など

---

9) 315 U.S. 568 (1942).
10) Beauharnais v. Illinois, 343 U.S.250, 266 (1952) を引用している。

の作品に性描写があってもそれ自体では憲法上の保護を剥奪される十分な理由にはならない（487）。イギリス判例法理であるヒックリン・テスト（Hicklin test）（猥褻性の判断に当たり、特に感受性の強い人を基準にしてそれを行うテスト）を当初採用してきた下級審判例もあったが、徐々に後退し、次のようなテストがそれに取って代わったといってよい（488-489）。すなわち、「通常人にとって、現代の共同体の基準を適用した場合、当該作品の支配的テーマが全体として淫猥な興味に訴えるものであるか否か（whether to the average person, applying contemporary community standards, the dominant theme of the material taken as a whole appeals to prurient interest）」というテストである（489）。本件第一審裁判官も、陪審員に対し、本件書籍の影響を特定類型の人々ではなく、それが頒布される可能性のある人々全体との関係で測定すること、本件書籍を分割してではなく全体的文脈のなかで評価することを説示していたところである（490）。

　第三に、文面に不明確性が残るとしても、それだけでデュー・プロセス違反にはならない（491-493）。曖昧な法文も、適用において適切な基準を伴えば合憲である。

　以上のような法廷意見に対していくつかの少数意見が付された。まず、アール・ウォレン主席裁判官の結果同意意見であるが、それは大要次のようなものであった（494-496）。

　猥褻物処罰法が、その適用において、芸術、文学、科学の諸作品や論争喚起的な作品を弾圧するために転用されてきたことは歴史の教えるところである（495）。猥褻表現物と文学・科学を区別するには、当該表現物を受領する者に対する効果によって測定されるべきである。「同一の表現物であってもその効果は多種多様であり、それがコミュニティのどの部分に受領されるかに応じて可変的である（the same object may have a different impact, varying according to the part of the community it reached）」ことは明らかであろう（495）。本件で問題とされるべきなのは表現物自体の猥褻性ではなく、被告人の行為である。表現物の性質は表現者の行為に帰するものであり、表現物はその性質を引き出す文脈に置かれることによってそうなるのである（the materials are placed in context

---

11) Regina v. Hicklin, [1869] L.R.3 Q.B.360.

from which they draw color and character）(495)。状況設定が異なれば結論も全く異なってくるのだ。

　さらに、修正 1 条絶対主義（the First Amendment absolutism）に立つウィリアム・ダグラス裁判官の反対意見も付された。それは大要次のようなものであった（508-514）。かつて、女子大生に何に猥褻性を感じるかという調査を行ったところ、圧倒的多数の回答は「男性」であった。性的な思いを喚起するものなど、日常生活の至るところに遍在している。思想に対する望ましからざる影響にとどまるものを、それが不法な行為を構成することが示されてもいないのに、禁圧できると考えるのは修正 1 条を根底から否定するものである（509）。したがって、政府は、発言や思想にではなく、行為に関心をもつべきだ（512-513）。ところが、法廷意見の提示する猥褻概念は、禁止される表現物と、立法府が規制しうる行為の間にいかなる連結素（nexus）も要求していない（513）。

(3) 『悪徳の栄え』事件における大野正男の21条論と訴訟戦略

　大野は、この Roth 判決を使ってチャタレー判決を読み替え、憲法21条論を『悪徳の栄え』に関する刑事裁判において主題化し、おそらくは団藤が切り開いた相対的猥褻概念との合流を果たそうと考えた、と思われる。第13回公判において、大野は、当時東大教授であった伊藤正己を弁護側証人として迎え、Roth 判決を含むアメリカ憲法の動向についてその理論的・実務的可能性を引き出そうとしたが、発言の曖昧な伊藤と対照的に、大野の方が証言をリードし、主客が転倒しているかのような印象すら受ける[12]。証人尋問ではありふれた光景かもしれないが、この時点での大野のアメリカ判例に関する知識は相当のものがあったと推測される。

　大野にとっては、「法律と文学の間の長い間の不和……は、本質的に根本に在る観念の相違に由来する[13]」。法が関心をもつのは「作品の価値」ではなく「人々の保護」である。また、文学は「作品や作者、あるいは読者がもつ個別的な価値ないし価値観」を対象とするが、法は「一般的な民衆の道徳と秩序」を常に考える。このような観点からまさにチャタレー判決は、両者を異次元に

---

12) 現代思潮社編集部編『サド裁判（下）』（現代思潮社、1963年）75-104頁。
13) 大野正男『裁判における判断と思想』（日本評論社、1969年）54-55頁。

置くという処理をしたが、大野はそうではない。なるほど大野は両者をその本質において分けるが[14]、他方で、「法と文学との間における衝突を『次元の相違』として放置することが、果たして法の使命であるかどうか」と問い、両者の「接点」に踏み込むのである[15]。

こうして、大野は、文学や芸術を法から救い出そうと試みることになる。しかも、法に肉薄するかたちでそれを行おうとしている。第一審最終弁論を追ってみよう。

第一に、大野は、法令審査によって法令違憲判決を引き出そうとする道を採用せず、Roth 判決にならって、適用において春本と文学作品を峻別させる方向を取る（現代思潮社編集部編・脚注12）181頁。本文における以下の頁表示は同書から引用）。そのためには、まず「表現」を他の夾雑物から括り出し、憲法21条上の論点を浮上させなければならない。その障害となるのが、チャタレー判決の「性行為非公然性原則」である。大野は、ダグラス反対意見に依拠し、同原則の致命的欠陥を「行為と表現とを同一次元で考える結果、表現のもつ価値を全く無視するに至るところにあ」ると主張する（191頁）。行為と表現の本質的区別こそ本件の「憲法上の問題として考える焦点」（192頁）というのである。

第二に、大野は、猥褻性の認定における芸術的価値の承認を相対的猥褻概念の導入によって実現しようとする。芸術的・思想的価値と猥褻性がそれぞれ別次元に置かれることを説くチャタレー判決は、いわば両者の「両立説」に立脚するものであるが、それによってもたらされた帰結は法的価値の無条件的優位であった（192頁）。が、Roth 判決が性を扱った作品と淫猥な興味に訴える作品を区別し、また、イタリア刑法や英国刑法も春本と区別された文芸作品の芸術的価値に対し法的保護を与える方向を示していた。特にアメリカ合衆国はこの問題を憲法解釈の水準で議論しており、果たして「わが国憲法21条の場合は問題にならない」ということでよいのだろうか（198頁）、この点、我が国にお

---

14) 法と文学をその本質的部分において峻別することをどこまで大野が貫徹するか、あるいはどこまで信じていたかは議論の余地がある。これは法律家と文学青年という両面を生きた大野自身のアイデンティティに関わる問題である。法と文学の峻別を貫こうとする彼とそこに一定の連絡をみようとする彼のアンビバレンスについては、タイトル自体が象徴的な、大野正男・大岡昇平『フィクションとしての裁判──臨床法学講義』（朝日出版社、1979年）とりわけ226頁および終章、参照。
15) 大野・前掲注13) 57頁、58頁。

ける同様の試みとして、団藤が紹介に努めたドイツ刑法における相対的猥褻概念に注目すべきである、と大野は言う（195-199頁）。

猥褻の概念定義を行い、それに当てはまる表現を修正1条の保護からカテゴリカルに排除してきたアメリカ判例の伝統のなかで、Roth 判決が新たな概念定式を提示し、その適用において、猥褻表現から芸術的価値を救い出すための工夫をしていることが念頭にある大野は、我が国でもチャタレー判決的絶対主義を相対化する動向がすでに現れているとする。まず、日本でもアメリカでも、名誉毀損は憲法の保護から類型的に排除される言論とされているが、それが社会的関心事であったり、真実性や論評の公正性の観点から違法性が阻却され、憲法的保護が与えられる場合がある（199頁）。そこでは明らかに「法益の権衡」が考慮されており（200頁）、名誉毀損において実施されている社会的価値の保護が、猥褻表現に限ってなされなくてよいはずはない、と彼は言う。近時、「比較考量」が採用される傾向にあるのは、裁判官も「社会的価値と法的価値を別次元に属するものとしててん然としていたわけでは」ないことを示しており、ポポロ事件控訴審判決が示唆するように[16]、「社会的価値ある行為は、たとえそれが侵害行為を伴う場合であっても、明文の有無にかかわらず保護されている」ことを例証している、と力説する[17]（200-201頁）。

第三に、大野は、作品の価値決定について、Roth 判決の成果を参照しつつ、全体的考察の導入を強く求める[18]。彼は、『悪徳の栄え』が便宜上正続2冊に分けて出版されたにもかかわらず、検察官が続篇のみを起訴の対象とした点をとらえ、本来一体であるはずの身体を真っ二つに切断したものであると非難する。

---

[16] 東京高判昭和31・5・8高刑集9巻5号425頁。
[17] 特定の弊害をもたらすが故に保護範囲から類型的に排除される表現も、一定の社会的価値を伴う場合には、比較衡量を通じた保護が回復される、という定式についてであるが、実は、Roth 判決が引用する Chaplinsky 判決もかかる定式を採用していたと思われる。大野がこの先例のオリジナル・テクストを読んでいれば、そのことに気が付いたはずである。かかる読解を阻害したのは、2(2)で抜き書きしたように、Roth 判決が Chaplinsky 判決のオリジナルから一部割愛したこと（「……」の空白部分）にその原因の一端があると思われるが、詳細は挙げて他の機会に譲りたい。
[18] なお、大野は、Roth 判決の成果のひとつである「平均人」という基準とは距離を置く。この抽象的概念では、性表現に最も感受性の高い人たちをその一部として含む"全体"が問題とされ、結局、ヒックリン・テストと同じような適用がなされるおそれがあるからである（現代思潮社編集部編・前掲注12）206-208頁）。

大野は「上半身のない下半身では、なるほどわいせつでありましょう」と皮肉を述べる（204頁）。しかも、本件は続篇＝下半身のうち14箇所の章句のみを取り出し、それらを性行為に関する「具体的かつ露骨な」表現であるとして起訴したものである。大野は言う（204-205頁）。

> これでは下半身どころではありません。完全にバラバラ事件であります。局部のみを切りとって、これをわいせつだといったのと同じであります。その場合、普通の社会ではわいせつなのは、人体ではなくて局部を切りとった人とされています。

ここで大野は、部分的考察の滑稽さとともに、表現物の猥褻性といわれるものは、実は摘発者自身が作り出すものであることを告発している。全体の評価にかかわらず、部分に猥褻性があれば法的には猥褻であるという思考は、「たとえ法律技術家の耳には入り易いとしても、いかに滑稽であり、馬鹿げているか」と彼は言う。著者・訳者・出版社の意図、テーマ、テーマと描写の関係を考えずに、部分のみを摘発するという滑稽かつ馬鹿げたことが行われるのは、「わいせつ取締の法を社会的作品の抑圧のために用いること」を目論んでいるからなのではないか、と大野は疑う（205頁）。

そして、第四に、大野は、改めて相対的猥褻概念こそが解決策であると強調する。その際、彼が重視するのは「文学は読者を前提としている」というある種の文学本質論である（208-209頁）。

> 芸術を例にとるなら、それは必ず鑑賞者を予定しています。文学は読者を前提としているのであり、作品はそれによって作者と読者をつなぐ手段なのであります。読者との出会いによって作品が成立するといっても、決して過言ではありません。美術館における鑑賞者の出会いと、赤新聞の読者との出会いとは、同一の作品であっても全く効果を別にします。それは公然性という表面的な問題ではなく、およそ文書、図画の有している表現手段としての本質に由来するものであります。

これに続けて、法曹としての顔と文学青年としての顔の両面をもつ、大野自身のアイデンティティに関わる次のような言説を添えている（209頁）。

作品をそれ自体として扱わず、読者を含めて、そのおかれた状況の下で判断しようとする考え方——いわゆる相対的わいせつ概念——は単なる法解釈の技術にすぎないものではなくて、文化現象の真実に深く根ざしているものであります。

　以上のように述べた大野は、Roth判決におけるウォレン結果同意意見はまさにこの相対的猥褻概念を宣明したものであると評価する。このような洋の東西を超えた共時的シンクロは、上に引用したように、大野にとっては、憲法21条の適用上の技術としてではなく、「文化現象の真実」としてもたらされる当然の帰結となる。つまり、文学とはそういうものである以上、相対的に捉える以外にないのである。

　加えて、第五に、大野は、「文化の領域の専門家」について言及する。上に見た相対的猥褻性の判定は裁判官がするとしても、他方で、それと対抗的に衡量される社会的価値——本件の文脈でいえば、芸術的価値——は裁判官には判定困難であり、文化領域に通じた専門家証人に委ねるべきであるとする（211-215頁）。法廷に証人として登壇した錚々たる顔ぶれの現代文学群像を彼はここで再度読み上げるのである。

3　潜在する断層

　大野正男は、憲法21条論を、《猥褻性という害悪》と《芸術性という社会的価値》の対抗的衡量という水準において打ち立てようとした。芸術的価値の判定は文化の専門家の手に委ねつつも、猥褻性の判断は、相対的猥褻概念に拠ることを条件に裁判官に託した大野は、本件作品が置かれた文学的状況を明らかにして、猥褻性判断を相対化させるべく、訳者の澁澤龍彦と出版者の石井恭二が、いかに誠実に本作を訳し、出版し、販促したかを、被告人特別尋問において、かなりしつこく証明しようとしている（103-146頁）。

　しかし、かかる弁護の努力は、おそらく被告人である澁澤・石井というまさに文化の領域に立つ側の人間からはほとんど歓迎されなかったといってよい。サドに託した自分たちの企みを社会的価値のなかに鋳造し直し、法的評価に値する誠実な営為とみなされることをむしろ彼らは峻拒したい心境であったと思

われる。大野と澁澤・石井の間に横たわる思想的断層の整合・不整合については別の機会を考えているので、それに譲る他ないが、ここでは若干の顚末にのみ言及しておきたい。

その短い最終意見陳述において澁澤は、大要、次のような趣旨を述べた（296-298頁）。自分は検察官が本書には反社会的思想が含まれていると指摘したことを喜んでいる。本件起訴の本質は、立派な危険思想を猥褻などという内容空疎なものと同視するという意味で思想弾圧である点にあり、したがって、猥褻処罰は思想弾圧のカクレミノと見なければならない。猥褻などはどこにでもころがっている。また、猥褻よりも危険なものは世の中にいっぱいある。猥褻が原因で革命が起きたためしはない。むしろ、絶望やあくなき論理こそ危険である。「絶望文書頒布罪」があればそれこそサドの作品にぴったりである。が、そのような法律は世界のどこにもない……。

果たして、第一審判決[19]は、結論的には大野に、実質においては澁澤に、軍配を上げるものであった。澁澤・石井両被告を無罪としたこの判決は、確かに刑事弁護人・大野の手柄である。判決は、相対的猥褻概念は傾聴に値すると述べつつも、はっきりとは採用せず、チャタレー判決の性行為非公然性原則や猥褻三要件も維持した。猥褻性と芸術的・思想的価値との比較衡量論も退けられた。法解釈上、判決が受容したのは「全体的考察」にとどまる。とはいえ、それはそれでひとつの成果ではある。

しかし、無罪判決に決定的な意味をもったのは、同判決が本件作品を「思想小説」とおいた点である。判決は、本書から過度の性的興奮を覚える読者が存在することは否定できないが、かかる極端な例は標準となりえず、普通人を基準に考えると、彼らは「本件訳書の持つ残虐醜悪な雰囲気に圧倒され、過度な性的刺戟を受けることは殆んどないと認められる」のであって、この点で、本件訳書は、猥褻文書たる要件を欠く、と判断した[20]。その上で、東京地裁は次のように付け加えた。

---

19) 東京地判昭和37・10・16高刑集16巻8号635頁。
20) 「徒らに性欲を興奮又は刺戟せしめ、且つ普通人の正常な性的羞恥心を害し、善良な性的道義観念に反するもの」というチャタレー判決の猥褻三要件のうち、後二者の要件は充足するが、冒頭の要件には欠けるとした。

残酷醜悪な情景を描き、それが社会風教上いかに好ましくないものであるにせよ、これを理由として処罰する根拠は現行法上全く存しないのである。

　これは、最終意見陳述における澁澤の主張と軌を一にするものである。サドの作品を思想の産物とみる点においても、「絶望文書頒布罪」の不在を指摘する点においても。実際、判決後のコメントで、澁澤は、最終意見陳述における自分のモチーフが第一審判決には巧みに取り込まれたと述べている（367頁）。
　刑事被告人としての澁澤・石井を弁護した大野はひとまずその職責を果たしたといっていい。しかし、文学に直接携わる者としての澁澤・石井の弁護には成功したのであろうか。そもそも文学を弁護するとはいかなる営為なのか。大野が力説した「文化現象の真実」は、被告人を弁護する法実務家としての自己と、文学そのものを弁護する文学青年としての自己の間をつなぎとめるために、裁判官に放った一矢、つまり、法に向けて放った文学からの乾坤一擲である。が、果たしてそれは当の文学の側に受け入れられたのであろうか。
　いずれにしても、多くの思想的断層が潜在していることを警告しながら、『悪徳の栄え』事件は終結した。本件上告審判決を含め、その後の最高裁判例の動向は、チャタレー判決の基本的法理論を変更しないまま、大野が「文化現象の真実」と対置した「法解釈の技術」を何食わぬ顔をして滑り込ませ、事案をクールにさばいているように思われる。憲法21条の技術の発達によって、いつの間にか文壇総動員的な文学裁判は消えていくのである。

（こまむら・けいご　慶應義塾大学教授）

第 16 章

聖獣物語

―― 中性国家のわいせつ性に関する憲法哲学的断章

金井光生

――なにせ、半分が人で、半分が獣という、半分だらけのお話でございますから。[1]

1 「おぉ、汝、知性を持つ動物よ、我に触れるな！」
（「ノリ・メ・タンゲレ」全詩集416）[2]

「人の皆行うことで人の皆言わないことがある」。[3] vita sexualis の表明に関して、人間の性的生に関して、なぜ国家は「被害者なき犯罪」をも取締り管理しようと欲求するのか？　日本国憲法公布・施行70周年を迎えた今、60年前にD.H.ロレンス（伊藤整訳）『チャタレイ夫人の恋人（上下巻）』（小山書店、1950年）をわいせつ物と断じた1957年最高裁大法廷判決を、「最重要なる実験用の星の光り」[4]の導きとして読み直すことで、エロスと人間をめぐる〈国家と法の主要問題〉の一端について、憲法哲学的に解明し思索してみたい。[5]

＊　引用・出典に関し、強調の省略、字体や仮名遣いの変更、改訳等を行ったものもある。紙幅の都合上、判決テキストの引用、参照文献および文献注は、最小限に留めざるをえなかった。
1）　野田秀樹『野獣降臨（のけものきたりて）』（新潮文庫、1985年）80頁。
2）　D.H.ロレンス（青木晴男ほか編訳）『D・H・ロレンス全詩集（完全版）』（彩流社、2011年）416頁。以下、本書からの引用は、（「タイトル」全詩集・頁数）で示す。倉持三郎『D・H・ロレンスの作品と時代背景』（彩流社、2005年）は大変有益。
3）　森鷗外『ヰタ・セクスアリス』（新潮文庫、1949年）128頁。
4）　「現日本において、旧憲法的な考え方が支配するか、新憲法の精神が支配するかを決定する最重要なる実験用の星の光りだった」（伊藤整『裁判（下）』（晶文社、1997年）58頁）。

2 「僕の受けた教育の声が言うのだ／この蛇を殺さねばならぬ、と」(「蛇」全詩集323)

(1) 「文学裁判」を超えて constitutional faith に関わる「文化裁判」とも呼ぶべきチャタレー最大判は、言葉のリアリティを承認しつつ、起訴状同様に人間性と獣性の区別を強調して、動物とは異なる「人間性に由来するところの羞恥感情の当然の発露」である「性行為の非公然性」原則を中核とする性秩序を維持するという「最少限度の道徳」(1004-5頁)を法に取り込み実現することは公共の福祉に適うものだと判示する——獣性！

本判決を主導したと思しきネオ・トミスト田中耕太郎裁判長は旧来、国家を「神の国」の理想の下で「道徳秩序の維持者として精神生活、霊の世界にも貢献する」ものと見、「法なければ人間は更に禽獣の方向に堕落して行くであろう」と主張し、秩序を乱す芸術作品の刑法的規制を当然視していた。1946年には、「禁欲生活の目的は動物的本能の克服にある」として人間に万物の霊長を

---

5) したがって本稿は、チャタレイ判決の法学的な分析であり且つない。法律学的な分析については、奥平康弘『表現の自由Ⅱ』(有斐閣、1983年)や同ほか『性表現の自由』(有斐閣、1986年)をはじめとする先学の諸業績に付け加えることは特にない。

参照した文献は枚挙に遑がない。ここでは本稿全体に関して、赤川学『性への自由／性からの自由』(青弓社、1996年)、駒村圭吾「ロレンスからサドへ」および中島徹「古典的自由主義の憲法哲学と風俗規制」松井茂記ほか編『自由の法理　阪本昌成先生古稀記念』(成文堂、2015年)、駒村圭吾「法解釈の技術」と『文化現象の真実』」法律時報88巻10号(2016年)〈本書第15章〉、園田寿ほか『エロスと「わいせつ」のあいだ』(朝日新書、2016年)、J.デリダ(西山雄二ほか訳)『獣と主権者Ⅰ・Ⅱ』(白水社、2014-6年)、G.バタイユ(酒井健訳)『エロティシズム』(ちくま学芸文庫、2004年)、林田清明『《法と文学》の法理論』(北海道大学出版会、2015年)、M.フーコー(渡辺守章ほか訳)『性の歴史(全3巻)』(新潮社、1986-7年)、渡辺治『日本国憲法「改正」史』(日本評論社、1987年)を挙げるに留める。特に、石川健治「〈非政治〉と情念」思想1033号(2010年)および拙稿「憲法哲学の幻想曲(ファンタジア)『太陽の女(たいようのひと)』」福島大学行政社会論集29巻4号(2017年)も参照。

6) 最大判昭和32・3・13刑集11巻3号997頁(以下、「本判決」と略記し、引用は単に頁数のみを示す)。一審判決(東京地判昭和27・1・18高刑集5巻13号2524頁)については、被告人自身の手になる伊藤整『裁判(上下巻)』(晶文社、1997年)および小山久二郎『ひとつの時代』(六興出版、1982年)のほか、小澤武二編『チャタレイ夫人の恋人に関する公判ノート(全6巻)』(河出書房、1951-2年)に詳しい。北崎契縁『チャタレイ夫人の恋人』起訴前後の状況について」相愛大学研究論集11巻(1995年)、宮川園望「伊藤整とD・H・ロレンス」富大比較文学1集(2008年)も参照。同種のチャタレイ裁判は英米両国でも行われたが、1960年までには無罪が確定した(倉持三郎『「チャタレー夫人の恋人」裁判』(彩流社、2007年)参照)。

見る。かの天使的博士が糾弾する、神への冒涜たる「淫蕩（luxuria）」、なかんずく自慰等の「自然本性に反する悪徳（vitium contra naturam）」という野獣行為へと社会を堕落させる表現は、自由保障に値しないということか。

　しかし「最少限度の（性）道徳」の内実は説明責任なき「自然の理性の光（lumen rationis naturalis）」の独断的形而上学にすぎず、現に『神学大全』や古代日本の「国津罪」が大罪とした近親相姦罪も獣姦罪も、現行日本法上は不問である。バタイユに従えば、古来、人間は労働と死（者）へのタブーと相関して、インセスト・タブーを中心に性的禁忌という自己制限により自然と肉的起源を否定することで、自己と動物とを境界づけてきたというのに。しかし否定は抹殺ではない。エロティシズムは、brute な生殖本能（獣性）を所与としつつ超越する人間に固有の現象であり、宗教的聖と同根のエロス領域に由来する、非連続的個体の連続性へのノスタルジーにおける「聖なる動物性」への回帰である。「ポルノグラフィ的想像力」の産物も、羞恥感情と同様、獣性と人間性のエロス的弁証法の thoughtful なポイエシスの歴史的果実である。

　(2)　人間的な「エロス」は、精神／肉体、理性／感性、合理／非合理、作為／自然等々――つまるところ、人 vs. 獣という――人為的な二分化以前の世界

7）　一審担当検察官による弁明として、中込阶尚「『チャタレイ夫人の恋人』裁判事件」平出禾編『風俗犯罪』（春秋社、1955年）。本判決言渡しの少し前に行われた、中込弁護士（当時）と正木昊弁護士との対談は、一読の価値がある（「"チャタレイ"以来――当時の検事と弁護人との顔合わせ」日本読書新聞1957年2月25日5面）。

8）　田中裁判官については、尾形健「不撓の自然法論者」渡辺康行ほか編『憲法学からみた最高裁判所裁判官』（日本評論社、2017年）など参照。

9）　無教会主義からカトリックへの宗旨替え後の田中耕太郎『法と宗教と社会生活』（改造社、1927年）188頁、57頁、99-103頁や田中『新憲法と文化』（国立書院、1948年）113頁。「自覚的には世界の本質すなわち真理が秩序であることを信ずる」田中は、「芸術がグロテスクであることは承認できなかった」（半澤孝麿『近代日本のカトリシズム』（みすず書房、1993年）132頁）。なお、l'art pour l'art と文化的自律に関連して、石川健治「文化・制度・自律」法学教室330号（2008年）。

10）　「人間は本来動物的欲望に支配せられることに就て羞恥を感ずる。……而して人間が若し公然に無反省無制限に此等の本能に身を委ぬる場合には自己を動物の列に伍するものとして羞恥の念を懐く。禁欲生活の目的は動物的本能の克服にある。此の羞恥心に万物の霊長と称せらるる所の、人間の動物に対する特徴が見出されるのである」（田中『教育と政治』（好学社、1946年）22-3頁）。

11）　Th.アクィナス（大鹿一正ほか訳）『神学大全22巻』（創文社、1991年）151-154問題。あるいは、国家的性秩序とは別の秩序への契りという意味で、「霊的な姦淫（spiritualis fornicatio）」（同書5頁）か？　金塚貞文『オナニスムの秩序』（みすず書房、1982年）も参照。ロレンスも自慰を相互性なき自閉的なものとして批判していた。

感応的な審級である無意識的領域である[16]。

　このエロス的人間の根源的な応答可能性に基づく関係性こそが、個人を生起させ、社会的または政治的な対話の共同体を遂行させる。それは理性的なコミュニケーション体系それ自体を可能にする生のエネルギーの前－交流であって、広義の「インターコース」（交通）である。「われわれの個性そのものでさえ、関係のうちに存している」（「われわれは互いに必要なのだ」不死鳥上266）[17]。他者関係的な「非社交的社交性」（カント）は、獣性と人間性を止揚した人間本性に内在する不可欠のモメントである。このモメントに照応して、「人間相互の関係を支配する崇高な理想を深く自覚する」（前文）、全世界の国民の平和的生存権理念に規整された1946年日本国憲法も、Recht 理念の普遍的妥当性の生命を得ている。

---

12)　田中『象牙の塔から』（春秋社、1962年）所収の特に冒頭の3論文および田中『法律学概論』（学生社、1953年）57頁、136-8頁を参照。また、和辻哲郎らとの座談会「自由を検討する」心10巻7号（1957年）は興味深い。
13)　バタイユ（湯浅博雄ほか訳）『エロティシズムの歴史』（ちくま学芸文庫、2011年）。
14)　S.ソンタグ（川口喬一訳）「ポルノグラフィ的想像力」『ラディカルな意志のスタイル』（晶文社、1974年）。
15)　Vgl. Rudolf Jhering, Der Zweck Im Recht 2Bd. (1923) S.365.日本的特殊性につき、小田亮『性（一語の辞典）』（三省堂、1996年）、百川敬仁『日本のエロティシズム』（ちくま新書、2000年）。
16)　「エロス」は、プラトンのエロスが愛知を含んでいたように、セクシュアルなものに限定されない（後出の「インターコース」も同様）。本稿では、竹田青嗣『エロスの世界像』（講談社学術文庫、1997年）などに示唆されて、「合理性（rationality）／非合理性（irrationality）の分化以前の生そのものに根ざす、世界を他者との関係性において共同幻想を通じて志向的に解釈しようとする無意識的欲望」と一応定義しておく。それは、カント流の感性と悟性の共通の根かもしれない「構想力（Einbildungskraft）」のポテンシャルにも、パース流のプラグマティズムが「具体的理性性（concrete reasonableness）」（CP.5.3.）に向けた自己統制的な推論という高度の本能を理性と捉えたことにも、通じる。拙稿「救いと幻想、または信念。」法学セミナー743号（2016年）も参照。法的世界においては、Recht 理念という「共同幻想」（吉本隆明）を――たとえそれが fictional かもしれないとしても functional に real な「Can't Helps」（ホームズ裁判官）として――心身にハビトゥス化した「要請（Postulat）」（カント）としてまずは探究せざるをえない。

3 「人間が万有からこれほど切り離されてしまう以前は、人間は他の万有と共にパンであった」
（「アメリカのパン神」不死鳥上54）

(1) 神話上、蛇により禁断の知恵の果実にそそられて局部を隠蔽して以来、人間本性から性器むき出しの野獣は「のけもの」として追放されなければならなくなった。とはいえ、記紀の神武天皇の出自にせよ、パスカル『パンセ』358断章にせよ、これらの象徴的意味が示唆するのは、「人間」とは人と人との間柄であるのみならず、人と異類との間柄、自己の聖性のために異類に訴えざるをえない生の中間者である、ということでもある。[18]

(2) 「ポリス的動物（zōon politikon）」（アリストテレス）という、人間的なるものと動物的なるものとのキメラとしての人間は、政的生（bios）と性的生（zōē）の絡み合いのなかで、imagination に基づく自己統制の複雑系において野獣と区別されるにすぎない（C.S.パース CP.5.533.）。人間と動物の区別は理性によるよりも、エロスに駆動される根源的な構想力による。それが天使にも獣にもなりきれない人間存在の中間性の所以であり、人間とはいわば潜在的に半神半獣である。この内的中間性は、古代ギリシアではダイモーン（それに由来する demon）として表象された。その筆頭こそ、神々と人間とのインターコースを司り、肉欲美から精神美へと段階的に昇華させる媒介的中間者として人間をそそるエロスである（プラトン『饗宴』202D-203A、210A-212C）。環境形成的且つ自己形成的なポイエシス的な行為的自己たる人間にとって、イデアの希

---

17) ロレンス（吉村宏一ほか訳）『不死鳥（上）』（山口書店、1984年）266頁。以下、『不死鳥（全3巻）』（1984-92年）からの引用は、（「タイトル」不死鳥・巻頁数）で示す。W.ジェイムズや S.フロイトから影響を受けたロレンスも、「親の核が融合する瞬間にひとつひとつの個の有機体内に目覚めるあの能動的な自発性」である無意識が自己展開的な複数の段階を経て、宇宙との引力－斥力関係のうちに他者志向的個人性を形成していくと言う（ロレンス（小川和夫訳）『精神分析と無意識・無意識の幻想』（南雲堂、1987年）69頁ほか）。

18) 「『動物のやうに』というのは『生命の根源的な衝動から』という意味です。つまり、ロレンスにおいては、人間と、人間以外の動物との間に位階勲等の差は、根本的にはないのです」（福田恆存「ロレンスⅢ」『福田恆存全集 2』（文藝春秋、1987年）75頁）。同時に、人間だけが「非人間的」たりうる。ホッブズ的〈狼〉！

求としてのこの形象生成のエロスは共通感覚に関わる構想力の駆動者であり、言い換えれば、獣性を内在させつつ動物を超える「聖なる獣」としての人間のエロスは「ロゴスへの無限の愛」に関わる。[19]

それゆえに、zōon politikon は「ロゴスを持つ動物（zōon logon echon）」であり、animal rationale（理性的動物）とラテン語訳されたのであった。だが、その真意を、「世界と現存在自身とを暴露するという仕方で存在する」という「語る存在者」（ハイデガー『存在と時間』34節）にあるとするならば、人間とはまずもって、デモーニッシュな「暴露するエロス」に駆動された対話的インターコースを通じて世界を非隠蔽性（alētheia）として生成的に開示する現存在である。[20] そして、ダイモーンが言葉を響かせるペルソナを通して、対話的な共同存在たる人間は、animal rationale に代えて、感性と理性の推論的媒介たるシンボルを非合理性と合理性の絡み合いのなかで操る「シンボル的動物（animal symbolicum）」（カッシーラー）として、記号的連続性の非隠蔽性のうちに応答的複数性へと開かれる。人間の半神半獣性は、その中間性たるエロスのポテンシャル、自由意志による「カメレオン」性においてこそ、人間固有の尊厳をもつ。[21] このような「対話的エロス（der dialogische Eros）」（M. ブーバー）による媒介的な関係性において「個人の尊重」の無限の基体は生成する。

(3)　「人間は生き生きと快活であるべきです。あの偉大なるパンの神のごとくであるべきです」（『完訳チャタレイ』558）。[22] ギリシアの神々中唯一死んだとされる半神半獣のパンは、エロス同様、神というより偉大なダイモーン性をもつ。サテュロス的アェロス性を特長とするこの性的リバルタンは、pan（汎）と panic の語源として、まさに世界遍在性（秩序）と世界偶然性（侵犯）とい

---

19) 南原繁『国家と宗教』（岩波文庫、2014年）58頁。三木清『構想力の論理（三木清全集8）』（岩波書店、1967年）74-81頁、同『哲学ノート』（中公文庫、2010年）95-6頁のほか、細谷昌志『根源的構想力の論理』（創文社、2010年）も参照。

20) L.クラーゲス（田島正行訳）『宇宙生成的エロース』（うぷすな書院、2000年）も参照。ロレンスは、妻フリーダとその元愛人のフロイト派精神分析医O.グロースを介して、生の哲学者クラーゲスやかの詩人S.ゲオルゲらが主力メンバーであったミュンヘンの「宇宙論サークル」の思想に接していたといわれる（倉持・前掲注2）ほか）。

21) G.P.d.ミランドラ（大出哲ほか訳）『人間の尊厳について』（国文社、1985年）18頁。

22) ロレンス（伊藤整訳・伊藤礼補訳）『完訳チャタレイ夫人の恋人』（新潮文庫、1996年）558頁。以下、本書からの引用は、（『完訳チャタレイ』・頁数）で示す。

う矛盾的自己同一性として世界形成的主権者であった。だが、イエスの在世に「大いなる神パンは死せり」と響いて此の方、キリスト教、特にプロテスタンティズムは、獣を支配する imago Dei としての人間観に基づくその厳格な一神教倫理によって、パン的な世界の複数性におけるインターコースの多元性を抑圧した。

このことに対する異議申立てとして、ロレンスは、所詮は新興ブルジョア支配層の自己正統化と自己保全のためにすぎない隠蔽的な（「ピアノの脚まで布で覆い隠す」ほどの）秘密主義というヴィクトリアニズムの「生－権力（bio-pouvoir）」（フーコー）による言説的管理の欺瞞性と偽善性を暴露し、キリスト教的な国家神話の「健全の性」以前の古代異教的な対抗ナラティヴズの「性の健全」[23]を、「関係の生身の結び合いの論理、コスモスの理法」[24]を、人間の手に取り戻すことを、語り続けたのではなかったか。「ポルノグラフィが問題となるのは、そこに秘密主義が含まれているからだとわたしには思われるのである」（「ポルノグラフィと猥褻」不死鳥上248頁）。

(4) 本判決が本作品のこの本質を的確に理解した上で（1002頁）、作品の世界観それ自体は法規制の対象とはならないと判示したのは正当である。しかし、その寛大さも、「超ゆべからざる限界」（1007頁）としての性行為非公然性原則に収まる限りであり、「これを偽善として排斥することは、人間性に反する」（1004頁）とまで言う。普遍且つ不変の自然法と秩序の支配を疑わぬ田中耕太郎からすれば、憲法の変革に拘らず、田中コートの特色ともいうべきこの直観的に自明な超法規的原則の措定それ自体を問いに付すことはタブーである[25]。こ

---

23) 重要な文献として、J.L.モッセ（佐藤卓己ほか訳）『ナショナリズムとセクシュアリティ』（柏書房、1996年）。行き着く先は、優生学的な「健康帝国」（R.N.プロクター（宮崎尊訳）『健康帝国ナチス』（草思社文庫、2015年））か？

24) F & G.ドゥルーズ（鈴木雅大訳）『情動の思考』（朝日出版社、1986年）54頁。ロレンス（福田恒存訳）『黙示録論』（ちくま学芸文庫、2004年）は必読。

25) たとえば、「人倫の大本、人類普遍の道徳原理、自然法」としての家族道徳（最大判昭和25・10・11刑集4巻10号2037頁）や、「国家固有の権能」としての自衛権（最大判昭和34・12・16刑集13巻13号3225頁）。GHQやアメリカの超法規的な暗躍も見逃せない（田口堅一「『チャタレイ裁判』について」北海道工業大学研究紀要12号（1984年）、長岡徹ほか「レッド・パージ裁判における『解釈指示』をめぐって」法律時報83巻12号（2011年）、布川玲子ほか編著『砂川事件と田中最高裁長官』（日本評論社、2013年）など）。

の秘め事性、不可侵の隠蔽性、Noli me tangere。

　この秘密主義の神秘のヴェールは、国家の聖性（わけても象徴的な聖家族）に市民の性性を馴致させる。公権力の欲求は国民の理性にではなく獣性に働きかけて国家という家に domesticate しようとし且つ国家自身の legitimacy（正統性＝嫡出子性）を担保するために、特定の national sexuality（「善良な性的道義観念」（1003頁））を社会通念を口実に規範的に強制して、市民自身の多元的インターコースを管理し制御しようとする。挙句、性獣を管理するリヴァイアサンの道義的な牙は、「治者と被治者の自同性」とばかりにズレなき性同一性障害の抹殺の果てに、「獣の道に死ねよとは」（与謝野晶子「君死にたまふことなかれ」）とサディスティックに追い立てる。[26]

　このような人間の半神半獣性の調教という外見的中性国家の本性のわいせつさを暴露して広範に読者公衆一般に散種するがゆえに、比較的に時空限定的な公然わいせつ（刑法174条）よりも一層、わいせつ表現は（国家情報の秘密化や公権的シンボリズムの強制と軌を一にして）short cut 的に規制し厳罰化されるべし（刑法175条）、とする欲求が公権力に働く。それは人間の構想力と自己統制を強姦することにより、記号解釈過程を切断して、既存の国家体制を表向きは中性的に維持し正統化しようとする国家自身の超法規的－非立憲的な（「国家固有の自衛権」の主張の類と同根の）エロス的自己保存欲求である。

　確かに、性性が国家秩序の聖性転覆と同質の政性を有しうるものとみなされていることは、明治憲法下の旧出版法27条（昭和9年改正）および旧新聞紙法41条が共に「安寧秩序」と「風俗」とを並べて処罰を規定していることからも判る。わいせつ表現は既存体制秩序の Geschlecht を侵犯し撹乱する以上に、「王様は裸だ」と告発し王の身体を姦淫して、公定秩序の起源を丸裸にし国家の虚構性を犯しうる大逆ゆえに体制から畏怖される――ケガレとして。

　だから国家からすれば、単一の国家神話に回収不能なエロティシズムの多声は乱交として断乎去勢されなければならない。国家のファロス的秩序そのもの

---

[26]　超え難い距離との自己同一化欲望としてのわいせつ（江藤淳『江藤淳著作集続3』（講談社、1973年）125頁）。日本国憲法体制の発足に伴う1947年刑法改正についての当時の一解説書は、公然わいせつやわいせつ物頒布等の犯罪化を当然視した上で、その正当化事由として、新憲法25条の趣意から「やがて完全な民主主義社会が肉体的にも精神的にも健全な社会でなければならぬこと」を読み取っている（中野次雄『逐条改正刑法の研究』（良書普及会、1948年）132頁、136-8頁）。

のインターコース的超克など、右翼的な宇宙生命主義にせよ、左翼的な性革命にせよ、立法を所与とする「臨床医的役割」（1007頁）を演じるべき田中コートからは許されないことであったろう。当該表現に係る「明白かつ現在の危険」問題も、「囚われの聴衆」問題も、女性の「モノ化」問題も、「萎縮効果」問題も、端から関心外なのである。重要なのは、超法規的な性行為非公然性原則（から「美観風致」に至るまで？）のごとき独断的な「神話的暴力」（ベンヤミン）の公共の福祉的措定である。

　(5)　ロレンスが国家公定の「健全の性」神話に抵抗して太陽のごとき「性の健全」と自然照応的な「結婚」制度を称揚したのは（「『チャタレイ卿夫人の恋人』について」不死鳥Ⅱ565）、こうした必然的秩序という自慰－自閉的な国家の隠蔽性を、偶然的生成というインターコース－共感的な市民の暴露性で照明し開放しようとする「思想の自由市場」におけるカーニバル的な実験、パンの復活の祝祭であったとはいえまいか。それは、既成の価値観が崩壊した戦争後のアノミー世界における「性による救ひ」、国家という「共同幻想」に逆立する

---

27) 鈴木貞美『生命観の探究』（作品社、2007年）、L.ハント編著（正岡和恵ほか訳）『ポルノグラフィの発明』（ありな書房、2002年）参照。あるいは、「神秘的半獣主義」（岩野泡鳴）か？。
28) 本稿では、性差別的ポルノや児童ポルノの法的問題等については扱えない。ちなみに、M.ヌスバウムは、ロレンス作品におけるパートナー相互の「モノ化」は、人格の許されない有害な手段化とは異なる健全なものと評価する（Martha C. Nussbaum, *Objectification*, in Sex And Social Justice (1999) especially at 230.)。
29) 性表現による読者の性犯罪的暴発ではなく、反対に性的萎縮（性的インターコースからの退却）という別種の「動物化」（A.コジェーヴ）の問題があるかもしれない。だが、日本国憲法24条が「個人の尊厳と両性の本質的平等」に立脚して性愛を生殖から解放したとき、何であれ、閉鎖的な家の延長線上としての国家のlegitimacy神話の隠蔽的な公定それ自体を廃棄したはずである。さらに、同条が「異性間の」ではなくあえて「両性の」合意のみによる婚姻と規定したことも相俟って、もともと夫婦を男女間のみに限定していないといえる。個人の人格的自律性に基づく「婚姻の本性とは、永続的な絆を通して、2人の人格が一緒に、表現・親密・霊性といった自由を見出すことができることである。このことは、性的指向に拘らず、万人に当てはまる」（Obergefell et al. v. Hodges et al., 135 S. Ct. 2584, 2589 (2015).)。無論、独身者を含めて、法的婚姻関係に入らないという関係の権利も尊重される。
30) サド侯爵との異同は沈思に値する（浅井雅志「猥褻・過剰・エロティシズム」松山大学言語文化研究32巻1-2号（2012年）、林學『サドと政治』（世界書院、1987年）を参照）。啓蒙の双生児としてのカントとサドの共通性について、M.ホルクハイマーほか（徳永恂訳）「ジュリエットあるいは啓蒙と道徳」『啓蒙の弁証法』（岩波文庫、2007年）、J.ラカン「カントとサド」（佐々木孝次ほか訳）『エクリⅢ』（弘文堂、1981年）参照。

性愛という「対幻想」の可能性（吉本隆明）への賭けでもある。

かくして、「ポリス的動物」という合成語の通り、政性と性性は、対立型「政治的人間」と同化型「性的人間」との相剋として主体化している（女性の排除という犠牲の下で）。インターコース的な半神半獣たるわれわれは、おそらく、カントと共に官能的に言うべきだろう、「理性の要求（とりわけ法的観点での）にかなったStaatsverfassungを考察するのは、やはり甘美な(süß)ことである[34]」、と。

4　「われわれは、自分一人だけの孤立した個人であると同時に、連帯する大いなる人類の一員とも成りうるのだ」
（「愛」不死鳥上219）

(1)　インターコース的な対幻想合一は、自他不二的な融解的一体化や同化による他者や世界の抹殺ではありえない。むしろ対幻想を通じて、制度やエゴから解放された真の個人が覚醒する。ロレンスによれば、真のデモクラシーも、個人のデモス（demos）以前のダイモーン（demon）の解放による、「星のような」独自の内発的自発的存在の全一的な自己実現を目的とする（「Demon Justice」、「Be a Demon」全詩集496、497）[35]。

無限の個性はどこまでもズレつつ且つ奇跡的な一致をエロス－共感的に世界

---

31)　ロレンスにあっては、小説の意義も他者への開かれと共感にある（『完訳チャタレイ』182）。O. W. ホームズ裁判官流の「思想の自由市場」については、拙著『裁判官ホームズとプラグマティズム』（風行社、2006年）および拙稿「表現空間の設計構想（アメリカ）」駒村圭吾ほか編著『表現の自由Ｉ』（尚学社、2011年）を、また、カーニバル性については、ポリフォニー論と共に、M. バフチン（望月哲男ほか訳）『ドストエフスキーの詩学』（ちくま学芸文庫、1995年）を参照。

32)　小林秀雄「好色文学」『新訂小林秀雄全集 8 』（新潮社、1978年）327頁。

33)　大江健三郎「われらの性の世界」『厳粛な綱渡り』（講談社文芸文庫、1991年）。大江からすれば、ロレンスはなおモラリストすぎるという（同書第 4 部）。小野紀明「性的人間と政治的人間」溝部英章ほか『近代日本の意味を問う』（木鐸社、1992年）も参照。

34)　カント（角忍ほか訳）『諸学部の争い（カント全集18巻）』（岩波書店、2002年）125頁。

35)　「人々が溶けて一つになることはない。そういうのは新しいデモクラシーではない。そうではなくて、一人一人がはっきりと識別できて取り替えの利かないものになり、星のような無比の自己同一性へと放たれる」（「デモクラシー」不死鳥下462）。大熊昭信『Ｄ・Ｈ・ロレンスの文学人類学的考察』（風間書房、2009年）は重要。

生起させるのであり、婚姻という深い結合においても「2人はそれ以前に比べてより大いなるものとなる[36]」が、一者に溶解するのではない。まして、「最高度の倫理性としての国家への人民の同化」など原理的に不能であって、性であれ何であれ、真理という知の権力は国家権力の独占物ではなく、国家権力の全知全能性の否定という前提の下に立憲主義は要請されている。「汝自身を知れ」（「人間の研究」不死鳥下476）のごとくに、性のディスコースも「寛大で暖かいリアルな共感の流れ」（「怯懦の状況」不死鳥Ⅱ690）として本来的に市民の手にある。エロスは制度的な支配－被支配関係の権力性への批判原理である。[38]

(2) 真のインターコースとは非権力的ダイアローグであって、間主観－身体的コミュニケーションである。それは、田中コート流の一方的な自慰的モノローグではなく、市民社会の多声の往復である。この点、正木昊主任弁護人流の「ヒューマニティ」[39]と田中長官流の「ヒューマニズム」[40]との間で、プラグマティスト真野毅裁判官[41]の意見がわいせつ性判断にあたり提示した「主観的客観性」（1019頁）という一見奇妙なコンセプトは興味深い。

多数意見は、個々人の認識に還元されない良識的な「社会通念の規範」（1007頁）に従い「純客観的」（1009頁）にわいせつ性を判断すべきという概念実在論に立脚し、性行為非公然性原則と同様、「見れば分かる（I know it when I see it）」[42]式の非インターコース的自明性に依る。これは却って、司法権の独立の下での社会の「雑音」からの自閉という象牙の塔の「純主観的」[43]な独断論的

---

36) Obergefell, *supra* note 29 at 2608.
37) エクスタシーは徹底的にパトス共有的（sympathetisch）であり、「両極を廃棄することなく、両極を結びつける」（クラーゲス・前掲注20）75頁）。拙稿「憲法哲学の夜想曲『正義の女』」福島大学行政社会論集23巻3号（2011年）も参照。
38) 田中雅一『癒しとイヤラシ』（筑摩書房、2010年）参照。
39) 家永三郎ほか編『正木ひろし著作集1』（三省堂、1983年）242-3頁、430-1頁。
40) たとえば、田中・前掲注10）149頁、裁判所時報198号（1956年）1頁など。石田雄「内容分析による田中耕太郎最高裁長官の観念構造の究明」東京大学社会科学研究22巻1号（1970年）、小島慎司「日本における制度法学の受容」岡田信弘ほか編『憲法の基底と憲法論　高見勝利先生古稀記念』（信山社、2015年）は有益。
41) 真野裁判官については、尾形健「法のエートスの探求者」渡辺ほか編・前掲注8）など参照。真野「法律は経験である――ホームズ判事を思う」判例タイムズ旧4輯（1948年）39頁および真野少数意見（最大判昭和24・5・18刑集3巻6号796頁、814頁以下）も参照。
42) Jacobellis v. Ohio, 378 U.S. 184, 197 (1964) (Stewart, J., concurring).奥平康弘「『見れば、わかる』という言い方をめぐって」『憲法の想像力』（日本評論社、2003年）も参照。

直観主義に逆接続しうる。

　他方、真野の「主観的客観性」は、裁判官の有限性と可謬性を前提にその主観的判断を仮説として、裁判所外の思想の自由市場の可能的な間主観的コミュニケーションに訊ねようと、いわば、インターコース－共感的に外部へと開く契機を内包している。

　これは、「他のあらゆるひとの立場に自分を置き換えることによって」行われる趣味判断に、すなわち、構想力と悟性との自由な戯れによる「反省的判断力」として、理性／感性以前の可能的な万人の共通感覚（sensus communis）を理念とする普遍的伝達可能性に鑑みて「主観的普遍（妥当）性」を判定する政治哲学的な美的判断力（カント『判断力批判』40節）に、近づいているのではないか。そこには、必然的な「規定的判断力」型の多数意見の概念実在論に歩み寄りつつも、できる限り市井の偶然的な多声を斟酌するなかで普遍化可能なわいせつ性判断を蓋然的に見出そうとする、社交性に開かれた第三のユマニスム（渡辺一夫的？）思想がある。それは、唯一神的な天皇主権の旧憲法下で屠られたはずのパンの呼びかけに、無気味なものの余剰に、国民主権の新憲法下で新たに寛容に応答しようとする「裁判官の良心」の声である。

　(3)　奥平康弘は、わいせつ文書の取締りについて、「表現行為というものを発信者と受信者の双方向的なコミュニケーションとして、……社会過程の一環

---

43)　裁判所時報149号（1954年）、184号（1955年）各1頁。田中『私の履歴書』（春秋社、1961年）148頁以下も参照。対して真野は、「逆に批判の多いことが裁判をよくするのだ。……批判をするな、というのは神の裁判だ。裁判官は神でないのだから人間の声も聞く必要がある」と語ったという（山本祐司『最高裁物語（上）』（講談社＋α文庫、1997年）249頁）。

44)　H.アーレント（仲正昌樹訳）『完訳カント政治哲学講義録』（明月堂書店、2009年）および「訳者解説」。中村雄二郎『共通感覚論』（岩波現代文庫、2000年）、牧野英二『遠近法主義の哲学』（弘文堂、1996年）は必読。私見では、カントの反省的判断力の系譜に、反デカルト的な批判的常識主義としてのパース－ホームズ流プラグマティズムも連なる。

45)　「おそらく人間性（Humanität）は、一方で普遍的な共感の感情を意味し、他方では自分をもっとも誠実に、また普遍的に伝達することができる能力を意味する……。これらの特性は、一つに結びついて人間性（Menschheit）にふさわしい社交性を作り上げ、この社交性によって人間性は動物的な狭さから区別されるのである」（カント『判断力批判（岩波版カント全集8）』60節）。あるいは、多数意見をデカルト流の理性的 bon sens に、真野意見をアリストテレス由来の感性－理性的 sensus communis に比定しうるかもしれない。このような真野の思想は後に、真野と同じくホームズ裁判官に敬意を表す伊藤正己裁判官により、田中コート流「性行為非公然性」原則の内部からの超克へと展開されることになる（最三小判昭和58・3・8刑集37巻2号15頁、伊藤補足意見22頁）。

を構成するものとして捉えるべきだと思う」と述べ、「受信者の自主的な判断を抜きにした、国家による一方的な危険先取り」に疑問を呈する[46]。市民の思想の自由市場のインターコース的コミュニケーション過程への批判的な信頼（とそれに基づく権力への懐疑）こそ、美のなかでの出産により不死に与るエロス（プラトン『饗宴』206B-207A）として、Staatsverfassung を生み出す母体である。

　まさに日本の起源が性的な神話表象で物語られたように、国家権力は市民のエロスから生成するがゆえに、その肉的起源を禁圧し抹殺して、自己の完全性を聖性のうちに保存しようとする権力欲求をもつ[47]。このため、権力者は自閉的に、「美しい国」、「強い国」といった安直な国家神話で逆に市民のエロスを徒に興奮または刺激せしめ、排外的なナショナリズムや憲法改悪へと暴走しうる。いわんや象徴とはいえ天皇制を維持する日本の国制にあっては[48]、たとえ憲法は変われども旧不敬罪のごとく、その聖性を保持するために市民のエロスをケガレとして、またはパターナリスティックにリーガル・モラリズムとして、西洋目線の近代文明国家化の名目の下、日本型「臭いものにフタ」式に——記紀神話の異形神ヒルコの再演よろしく——禊祓し追放しようとする性向に傾く。だが、国家の聖性のアウラは天皇からではなく、すでにつねに半神半獣、エロスと自己和解した「聖なる獣」としての人間の尊厳からのみ発する。聖性と性性と政性を制する市民の自律性に現象する Recht 理念のリアリティの下で「高慢の王」たる人造人間獣リヴァイアサンのわいせつな毒牙を立憲的にコントロールすること、これが立憲平和主義的な文化国家の自覚である[49]。

---

46) 奥平康弘『憲法Ⅲ』（有斐閣、1993年）189-190頁。情報公開との関連で、角替晃（金井光生ほか編）『緑陰に学ぶ　角替晃先生追悼論集』（東京学芸大学出版会、2016年）も参照。
47) 肉的滞留性の強制告知としてのわいせつ（湯浅慎一『知覚と身体の現象学（増補改訂）』（太陽出版、1984年）261頁および注35）。
48) 「天皇制は秩序の理念から我々にとって特に要望せられる」（田中「天皇制の弁明」前掲注10）242頁。同書所収の「日本君主制の合理的基礎」も参照）。日本国憲法と改憲への田中の信念については、裁判所時報222号（1957年）1頁。近代天皇制とエロティシズムにつき、百川・前掲注15）第3部を参照。

5 「現代は本質的に悲劇の時代である。だからこそわれわれは、この時代を悲劇的なものとして受けいれようとしないのである」(『完訳チャタレイ』5)

「人間は思想の冒険者である」(「人間であることについて」不死鳥II 759)。いまや全世界の国民の平和的生存権理念に規整された〈思想の自由市場-内-個人〉の尊重が憲法的公序であり、他者との関係性における明確な権利侵害とは無関係に、公益および公の秩序に不都合だとか社会的に迷惑などといった理由で思想表現結社を制約するような事態になれば、人間性は萎縮し文化国家たるべき文明国は沈没するだろう。しかし、対話的エロスに駆動される有限且つ可謬的なわれわれのポイエシス的な行為的自己は、すでにつねに他者関係的なRecht において住まう。人間が人間である限り、「星を導き……生き」続ける半神半獣パンと共に Recht 理念も死なない。[50]

よしや政治が thoughtless brute に堕し日本国憲法が公権力者の私的情欲によりわいせつに簒奪されるような緊急事態に瀕しようとも、ケルゼン風に、「Recht の理念は破壊不可能なものであり、それは深く沈めば沈むほど、やがて一層強い情熱をもって再生するであろう」という受肉の希望をそそられつつ。

---

49) もっとも、国家の単声的な性神話にせよ、それに対抗する市民の多声的な性ナラティヴズにせよ、「セクシュアリテの装置」(フーコー)による性的主体化の磁場からの解放または止揚という来たるべき innocence の予兆が憲法的にいかなる形を取るのかについては、個人の尊厳と「脱性的存在者」との関連で、今後の私の憲法哲学の課題である。本稿と表裏一体をなす私の憲法哲学の一端については、拙稿「Vor dem Gesetz」法律時報88巻4号(2016年)および「フクシマ憲法物語」片桐直人ほか編『憲法のこれから(別冊法学セミナー247号)』(日本評論社、2017年)などの参照を乞う。なお、文化国家について、中村美帆「日本国憲法制定過程における『文化』に関する議論」文化資源学9号(2011年)ほか参照。
50) J.ミシュレ(篠田浩一郎訳)『魔女(下)』(岩波文庫、1983年)165頁。われわれは、法外の獣と主権者にいかなる祈りを捧げることができるだろうか(デリダ・前掲注5))。「されば、すべての始源、エロスの支配のままに」(ゲーテ『ファウスト』第2部第2幕)!

［追記］　法律時報88巻11号（2016年）への拙稿掲載後に、駒村圭吾編著『テクストとしての判決――「近代」と「憲法」を読み解く』（有斐閣、2016年）および白田秀彰『性表現規制の文化史』（亜紀書房、2017年）が刊行された。前者は駒村圭吾「文学裁判とふたつの近代批判――『チャタレイ夫人の恋人』事件判決」のほか、田中耕太郎に関わる複数の論稿を所収している。後者は本稿と基本的に方向性を同じくしている。

（かない・こうせい　福島大学准教授）

第 17 章

21世紀の財産権と民主主義
―― 富の集中の憲法的意義とその統制について

木下昌彦

> 我々は民主主義を持つことができるし、
> 一部の者へと集中した富を持つことができる。
> しかし、我々は、その両方を持つことはできないのだ。
> 　　　　　　　　　　　　　　　伝ルイス・ブランダイス

1　フランス革命と八月革命

　フランス革命は「幻想」（illusion）であった。2013年に出版され世界的な反響を呼んだトマ・ピケティの大著『21世紀の資本』はフランス革命をそう評する（『資本』379頁）。フランス革命によって市民は王制を打破し、財産権の取得と取引についての自由と平等を原則とした民法典を制定した。しかし、そのような政治体制と法制度の歴史的変革も富の集中という経済構造を変えることは出来なかった。革命後も100年以上に渡って、フランスにおける富の集中の程度は、結局、王制と貴族制を維持し続けたイギリスと大して変わらぬものだったのである。この点において、1940年代の日本が経験した革命は、フランス革

1） THOMAS PIKETTY, LE CAPITAL AU XXIE SIÈCLE (2013); THOMAS PIKETTY, CAPITAL IN THE TWENTY-FIRST CENTURY (Arthur Goldhammer trans., 2014); トマ・ピケティ（山形浩生ほか訳）『21世紀の資本』（みすず書房、2014年）。以下、同書を参照した部分は、邦訳に基づき、（『資本』〜頁）と表記。なお、アメリカでの同書への法学者からの応答として、David Singh Grewal, The Laws of Capitalism, 128 HARV. L. REV. 626 (2014); Symposium on Thomas Piketty's Capital in the Twenty-First Century, 68 TAX L. REV. 443 (2015).を参照。また、日本でも『グローバル時代の税制と再分配』租税法研究44号（2016年）において、『21世紀の資本』を受けた法学者による議論がなされている。

命とは大きく状況が異なるものであった。その革命は単に天皇主権から国民主権への移行といった政治体制上の変革に留まらず、富の集中の解体という大規模な経済構造上の変革をも伴うものだったのである。著名な Moriguchi & Saez の研究によれば、1940年以前の日本では、著しい富の集中が存在し、それが上位1％の国民が全所得の20％近くを占めるという極端な経済格差を生み出していた。しかし、日本国憲法成立前後に断行された財閥解体、農地改革、財産税・富裕税の導入等の革新的諸政策により、そのような富の集中の構造は大きく解消された。その後の高度経済成長期・安定成長期を通じ、上位1％の所得は、全所得の10％を越えることはなかった。Moriguchi & Saez は、戦後50年間持続した経済格差の抑制には、占領期に実行された富の集中の解体と再分配が決定的役割を果たしていたと分析している。ただ、それは、格差なき経済構造は作られたもので、決して日本経済の永続的特質ではないことを意味する。後述するようにピケティは富の集中の必然性を論じるが、実際、日本でも、1990年代後半より、上位1％の所得割合が上昇に転じており、それは富の集中が再び進行していることを示唆するものである。従来、経済格差に関する研究は、憲法学からのものとしては、貧困層を念頭に置いた生存権保障に関するものが中心であり、富裕層の富の集積についてはあまり関心が払われてこなかった。果たして、現在進行しつつある富の集中は、憲法的観点からどのような問題があり、どう克服されるべきか。本稿は、ピケティの成果も踏まえつつ、以下、自由と強制（2）、機会の平等と結果の平等（3）、経済的影響力と政治的影響力の相関関係という視点から富の集中を分析し（4）、富の集中の立憲的統制の可能性（5）について考えていきたい。

---

2) 本稿では、ピケティに従い、富（wealth）と資本（capital）を同義で扱う。また、ピケティは、「資本」を「所有と市場での交換が可能な非人的資産の総和」（筆者訳）と定義づけており、そこには不動産、金融資産のほか特許等の知的財産が含まれるが、人的資本は除外される（『資本』48-53頁）。本稿の枠内では、ピケティのいう「資本」は、日本国憲法29条の「財産権」の対象となる「財産」とほぼ同義と捉えて支障はない。すなわち、本稿では、富＝資本＝財産と理解していただきたい。
3) Chiaki Moriguchi & Emmanuel Saez, The Evolution of Income Concentration in Japan, 1886-2005 in Top Incomes a Global Perspective (edited by A. B. Atkinson & T. Piketty) 76, 87 (2010).
4) Id, at 103-104.
5) Id, at 87-88.

2　富の集中と個人の自由

　近代立憲主義の下では、個人の自由の拡大はより望ましく、国家の強制はより抑制されるべきとのアプリオリな方向性が与えられている。そのため、憲法上の問題分析や問題解決を探る上で、ある事象が個人の自由に属するものか、あるいは、国家の強制に属するものかという分類は有益なものとして常用されてきた。ただ、富の集中と解体の問題を考えるにあたって、富の集中は「国家から独立した『自由』な分配」によるものであり、その富の集中の解体は「国家が指導する『強制』的な分配」であるとの整理により議論を進めることは、次のような観点からむしろ問題を孕むものである。[6]

　まず、富を形成する財産権はそれ自体が「国家からの自由」と「国家による強制」の両義的性質を備えたものである。確かに、財産権の主体は、財産権の対象物についての排他的権利を有しており、国家も含め、そこから誰を排除するか否かについての自由を有し、それを独占的に使用、収益することができる。しかし、そのような自由が社会的に意味をもつのは、国家が財産法制を制定し、それを実効化する強制執行や刑事罰などの法的強制手段を整備したことの帰結に他ならない。法制度が存在しなければ、目の前の鉛筆に対し、「この鉛筆は私の所有物だ」と述べることは、「この大海は私の所有物だ」と述べることに等しい。財産権について定めた法がなければ、そこに財産権は存在しない（財産権と法は同時に生まれ、同時に死ぬ）。[7] そして、そのような財産法制により財産権の主体に自由を与えることは、財産権の主体以外の者の視点からみれば、財産権の対象物へとアクセスする自由を国家が強制的に制限しているという側面を有している。その意味で、財産権を制定することはそれ自体として自由の制限としての性質を有し、逆に、財産権を否定することは自由の回復としての性質を有するのである。[8] さらに、このような自由と強制の両義的性質は、財産

---

[6]　以下の記述は、Robert L. Hale, Coercion and Distribution in a Supposedly Non-Coercive State, 38 POL. SCI. Q. 470（1923）, Morris Cohen, Property and Sovereignty, 13 CORNELL L. Q. 8（1927）.などのリーガル・リアリズムの思想より示唆を得たものである。

[7]　J. BENTHAM, THE THEORY OF LEGISLATION 113（C. Ogden ed. 1931）.

権の分配手段たる契約においても妥当する。確かに、契約も一面では当事者の自由意思の帰結であるようにみえる。しかし、そもそも、個人が特定の「物」に自由にアクセスできる状況であれば、その「物」をめぐって契約と交換をおこなう必要それ自体が存在しない。その「物」について、そこへのアクセスの自由が、国家が定めた法により制限されているからこそ、個人は、自己の労働や財産を、そのアクセスの自由に対する制限が解除されることの対価として提供するのである。そうすると、契約による自己の労働や財産の提供は、個人の自由意思に基づくものというよりも、むしろ、それ自体が、国家の強制を契機とした労働や財産の強制的提供として捉えることができるのである。従来、財産権と契約の自由は、経済的「自由」として観念されてきたものであるが、むしろ、経済的「強制」としての側面を有するものであるとさえいえる[9]。このような観点から、契約を通じたものであっても、財産権が生み出す富の集中は、「国家から独立した『自由』な分配」の帰結ではなく、むしろ、国家が制定した財産法制に基づく強制的な分配の帰結ということになる。その意味で、富の集中を維持するか、解消するかの選択は、自由と強制の選択の問題として捉えられるべきではなく、むしろ、少数の者に集中して、国家が強制的権力を発動する独占的資格を与えることの是非が問われる問題として捉えられるべきであ

―――――――――――――――

[8] たとえば、民法206条は、「所有者は、法令の制限内において、自由にその所有物の使用、収益及び処分をする権利を有する。」と規定するが、これは所有者に所有物の使用等の「自由」を認める規定であると同時に、非所有者に対しては、その所有物を使用等する「自由」を否定するという側面を有する規定ともなっている、という両義的性質を有する。

[9] 本文のような観点からは、財産権と社会権との関係も相対化される。ただ、最三小判平成24・2・28民集66巻3号1240頁〔老齢加算廃止事件〕の調査官解説である岡田幸人「判解」最判解民事篇平成24年度（上）260頁、287-288頁は、長谷部恭男『憲法（第4版）』（新世社、2008年）277頁、288頁で展開された主張に対する応答として、「経済的自由権が社会権と同様に国家により具体化され創設される権利であるとするその前提の当否についても異論はあり得よう。財産それ自体は国家による法令の制定を待たずに現に存在するものであるとすれば、これを基礎にした経済的自由権を十全に保障するにはルール整備やその執行といった国家による後見的な介入が不可欠であるとしても、資源の調達及び再分配それ自体を国家が担う後国家的人権の典型である社会権とは関与の度合いが自ずから異なり、両者を同列に論ずることは困難とも考えられるためである」として、財産権と社会権との区別を論じる。しかし、ここでは、財産それ自体が国家による法令の制定を待たずに存在するものであると述べられているところ、何が「財産それ自体」であるのかということは、法令の制定を待たずに存在（認識）しうるものではない。この言説は、「物理的に存在する」ということと「法概念として存在する」ということを混同しているといえる（さらに、特許権や著作権等の知的財産権における「財産」の場合には、物理的にも存在するものは観念できない）。

るといえよう[10]。

3　富の集中と機会の平等

　富の集中は、現象としては、国家が一部の個人に対し独占的権利を与えるものであったとしても、そのような富を獲得する機会はすべての個人に平等に与えられており、個人の努力や能力によって、誰でもその富を獲得することができるとの主張がありえよう。ただ、詳細な統計分析を基礎として、このような主張に疑問を投げかけたのが冒頭で紹介したピケティの『21世紀の資本』であった。

　ピケティは、富の集中の拡大を、努力や能力によるものではなく、富それ自体の性質に起因するものであると捉えた。今日も、そして、歴史上も、ストックである資本（財産）はフローである所得よりも遥かに一部の者に集中している（『資本』254頁、350頁）。ピケティは、このような富としての資本の集中それ自体がさらなる資本の集中を呼び起こす要因となっていると主張するのである。そのメカニズムを現すのが、有名な $r > g$ の不等式である（『資本』27頁、365頁）。ここで、r は資本収益率を指し、g は経済成長率を指す。ピケティは、英仏で得られた資料をもとに、両者の歴史的推移を推計したが、それによると、経済成長率は、1800年以降、一時的に4％台の成長率を達成できた期間もあるが、2010年の現在も含め、基本的には1.5％以下の水準に留まるものであった。他方で、資本収益率は、19世紀初頭から現在まで、4％から5％の水準を一貫して維持し続けてきた。すなわち、資本収益率は、歴史的現実（réalite historique）として、経済成長率よりも大きく上回るものとなっているのである。このように資本収益率が経済成長率を上回るということは、資本は、所得や産出

---

[10]　岡田与好「『営業の自由』と『独占』および『団結』」東京大学社会科学研究所編『基本的人権 5』（東京大学出版会、1969年）を契機とした営業の自由論争は、経済市場における独占者の自由を「自由」と捉えるか、それとも、「自由」と捉えるべきは非独占者の自由であるかの論争であったといえる。本文のような観点からは論理的には、どちらも「自由」であり、「強制」でありうる。逆にいえば、そのような両義性故に「自由」それ自体の意義はこの文脈で強調されるべきではなく、営業制限の是非は、結局、公共の福祉に基づく国家の強制力の分配の選択として立法裁量に委ねるべき課題ということになろう。

の成長率よりも早いスピードで増加するものであることを意味する。特に、資本収益率は常に一定水準を保っているため、経済成長が全くない状況であっても、なお資本だけは増殖し続けることになる。そして、資本はすでに大きく偏在しているため、このような資本の自動増殖的機能の恩恵に与ることができるのは一部の者に過ぎない。そのため、r＞gの不等式が成立する限り、富の集中は進行していくことになる。

　ただ、いかに資本が自動増殖的機能を有するとしても、個人には、なお、その資本それ自体を努力や労働によって獲得する機会が平等に開かれているとの指摘もあろう。しかし、ピケティは、今日、富の蓄積過程において、個人の労働よりもむしろ相続の果たす役割が拡大していることを指摘している（『資本』392頁）。かつて19世紀のフランスにおいては、社会生活において相続は極めて重要な位置づけを有していた。実際、ピケティは、この時代、生前贈与を含む年間の遺産総額の割合は、国民所得の20％から25％を占めていたとし、これを古典的世襲社会と呼んでいる。この遺産総額の割合は、20世紀になると低下し続け、一度は5％にまで下がったものの、1950年代以降、再び増加に転じ、2010年には15％の水準になっている。ピケティは、1970年から1980年生まれの集団のうち、12％から14％が、下位50％の生涯労働所得を超える額の相続を受けることになるとし、この傾向が続けば、21世紀には、やがてかつてのような古典的世襲社会が復活すると推計している。このような古典的世襲社会の復活は、社会において特定の家系に属する者が、その生まれにより、富を独占し、そして、それを拡大し続けることを意味することになる[12]。

　ピケティが描き出した富の集中のメカニズムは、伝統的な「機会の平等」と「結果の平等」の区別、あるいは、「事前的平等」と「事後的平等」の区別に対し、その相対化を迫るものといえる。従来、富の集中のような経済的格差の問

---

11)　ピケティは、19世紀のフランスを舞台にしたバルザックの『ゴリオ爺さん』のなかで、登場人物が、専門的知識を磨き法曹となるよりも、玉の輿と結婚してその相続財産を手に入れることのほうが遥に巨額の資産を手に入れることができることを論じる一節を古典的世襲社会の現実を現す象徴的なものとして紹介している（『資本』248頁）。

12)　ピケティは、長子相続制から兄弟姉妹間の均等分配制への移行は、富の集中を抑制する意義があったとしているが（『資本』377-379頁）、富の分散という観点から非嫡出子の法定相続分、遺留分の平等の問題を考えることもできよう。

題は、結果の平等、事後的平等の問題として捉えられてきた。しかし、結果として個人が獲得できる富は、現実には、事前に富を保有しているか否かによって大きく左右されている。また、その富の分配は、どの家系に生まれるかという生来的な要因によって規定されているのである。獲得された富が事後であり、結果であるというのはフィクションである。財産法制は、いわば国家が提供する公共財としての側面があるといえるが、「すでに存在する富の偏在」→「富の自動増殖的性質」→「相続」のプロセスを前提とすると、現在の財産制度の便益は、全ての人に平等に開かれたものではなく、むしろ、個人の努力と才能とは無関係な事実に基づき、特定の人々にのみ開かれたものなのである。

4　富の集中と民主主義

　富の集中が、国家が一部の者に対し独占的権利を付与するものであり、機会の平等に反する要素をもつとしても、経済実態としては、幸運な者の富が拡大するだけであり、パレート改善になるとの指摘もありえよう。そのような観点から、少なくとも、民主的に制定された法制度が富の集中を許容する経済構造を採用している以上、政策論・正義論としてはともかく憲法上それを問題とする必然性はないとの議論もありうる。ただ、経済的影響力は政治的影響力へと容易に転化するという観点から、富の集中は、単純にパレート改善、民主的決

13）　ビル・ゲイツなどは、自らの能力と貢献によって富を構築したとの指摘もあるかもしれない。しかし、仮に、ビル・ゲイツが富を築くにあたって、彼の才能や社会に対する貢献が契機となったとしても、現実に現在保持する富の総額がその才能や貢献と見合うものである必然性はどこにも見出せないし、また、同じ情報技術革新に携わった研究者や労働者と比較して、彼の貢献が圧倒的に大きいということもできない。ビル・ゲイツの富は、彼の貢献だけで全てを説明できるものではなく、むしろ、知的財産制度等の国家の財産制度の枠組みに依存するところも大きい。なお、Eric A. Posner & Glen Weyl, Thomas Piketty Is Wrong: America Will Never Look a Jane Austen Novel, THE NEW REPUBLIC (July 31, 2014).は、ピケティへの批判的な書評であるが、現行の財産制度の下では、金融業者や弁護士と比較して、研究者や教師はその社会的貢献に見合った十分な報酬を受けておらず、真に取り組むべきはその改善であると指摘しており、それは逆に財産法制とその帰結の恣意性を示すものともいえる。
14）　機会の平等という観点からドラスティックな相続税制の構想を試みたものとして、Anne L. Alstott, Equal Opportunity and Inheritance Taxation, 121 HARV. L. REV. 469 (2007).
15）　この観点について、Cass R. Sunstein, Why Worry About Inequality?, BLOOMBERG VIEW (May 13, 2014) も参照。

定に委ねていい問題とはいえない側面がある。[16)]

　まず、再分配政策のような経済政策に対する個人の選好は、その個人が保有する富の量に左右されるものである。そのため、総中流の社会から富が一部の者に集中する社会への移行は、それ自体が、個人の選好の分断をもたらす要因となりうる。もちろん、今日、選挙の場面においては、一人一票の原則の下、経済的条件に基づく属性の相違は捨象され、全ての国民は完全に同一視されることとなっており、相対的に少数の富裕層の選好それ自体の選挙そのものを通じた影響力は限定されている。しかし、形式的に、選挙の場面において経済的影響力と政治的影響力の分離を実現できたとしても、そのことにより、現実の政治過程において、経済的影響力の政治的影響力への転化を完全に排除できるわけではない。言うまでもなく、再選を目指す政治家にとって次回の選挙における有権者の票は重大な関心事である。ただ、その有権者の票に結び付く選挙広報などの政治活動には多額の政治資金が必要であり、政治資金の絶対量も政党や政治家にとっては同じく重大な関心事となることは否定できない。比喩的に述べれば、一定額の政治資金は、一定の組織票と同様の価値が政治家にはあるといえるだろう。富の集中が進むということは、政治資金の提供元も特定の富裕層へと集中していくことを意味する。政治家が効率よく、政治資金を維持し、拡大する動機をもつとすれば、富裕層が支持する政策を採用し、富裕層が支持しない政策をより回避することはそれ自体合理的な選択となる。すなわち、現在の富裕層に有利な富の分配をもたらす経済秩序が政治的に選択され、そうではない経済秩序は避けられることになる。[17)]富は国家が成立させた財産法制に

---

16) 日本で「経済民主主義」といった場合、それは、大企業に対する民主的統制や消費者による統制を指すものとして用いられてきた傾向がある（例えば、渡辺洋三『日本における民主主義の状態』（岩波書店、1967年）11頁など）。ただ、本稿は、民主的政治過程における政治的影響力の平等化を主軸として民主主義と経済構造の関係を論じるものであり、その点において、伝統的な「経済民主主義」の議論とはそのベクトルを異にする。なお、独占禁止法１条における「国民経済の民主的で健全な発達を促進する」との文言について、それを、経営それ自体の民主化というよりもむしろ、ジェファソニアン・デモクラシーやシャーマン法を推進した共和主義的発想が司令部修正意見を通じて継受されたものとみる近年の研究として、平林英勝「独占禁止法第１条の起草過程とその背景および意義」筑波ロー・ジャーナル１巻（2007年）39頁、62-64頁がある。
17) 富裕層の選好が議会の政策に強い影響を与えていることを実証的に示した研究として、例えば、Martin Gilens, Affluence and Influence (2012).を参照。

よって形成されたものであるが、逆に、富は国家の財産法制の制定それ自体をも左右することになるのである。このような経済的影響力と政治的影響力の相互関係に鑑みれば、憲法が経済秩序において中立であるべき、あるいは、経済秩序は民主的政治過程に委ねるべきものであるとすればするほど、かえって、富の集中の問題が顕在化していくことになる。

　もっとも、このような経済的影響力の政治的影響力への転化については、政治献金の額に上限を設けるなどの政治資金規正により抑制可能であるという考え方もありうる。[18] もちろん、このような政策は不作為よりは有効なものといえるが、資金の流れは水の流れと同様に、ある経路を堰き止めれば別の経路から溢れ出す性質を有するものであり、[19] 経済的影響力と政治的影響力の連関を完全に遮断することは実際には困難である。たとえば、政党や政治家への政治献金に上限が設けられたとしても、富裕層は、政党等から独立した政治団体を組織し、その政治団体が政党等から自律的に候補者を応援し、特定の政治的主張を広報するという方式を採用することで、実質的には政治献金を提供する場合と変わらない影響力を行使し続けることができる。[20] ただ、より重要な問題は、このような政治資金規正それ自体が富裕層にとっては不利な政策であり、政治資金の富裕層への依存が高まれば高まるほど政治家にとっては、そのような政策を採用し、維持する動機が

---

18) 政治過程の経済中立性という観点から、経済力に基づく政治的影響力の平等は憲法上の権利であるとし、憲法上の要請としての徹底した政治資金規正を唱えたものとして、Edward B. Foley, Equal-Dollars-Per-Voter: A Constitutional Principle of Campaign Finance, 94 COLUM. L. REV. 1204（1994）. もっとも、マスコミによる特定候補への支持や批判も、マスコミ自身やそのスポンサーがもつ経済的影響力を利用した政治活動という側面をもつ場合があり、経済力に基づく政治的影響力の平等の徹底化を図ろうとすれば、政治資金規正の枠組みを超えてマスコミ等による表現行為それ自体を制限することも自ずと要請されることになる。ただ、それはかえって自由な言論という民主主義にとって不可欠の要素を減殺することにもなりかねない。そのような観点からも経済的影響力の政治的影響力への転化の抑制には限界があるといえ、経済的影響力それ自体の平等を模索することは避けられない。
19) Samuel Issacharoff & Pamela S. Karlan, The Hydraulic of Campaign Finance Reform, 77 TEX. L. REV. 1705（1999）.
20) 日本では政治資金規正法によって個人や法人による年間の政治献金の総額には上限が設けられており、ある程度、経済的影響力の政治的影響力への転嫁を抑制する役割を果たしている。ただ、政治資金規正法における政治団体は定義的に限定されている上、全ての政治団体への寄付が上限規制の適用対象となっているわけではない。そのため、アメリカにおけるいわゆるスーパーPACに類似の運用状態を形成することも現行法制度上は不可能ではないと考えられる。

失われることである。従来、経済構造の問題は、政治過程において富の集中を是正することが可能であると考えられてきた。しかし、富の集中は政治過程それ自体に影響を与えるものであるとすれば、一旦閾値を超えるともはや通常の政治過程においては富の集中を是正することが困難になるといえる。[21]

普通選挙を早期に確立したアメリカにおいて、むしろ、このような富の集中と民主主義との矛盾がしばしば大衆運動となって強調されてきたことは偶然ではない。その系譜は、共和制国家の安定には土地の平等な分配が必要であると論じたハリントンの『オセアナ共和国』へと遡ることができるが[22]、ジェファソニアン・デモクラシー、ジャクソニアン・デモクラシー、ブランダイスらの革新主義[23]、そして、ルーズベルトのニューディール政策は、その時代に応じて具体的施策の在り方については異同があるものの、そこには、富の集中が民主主義と矛盾するものであるとの理念が底流に常に流れていた[24]。そして、その文脈において重要なのは、日本国憲法は、誕生のまさにその瞬間に、そのような思想的系譜と出会っていたということである。戦後日本における革命的ともいえる富の集中の解体を強力に後押ししたのは、アメリカから派遣されたニューディーラー達であった。戦後改革は「日本国国民ノ間ニ於ケル民主主義的傾向ノ復活強化ニ対スル一切ノ障礙ヲ除去ス」る（ポツダム宣言10項）との目的の下実行されたものであったが、そこでの民主化と富の集中の解体との連関は単な

---

21) 石川健治「営業の自由とその規制」大石眞・石川健治編『憲法の争点』（有斐閣、2008年）148頁は、日本国憲法の場合、経済秩序の選択については白紙であり、憲法は経済政策的中立性を保っているとする。ただ、経済的影響力と政治的影響力の相互関係を前提とすれば、民主的政治過程それ自体が富の集中からは中立的であることはできない。そのなかで富の集中に対し中立的であろうとすることは、かえって、富の集中を維持、再生産させるという特定の経済秩序を事実上固定化する結果を導くことになる。民主的政治過程それ自体の中立性を最大限確保しようとすれば、憲法は富の集中に自ずと関心をもたざるをえない。
22) JAMES HARRINGTON, THE COMMONWEALTH OF OCEANA (1656).
23) ルイス・ブランダイスが推し進めた反トラストの活動の主たる目的が、独占からの消費者の保護というよりも、むしろ、民主的統治を脅かす政治的権力を独占企業が保有することを防止することにあったということについては、Michael J. Sandel, Democracy's Discontent 211 (1996).を参照。
24) 近年、アメリカにおける富の集中と富裕層の政治的影響力が拡大するなかで、ピケティの著作も１つの大きな契機として、合衆国憲法が採用する憲法体制を「反寡頭政」（anti-oligarchy）の原理から捉えなおそうとする動きがあり、注目を集めている（Joseph Fishkin & William E. Forbath, The Anti-Oligarchy Constitution, 94 B. U. L. REV. 669 (2014).および Symposium: The Constitution and Economic Inequality, 94 TEX. L. REV. 1287 (2016).を参照）。

る建前や方便に過ぎないものではなく、革新主義とそれを受け継いだニューディールの思想そのものであったといえる。戦後改革が目標としたあるべき民主主義と日本国憲法が前提とする民主主義とが同じであるとするならば、日本国憲法が、富の過度な集中を許容していると捉えることは矛盾となる。最高裁は、小売市場判決において、「憲法は、全体として、福祉国家的理想のもとに、社会経済の均衡のとれた調和的発展を企図して」いるとの憲法解釈を示すが、その解釈は、そもそも経済的均衡の崩れた経済秩序は、憲法が前提とする民主主義観と合致しないとの観点からも支持できるものといえよう。[25]

5　富の集中の統制に向けて

　ピケティによれば、富の集中は、葬りされるものではなく、むしろ永劫に回帰する課題である。樋口陽一は、農地改革について、日本国憲法存立の前提を整えるものであったという歴史的位置づけを与えているが[26]、その前提は自ずと崩れうるのであり、21世紀の日本国憲法は、おそらくその前提の維持という課題と再度向き合わなければならない[27]。ただ、富の自動増殖的機能に鑑みれば、富の集中の抑制・解消には、富裕層の財産それ自体の縮減を実現させる必要がある。そのため、ピケティは、累進的な所得税に加え、累進的な相続税、累進的な資本税（この基本的性格は、富裕税・財産税と同じである）、しかも、その世界的導入を提唱している。ピケティが唱える政策の有効性については今後も議論が必要であるが、有効な政策の導入が遅滞すればする程、より大胆な是正策が求められることになろう。そのような富の集中の是正の構想にあたっては、

---

25)　最大判昭和47・11・22刑集26巻9号586頁〔小売市場事件〕。
26)　樋口陽一『憲法（第3版）』256頁（創文社、2007年）。
27)　日本国憲法下での富の集中の統制の在り方は、農地改革等の憲法上の位置づけとも密接に関連している。仮に農地改革を本来憲法に抵触する「憲法外」のものと位置づけるならば、同種の改革はもはや現行の日本国憲法の下では許容されないということになろう。ただ、農地改革以前の農村部における富の集中の在り方それ自体が、日本国憲法が実現しようとする民主主義と抵触するものであったとの観点に依拠するならば、むしろ、農地改革は憲法が内在的に求めた施策であったと理解することができる（最大判昭和28・11・25民集7巻11号1273頁などの諸判例も農地改革を農村における民主的傾向の促進を図るために必要なものであったとして、それを憲法内在的なものとして位置づけている）。

憲法的観点から次のようにいくつか論点を見出すことができる。

　第一は、富の集中の解消策となる税制等の内容について憲法上の限界は存在するかという問題である。この点、憲法29条の財産権保障は、課税権の実体的限界をも定めたものであるという理解を基礎として、一定以上の税率による相続税や資本税の賦課は、財産の「没収」として憲法違反になるとの考え方がありうる[28]。ただ、富の再分配という文脈において、財産権保障を根拠として、憲法上の限界を設けることはいくつかの観点から適切ではない。まず、2で論じたように、財産権それ自体が、国家の法制度に由来するものであるところ、そもそも、憲法自身が社会経済の均衡のとれた調和的発展を企図しているとするならば、財産権は予め富の集中の解消を目的とした制約を受けることが本来的に予定されており、権利者は、当初より、そのような負担の伴った財産権を保有していたと捉えることができる。また、個々の具体的な財産権ではなく、過剰に蓄積された富それ自体は精神的自由のように個人の人格的生存に不可欠なものではなく、むしろ、民主主義と矛盾する性質を有しているのであり、あえて、それを憲法上強力に保障すべき実質的根拠は明らかではない[29]。少なくとも、小売市場事件判決やサラリーマン税金判決が示した定式に準じ、富の集中の解消という立法目的に照らして、「著しく不合理であることの明白である場合」を除き、累進的な相続税や資本税の採用が違憲になることはないと考えるべきであろう[30]。

　第二に、仮に、有効な施策を講じることができないまま、富の集中が進行してしまった場合はどうなるかという問題がある。これに対しては、富の集中が過度に進行した場合には、もはや民主的政治過程に委ねるべき問題ではなくそれを是正する憲法上の義務が国会に発生するとの憲法法理が日本国憲法には内

---

[28] ドイツの連邦憲法裁判所の判例である BVerfGE 93, 121（June 22, 1995, 2d Senate）、BVerfGE 93, 165（June 22, 1995, 2d Senate）は、このような方向性を示したものである（同判決については、中島茂樹・三木義一「所有権の保障と課税権の限界——ドイツ連邦憲法裁判所の財産税・相続税違憲決定」法律時報68巻9号（1996年）47頁も参考）。

[29] そもそも、責任財産を引き当てとする課税義務の賦課と憲法29条が念頭に置いている個々の財産に対する収用・負担とは、質的に異なるものであるという観点から、憲法29条との関係で租税立法が違憲になることはないと論じるものとして、渕圭吾「財産権保障と租税立法に関する考察——アメリカ法を素材として」神戸法学雑誌65巻2号（2015年）55頁。

[30] 最大判昭和60・3・27民集39巻2号247頁。

在していると考えることもできるのではないか。これは4で論じた日本国憲法成立の歴史的経緯のほか、富の過度な集中が進行した場合には、民主的政治過程を通じた是正が困難になるという理論的観点から要請されるものである[31]。富の集中が過度なものか否かの判断は、たとえば、拠るべき指標の問題はあるが、日本国憲法成立時において民主主義と矛盾すると捉えられた戦後改革直前期の水準が参考になろう。もちろん、このような提言に対しては、自由の制限を憲法が要請することはありえないとの指摘もありえるかもしれない。ただ、財産権はそれ自体が国家の強制的権力の分配という側面があり、その観点からすれば、富の集中の解体の義務付けは、国家の強制力の在り方の統制の一場面とも捉えることができる。むしろ、国家の強制力の在り方をあるべき民主的政治過程に適合的なものとすることは統治過程を組成する憲法が引き受けるべき主要な任務であるとさえいえよう[32]。

---

31) Ganesh Sitaraman, The Puzzling Absence of Economic Power in Constitutional Theory, 101 Cornell L. Rev. 1445, 1510-1512 (2016).も参照（同論文は、Ganesh Sitaraman, The Crisis of the Middle-Class Constitution (2017) にも所収）。

32) 富の集中のような問題は、裁判規範となる「実定法としての憲法」それ自体が何を命じているかという観点からだけでなく、その憲法が理想とする統治体制や制度を維持する上で政策上尊重されるべき「社会的価値」とは何かという観点からも分析を進める必要がある（例えば、最三小決平成18・10・3民集60巻8号2647頁〔NHK記者事件〕は、「取材源の秘密」を憲法21条それ自体が保障するものとは位置づけていないものの、証言拒絶の是非を判断する際に考慮すべき「重要な社会的価値」としての性格を与えている）。立法機関や行政機関は、経済政策を立案する場合、国民所得の向上などを重要な社会的価値として考慮し、最終的な政策判断を行っている。ただ、統治機関が考慮すべき社会的価値は何も経済的なものに限定されるわけではなく、憲法的理想へと繋がる価値も政策立案者が考慮すべき重要な社会的価値となる。富の集中はどこまで許容されるか、その憲法上の限界は何かということは現実には裁判規範に馴染まない性質のものであるとしても、富の集中を抑制することは自由、平等、民主主義といった憲法的理想に資する社会的価値を有していることは疑いがない。例えば、独占禁止法や相続税法は、単に経済効率性や税収の安定的確保といった社会的価値だけでなく、民主主義や平等といった社会的価値にも密接に関連しており、それらの在り方は、憲法に基礎づけられた社会的価値の促進と毀損にも大きく係わることになる。経済学者がいかなる政策が国民所得の向上という社会的価値に資するものかを分析し、提言するように、いかなる政策が憲法的理想へと繋がる社会的価値に資するものであるかを分析し、提言することは憲法学者の重要な研究対象になるといえよう（この記述は、実定法として裁判規範となる「憲法」（big-C Constitution）と社会が理想とする政治体制を維持し続ける上で重要となる社会的価値としての「憲法」（small-c constitution）の区別を論じた K. Sabeel Rahman, From Economic Inequality to Economic Freedom: Constitutional Political Economy in the New Gilded Age, 35 Yale L. & Pol'y Rev. 321-322 (2016) にも着想を得ている）。

6　国家と法の主要問題としての富の集中

　富の集中という問題は、従前の「国家から独立した自由な分配」と「国家に依存する強制的な分配」の区別、「機会の平等」と「結果の平等」の区別、「経済的影響力」と「政治的影響力」の区別といった二分論の枠組みに従う限り、憲法問題として正面に現れることはない。しかし、現実の社会の事象に着目すれば、富の集中は、憲法的諸価値と対立し、既存の統治の在り方を前提から覆す契機を有している。富の集中が避けられないなかで、それをどう憲法的課題として取り込み、飼い慣らすか。その問題意識なくして、21世紀の国家と法の主要問題を語ることはできないであろう。

（きのした・まさひこ　神戸大学准教授）

第18章

多層的人権保障システムの resilience

―― 「自国第一主義」台頭の中で

江島晶子

はじめに

　国際人権法は、「国家」や「法」に対してどのような影響を及ぼしてきたか。国際人権法は、「人権は国内問題ではなく、国際社会の問題である」というパラダイム転換を国家に迫る点で、国家に対しても、法に対しても「挑戦者」である。国家が、国内ではなく、国外で、個人による法的挑戦（法に基づく国家による人権侵害の排除）を受けることは、20世紀前半までは国家にとっておよそ想像できなかったからである。[1]

　ところが第二次世界大戦後、次々と国際人権条約が誕生し、それに伴い条約機関が設置され、他方、国内においても国内人権機関が設立され、法としても、実施機関としても充実してきた。とりわけ、東西冷戦が終結し、東欧・中欧諸国が体制転換を行う過程において、国内の統治機関と国際機関が協調的に働き、新たな憲法を制定し、かつ、それを実施する作業（民主化、法の支配の実現）が行われた。1990年代において、21世紀を「人権の世紀」と展望することは自然なことであった（冷戦終結による国連再生への期待とともに）。一定の地域においては、人権実施面で、国際機関と国内機関との密接な関係が誕生し、それを既

---

1) 個人が国際法上の法主体性を獲得し（憲法原理からの借用）、人権のみならず、他の国際法領域に拡大しつつあることを指摘するものとして、Anne Peters, *Beyond Human Rights: The Legal Status of the Individual in International Law* (CUP, 2016).

存の枠組においてどう説明するのか、それとも新しい枠組を考えるのかが理論的課題となった。これを支えてきたのが「国際主義」である。

では、1990年代初頭から約四半世紀を経た現在はどうか。「人権の世紀」の実現どころか、それとは反対の潮流が出現しつつある。まず、21世紀冒頭で起きた「9／11」は、例外状態を理由とする安全のための大幅な自由の制約を可能にし、拷問禁止原則さえも弛緩させうる事態を招来させた[3]（そして例外の「常態」化が進行中）。さらに、登場しつつあるのは、国際主義自体に対抗する流れである。たとえば、2016年6月23日、イギリスは国民投票（投票率72％）を行い、51.9％の国民が離脱（leave）を選択した。[4]EUとヨーロッパ評議会（ヨーロッパ人権条約〔The Convention for the Protection of Human Rights and Fundamental Freedoms、以下、「ECHR」〕の母体）は別個の存在だが人権保障に及ぼす影響は無視できない。なぜならば、EUとECHRは、第二次世界大戦後の平和と繁栄のためのプロジェクトとして同根である一方、大部分の人にとってEUとECHR、EU司法裁判所とヨーロッパ人権裁判所（以下、「人権裁判所」）は区別されていない。イギリスでは、同じ文脈でECHRからの脱退も囁かれ、ECHRの国内実施を推進してきた1998年人権法（以下、「人権法」）の廃棄が保守党のマニフェストに入っている。

続いて、同年11月8日のアメリカ合衆国大統領選挙で当選したTrumpは、大統領就任直後、難民および7カ国（イラン、イラク、リビア、ソマリア、スーダン、シリア、イエメン）の国民の入国一時禁止を命じる大統領令を発する等、America Firstという主張を繰り返す（Nation First主義〔自国第一主義〕はアメリ

2）江島晶子「グローバル化社会と『国際人権』——グローバル人権法に向けて」法律時報87巻13号（2015年）348頁以下。

3）江島晶子「イギリスにおけるテロ対策法制と人権——多層的人権保障システムへの新たな挑戦」論究ジュリスト21号（2017年春号）57頁以下、阿部浩己『国際法の暴力を超えて』（岩波書店、2010年）第1章参照。

4）江島晶子「代表・国民投票・EU離脱（Brexit）——権力者の自己言及（イギリスの場合）」法律時報89巻5号（2017年）19頁以下参照。現在、2017年ヨーロッパ連合（脱退通告）法（European Union (Notification of Withdrawal) Act 2017）に基づき、2017年3月に首相はEUに対して脱退通告を行った（2年後にイギリスはEUから脱退）。なお、2年後にEU法が無効となった後にどうするかについてはEuropean Union (Withdrawal) Bill 2017-19が審議中である。これによって（a）1972年ヨーロッパ共同体法を廃止する一方、（b）効力を失ったEU法を国内法に変換するもので、その際に①何を国内法として残し、②何を廃止し、③何を修正するかが決定される。

カ以外でも観察できる）。他方、イギリス財務大臣 Hammond は、Hard Brexit の場合、イギリスの競争力を高めるためなら何でもやると述べて、イギリスがタックス・ヘヴンとなって魅力を高めることかという質問を否定しなかったほどである（後にこれを取り消した）[5]。イギリスの国益に適えば、EU への影響など知らないという態度である。

　移民・難民、テロリズムに対する不安、そして、グローバル化の下で自分たちは「見捨てられている」（よって反エリート、反体制）、まずは自分の安全や幸福を確保する必要性があり、それを他に回す余裕はない、余裕があるならそれを自分に回してほしい（新たに到着した難民には食事、衣服、住居がただちに提供されて暖かく迎え入れられているのに、国民である自分はなぜ放置されたままなのか）、自分たちは国民なのだから、国家がまっさきに自分たち国民のことを考えるのは当然だという主張として噴出する[6]。自国第一主義を支える土壌であり、そこには国際主義が受け入れられる余地はない。国際人権保障が「国際主義」の流れのなかに位置づけられるとすれば、上記の動向は、国際人権保障にはどのような影響を及ぼすだろうか[7]。

1　多層的人権保障システム

(1)　ポイント

　多層的人権保障システムについては、すでに別稿で論じたが、人権実現について複数の機関が何層にも存在し、ネットワークを構成することによって、より実効的な人権保障の実現を説くものである[8]。新しいシステムの発案というよ

5）　"Hammond threatens EU with aggressive tax changes after Brexit" the Guardian, 15 January 2017.
6）　こうした主張に呼応して、ポピュリズム政党が支持を拡大してきた。
7）　同様の懸念を、グローバル立憲主義の文脈で示すものとして、Mattias Kumm et al, "Editorial: The end of 'the West' and the future of global constitutionalism" 6 (1) *Global Constitutionalism* 1 (2017); Anne-Marie Slaughter, "The Return of Anarchy?" 70 *Journal of International Affairs* 11 (2017). Cf. Ann-Marie Slaughter, *A New World Order* (Princeton University Press, 2004).　同じことは海外援助についてもあてはまる。イギリスは、保守党とリベラル・デモクラッツとの連立政権下において2015年国際開発（公的開発援助目標）法を制定し、国家予算の0.7％を海外援助に振り向けることを法的に定めた（G7の中では初）。だが、これに対して保守党内に強い批判がある（現時点では首相 May は維持を約束）。

りは、既存のシステムに対する見方を変えることによって、国際人権保障が直面する難所を乗り越えようという趣旨である。その際、国内人権システムと国際人権システムが有機的に接合されていることが要となる。なぜならば、憲法および憲法付属法によって規定されている人権実現システム（国内システム）は、現時点で、問題に一番近いところに存在し、制度および過去の経験に基づく作業方法を確立しているからである。また、国家機関として、一定の権力と財源を備える[9]。これに対して、国際法によって規律される国際人権システムは、制度としての網羅性、経験の量、権力の実効性、財源等において国内システムを凌駕するものではない。よって、たとえ法的序列において国際人権法が通常法よりも上位すると設定できるとしても、その実効性には限界がある。

　そこで、国内人権システムと国際人権システムの間に優劣関係はないと想定した上で、「循環する開放系回路」として把握する。現在、国際機関には、様々な形で各国の情報が集積されている。直接的には個人による国際裁判所への申立てであるが、それだけではなく国連の条約機関に対して各国が国家報告書を送付している。前者は判決（拘束力あり）という形で、後者は勧告（拘束力なし）という形で国際機関の回答が示される。もちろん、拘束力があれば個々の事件についての実効力が高いが、後者に意味がないわけではない。むしろ現在の国際機関の実力からすると、後者において蓄積されつつある情報を分析し、有効活用できるようにすれば、新たな発展可能性を有している。グローバル化の進む世界において各国が抱える問題の共通性は高いし、ある国における解決方法が他国においても有用である。国際機関からの勧告を情報提供としてとらえた上、締約国は条約の実施を条約上の義務として負う以上、その勧告が当該国において関連性があるものかどうかを誠実に検討し、関連性がないとすれば明確な理由を付してそれを説明する義務を負うが、それ以上のものを強制されるものではない。他方、理由を探求するなかで、新しい視点から問題を検討し、勧告を採用する方向に至ることもありえる。このシステムの最低保障は、問題を忘却させないことである。そして、忘却させないためには、問題が

8）　江島・前掲注2）および江島晶子「権利の多元的・多層的実現プロセス――憲法と国際人権条約の関係からグローバル人権法の可能性を模索する」公法研究78号（2016年）47頁以下。
9）　失敗国家・破綻国家の場合が問題で、国際主義の観点からの「平和構築」が1つの対応策である。

システム内を循環し続けることが必要になるが、それは、市民社会によるインプットにかかっている。それを体現・促進するのがNGOやメディアである。そして市民社会の問題提起に常時迅速に対応できるように統治機構全体（裁判所だけではなく）を再構築し人権実現システムとすることが重要かつ可能である。

(2) 意義と問題点

　自国第一主義台頭の文脈において、多層的人権保障システムの意義は、ある国または一定の地域における人権保障の後退に対して抑止力となることである。
　問題点は、両システムの優劣関係を決めないという点で、循環するシステムが基準を引き下げる方向に働く可能性である（経験上は、多層的システムは人権状況の改善を奨励する方向に働いてきた）。さらに、実効的に機能すればこそ国内機関と国際機関の衝突は当然予測される。その場合、衝突が悪化すれば、条約無視や条約脱退を招来させ、多層的システムの終焉となる。そこで、実際に、国家の重大な人権侵害を抑止できるか、そして国内機関と国際機関の衝突を助長するものかを中心に、システムの多層性においては先駆であるヨーロッパをモデルとして検討する。

2　ヨーロッパ人権条約のresilience

　ナチズムに対する反省と全体主義に対する防波堤としてのECHR（1950年署名、1953年発効）の発展は、多層的システムの必要性と可能性を体現する[11]。ECHRを理解する上で重要な鍵は、現在あるような人権裁判所が最初から存在していた訳ではなく（創設時は委員会と裁判所の二層制で、個人は委員会にしか

10）　なぜ基準が引き下げられなかったか実証的に研究する必要がある。同時に、人権保障については、拷問の有無のように明らかに人権保障基準として高い・低いが明確な場合とそうではない場合がある。後者の例として、たとえば表現の自由とプライヴァシー権の関係のように、結論が表現の自由からみれば高い保障になる場合でも、プライヴァシー権の保障からみれば低くなる。

11）　詳細は、江島晶子「ヨーロッパにおける多層的統治構造の動態——ヨーロッパ人権裁判所と締約国の統治機構の交錯」川崎政司・大沢秀介編『現代統治構造の動態と展望』（尚学社、2016年）310頁以下。

申立てできなかった）、かつ、人権裁判所の権威だけで判決の執行が確保されているわけではないことである[13]。むしろ、人権裁判所自身が、ヨーロッパ評議会の多層的システムのなかの一機関として他機関のバックアップを受けながら判決の実効性を確保しており、かつ、そのヨーロッパ評議会自身が、ヨーロッパにおいて他の国際機関（とりわけEU）との多層性のなかでその実効性を増強している（逆にいえばEUが弱体化すればECHRの実効性にも影響がある）[14]。

　人権裁判所は、当初、慎重な運用からスタートさせ、やがて豊富な判例法の蓄積をバックに権威と信頼性を獲得するに至った。また、判決執行についても、ヨーロッパ評議会閣僚委員会の下で判決執行監督体制が確立され、判決執行は国内政府の裁量事項という時代から、締約国政府と閣僚委員会判決執行セクションとの間でアクション・プランをやり取りするところまで発展した。他方、締約国政府としては、判決執行に重大な困難が存在する場合、執行しないという選択肢（消極的抵抗）しかない（条約脱退という手段を選べば別だが）。そこで、制度改革という文脈において、人権裁判所の権限を制約する改革（人権裁判所への申立件数の削減という名目で）という形で抵抗することが考えられる。これを実際にやったのがイギリスで、閣僚委員会議長国であったときに、ブライトン宣言（2012年）の実現に尽力し、補完性原則と評価の余地を前文に入れる第15議定書（2017年11月現在未発効）の実現に成功した。とはいえ、イギリス案はECHR本文挿入だったのが、反対する他の締約国との間で前文挿入にトーンダウンせざるをえず、これも多層性（自国第一主義は通用しない）の特徴といえよう。以上のような状況に対して、現在、人権裁判所は「対話」をスローガンに、情報提供・情報共有に力を入れている[15]。これまでも、閣僚や上級裁判所

---

12)　詳細は、小畑郁『ヨーロッパ地域人権法の憲法秩序化』（信山社、2014年）参照。

13)　全体主義に対抗する集団的協約から新ヨーロッパ（当時）の権利章典に発展した。Ed Bates, *The Evolution of the European Convention on Human Rights: From its Inception to the Creation of a Permanent Court of Human Rights*（OUP, 2010）.

14)　Andreas Føllesdal et al (eds.), *Constituting Europe: The European Court of Human Rights in a National, European and Global Context*（CUP, 2013）

15)　対話という表現は、憲法学においても、議会と裁判所の関係を記述するものとして用いられている。Alison Young, *Democratic Dialogue and the Constitutions*（OUP, 2015）は、機関間の相互作用のメカニズムを分析することを通じて、どのような場合にこの相互作用がより良い権利保障を提供できるかを対話という言葉に込めている。

長官を人権裁判所に招聘したり、人権裁判所長が各国を訪問して関係閣僚や上級裁判所を訪問するという人的交流のほかに、セミナーを行ったりしている。なかでも「対話」の実質化という点で興味深いのは、2015年にスタートした上級裁判所ネットワーク（Superior Courts Network）で、人権裁判所と上級裁判所（憲法裁判所や最高裁判所など）との間で人権判例に関する情報共有を試みる（これは前述のブライトン宣言に続くブリュッセル宣言（2015年）に基づく）。

　こうした試みの背景には、締約国における「抵抗」が民主主義や人権を導入したばかりの新規加盟国からだけでなく、古参国からも生じていることがある。しかも、その主張はより精錬されてきている。また、新規加盟国が古参国の議論を援用することもある（これも循環型の多層的システムであれば当然予想されるところである）。たとえば、ロシアでは憲法裁判所と人権裁判所の判決の関係が問題となっている。なかでも、受刑者の選挙権一律剝奪について人権裁判所が条約違反を判示したが、剝奪が憲法上規定されているために、判決執行が難しい。[16] そうした状況において、古参国の憲法裁判所の人権裁判所に対する消極姿勢や他国（本件ではイギリス）における同じ問題は、人権裁判所の影響を減殺するのに有用である。抵抗が、事件ごとの衝突・無視ではなく、一定の論理化・制度化された抵抗となる可能性も懸念されている。[17] 他方、東欧諸国では、憲法改正によって、体制転換時に制定した憲法を変更する傾向も生じていることも注視される。[18] そして、頻発するテロは、ECHRからのデロゲーションを選択する状況を創出しており、この点でもECHRのresilienceが試されている。以前と違うのは、無知・無関心ゆえの拒絶ではなく、国内裁判所においてECHRおよび人権裁判所判例法の理解が進めばこそ対話・衝突が生じる点である。[19] では、古参国の1つであるイギリスとの関係で、さらにECHRのre-

---

16) *Anchugov and Gladkov v. Russia*, judgment of 4 July 2013.
17) これをprincipled resistenceと呼んで、各国の対応について比較する国際会議が2017年6月に実施された（そこには人権裁判所の裁判官も2名出席）。〈https://www.jura.uni-konstanz.de/echr-conference〉（visited 5 November 2017）.
18) *Baka v. Hungary*, judgment of 23 June 2016.
19) Giorgio Repetto (ed.), *The Constitutional Relevance of the ECHR in Domestic and European Law: An Italian Perspective* (Intersentia, 2013); Olga Chernishova & Mikhail Lobov (eds.), *Russia and the European Court of Human Rights: A Decade of Change* (WLP, 2013); Eirik Bjorge, *Domestic Application of the ECHR: Court as Faithful Trustees* (OUP, 2015).

silience、そして ECHR をイギリス国内で実施するために制定した人権法の resilience を検討する。

3　ヨーロッパ人権裁判所とイギリス

(1)　対　話

　イギリスは、1990年代初頭まで申立件数および敗訴件数第1位という不名誉な成績であったが、その後、新規締約国の増加を背景に目立たない存在となっている。しかも、後述するように人権法は ECHR の国内実施において一定の成果を挙げた。だが、数は少ないがハードケースが存在する。

　後述するように、人権法発効後、国内法を ECHR 上の権利と適合的に解釈し、そのように解釈できない場合には不適合宣言を出すという新しい権限を付与された国内裁判所は、当初は、人権裁判所判例法に従うことを方針としていたが（Mirror Principle）、それに対して異なる意見が出始めた。それが具体的に示されたのが、*Al-Khawaja v. UK* 人権裁判所小法廷判決を発端とする、人権裁判所とイギリス裁判所のやりとりである[20]。伝聞証拠法則が問題になった本件において、小法廷は条約違反を認めたのに対して、イギリス貴族院（当時）は国内の別の事件（*R v. Horncastle*）において、人権裁判所の判例に従わない場合がありうることを述べた。とりわけ、Lord Phillips が人権法2条について示した解釈が注目される。すなわち、人権法2条が規定する「ストラスブール判例法を『考慮する』要請は、通常、当裁判所がストラスブール裁判所[21]によって明確に確立された原則を適用するという結果になる。しかし、まれに、当裁判所は、ストラスブール裁判所はイギリスの国内手続を十分に正しく理解し、または、習熟したといえるのか懸念を覚えることがある。そのような場合には、当裁判所はストラスブールの決定に従わない自由があり、そうした理由を述べる。これは、ストラスブール裁判所に、問題となった決定のある特定の側面について再検討する機会を与えることになり、当裁判所とストラスブール裁判所との

---

20)　*Al-Khawaja v. the UK*, judgment of 20 Jan 2009. なお、貴族院判決は原審である控訴院判決（*R v. Horncastle and others* [2009] EWCA Crim 964）を支持するものである。
21)　人権裁判所のこと。ストラスブールに人権裁判所が所在しているため、このように称される。

間の有用な対話となるであろうものが生じるであろう。本件はそうした事件なのである〔傍点筆者〕」。これに対して、人権裁判所はイギリス政府の上訴による *Al-Khawaja v. UK* 大法廷判決において一部結論を変更し、条約違反を否定するに至った。人権裁判所長 Bratza（当時）は、補足意見のなかで、この変更は対話であるといっており、2012年の人権裁判所における年初演説でも対話の重要性を説いている。

(2) 無視──受刑者の選挙権

　人権裁判所と締約国との意見の相違が「対話」を通じて解消されればよいが、事件によっては、対話が成立する余地がない場合もある。イギリスにとってステイルメイトになっているのが、受刑者の選挙権の問題である。2005年 *Hirst* 判決で受刑者の選挙権一律禁止が条約違反であると判示されて以来、この問題は国内において解決の兆しを全くみせないどころか、問題ある国際的判断として挙げられる筆頭になっている。*Hirst* 判決後、同種の申立てが人権裁判所に押し寄せたので、人権裁判所は *Greens and M.T.* 判決において「被告国は、本判決確定後3ヶ月以内に、ECHR 適合的になるように1983年法及び適当ならば2002年法の改正を意図する立法提案を行わなければならず、かつ、閣僚委員会の決定する期間内に要請された法律を制定しなければならない」とするパイロット判決を出す形で応じたが、イギリスは立法提案を行うどころか、庶民院（下院）においていかなる立法改正にも反対するという決議（法的拘束力はない）を行っている。他方、興味深いのは、人権裁判所は、*Greens and M.T.* 判決までは、条約違反は認めるが、違反判決自体が申立人にとって公正な満足となるとして損害賠償を認めず、訴訟費用のみを認めていた。ところが、今や、その

---

22) *R v. Horncastle and others* [2009] UKSC 14, para 11.
23) *Al-Khawaja v. UK*, judgment 15 December 2011（GC）.
24) 詳細は、江島晶子「ヨーロッパ人権裁判所と国内裁判所の「対話」？──Grand Chamber Judgment of Al-Khawaja and Tahery v. the United Kingdom 大法廷判決を手がかりとして」坂元茂樹・薬師寺公夫編『普遍的国際社会への法の挑戦』（信山社、2013年）85頁以下。
25) 北村泰三「重層的人権保障システムにおける受刑者の選挙権──欧州人権裁判所の判例を中心に」法律時報83巻3号（2011年）40頁以下。
26) *Hirst v. UK（No.2）*, judgment of 6 Oct 2005.
27) *Greens and M.T. v. UK*, judgment of 23 Nov 2010.

訴訟費用さえ認めなくなっている。判決執行の監督はヨーロッパ評議会閣僚委員会で行われるが、改善に向けての一切動きがない状態のまま閣僚委員会暫定決議が繰り返される事態が続いており、最新の決議では「重大な懸念（profound concern）」が示された。*Hirst*判決から12年経過したが立法の目途は全く立っていない。だが、閣僚委員会の「リスト」から抹消されることはないので、人権問題として忘却されることはない。

(3) 衝突――テロリズム

「9／11」後、テロリズム対策を強化するなかで、イギリスは数々のテロリズム対策法を制定する一方、アフガニスタン、イラクにイギリス軍を侵攻させたことが、別のタイプのハードケースを出現させた。なかでもメディアの注目を集め、かつイギリス政府をいらだたせたのが *Othman（Abu Qatada）v. UK* 判決である。外国人テロリスト容疑者の取扱いをめぐって、国内法制定・改正、国内外での訴訟、ヨルダン政府との交渉（覚書だけでなく条約締結に至った）を経て、当人のヨルダン送還に至った経緯は、多層的人権保障システムの成果と評価できる部分があるが、一連の経験はイギリス政府（とりわけ内務大臣May（当時））に人権裁判所および人権裁判所判例法に立脚した国内裁判所に対する敵対的姿勢を生じさせた。Mayは、前述の2016年国民投票の際に、EU脱退には反対だが、ECHRから脱退すべきであると公言した。また、副次的効果として、タブロイド紙が「ヨーロッパ」の裁判所や人権法は犯罪者やテロリストの人権を守ると報道することは、多層的システムにとってマイナスの影響を及ぼしている。

---

28) *Firth and Others v. UK*, judgment of 12 Aug 2014（受刑者10人）; McHugh and Others v UK, judgment of 10 Feb 2015（受刑者1015人）; Millbank and Others v UK, judgment of 20 June 2016（受刑者22人）。
29) CM/ResDH（2015）251（9 Dec 2015）.
30) *A v. UK*, judgment of 19 Feb 2009（外国人テロリストの裁判によらない無期限拘束）; *Gillan v. UK*, judgment of 12 Jan 2010（合理的嫌疑に基づかない警察官による身体検査・質問）; *Al Skeini v. UK*, judgment of 7 July 2011; *Al Jedda v. UK*, judgment of 7 July 2011.
31) *Othman（Abu Qatada）v. UK*, judgment of 17 Jan 2012.
32) *Vinter v. UK*, judgment of 9 July 2013も同じカテゴリーに入る。

4 1998年人権法の resilience

　1997年労働党政権の誕生を契機として制定された人権法は、国内憲法（イギリスには成文憲法典がなく、権利章典としても1689年制定のものしかない）ではなく ECHR 上の権利との適合性を国内裁判所に判断させる点で、多層的人権保障システムを体現するモデルの１つとして有効である。不適合宣言は法律を無効にすることはできないが、実際上は、不適合宣言が下された法律について法改正が必要なもののほとんどは法改正が行われているので、準・違憲審査制的機能を果たしている。しかも、国内裁判所も人権裁判所も同じ文言（ECHR）を解釈することから、国内裁判所における判断と異なる判断が人権裁判所で出ることは、国内裁判所にとって他の締約国の場合と比べた場合より困惑的である。だからこそイギリスの裁判所は、当初は Mirror Principle をとったともいえる。

　2000年10月２日から2016年７月31日までの約16年間に、34件の不適合宣言が出され、内22件が確定（22件中13件は法律による対応が取られた）、４件が上訴中、８件が上訴審で覆されており、人権法は一定の実効性をあげている。[33] 最高裁判所は、人権法を憲法的文書（constitutional instruments）の１つとして評価した。[34]

　では、人権法の地位は盤石かというと、前述したような状況から（３参照）、成立以来、政府・野党双方から批判を受けてきた。とりわけ人権法制定以来、保守党は同法廃止を目指してきた。人権法は２年の準備期間をおいて2000年10月に発効したが、翌年には９／11の影響で制定された一連のテロリズム対策立

---

[33] Ministry of Justice, Responding to Human Rights judgments: Report to the JCHR on the Government's response to Human Rights judgments 2014-16 (Cm 9360, 2016). 詳細については、江島晶子「国際人権条約の司法的国内実施の意義と限界——新たな展開の可能性」芹田健太郎ほか編『講座　国際人権法第３巻　国際人権法の国内的実施』（信山社、2011年）151頁以下および上田健介「人権法による『法』と『政治』の関係の変容——不適合宣言・適合解釈・対話理論」川崎政司・大沢秀介編『現代統治構造の動態と展望』（尚学社、2016年）151頁以下参照。

[34] この他に憲法的文書として挙げられているのが、マグナ・カルタ、1628年権利請願、1689年権利章典および権利請求（スコットランドの場合）、1701年王位継承法、1707年合同法に加えて、1972年ヨーロッパ共同体法 ded、1998年人権法および2005年憲法改革法である（*R (on the application of HS2 Action Alliance Ltd) v. Secretary of State for Transport* [2014] UKSC3, para 207）。

法に直面し、以後、人権法は政府にとって「厄介者」となった。準備期間中に「人権を公権力から一般の人々まであらゆるレベルにおいて浸透させる」との意気込みを語っていた実施担当者（内務省 Human Rights Unit）の声を訪問調査で聞いた筆者としては、9／11以後の環境の激変に驚かされた（実際、人権法の担当セクションは、内務省→大法官府→憲法問題府（大法官府が制度変更）→司法省と転々と移動し、HP上の扱いも小さくなった）。

2010年に政権交代すると人権法への風当たりはさらに強まる。もっとも、2010年総選挙で保守党は単独で政権を樹立できず、元来、ECHRの国内法化を主張してきたリベラル・デモクラッツとの連立政権であったために、保守党はマニフェスト（人権法廃止）通りに進められなかった。他方、2012年自由保護法によって、労働党政権下の自由制約を緩和したが、その内の幾つかは、人権裁判所における条約違反判決で問題点が指摘されたものが含まれている[35]。

2015年総選挙によって保守党が単独政権を実現したことから人権法の命運はさらに危うくなる。同党のマニフェストには人権法の廃棄（scrap）とイギリス独自の権利章典が掲げられていたからである。ところが、2016年国民投票の結果が、EU離脱であったために、現在、政府はEU離脱交渉に集中せざるをえず、人権法廃棄は事実上棚上げ状態である。だが、内務大臣時代（2010-2016年）の経験ゆえにECHRに敵対的なMayが首相に就任したことから、ECHR脱退と人権法廃棄は長期的にはアジェンダ上にあり続ける。Mayは、解散はしないといっていたにもかかわらず、保守党断然優位という世論調査に基づき2017年6月8日の総選挙を実施した。その理由は、Brexitに関して国民のなかに対立はないのに、議会内に対立がありBrexitの妨げになるので、Brexitの妨げになる議員に退場してもらい、強いリーダーシップを獲得し、離脱交渉を有利に進めるためである。ところが、結果は保守党が13議席喪失（過半数を割った）、労働党が30議席を獲得（過半数に届かない）で、過半数を得た政党が存在しないというハング・パーラメント状態を招来した（保守党はDUPと協定を結び、少数派内閣を成立させた）。民意の測りがたさを示す典型例であるが、他方で、イギリス国民の民意は2016年国民投票の結果（こちらはYesかNoかで示

---

35) 例として、*S and Marper*, judgment of 4 Dec 2008.

される）よりも複雑だということである

　以上のような厳しいかつ混乱した状況に置かれながら、いまだ人権法は手付かずのままである。人権法が多層的システムの一部であることからくる強みがあると推測できる。議会主権のイギリスにおいては、すみやかな廃止も議会内の状況次第では可能であるにもかかわらずである。EU 自身が人権保障に力を近年入れてきたことから、EU 離脱はイギリスの人権保障に大きな影響を与える（これはひとえに現在 EU 法によって実現されている人権保障をどこまで廃止するかにかかっている）。多層性を減じようとしているイギリスの動向は、多層的システムの resilience を検証するために今後も注視する必要がある。

おわりに

　現時点では、国際人権保障は自国第一主義に飲み込まれてしまうほど脆弱ではないと考えるが、本稿のなかで指摘した幾つかの要素は、それが組み合わさるとシステムの循環を阻害する要因になりうるし、最悪の場合には循環するシステムのなかでマイナス要因を普及させた上、多層的システムを終了させることも可能である。現時点で、必要なのは、正しい情報の交換を基礎とした継続的「対話」である。そしてそこからならば、ヨーロッパ地域に限定せず、他地域においても可能である。また、ある地域が別の地域のカウンター・バランスとして働きうる。多層的システムの resilience は、地域の拡大によって一層高めうることを強調しておきたい。[36]

（えじま・あきこ　明治大学教授）

---

36)　Kumm, supra note 7, 3.

第IV部

統治機構論の主要問題

第19章

選挙と代表・正統性

―― フランスにおける政治法の一側面

只野雅人

はじめに

　今日、様々な方向から選挙を中心とした代表民主政のあり方が、さらにはその正統性が問われている。政党をめぐっても、「民意」を議会に反映するフィルターとしての選挙制度をめぐっても、また数年間の政治的意思決定の基盤となる選挙それ自体についても、その正統性に疑問符が突きつけられている。デモのように、選挙とは異なる非制度的な回路を通じた「民意」の表出にも注目が集まる。

　選挙をめぐる言説や分析には事欠かないが、選挙を中心とした代表民主政の意義あるいは正統性やその限界を厳密に学問的に論じようとすれば、問われるのはその作法である。憲法学からこうした問題を論じようとするとき、どの様な方法で何を論ずべきなのか。

　憲法学は Constitution をめぐる法学であるが、同時に、Constitution の運用・実践をめぐっては、政治学と共通に、「政治」という、法学的な理論や概念の道具立てでは容易に把握できない領域にも関心を寄せざるをえない。よく

---

1)　政治はもとより多義的な概念であり、本稿はその一面を論じるにすぎない。より大きな意味での「政治」をめぐり、憲法的合法性の探究には収斂しえない、憲法を背後から支えるより大きな「何か」の所在を主題化する論攷として、林知更「『政治』の行方――戦後憲法学に対する一視角」岡田信弘・笹田栄司・長谷部恭男編『憲法の基底と憲法論　高見勝利先生古稀記念』（信山社、2015年）143頁。

知られるように、伝統的に後者の側面を重視し、政治学的憲法学ともよばれる傾向が主調をなしてきたのがフランスである。選挙制度や選挙の分析は、その中心的なテーマの１つであった。

今日のフランス憲法学では、政治学的憲法学に対する批判が強い。しかし同時に、必ずしも狭義の法律学には解消しえない憲法学の性格も意識されており、それは政治法（droit politique）という形で主題化されている。政治法に関心を寄せる憲法研究者の学風は多彩であるが、以下では、『憲法学における選挙の観念——フランス公法学からの選挙の法理論への寄与』と題する大著を公刊したドジェロン（Bruno Daugeron）の議論を手がかりに、選挙とその正統性という問題に憲法学がどの様に向き合うべきかを考えてみたい。法学的な方法論から従来のフランス憲法学における選挙の概念を批判的に検証するドジェロンの論攷は、憲法学が政治を論じる作法についての重要な問題提起となっている。

まずは前提として、往時の政治学的憲法学の２人の主役、デュヴェルジェ（Maurice Duverger）とビュルドー（Georges Burdeau）を取り上げることで、憲法学が政治と向き合う困難さ——「政治法の罠」——を確認しておきたい。

1　フランスにおける政治と憲法学
　　——諸学の交差点と単数形の政治学

第二次大戦後から1970年代にかけて隆盛したフランスの政治学的憲法学の中心が、日本でもよく知られるデュヴェルジェであった。デュヴェルジェは当初、将来を嘱望された公法学者として学問的キャリアを開始したが、第二次大戦後、政治学に転じる。アメリカ的な政治科学（political science）、あるいは社会学の手法を動員し、「諸学の交差点（carrefour de disciplines diverses）」としての政治

2）「政治法」については、山元一・只野雅人編『フランス憲政学の動向——法と政治の間』（慶應義塾大学出版会、2013年）を参照されたい。
3）B. Daugeron, *La notion d'élection en droit constitutionnel*, Dalloz, 2011. 学位論文をもとにした1200頁もの大著である。選挙をめぐる論点が網羅的に取り上げられた、選挙百科とでもいうべき著作である。その全体像を論じたものとして、辻村みよ子『選挙権と国民主権』（日本評論社、2015年）257頁以下を参照。本稿では方法論的な側面に焦点を合わせる。
4）B. Daugeron, *supra* note 3, p.1177.

学を目指し、憲法学者としても活躍した。ここではその業績に深く立ち入る余裕はないが、アカデミズムの枠にとどまらずメディア・論壇において華々しく活躍し、政治家とも親しい関係をもったデュヴェルジェは、まさに「社交界の法学者（juriste mondain）」であった。

　第4共和制から第5共和制前期という、政治制度の変革と変容の時期に活躍したデュヴェルジェが、政治科学（political science）に傾倒し、その知見を憲法学に持ちこんだことには相応の理由がある。しかしそのようにして構築される憲法学は、「法学者の称号という象徴的資本」の喪失のリスクとも隣り合わせであった。政治学が一貫した方法や体系性を備えた学知としてはいまだ確立の途上にあった当時のフランスでは、そうしたリスクは大きかった。

　今日においても、選挙制度と政党システムをめぐる「デュヴェルジェの法則」、あるいはデュヴェルジェが提唱した半大統領制という概念は、政治学の領域ではしばしば参照され、モデルや分析概念として用いられる。他方、フランス憲法学においては、デュヴェルジェについての否定的な評価が定着している。そうした評価の背景には、デュヴェルジェがナチスの傀儡・ヴィシー政権下で果たした役割に対する批判がある。しかし加えて、デュヴェルジェに限らず、明確な概念や理論を欠いた「印象主義的憲法学」自体に対する批判もまた強いように思われる。

　一方、デュヴェルジェとは異なる方向性を目指したのが、政治学的憲法学のもう1人の主役ビュルドーであった。ビュルドーは、「遺物：憲法観念」と題する1956年の小論の中で、「憲法は政治生活の表明を枠づけていない。政治生活は憲法規定の余白で展開されている。そしてそれこそが、現下、政治学の研究が人気を博している理由である。」という、大胆な指摘を行っている。

5）　デュヴェルジェをはじめとする政治学的憲法学については特に、樋口陽一『近代立憲主義と現代国家』（勁草書房、1973年）51頁以下を参照。
6）　B. François, *Naissance d'une constitution*, Presses de Sciences Po, 1996, p.103 et s.
7）　*Ibid.*, p.124.
8）　B. Le Gendre, « Duverger, un jeune juriste sous l'Occupation », *Le Monde*, le 22 décembre 2014.
9）　たとえば、A. Le Divellec, « Le prince inapprivoisé. De l'indétermination structurelle du Président de la Vᵉ République », *Droits*, n°44, 2007, p.102-103.
10）　G. Burdeau, « Une survivance: la notion de Constitution », in *L'Évolution du droit public. Études offertes à Achille Mestre*, Sirey, 1956, p.54. 同論文は後掲の論集（注43）にも収録されている。

ここでビュルドーが用いる「政治生活（vie politique）」という言葉は、そこから通常イメージされる「政治生活」には限られない、より広義の概念である。法学の枠にとどまることに限界を感じたビュルドーは、人間の政治的条件全体の認識をめざす総合的学知としての政治学を志向し、巨大な学問体系を構築してゆくことになる。ルカ（Jean Leca）は、ビュルドーについて、「余儀なくして政治学者となった憲法学者」であったと評している。

ビュルドーが特にこだわりをもったのは、複数形の政治学（sciences politiques）――諸学の交差点――ではなく、広義の政治をめぐる単数形の学問としての政治学（une science politique）であった。それは、通常理解される「政治学」とは相当に趣を異にしている。

諸学の交差点と単数形の政治学という、相反する政治との応接の仕方から浮かび上がるのは、憲法学が政治と向き合うに際に直面する困難さである。政治というダイナミックな営みの分析は、固い法学の枠組には収まりにくい。しかし政治の領域に歩を進めれば、憲法学という学知の固有性の喪失や政治学への溶解という問題も生じる。

これに対して、政治学的アプローチとはっきりと一線を画し、固有に法学的方法から選挙の概念を検討しているのが、次にみるドジェロンである。

2　選挙と代表・正統性――概念と後成

(1)　選挙概念の「法的解剖」

選挙概念の検討にあたりドジェロンがまず問題とするのは、必ずしも厳密に

---

11)　「政治科学」を超えたビュルドーの学問体系につき、櫻井陽二『ビュルドーの政治学原論』（芦書房、2007年）を参照。

12)　J. Leca, « Les deux sciences politiques en relisant Georges Burdeau», *Revue française de science politique*, Vol.62 n°4, 2012, p.648-649

13)　*Ibid.*, p.637.

14)　憲法学・政治学の結節点に位置すると同時に、オーリウの唯心論の継承者ともいわれる（J.-J. Clère, «Georges Burdeau», in P. Arabeyre et al., *Dictionnaire historique des juristes français XIIe-XXe siècle*, PUF, 2^{e}éd, 2015, p.191-192）。時本義昭『法人・制度体・国家』（成文堂、2015年）14頁以下をも参照。

15)　L. Favoreu et al., *Droit constitutionnel*, Dalloz, 18^{e}éd, 2016, p.27.

は学問的といえないような、選挙をめぐる様々な言説の流布である。「投票」「政治参加」「民主主義的表明手段」など、政治生活に偏在する選挙をめぐる様々な言説を、ドジェロンは「政治学者的視点の帝国主義」であると批判する[16]。本来は、国民（人民）のために意欲する者の指名手続にすぎなかった選挙が、政治学と憲法学の境界に位置する代表、民主主義、正統性、権威といった別の概念と結びつくことによって、変質してしまったというのである。

こうした状況を前にドジェロンが目指すのは、「法と政治が交錯する現象に法学的まなざしを注ぐ」[17]ことを通じ、歴史的な変遷の過程のなかで法的な選挙概念がまとってきた外被をはぎ取ってゆくという作業である。ドジェロンはそれを、選挙概念の「法的解剖」と呼ぶ。ドジェロンは、著書の目的について、歴史家ヴェーヌ（Paul Veyne）が依拠した「後成（épigénèse）」という概念を用いて[18]、「相次ぐ『付加と修正を通じた』その漸次的形成を明らかにすること」[19]であると述べている。後成とは発生学の用語で、個体の原型があらかじめできあがっているとする前成説に対置されるものである。

代表、そして正統性という、憲法学において選挙と不可分に論じられる概念をめぐる「法的解剖」の手並みについて、次にみてゆくことにしたい。

(2) 選挙と代表

ドジェロンが検討の起点に据える選挙概念は、今日においてもフランスの国家をめぐる法理論の着想の元となっている革命期の法概念である。1791年憲法の下では、選挙は、一般意思を形成する者——国民のために意欲する者——の選出手続にすぎなかった。議会とともに国王が代表として位置づけられたことはよく知られている。そもそも人民の意思（一般意思）は代表者が形成するのであって、選挙に先立って存在するものではない。それゆえ代表という職務は、

---

16) B. Daugeron, *supra* note 3, p.10.
17) *Ibid.*, p.49.
18) ヴェーヌは、ヨーロッパの根がキリスト教にあるのかという問いをたて、「ヨーロッパはキリスト教のなかであらかじめ形成されたわけでもなく、ある萌芽が成長したものでもなく、ひとつの後成の結果なのである」と述べている（ポール・ヴェーヌ（西永良成＝渡名喜庸哲訳）『「私たちの世界」がキリスト教になったとき』（岩波書店、2010年）179頁）。
19) B. Daugeron, *supra* note 3, p.40.

あらかじめ法の外に存在する意思を具体化する営為ではなく、あくまで憲法が付与した職務——選挙からは独立して一般意思を形成すること——にすぎなかった。古典的代表として知られる観念である。

しかるに、選挙はやがて代表と不可分に結びついてゆく。そして選挙と結合することで、一般意思を形成する（国民のために意欲する）者の指名から、一般意思の表明へと、代表はその意味を変えることになる。一般意思を形成する者を選出する者の集団（選挙人団）が、人民そのものと等置され、選挙は人民による一般意思の表明であると考えられるようになってゆくのである。

こうした選挙概念と代表概念との結合、そして選挙概念の変質は、普通選挙導入以降加速化する。選挙人団の範囲が拡大し多様な利益の衝突が内包されるようになると、議員が有権者の意向に沿って行動することはもはや否定し難い事実となる。選挙が、単なる指名手続から、「しばしば決定的な影響力を被選挙人の活動に及ぼす、選挙人に与えられた手段」となったとカレ・ド・マルベールが述べたことは、よく知られている[20]。法的論証でなく事実による証明によって、概念が変質し、「維持し難い純一性」から「モデルの経験的論混淆」への移行が生じたのだと、ドジェロンは述べる[21][22]。こうした事実の変化を記述する概念として登場したのが、半代表であった。

さらに、ドジェロンによれば、代表の概念は代表性（représentativité）の概念へと変容してゆく。「その一体性における政治体の代表からその多元性における政治体の代表への移行」が生じたとして、ドジェロンは次のように述べる[23]。

> 「代表される者の意思はもはや代表する者の意思には還元されず、それに先行する。国家をその意思の中で再・現前（re-présenter）させるのではなく、意見の諸潮流や諸利益の中で社会を再・現前させる、すなわち再生することになろう。」

重視されるのは代表されるものとの類似性である。類似＝代表は、日本で社会学的代表として知られる考え方とも重なり合う。そうして生じるのが、比例代

---

20) R. Carré de Malberg, *Contribution à la théorie générale de l'Etat*, tome 2, Sirey, 1922, p.382.
21) B. Daugeron, *supra* note 3, p.29.
22) *Ibid.*, p.26.
23) *Ibid.*, p.636.

表、さらには利益代表といった主張であった。

　代表性はまた、選挙の母体となる領域（選挙区）と議員との紐帯（lien）という契機をも内包している。選挙区は本来、選挙のために人為的に国土を区分したものにすぎない。しかしそうした本来人為的な場を通じて、選ぶ者と選ばれる者との間の有機的紐帯が想定されることになる。「場（lieu）と紐帯（lien）が代表としての選挙の本質的要素となる[24]」のだと、ドジェロンは指摘している。

(3) 選挙と正統性

　選挙はさらに正統性の概念と結びつき、権力の正統化の手段となり、民主的正統性の淵源としても位置づけられてゆく。

　ドジェロンによれば、権力の正統性は本来、適法性（légalité）によって説明されるべきものである。法的には、共通の意思から生み出される法規範に適合していることこそが、権力の正統性の淵源となる。しかるに、選挙概念と正統性概念が結合することにより、正統性の入れ替えが生じる。憲法に適合した権限の行使ではなしに、選挙という「民主的塗油（onction）」こそが、正統性の淵源とみなされるようになるのである。宗教性から解放され法的手続として中立的に構想された選挙の概念が、ふたたび神学的メタファーをまとうことになると、ドジェロンは指摘する。[25]

　規範（憲法）による授権ではなしに、手続（選挙）による授権が正統性を生み出すものとみなされ、「出自が目標に優位する[26]」ようになる。選挙による正統性という観念は、暗黙裏に、「憲法テクストという法源の外に存在するような正統性を含意している[27]」とドジェロンは述べる。

　選挙概念と正統性概念の結合は、さらに、選挙による正統性（民主的正統性）を基準とした国家諸機関の階層化という帰結をももたらす。ドジェロンによれば、本来、憲法上の権限配分とそれを定める規範への適合性に由来する問題が、民主的正統性の強弱、普通直接選挙との近接性を基準に、説明されている。両

---

24)　*Ibid.*, p.692.
25)　*Ibid.*, p.44.
26)　*Ibid.*, p.943.
27)　*Ibid.*, p.943.

院関係、議院の自律権、法律と命令の関係などである。第5共和制においては、大統領直接公選制が導入されたことで、議会との関係で執行権の格上げも図られた。

　こうした問題を検討した上で、ドジェロンは、民主的正統性の「法的無意味さ」について次のように論じている[28]。

>　「憲法学の観点からは、あらゆる適法（légale）な権威は必然的に正統であり、統治はまさしく適法であるがゆえに正統なのである」「こうした条件では、立憲主義に発する法的枠組みでは、いかなる『正統性の欠損』も存在し得ないであろうということを認めなければならない。」

　選挙による正統化という観念は、ドジェロンによれば、さらに法的には説明のつかない問題を内包している。正統性の競合、そして正統性の期限という問題である。

　まず、選挙による正統性という観念は、選挙された機関相互間の正統性の競合という問題を生じる。この点が特に問題となったのが、三度のコアビタシオンであった。いずれの場合においても、敵対的な議会多数派と対峙することになった大統領は、下院・国民議会の選挙結果を尊重し、多数党となった勢力から首相を任命した。現実には、大統領が後者の正統性に一歩譲ることとなった。

　しかしドジェロンによれば、コアビタシオンは、法的には、あくまでも憲法上の権限関係あるいは権限行使に帰着する問題である。政治的事象の説明に選挙による正統性という観念を持ちこんだことで、正統性の競合という法的には説明しようのない難題が生じたというのである。すなわち、「いわゆる『国民全体』による、『上位』の単一の選挙から発するがゆえにより高次にあるとみなされるが、より古い共和国大統領の正統性」、そして「より小さな選挙区から選ばれるがゆえに限定された、しかし爾来よく知られたレトリックによれば、より直近の代議士達の正統性」との競合である[29]。

　法的観点からは、選挙の性格が異なるだけに、いずれが優先すべきか、にわかには決し難い。「直近の投票は、選挙の対象が異なる限りにおいて、必ずし

---

28) *Ibid.*, p.986.
29) *Ibid.*, p.1028.

も人民の『最も奥深い』意思を表明するわけではない」とドジェロンは述べる。同様の問題は、日本の「ねじれ」国会の例が示すように、議会両院の関係をめぐっても生じうる。

　普通直接選挙への近接性という観念は、機関間の競合という以上に、何より正統性の時間的競合の問題である。しかしそこにも難題がある。「いつから選挙された議員が正統性を失うのか、あるいはそうみなされるべきなのか」は、ドジェロンによれば、法的には決めようのない問題である。さらに「あらゆる機関が常に自らよりも正統な、すなわちこの場合にはより直近のものに脅かされる」という、「終わりなき競争」も帰結される。結局、「諸観念の絡み合った糸を解きほぐす」ためには「法学への回帰」によるしかないと、ドジェロンは述べる。その上で、正統性を論じる法学者の作法について次のように指摘する。

> 「権能規範の外に正統性があるとしても、その分析は法律家の役割ではない。法律家は、首尾一貫するのであれば、法規範の中にのみ正統性や権威をみるべきである。個人的権威が存在するとしても、法学にはいささかも、それを説明する資格も能力もないのである。」

　かかる立場をとるドジェロンは、正統性をめぐる議論を、「疑似学問的言説」であると手厳しく批判する。「緩い概念」であるがゆえに、「法学が冷淡なアプローチしか提供していないとみなされる現象」をめぐり、それが重宝されているというのである。

3　「固有に法学的な方法」の意義と限界

(1)　政治法の罠

　ここまで、代表と正統性という2つの概念をめぐる、「固有に法学的な方法」による選挙概念の「法学的解剖」の試みについて概観してきた。解剖の手並みは鮮やかである。自覚的方法論に基づき印象主義的手法を排した一貫した分析は、ポリス＝公共社会の法という意味での「政治法」の1つの方向性を示して

---

30)　*Ibid.*, p.1035.
31)　*Ibid.*, p.1038-1039.
32)　*Ibid.*, p.1034.

いるように思われる。とはいえ率直な疑問として残るのは、その結果何がもたらされるのか、という点である。

　法的解剖の意義について、ドジェロンは、法的論理の固有性を見出すという、「発見的（heuristique）」なものであると述べている。「主権、代表、一般意思などの諸概念をめぐり、政治的、社会学的あるいは歴史的意味が存在するとしても、いかにそれらがそうした意味には還元されない自律した法的含意を、法における役割を、もつものであるか」を示すことが重要だというのである。憲法学は、法的次元と政治的次元の間に存在しうる位相差（décalage）──「政治法の罠」──を、特権的な研究領域としている。ドジェロンによれば、法的論理の固有性を提示することで、「選挙や党派的戦略に錨止めされた政治学的アプローチにより歪められている政治的次元」に一石を投じ、それらが「制度の論理が考慮せざるを得ないものであることを際立たせる」ことになるという[34]。

　ドジェロンの法的解剖により示されるのは、また、「並外れた変容能力」[35]ゆえに、法概念は変容を被り絶えず意味を変えながらも存続し続けるということである。そうした概念の意味の変化は、「国家論の論理の観点からするとあらゆる意味あるいは一貫性を奪う」[36]ことになる。とはいえ、そうした変容が帰結する法概念の未確定性は、ドジェロンによれば、「言語とその変化」に依存するものであって、完全には免れ難いものでもある。ドジェロンは、憲法学が「理論的観点からは意味をもたないがゆえに、実定規範におよそ一貫性をもたらすことも、それらの正統化に役立つこともない諸原理に立脚しうる」という事実に注意を促している[37]。

　ドジェロンは、別の論攷では、「共通言語のことばを用いながらもそこに大きく異なる意味を付与する政治法の言語の曖昧さ」[38]についても語っている。そこから導かれるのは、「法学者は、法学者として語り続けるべきであり、それ

---

33) 樋口陽一「まえがき　憲法学の『法律学化』と『政治学的傾向』をこえて？」山元・只野編・前掲注2）i頁。
34) B. Daugeron, *supra* note 3, p.1177.
35) *Ibid.*, p.1179.
36) *Ibid.*, p.1183.
37) *Ibid.*, p.1183.
38) B. Daugeron, « De la volonté générale à l'opinion électorale: réflexion sur l'électoralisation de la volonté collective », *Jus Politicum*, volume VI, 2014, p.19.

なくしては、その職業（métier）は、そしてそれゆえその存在理由は、必ずしも言葉の最も高貴な意味ではない政治をはじめとするその余のものの中に溶解してゆくであろう」という、固有に法学的な方法に徹する、禁欲的な姿勢である。この一節からは、固有に法学的な方法の意義と限界の双方が垣間見えるように思われる。

(2) 政治と憲法学

　たしかに、法的次元と政治的次元の間に存在しうる位相差——「政治法の罠」——についての自覚は重要である。憲法学が政治と法の境界に踏み入る際、「疑似学問的言説」に陥らないためにも、その認識は不可欠であろう。

　とはいえ、固有に法学的な方法とそれに基づく職務に徹すること、それは結局、法的概念や論理の純一性の維持と引き替えに、現実を説明しえない「冷淡なアプローチ」に終始することでもある。そこに満足せず、歩を踏み出すことにも相応の理由があろう。ドジェロン自身が認めるように、概念それ自体の「並外れた変容能力」ゆえに法的概念・論理と現実との間に乖離が生じることは避け難い。代表性、あるいは正統性といった概念は、厳密な法的論理からは説明のつかない曖昧さを内包しているとしても、生ける現実との関係では、「冷淡なアプローチ」に優る魅力と説明能力をもっているように思われる。

　さらに、選挙概念と代表・代表性、正統性といった概念との結合は、はたして「後成」として説明し尽くせるのかという疑問もある。たとえば歴史家ゲニフェイ（Patrice Gueniffey）は、場が紐帯に転化する契機は国土を選挙区に区分して選挙を実施したことのなかにすでに含まれていたとし、「その形態の大部分が保持される1789年の代表制は、実質的に、法的には拒絶された紐帯をつくりだす」と述べている。選挙という仕組みのなかに、仮象（virtuel）の代表を変質させる実体的（réel）な代表の萌芽が含まれていた、ということである。

　また、「完全無欠の憲法はうまく機能しない」という点も指摘しておきたい。

---

39) B. Daugeron, « Les électeurs sont-t-ils le peuple ? Peuple, citoyens, électeurs en droit constitutionnel: essai de distinction théorique », in *La Constitution, l'Europe et le droit. Mélanges en l'honneur de Jean-Claude Masclet*, Publication de Sorbonne, 2013, p.184.

40) Gueniffey, *Le nombre et la raison. La Révolution française et les élections*, Édition de l'École des hautes études en sciences sociales, 1993, p.167.

憲法は政治を規律するが、政治という営みを生かすためのある種の余白もまた、憲法には必要であるように思われる。そうした憲法テクストの余白において、適法性としての正統性だけでは説明しえない競合の問題は常に生じうる。法概念は、厳密ではあっても、そうした生ける現実を説明するには「狭隘にすぎる」のではないか。

小考をむすぶにあたり、憲法学の政治との付き合い方を考えるために、最後に今一度、「余儀なくして政治学者となった憲法学者」に立ち返ってみたい。

むすび

ドジェロンの大著に序文を寄せている政治学者ダンカン（Jena-Marie Denquin）は、2011年に刊行されたビュルドーの論集――『憲法学・政治学論集』――の序文をも執筆している。そのなかでダンカンは、ビュルドーの政治学の特徴が、「憲法と制度の実際の機能という意味での政治体制との間の乖離を測定し分析する能力」にあったとした上で、憲法学と政治学との間の位相差には「通時的側面」があることに注意を促す。そして、「法・政治システムは、実に様々な要因の圧力のもと、しかもそれら諸要因を生み出し規律するとみなされるテクストの句読点ひとつ変わらないままに、時間とともに変化しうるのだ」と述べている。それこそがまさに、ビュルドーの生きた第3共和制・第4共和制の憲法下で生じたことであった。そうした指摘は、大統領制の論理（大統領直接公選・議会との分立）と議院内閣制の論理（政府の対議会責任）の双方を内包し、政治状況において様々に姿を変えてきた可変構造（geometries variables）の第5共和制憲法に、なお一層あてはまろう。

ダンカンはさらに、フランスの政治学と憲法学の現状について、「奇妙な類似によって、政治学が社会学との関係でたどったのと同じ、地位の向上＝通俗化（promotion-banalisation）という道程を、憲法学も経験してきた」と述べて

---

41) J.C. Mansfield, *Taming the prince: the ambivalence of modern executive power*, Free Press, 1989, p. 278.
42) B. Daugeron, *supra* note 39. p.184.
43) Préface de J.-M. Denquin, in G.Burdeau, *Écrits de Droit constitutionnel et de Science politique*, Édition de Panthéon-Assas, 2011, p.12.

いる。政治学の場合には「包摂」——政治を社会に還元する政治社会学 (sociologie politique) への傾倒——によって。そして憲法学の場合には「排除」——politique なものを切り捨てた憲法院の判例分析への強い傾斜——によって[44]。こうした状況は、とりもなおさず、ビュルドーの論攷が今日あらためて公刊されるべき理由ともなっている。

　憲法学が政治と向き合う手法に定まった型や方法があるわけではない。「政治法の罠」を自覚しつつ手探りを続けることは、筆者自身の課題でもある。

(ただの・まさひと　一橋大学教授)

---

44)　*Ibid.*, p.14.

第 20 章

Popular Originalism は可能か？
―― ティーパーティ運動が突きつける難題

大河内美紀

はじめに

　1980年代以降、アメリカ合衆国憲法学では、原意主義（Originalism）と呼ばれる解釈方法論が存在感を示している。原意に基づく解釈を志向するこの立場は、当初からそのイデオロギー性や方法論的困難が指摘されてきたが、共和党政権下での裁判官人事の影響もあり、とりわけ実務に看過し難い影響を与えてきている。2008年に連邦最高裁が下したヘラー判決では全ての判事が何らかの形で原意に言及、「原意主義の勝利」[1][2]との声があがったのは象徴的な出来事だった。

　これに対抗する形で1990年代頃登場したのが、ポピュリスト立憲主義（Populist Constitutionalism）である。ラリー・クレイマーに代表されるその議論の特徴は、市民の政治参加を重視することである。とりわけ、熟議や公共善ではなく人民のエネルギーそのものに期待をかける傾向が強いことが指摘される。

　原意主義とポピュリスト立憲主義は、一般に相容れないと考えられてきた。[3]理由は2つある。ひとつは方法論的不一致で、原意主義が原意・文言に拘束さ

---

1) District of Columbia v. Heller, 554 U.S. 570 (2008).
2) Federalist Society, *Civil Right:* The Heller Case, 4 N.Y.U. J. L. & Liberty 293, 306 (2009).
3) Strang, *Originalism as Popular Constitutionalism?: Theoretical Possibilities and Practical Differences*, 87 Notre Dome L. Rev. 253, 253-254 (2011).

れた解釈を基軸とするのに対し、ポピュリスト立憲主義は動態的な「生ける憲法」に理解を示す。もうひとつは政治的不一致である。原意主義が政治的保守またはリバタリアニズムに親和的とされるのに対し、ポピュリスト立憲主義の支持者には政治的リベラルや革新主義にコミットする者が多い。

ポピュリスト立憲主義の出自に鑑みれば、これは当然ともいえる。ポピュリスト立憲主義は保守化した連邦最高裁への反動として登場したからである。無論、一口にポピュリスト立憲主義といっても論者ごとに主張は様々であり、原意主義の側にも「新しい原意主義」と呼ばれる潮流が登場するなどの変化がみられる。とはいえ、両者を対照的に捉える見方は根強い。

2009年に巻き起こったティーパーティ運動は、この共通認識を揺るがすものだった。というのも、「アメリカを憲法の原則に立ち返らせる」をスローガンに掲げるティーパーティ運動の憲法論は、ポピュリストによる原意主義の主張——Popular Originalism——とも見えるからである。相容れないはずのこの２つを接合させることは可能なのか。それを可能にした要因は奈辺にあるのか。

ティーパーティ運動自体は一過性の過激なムーヴメントにすぎないともいえ、また、運動上のスローガンと憲法理論とを同列に論じられないことは当然である。しかし、ティーパーティ運動の憲法論が社会的支持を集めたこともまた事実である。本稿は、この「接合」を招いた原因を探ることによって、原意主義およびポピュリスト立憲主義を再考する一助としようとするものである。

1　原意主義とポピュリスト立憲主義の接合可能性

(1)　理論的整合性

そもそも原意主義とポピュリスト立憲主義に接合可能性はあるのか。リー・ストラングは、ポピュリスト立憲主義の核心を憲法解釈の実践に「一般の人々」という契機を含み込ませること・それに伴い裁判所による解釈の優越性を否定することと捉えた上で、原意主義の主張は多少なりともそれと結びつくと指摘する。とはいえ、原意主義にも様々なヴァージョンがあり、ポピュリスト立憲主義と結びつくには特定の要素を具える必要がある。[4]

ひとつは、デパートメンタリズムの受容である。政府の各部門は各々権限内

の対象・活動に関する解釈上の優越性を有すると解するデパートメンタリズムは、大統領や議会に独自の憲法解釈を行う余地を認めており、それ故に司法の憲法解釈の優越性に一定の限界を画す。原意主義者のなかでもマイケル・パウルセンを筆頭にスティーブン・カラブレシらがこれに好意的であり、彼らの主張はポピュリスト立憲主義の核心をなす裁判所の解釈の優越性の否定につながる。[5]

あるいは、政治部門に対する司法の敬譲である。憲法典それ自体が司法の敬譲を要請していると捉えた場合、原意に基づく解釈を行うことは政治部門の憲法解釈を尊重することにつながる。ストラングは、キース・ホイッティントンら近時の原意主義者はそこから離れていっているものの、ロバート・ボークらの古典的原意主義は司法の敬譲を基礎としていた、と指摘する。ストラングによれば、この要素こそが原理的に原意主義をポピュリスト立憲主義と結びつけるものとなる。[6]

同様に、憲法典それ自体が政治部門に解釈の余地・権限を広く与えていると解する立場に立っても、原意主義はポピュリスト立憲主義に接近する。ストラングは、ランディ・バーネットのようにリバタリアニズムにコミットする原意主義者はこれを承認したがらないが、カラブレシなど政治的保守に立つ原意主義者はこれに比較的親和的だとする。[7]

第四に、憲法構築の承認である。憲法構築とはホイッティントンが用いた概念で、憲法解釈と区別される、劣決定な——唯一解を求めることができない——憲法典の意味による拘束のなかで憲法のドクトリンを作り上げるプロセスを指す。[8]今日では多くの原意主義者がこの憲法解釈と憲法構築の区別を受け入れている。ただし、ホイッティントンは政治部門が憲法構築を行うことを承認するが、バーネットは司法部門にそれを期待するなど、どの部門に憲法構築を認めるかは論者によって異なる。政治部門への委任と結びつく憲法構築を組み

---

4) *Id.* at 264-265.
5) *See, id.* at 266-267.
6) *Id.* at 268-269.
7) *See, id.* at 270-271.
8) *See,* Keith Whittngton, Constitutional Interpretation: Textual Meaning, Original Intent, and Judicial Review 5-14 (1999).

込む場合には、原意主義はポピュリスト立憲主義に接近する[9]。

最後に、先例の承認である。原意によって正当化できない先例の取扱いは早い時期から原意主義の困難として指摘されてきたが、今日では多くの原意主義論者が非原意主義的な先例をある程度承認している。先例の承認が直ちにポピュリスト立憲主義と結びつくわけではないが、ポピュリスト立憲主義の論者は社会運動がしばしば連邦最高裁の先例に結実してきたことを指摘しており、これらを先例と認めた場合、その原意主義はポピュリスト立憲主義と結びつく可能性がある[10]。

(2) 実践的困難

このように、原意主義とポピュリスト立憲主義は必ずしも二律背反ではない。骨組型原意主義という独自の原意主義を採るジャック・バルキンが、ポピュリスト立憲主義の特徴のひとつである「生ける憲法」と原意主義とは「コインの裏表」だと述べるのは別段としても[11]、理論的には両立可能性をもつといえよう。しかし、先述のように、両者を並べることは一般に奇妙にみえる。その理由をストラングは次のように説明する。

第一に、歴史である。日本の憲法学はウォーレン・コートにおける政治的リベラルに親和的な諸判決の影響を強く受けており、それが違憲審査制への期待に繋がっている節があるが、ストラングは、歴史的にはポピュリスト立憲主義こそがリベラルの「伝統的な家」だとする。彼によれば、ニューディール期における立法府の判断への司法の敬譲がリベラルな法的思考の理想型であり、ウォーレン・コート期にはそれが地下に潜っていただけである[12]。

確かに、合衆国にはポピュリズムが進歩的・改革的な社会運動として現れた歴史があり、それがポピュリズムへの肯定的評価に結びつくともいわれる[13]。ニューディール期の政治と司法の関係についてのストラングの評価は頷ける。ただし、レベッカ・ゼトロウが指摘するように、合衆国には保守的なポピュリス

---

[9] Strang, *supra* note 3, at 272-274.
[10] *Id.* at 275-276.
[11] Balkin, *Framework Originalism and the Living Constitution*, 103 Nw U. L. Rev. 549, 551 (2009).
[12] Strang, *supra* note 3, at 279-291.
[13] 拙稿「ポピュリズムと『統治の正統性』」法律時報88巻5号(2016年)16頁以下参照。

ト立憲主義の歴史も存在する[14]。歴史による説明は傾向を示すにとどまる。

その他にストラングが挙げるのは、社会学的説明とリアリズムによる説明である。前者は合衆国法学の主流は長らくリベラリズムであり「悪名」である原意主義は名乗りたがらないというもの、後者は論者の政治的志向——とりわけ古典的な原意主義者の政治的保守志向——ゆえに原意主義はリベラルによる「生ける憲法」の主張を受け入れたがらないとするものである[15]。これらはいずれも論理連関をいうものではない。むしろ、原意主義とポピュリスト立憲主義とが対立する「実態」が先にあり、結果として両者の接合可能性は等閑視されてきたといえる。ティーパーティ運動の憲法論は、いわば、その盲点をついたものであった。

2 ティーパーティ運動の憲法論

(1) ティーパーティ運動とは

2009年春、オバマ政権の経済政策に向けられた抗議の声は、SNSなどを通じて瞬く間に広がった。イギリスの植民地政策に異を唱えたボストン茶会事件に準えて自らをティーパーティ運動と称するこの保守派の政治運動は、2010年中間選挙での共和党の大勝に大きな影響を与え、国内外に衝撃をもたらした。2012年大統領選以降影響力は減退したともいわれるが、その後もティーパーティ系議員は財政問題等を中心にアメリカ政治に一定のインパクトを与えている。

ティーパーティ運動は数千の大小様々な団体の運動の総称であり、統括組織や強固な指揮命令系統はない。したがって全体像を描くことが難しく、運動の性格についてもポピュリズム、リバタリアニズム、共和党保守など多様な見方が示されている。この点について、梅川健は興味深い指摘を行っている。ティーパーティ運動を牽引してきた団体には国家介入を忌避する経済保守と逆にそれを正当化する社会保守の二側面があり、憲法保守（Constitutional Conservative）という概念が本来相容れないそれらを繋ぎあわせる性質をもっていた[16]、

---

14) Zietlow, *Popular Originalism?: The Tea Party Movement and Constitutional Theory*, 64 FLA L.REV. 483, 496-497 (2012).

15) Strang, *supra* note 3, at 287-291.

という指摘である。

(2) ティーパーティ運動の憲法論

「憲法保守」はティーパーティ運動の憲法論のキーワードである。ピーター・バーコウィッツが提唱、後に、エドウィン・ミースを中心とする保守系団体の指導者らによる「マウント・ヴァーノン宣言」で明言された。この宣言は建国期アメリカの理念への回帰を目指し、経済保守と社会保守が妥協できるような「小さな政府」を軸とする諸原則を掲げたもので、宣言自体はさしたる影響力をもたなかった。[17]しかし、2010年中間選挙でティーパーティ運動はこのラベルを効果的に利用した。ティーパーティ運動の憲法観――憲法保守――を共有しない候補者には投票しないという方針を立て、憲法を明快に争点化したのである。[18]

では、ティーパーティ運動の憲法観はどのようなものか。クリストファー・シュミットによれば、ティーパーティ運動のいう立憲主義は4つの前提に立つ。①合衆国が今日直面する問題の解決法は憲法典の文言および起草者の見識に見出せる、②憲法典の意味と歴史の教訓は、教育を受けたアメリカ市民であれば容易に理解できる、③法律家でなくとも、全アメリカ人は憲法典を理解しそれに忠実に振舞う責任がある、④憲法典の役割は、政府、とりわけ連邦政府の役割を制限することである、という4つである。[19]このうち、①からティーパーティ運動と原意主義との親和性が、②と③から憲法解釈の主体として裁判所以外の「普通の人々」を重視するポピュリスト立憲主義との類似性が見出される。ティーパーティ運動の憲法解釈が Popular Originalism だといわれる所以である。

具体的な政策レベルでは Affordable Care Act（以下、「ACA」と略す）、いわ

---

16) 梅川健「ティーパーティ運動と『憲法保守』」久保文明ほか編『ティーパーティ運動の研究』（NTT出版、2012年）116-117頁。
17) 梅川・前掲注16）121頁。
18) Schmidt, *The Tea Party and the Constitution*, 39 HASTINGS CONST. L. QUARTERLY 193, 227-228 (2011).
19) Schmidt, *Popular Constitutionalism on the Right: Lessons from the Tea Party*, 88 DENV. U. L. REV. 523, 533-535 (2011).

ゆるオバマケア反対運動と連邦法廃止条項（Repeal Amendment。以下、「RA」と略す）導入運動が重要である。

合衆国では社会保障は政策問題と捉えられており、多くの憲法学者は当初 ACA を憲法問題と捉えるのはナンセンスだと考えていた[20]。しかし、ティーパーティ運動は、ACA の制定は憲法に定められた連邦議会の権限を越えるとして、その憲法適合性を争点化した。ローレンス・ソラムは、訴訟とそれにより巻き起こった社会的・学問的論議により憲法の形態（Constitutional Gestalt）の揺らぎがもたらされた、とまで述べる[21]。ただし、この過程でティーパーティ運動が採ったアプローチは原意主義ではない。ヘラー判決によって「原意主義の勝利」が謳われる状況にあったにもかかわらず、である。ACA 違憲訴訟は、強制加入制度に焦点を絞り、ポスト・ニューディールのドクトリンの下で――原意主義による主張も可能だったにもかかわらず――展開された[22]。

RA 導入運動は、逆に、憲法典それ自体を変えようという運動である。「合衆国（連邦）のいかなる法または規制も 3 分の 2 以上の州議会の同意によって廃止することができる」とする RA を初めに提案したのはバーネットだが、彼自身は RA に実効性があるとは考えていなかった。廃止のハードルが極めて高く、仮に廃止されたとしても連邦が再度類似の立法をすることは妨げられないからである[23]。しかし、ティーパーティ運動は RA を支持した。考えられる理由として、バーネットは 2 点を挙げる。ひとつは、「連邦議会は〜せよ」「連邦議会は〜してはならない」といった解釈の余地の広い――それゆえに司法権の判断を要する――条文とは異なり、RA は州議会に直接連邦議会をチェックする権限を付与するものであること、もうひとつは、それが連邦の権限を制限するという理念を象徴するものであることである[24]。司法による解釈を否定する点でポピュリズムらしい選択だが、そこで憲法に与えられた役割はあくまで「象徴」であることに留意が必要である。

---

20) Blackman, *Back to the Future of Originalism*, 16 Chap. L. Rev. 325, 333 (2013).
21) Solum, *How NFIB v. Sebelius Affects the Constitutional Gestalt*, 91 Wash. U. L. Rev 1, 2 (2013).
22) Blackman, *supra* note 20, at 329-330.
23) Barnett, *The Tea Party, The Constitution, and the Repeal Amendment*, 105 Nw U. L. Rev. 281, 284-287 (2011).
24) *Id.* at 285-287.

(3) 動員装置としての憲法

　こうしたティーパーティ運動の憲法論を、シュミットは動員（mobilization）と「裁判所の外」という２つの特徴で説明する。すなわち、ティーパーティ運動は原意主義を唱えるが、その原意主義は裁判官を拘束するためのものではなく、法廷外で憲法によって人々を動員するためのツールである。そのため、上記①②のように憲法典や歴史が確たる答えを提供してくれると説き、それゆえに動員に成功した。また、ティーパーティ運動はそれを裁判所内外の様々な場面で行った。啓蒙活動や連邦に対抗する州の政策への支援、選挙による争点化などである。ティーパーティ運動の最大の成果は、人々の手により憲法的主張を作り上げる裁判所以外のメカニズムの実現可能性を示したことだと、シュミットは言う[25]。

　もっとも、ACA違憲訴訟は法廷内の争いであり、下級審レベルではACAを違憲と判断した例もあった。それに対しシュミットは、法理論ではなく政治的な憲法論の動員が裁判所における憲法上の疑義に対してACAをより脆弱にした、と論じている。ティーパーティ運動の貢献は、法理論ではなく、ACAを違憲だと確信させる政治的に強力な運動としてのそれと捉えられている[26]。最終的にACAには連邦最高裁で大筋合憲の判断が下されたため[27]、一般にはACAはほぼ無傷だったといわれるが、ソラムは同訴訟の最も重要な効果は間接的効果、すなわち憲法の形態に関わる論争を可能にしたことだと述べる[28]。ティーパーティ運動の狙いがこうした訴訟外効果にあるならば、それはひとつの「成果」ともいえる。

　しかし、こうした指向性をどこまで一般化できるのかは留保が必要である。この点シュミットは、少なくとも今日の合衆国においては、革新主義よりも保守・リバタリアンの利益を追求する場合にこのメカニズムが有効だとする。その一因は憲法典そのものにある。解釈の余地はあるにせよ、憲法のテキストの大部分は極めて古く、左派に資するものよりも保守派に資するものを引き出す

---

25) *See*, Schmidt, *supra* note 19, at 535-545.
26) Schmidt, *supra* note 18, at 241.
27) Nat'l Fed'n of Indep. Bus. v. Sebelius, 132 S. Ct. 2566, 183 L. Ed. 2d, 450 (2012).
28) Solum, *supra* note 21, at 2.

方が容易いからである。また、歴史に照らしても、「憲法論を政策論議に注入したり憲法原理に焦点を当てて社会運動を活性化する試みは、規制緩和や小さな政府による保守主義のアジェンダを追求する場合に特に有効」だとする。

だが、憲法典の古さは人々の支持を獲得する上でマイナスにも作用しうる。ポピュリスト派の急先鋒であるマイケル・クラーマンは、起草者の描いた憲法は今日では否定されている諸価値——奴隷制がその最たるものだが、それだけではない——を含んでいることを指摘する。「生ける憲法」を重視する立場からの原意主義批判の核心はまさにその点にある。シュミットもこれを否定するものではないが、世論調査等からみて、「少なくとも今日のアメリカの政治的・憲法的文化の文脈においては、ポピュリスト立憲主義は保守主義の反乱に資する」と結論している。

3　ティーパーティ運動・原意主義・ポピュリスト立憲主義

(1) 原意主義に突き付けられるもの

先にみたように、原意主義とポピュリスト立憲主義は、理論上両立不可能なものではない。これまで両者が相反するものと捉えられてきたのは、多分に偶発的・実践的理由による。ポピュリストによる原意主義の主張ともみえるティーパーティ運動が登場した今、改めてその関係が問われる。

だが、ティーパーティ運動における原意へのコミットメントは、既存の原意主義とは異なる点も多い。主導者のひとりグレン・ベックの言が示すように、ティーパーティ運動は起草者に最大限フォーカスし、制憲時の意味（original meaning）ではなく制憲者の意図（original intent）を重視する。ボークらによる初期の原意主義がこれに近く、最も素朴な型といえるが、主観的な意図をいかに確定するのかという方法論上の困難ゆえに、今日では学界に支持者は少ない。また、ティーパーティ運動には憲法典の文言を重視する正文主義（texualism）

---

29) Schmidt, *supra* note 19, at 547.
30) *Id.* at 552.
31) http://balkin.blogspot.jp/2010/09/skeptical-view-of-constitution-worship.html
32) Schmidt, *supra* note 19, at 548.
33) http://www.glennbeck.com/content/articles/article/198/33398/

志向もみられる。厳密には正文主義と原意主義とは区別されるべき方法論だが、ティーパーティ運動では両者は融合されている。シュミットは、正文主義のもつ一般の人々へのアピール力、特に法律家以外の人間にとっての「分かり易さ」がティーパーティ運動にとって強力なツールとなったと述べる。

このように、ティーパーティ運動の解釈方法論は、原意主義に関して学界で積み上げられてきた議論を十分踏まえたものとはなっていない。シュミットの指摘するように、これはティーパーティ運動が、裁判官の解釈を拘束する方法論としてではなく運動のフォーカルポイントとして原意主義を展開したからともいえる。梅川も解釈方法論としての原意主義と政治運動の熱源としての憲法保守とを対比させている。この立場からすれば、ティーパーティ運動の主張はそもそも憲法解釈方法論としての原意主義とは異なると切り捨てることもできよう。

しかし、それはティーパーティ運動だけの特徴と言い切れるだろうか。ポスト゠シーゲルは、ティーパーティ運動が登場する前、実務・学界において原意主義が存在感を示している状況を背景に「法理論としての原意主義を批判している学者たちは、原意主義の影響力の真の源泉を見誤っている」と指摘した。「今日の原意主義の優勢はその法理論の力の現れではなく、市民、政府そして裁判官をダイナミックかつ広範な政治的ムーヴメントに結びつける力に因る」のだ、と。彼らの見立てによれば、原意主義もまた政治的実践であり、動員のツールということになる。

解釈方法論としての原意主義の抱える理論的困難はすでに広く指摘されている。実際、原意主義の主導者たるアントニン・スカリアも「臆病な原意主義者」を自称し、プラグマティックな例外を許容せざるをえなかった。それにもかかわらず原意主義が一定の支持を得ている状況に鑑みれば、ポスト゠シーゲルの指摘は傾聴に値する。

---

34) Schmidt, *supra* note 18, at 206.
35) 梅川・前掲注16) 126頁。
36) Post & Siegel, *Originalism as a Political Practice: The Right's Living Constitution*, 75 FORDHAM L. REV. 545, 548-549 (2006).
37) SOTIRIOS A. BARBAR & JAMES E. FLEMING, CONSTITUTIONAL INTERPRETATION: THE BASIC QUESTIONS 91, footnote 31 (2007).

ただし、ポスト＝シーゲルが原意主義を政治的実践として捉えるとき、その主戦場として想定しているのは裁判官人事である。原意主義にコミットする者が裁判官に選任されることで法廷における原意主義の影響力が高まる、その過程を無視することは確かにできない。だが、リーガル・リアリズムの洗礼を経た現代の憲法学においては、それは折り込み済みのこととも言える。合衆国憲法学はこれまで、その前提の上で、裁判所を中心とする法理論を組み立ててきた。裁判所という「場」、法律専門家という「担い手」を想定した場合、「法理論の力」を無視することもやはりできないだろう。だからこそ、逆に、ティーパーティ運動のように「裁判所の外」で唱えられる憲法論に既存の法理論で対抗することの困難さが際立つ。

(2) ティーパーティ運動からみたポピュリスト立憲主義

他方、民主主義に力点を置くポピュリスト立憲主義にとって、自らと同じく「一般の人々」という要素を強調しつつ対照的な憲法ビジョンを示すティーパーティ運動の存在は、一種のジレンマである。ティーパーティ運動が民主的といえるのかどうかが鍵となるが、論者によって見解は分かれる。

肯定的な評価を下す論者としてはイリヤ・ソミンが挙げられる[39]。ソミンはティーパーティ運動が政治的エリートの権限をチェックするという重要な価値を担っていること[40]、彼らの志向する「小さな政府」は民主的統制と政府の説明責任の強化に繋がること[41]などを指摘し、ティーパーティ運動を典型的なポピュリスト立憲主義だと評する。

ジャレッド・ゴールドステインの評価は、それとは対照的である。彼は、ポピュリスト立憲主義が「一般の人々」に憲法の意味を決定する権限を与えるのに対し、ティーパーティ運動は逆にその余地を奪う制限的な憲法解釈を志向していると指摘する[42]。彼は、ポピュリスト立憲主義が目指してきた民主的価値の促進や民主的正統性の必要性を掘り崩すものだとしてティーパーティ運動を警

---

[38] Id. at 562.
[39] Somin, *The Tea Party Movement and Popular Constitutionalism*, 105 Nw. U.L. Rev. Colloquy 300, 304（2011）.
[40] Id. at 208.
[41] Id. at 310.

戒する。

　ティーパーティ運動は政治運動であり、立場によって評価が異なるのは当然ともいえる。だが、こうした評価の相違は、何をもって民主的と捉えるかの指標の違いからも生じうる。ゴールドステインがティーパーティ運動を民主的ではないというとき、そこで民主的なものとして想定されているのは「生ける憲法」のような、憲法をめぐる対話に「一般の人々」が加わり、その意味内容の形成に関わることを可能にする仕組みである。対するソミンは、法を制定し解釈する権力者――政治的エリート――と「一般の人々」を対置し、反エリート主義に立つことを民主的と捉えているように思われる。ティーパーティ運動は合衆国における現代的ポピュリズムの例といわれるが、その民主主義観が改めて問われる。

　それと同時に検討しておかねばならないのは、その民主主義の担い手像である。バーネットは、ティーパーティ運動を草の根の、真の大衆運動（mass movement）だと評した上で、大衆運動に対して醒めた評価を下す。大衆運動が革新的または具体的な政策を発展させることはなく、それゆえに、ティーパーティ運動は社会変革の理念の生成者でなく、政治家・専門家が提示する理念の「消費者」である、と。先述のように、バーネットはティーパーティ運動が支持した RA を実効性のない象徴だと捉える。こうしたシンボリックなものを高く評価する点も、消費者性の現れとみることができるかもしれない。そこにある民主主義は提示された政策を選択するだけの「消費者民主主義」であり、人々を動員しやすい単純化された政策こそが選択されることになりかねない。

　だが、ティーパーティ運動に向けられるこうした懸念は、ポピュリスト立憲主義にも妥当するのではないか。木下智史は、違憲審査と民主主義の相克という問題枠組みにおいて民主主義の内実が時代によって変化してきたことを指摘する。そして、ポピュリスト立憲主義において論者が共通して追求している民主主義的価値は、単なる多数決主義ではなく、人民の「動員」と呼ぶべきもの

---

42) Goldstein, *Can Popular Constitutionalism Survive the Tea Party Movemnet?*, 105 Nw. U. L. Rev. Colloquy 288, 297 (2011).

43) *Id.* at 291.

44) Barnett, *The Tea Party, The Constitution, and the Repeal Amendment*, 105 Nw. U. L. Rev. Colloquy 281, 282 (2011).

だとの見解を示す。ポピュリスト立憲主義がティーパーティ運動というジレンマを克服しようとするならば、ティーパーティ運動とは異なる民主主義像を示すことが不可避であるが、それは果たして可能だろうか。

むすびにかえて

　以上、ティーパーティ運動の登場を踏まえて原意主義およびポピュリスト立憲主義の理論的課題を検討してきた。本稿の暫定的な結論は、ティーパーティ運動の憲法論が抱える問題は、必ずしもティーパーティ運動固有のものとは言い切れないというものである。バーネットが「ティーパーティ運動が憲法解釈方法にフォーカスし続け、強い政治的影響力を維持し続ける限り、法学者たちはこれまでよりもかなり批判的にポピュリスト立憲主義について語ることになるだろう」と述べるように、とりわけポピュリスト立憲主義にとって、これは深刻な課題である。

　とはいえ、合衆国で生じたこの問題状況を普遍化することには慎重さが必要である。ティーパーティ運動における、原意主義とポピュリスト立憲主義、そして「小さな政府」型の憲法ビジョンとの「接合」には、合衆国の特殊な背景が作用していると考えられるからである。「憲法によって創られ、憲法を論じる限りでアメリカである」とまでいわれる独自の憲法文化の存在に加え、その憲法が18世紀に制定された、現代国家的な政府の諸機能をおよそ想定しない「小さな政府」を志向したものであること、アメリカ的信条のひとつにポピュリズムが挙げられるほどに統治の正統性の源として「人民」が意識される一方でその「人民」が歴史や伝統に根ざさない——その分だけ流動的で空洞化しやすい——ものであること、といった固有の要因は、ティーパーティ運動を少な

---

45) 木下智史「合衆国におけるポピュリスト的立憲主義の展開と民主主義観の変容」本秀紀編『グローバル化時代における民主主義の変容と憲法学』（日本評論社、2016年）296-298頁。
46) Barnett, *supra* note 44, at 287.
47) 淺野博宣「ジャック・バルキンの原意主義」辻村みよ子・長谷部恭男編『憲法理論の再創造』（日本評論社、2011年）240頁。
48) 古矢旬『アメリカニズム——「普遍国家」のナショナリズム』（東京大学出版会、2002年）60頁、81-82頁参照。

からず性格づけているだろう。ティーパーティ運動の「動員力」に対するシュミットの説明も、歴史および現在のアメリカ合衆国の文脈に依拠したものとなっており、論理的必然ではない。

　だが、憲法学における民主主義の位置づけの再検討や裁判所の外における憲法論の構築といった諸課題は、決して合衆国憲法学のみが直面している問題ではない。ティーパーティ運動の登場によって焙り出された困難な課題にいかに応えてゆくのか、合衆国での議論が示唆するものは多い。

　　　　　　　　　　　　　　　　（おおこうち・みのり　名古屋大学教授）

第 21 章

「裁判官の良心」と裁判官

―― 憲法理論的考察に向けて

愛敬浩二

1 本稿の課題

　別稿でも指摘したとおり、「裁判官の良心」という問題は、「司法反動」の時期に憲法学界の関心を大いに集めたが、その後の議論は少々停滞気味であったように思われる[1]。しかし、近年、この状況にも若干の変化が生じつつある。国立国会図書館蔵書検索システム（NDL-OPAC）のキーワード検索で「裁判官の良心」と打ち込んで、10年ごとの著作数を調べてみたところ、1966-75年（13件）、1976-85年（2件）、1986-95年（4件）、1996-2005年（1件）、2006-15年（11件）という結果であった[2]。

　もちろん、憲法理論の発展にとって重要なのは、論文の量よりも、質である。「裁判官の良心」という問題はすでに議論し尽くされた感もあったが、新鮮かつ重要な問題提起を行う論考が近年、複数公表されている[3]。私自身、長谷部恭男と蟻川恒正の裁判官の良心論に刺激を受けて、彼らの問題提起の意味を私なりに解読し、若干の疑問を提示する論考を公表してきた[4]。本稿では、両者の議論に対して追加的な問題提起を行うことを通じて、裁判官の良心の意義を改

---

1) 愛敬浩二「『裁判官の良心』に関する一考察」『憲法の基底と憲法論　高見勝利先生古稀記念』（信山社、2015年）23-24頁。
2) 2015年8月12日現在。ただし、この検索方法だと、蟻川・後掲注3）のように内容的には「裁判官の良心」に関する重要論文であるにもかかわらず、題名にキーワードが含まれていないため、ヒットしない場合がある。よって、この数字はあくまでも目安である。

めて憲法理論のレベルで考察する。

2　裁判官にとっての「裁判官の良心」

　憲法76条3項の定める「裁判官の良心」の意味について学説上、主観的良心説と客観的良心説が対立し、後者が通説とされてきた。その説明をする際の学説の問題意識は専ら、裁判官の恣意的判断に対する一定の統制原理（憲法・法律・裁判官としての良心）を規範論のレベルで論じつつも、それらが、実際に裁判を行う裁判官の職権行使の独立を侵害したり（吹田黙祷事件）、特定の政治的信条をもつ個人を裁判官の職から排除したり（青法協問題＝司法反動）することのないように工夫することにあったといってよい。[5]

　しかし、現在の裁判官の良心論の問題意識は若干異なっている。たとえば、民法学者の小粥太郎は、「客観的良心説による解釈が、憲法76条3項というテクストを上手く説明できていない」と断言し、「客観的良心説・主観的良心説という枠組みとは異なる角度」から「良心」という言葉に「生命を吹き込むような」新しい解釈の必要性を論じているが[6]、彼がそのように論ずるのは、具体的事案を前にして悩みつつも全人格的責任をもって判断することが要求される（はずの）「法の解釈・適用者としての裁判官」にとっての「良心」の問題を考え抜こうとしているからである。[7]

---

3)　蟻川恒正「〈通過〉の思想家　サンフォード・レヴィンソンの憲法理論」『憲法論集　樋口陽一先生古稀記念論集』（創文社、2004年）、小粥太郎「裁判官の良心」法学71巻5号（2007年）、南野森「司法の独立と裁判官の良心」ジュリスト1400号（2010年）、長谷部恭男「裁判官の良心・再訪」樋口陽一ほか編『国家と自由・再論』（日本評論社、2012年）等。小粥論文は、同『民法学の行方』（商事法務、2008年）から、長谷部論文は、同『憲法の円環』（岩波書店、2013年）から引用する。なお、「議論し尽くされた感」については、南野論文11頁の指摘を参照。ただし、南野自身は「特権説」を提示して、議論の再活性化を目論んでいる。

4)　愛敬・前掲注1）は長谷部の議論を検討したものである。愛敬浩二「『憲法と民法』問題の憲法学的考察」名古屋大学法政論集230号（2009年）の5章で蟻川の議論を検討した。

5)　たとえば参照、芦部信喜（高橋和之改訂）『憲法（第6版）』（岩波書店、2015年）357-359頁、佐藤幸治『憲法（第3版）』（青林書院、1995年）326-328頁、杉原泰雄『憲法Ⅱ』（有斐閣、1989年）376-378頁、樋口陽一『憲法（第3版）』（創文社、2007年）417-430頁、野中俊彦ほか『憲法Ⅱ（第5版）』（有斐閣、2012年）241-242頁〔野中執筆〕。

6)　小粥・前掲注3）181-182頁。

「裁判官にとっての裁判官の良心」の問題を議論する必要性は、「司法反動」の時期に早くも、ある裁判官によって提起されていた。宇都宮地裁所長（当時）の横川敏雄は主観的良心説と客観的良心説の対立について、「いずれの論も、観念的というか、非実践的というか、いささか隔靴掻痒の感をまぬかれない」と批判した上で、「これまでの論議は……、法の論理的解釈・操作だけではどうにもならない裁判の実態、絶えず人間的に悩まざるをえない裁判官の気持から遊離しているのではないか」、「裁判一筋に生きてきた私にとっては、この種の条文も、単なる論理的解釈の対象としてではなく、切実な実践の指針として把握するべきであるように思われる」と論じていたのである（傍点は原文のもの）。

　長谷部も、「客観的良心説と主観的良心説のいずれもが、裁判官の法に対する態度について、不適切な前提をとっているのではないか」という問題提起を行った上で、ある社会の実定法と認められたルールを個別具体の事案に適用すると、人一般にとっての「実践理性」に反する結論が導かれる場合に裁判官はどう判断すべきか、という問題を考えている。すなわち、長谷部の議論も「裁判官にとっての裁判官の良心」を問題とするものであり、だからこそ私は、長谷部の議論は、道徳哲学的な性格が強く、法律家（特に実務家）からみて分かりやすいものではないかもしれないが、横川の要望に対する憲法理論からの応答になっている点に注意を促したのである。

　「裁判官にとっての裁判官の良心」という問題を重視する小粥と長谷部が共通して、「裁判官の法律・判例からの自由」の必要性を強調していることに注目したい。小粥は、「法文や判例が過度に重視されたために、目前の事件の適切な解決が犠牲になることは、望ましくない。裁判官は、法による拘束の根拠

7）　同上書9頁および169-170頁の注27。なお、「はずの」という言葉を補ったのは、矢口洪一元最高裁長官のように、裁判官の仕事は「行政を含む普通のデスク・ワーク」と同じであると考える裁判官もいるからである。同上書10頁の注11が引用する矢口発言を参照。矢口最高裁長官からみれば、団藤重光の「裁判官としての言動」への共感に基づく小粥の裁判官像は、ロマンチックに過ぎるということになるのかもしれない。

8）　横川敏雄「裁判官の良心と倫理」ジュリスト487号（1971年）34頁。ただし、横川の自己理解も、矢口最高裁長官からみれば、ロマンチックに過ぎるということになるのかもしれない。

9）　長谷部・前掲注3）209頁、219-221頁。

10）　愛敬・前掲注1）33-34頁。

を考え抜いた上で、判例・法律から自由になるべき場合がある」と論ずる[11]。長谷部も、「実定法は大部分の場合、権威として問題なく機能する。しかし、実定法によって適切な解決を得ることのできない事案もときにはある。そうしたハード・ケースであくまでも制定法や権威ある判例法理にこだわることは、裁判官の任務に反する」と論じている[12]。裁判官における「自我の葛藤」の主題化を求めた蟻川の議論も、「裁判官にとっての裁判官の良心」論を提示するものとして評価できるだろう[13]。そして蟻川も、「裁判官の法律・判例からの自由」という問題の重要性を認めている[14]。

以上のとおり、裁判官の良心論の再活性化の背景には、学説における問題関心の変化、すなわち、「裁判官にとっての裁判官の良心」という問題への関心の高まりがあるものと解される。そこで以下では、この問題を重視した場合に生ずるいくつかの疑問点を、長谷部と蟻川の議論に対して提示することにしたい。その検討をする上で参考にしたのが、公法学者と裁判官の間を行き来し、団藤重光という「裁判官の良心」の問題を考える上で決定的に重要な「学者裁判官」の下で最高裁調査官を務めた、園部逸夫の言説である[15]。

ただし、その検討の前提として、団藤の裁判官像を明快に示す文章を引用しておきたい。

> 「『実践の法理』とは、主体性の理論、すなわち主体的人間像を根底に置くところの法理論である」、「裁判官の良心こそが裁判官の主体性の根本にある」、「もちろん、実践の法理を『実践』したものといえるのは、裁判官としてのわたくしの活動の全部であって、少数意見を書いたのはわずかにその一端にすぎないが、そこにわたくしの裁判官としての主体的態度が端的に現れているとおもう」[16]。

---

11) 小粥・前掲注3) 172-173頁。
12) 長谷部・前掲注3) 203頁。
13) 蟻川・前掲注3) を参照。
14) 蟻川恒正「裁判官の責任とは何か」法の支配157号（2010年）50頁。
15) 団藤は1974年10月から1983年11月まで最高裁判事、園部は1978年4月から1983年3月まで最高裁調査官であった。なお、裁判官の良心の問題を考える際に、団藤の「思想と行動」を重視する立場として、小粥・前掲注3) 169頁の注27を参照。
16) 団藤重光『実践の法理と法理の実践』（創文社、1986年）1-2頁。

3　裁判官の良心論の普遍性と固有性

　長谷部の議論の最大の特徴は、裁判官の「良心」を「実践理性の働き」(人としていかに生きるか、いかに行動すべきかをその理由に照らして吟味する作業とその成果)として解釈する点にある。長谷部によれば、「実践理性の働き」としての道徳は、各人が判断するという意味では主観的判断であるが、「その理由づけは一般的な説得力を持つことが要請される……客観的な判断であることを標榜せざるを得ない」ものである[17]。そして、法律・判例に従うと実践理性に反する結論が導かれる場合に裁判官が「法秩序外の実践理性を呼び出し、面前の事案への実定法の適用を排除する」ことを可能とする制度が、違憲審査制である[18]。

　ここで確認しておきたいのは、長谷部の裁判官の良心論は、彼が『憲法の円環』第1部「実践・法・正義」で行った強固な法哲学的考察によって基礎付けられている点である。そこでの長谷部の考察を私なりに整理しておこう。①近代以降の国家における法という実践は、帰結主義的に正当化される「技術的装置」として理解されるべきである。②諸個人の共生を実現するため、彼らの実践的判断を遮断する「権威(authority)を標榜する法の支配」が必要とされるが、③具体的正義の実現のため、実定法の権威要求を超えて、実践理性の本来の地平に戻るための窓口として、憲法上の権利と違憲審査制の必要性が正当化される[19]。

　長谷部の裁判官の良心論の直接的な基礎付けとなるのは③であるが、この議論が、「立憲民主政(liberal democracy)の下で、法という社会規範をいかに理解すべきか」という①の原理的な考察と「円環」している点が重要である。すなわち、長谷部の議論の射程は、日本国憲法76条3項の解釈論に限定されてはいない。このことは、長谷部が、「憲法は、法律以下の実定法による裁判官の拘束を解放するための道具でもある。そして、こうしたことは、憲法第76条3

---

17)　長谷部・前掲注3) 209-211頁。211頁の注13と15も参照。
18)　同上書219-220頁。
19)　私の理解の詳細は、愛敬・前掲注1) 34-36頁を参照。

項に裁判官の良心への言及があるか否かに関わりなく妥当する。その意味で、裁判官の良心に関する議論は、通常の解釈学説とはレベルを異にしている。それは、法外の道徳の領域に属する論点である」と論じていることからも明らかである。[20] ここで確認しておきたいのは、長谷部の裁判官の良心論は、立憲民主主義憲法に一般的に適用可能な普遍的議論として提示されている点である。

　このように理解できるとすれば、長谷部の裁判官の良心論の適用範囲について疑問が生ずる。長谷部の議論は、付随的違憲審査制の下で各裁判官が個別的意見を述べることができる制度・運用に最も適合的であると解されるが、もしそうであるとすれば、その議論はヨーロッパ型憲法裁判所でも通用するのか、という疑問を提示できる。この疑問は、抽象的違憲審査の場面に限定されない。憲法異議や事後的違憲審査の場面であっても、個別的意見の提示が例外的な制度（ドイツ）や、そもそも提示されない制度（フランス）の下では、個々の裁判官の「実践理性の働き」を事後的に検証することが困難になるものと思われる。

　さらに、付随的違憲審査制の下でもその制度設計や運用のあり方によっては、長谷部の議論を適用することが困難な場合もあるのではないか、という疑問もわく。園部は、アメリカ連邦最高裁の法廷意見の起草者は per curium opinion の場合を別として明示されるが、日本の最高裁の法廷意見（多数意見）の起草者は明らかにされない点に注意を促す。園部によれば、日本の最高裁の慣行として「主文と理由の双方について過半数の一致意見が必要」とされるので、そのような多数意見の形成のため、裁判官と最高裁調査官は多大なエネルギーを費やすことになる。[21] その結果として、日本の最高裁の多数意見は、「論調が平板で教科書風であったり、理論的になかなか割り切れない問題について大胆かつ簡潔に断定したりすることがある」一方、「多数意見以外の個別意見の存在意義がアメリカの場合と比べて、かなり小さい」ことになると園部は論じてい

---

20)　長谷部・前掲注3）221頁。
21)　園部逸夫『最高裁判所十年』（有斐閣、2001年）160-161頁。園部は、最高裁調査官は多数意見を形成するため、一体となって裁判官に向かっていくから、個々の裁判官がそれに抗することは難しい一方、調査官としては多数意見がまとまれば良いわけなので、少数意見に対しては、「なお、ご意見のある方はどうぞ」という態度であると述べている。御厨貴編『園部逸夫　オーラル・ヒストリー』（法律文化社、2013年）152-155頁。

る。

　園部の説明を読んで浮かぶのは、多数意見の起草者が明示されない日本の制度の下では、個々の裁判官が自らの責任において「実践理性」を働かせる余地が乏しいのではないかという疑問である。もちろん、長谷部の議論は、制度改革も含めて提示されている可能性もある。この点については園部も、「裁判官の自己責任を基調としている以上、法廷意見についても起草者を明示するのが本来の姿であることは明らか」であり、そのことによって、「同調者もその態度（全面的に同調するか、意見を付して同調するか）を明確にすることができ、反対者も的を絞ることができます」と論じている。長谷部も、園部のこの提案には賛成するかもしれない。ともあれ、普遍的な議論として提示された長谷部の裁判官の良心論は、違憲審査制に関する一定の制度設計や特有の運用を必要とするのではないかというのが、ここでの問題提起である。

4　「言説上の裁判官」と「裁判官の言説」

　「〈通過〉の思想家　サンフォード・レヴィンソンの憲法理論」と題する論文で蟻川は、裁判官の良心について重要な問題提起をしている。蟻川は客観的良心説に対して、個人はそんなに容易く「良心」を使い分けることができるのかという疑問を提起し、レヴィンソンの憲法学説のなかに「私的領域と公的領域の間に存在する〈通過〉という固有の問題圏」を見出す一方、「日本の正統的憲法学」が、裁判官を含めた公務員の「自我の葛藤」を十分に問題化してこなかった点を批判したのである。この視点は、「公務員個人の損害賠償責任を認めることは、『国家の命令に抗する自由』という本質的な意味での憲法上の自由を承認することである」という蟻川の峻烈な人権理論を基礎付けるものでもある。すなわち、蟻川の裁判官の良心論は、彼の憲法学説の根幹に関わる議論

---

22)　園部・前掲注21) 161頁、308-309頁。園部は裁判所法11条の定める個別的意見制は、最高裁判所裁判官の国民審査のための判断材料を提供することに主眼があり、アメリカ連邦最高裁の個別的意見制とは制度趣旨が異なると論じている。同上書308-309頁。
23)　園部・前掲注21) 164頁。
24)　蟻川・前掲注3) 689頁以下。
25)　蟻川恒正「自由をめぐる憲法と民法」法学セミナー 646号（2008年）42頁以下。

なのである。

　蟻川の裁判官の良心論に対して私はかつて、裁判官の「自我の葛藤」を法的に担保する方途がない以上、蟻川のように「自我の葛藤」の存在を前提にして議論するよりも、「自我の葛藤」の不在を告発する問題構成のほうが有意義ではないかという疑問を提起した。その際、私の念頭にあったのは、「裁判官の官僚化、サラリーマン化」が進んで独立の気概が薄れた結果、「裁判官の大部分は、他からの圧力で不本意ながら判例に従っているのではなく、何も考えずに、或は喜んで従っているのではないかと思われる」という評価に示される状況であった[27]。

　しかし、蟻川と私の間の意見の対立は、事実認識の違いというよりも、方法論上の差異に由来するところが大きいのかもしれない。蟻川憲法学の方法論上の真骨頂は、「判決文という言説上に現れた裁判官の思考」の論理的解読を徹底することを通じて、立憲民主主義の本質に関わる憲法思想をつかみ取るところにある[28]。すなわち、蟻川と私の意見が対立するのは、蟻川が判決等のテクストのなかに立ち現れる「言説上の裁判官」に注目しているのに対して、私が一定の規模で観察できる裁判官の経験的行動に注目しているからではないか。そこで以下では、「言説上の裁判官と裁判官の言説」という観点から、蟻川の裁判官の良心論に対する疑問を提示しておきたい。

　「裁判官の責任とは何か」と題する論考において蟻川は、前述した裁判官の「自我の葛藤」に関する私の疑問に対して、次の応答をしている。①憲法76条3項は、法秩序と自己の確信のいずれに従うべきかと葛藤する裁判官に対して、いかなる判断を下すのが「憲法及び法律にのみ拘束される」ことになるのかを、自己の「良心」に従って決することを命じている。よって、裁判官がこの意味での自己の「良心」に聴くことなく法秩序に従うならば、憲法76条3項の要請に反したことになる。ただし、②憲法76条3項の要請に従う裁判官の責任は、「裁判官自身の徹底した自己問責による以外には果たすことができないもの」であり、裁判官の「自我の葛藤」の法的担保の制度化には徹頭徹尾、反対する[29]。

---

26) 愛敬・前掲注4) 185-189頁、200-201頁。
27) 西野喜一『裁判の過程』(判例タイムズ社、1995年) 336頁。
28) その作業の驚嘆すべき成果が、蟻川恒正『憲法的思惟』(創文社、1994年) である。

そして蟻川は、裁判官の「自由＝責任」に関する自説と同じ思考の痕跡を、寺西事件最高裁決定の園部反対意見のなかに見出す。[30]

園部裁判官は、「裁判官が在任中積極的に政治運動をしたことが認められる場合でも、そのことのみを理由として、当該裁判官を懲戒処分に付することはできない」との反対意見を述べたが、その論理の概要は次のとおりである。園部は裁判所法52条1号を解釈して、「裁判官に在任することと積極的な政治運動に従事することとは、そもそも両立し得ない」という命題を導き出す。そして、裁判所法52条1号が禁止する「裁判官の積極的な政治運動に該当する行為（懲戒事実）と同法49条所定の懲戒事由及び裁判官分限法2条所定の懲戒処分の種類（戒告又は1万円以下の過料）との間には、明確な対応関係がないので、積極的に政治運動をしたことのみを理由として在任中の裁判官を懲戒処分に付するということは、法の建前ではないと考える」と園部裁判官は論ずる。

蟻川は、①「裁判官の表現の自由に対する淡白ともいえる園部反対意見の基本態度が、形式的な条文解釈を通じて、積極的政治運動をした裁判官を懲戒権の発動から免除し、結果として裁判官の表現の自由に対する安定した保障を供与するに至った論理の逆説性」に注目しつつ、②「実定法の規定相互の間に生じた透き間を何ものによっても充填せず、裁判官の政治的行為の問題を、どこまでも裁判官個人の『倫理』（辞職の自由は、その究極の形態である）に放置する園部裁判官の思考を支える乾いた法実証主義」への注意を喚起する。その上で、③「園部反対意見の乾いた法実証主義の基底に横たわっているのは、裁判官の政治的行為の自由についての、憲法21条1項とは異なる、憲法76条3項を根拠とする、起源の記憶に外ならない」と論ずる。[31]

しかし、園部は自分の反対意見について、次のように説明している。④「私の反対意見は、裁判官の懲戒に関する現行の法制は体系的にも罪刑相互間の法的関係も明確でないということで疑問を呈したのであって、裁判官の政治活動を肯定したのではない」。⑤「いずれにしても、過料・戒告から免職に至る各

---

29)　蟻川・前掲注14) 42-43頁。
30)　最大決1998・12・1民集52巻9号1761頁。園部反対意見は、園部・前掲注21) 125-128頁にも収録されている。
31)　蟻川・前掲注14) 44-45頁。

種の懲戒事由があっても、裁判所が自立的に裁判官を懲戒できる制度がないことなどを含め、現行の裁判官懲戒制度には、懲戒法の一般原理に照らして不備があるといわざるを得ない」。そして、④と⑤の議論の間で園部は、敗戦直後の司法改革の一環として、裁判官の懲戒制度を裁判官弾劾法（免職・停職）と裁判官分限法（戒告・過料）に分けた経緯を説明した上で、わざわざ、当時の判事の年俸（3万円）に合わせて過料の額が1万円にされたのだから、⑥「過料の額は、判事の年俸の増加に合わせてスライドすべきであるがそうはなっていない」と付言している。[32]

　蟻川は園部発言の④のみを引用して、自己の議論③を補強しているが、⑤と⑥の発言を考慮に入れると、園部の立場は、裁判官の政治活動という「重大な違反行為」に対して、「過料・戒告から免職に至る各種の懲戒」の制度化を立法政策上、容認しうる議論であると解される（立法化に積極的であるとの印象さえ受ける）。もし蟻川の議論③が指摘するとおり、園部反対意見の「乾いた法実証主義」の基底に「憲法76条3項の起源の記憶」があるとすれば、職務の懈怠や品位を辱める行状（裁判所法49条）に該当しない裁判官の政治活動を懲戒事由とする立法は、憲法違反と評価されることになるはずだ。[33] しかし、⑤と⑥の発言を読む限り、園部にそのような問題意識があるようにはみえない。

　補強証拠を示しておきたい。園部反対意見はやや唐突に、公務員の政治活動の禁止の問題に言及し、⑦国公法が「政治的行為の制限」を規定し（102条1項）、⑧違反行為を「懲戒事由とした上で戒告から免職に至る各種の懲戒を課する」ものとし（82条1項）、⑨刑事罰の対象にしている（110条1項19号）のとは異なると付言している。この付言は、園部の⑤と⑥の発言がなければ、「憲法76条3項の起源の記憶」に基づいて、裁判官と公務員の懲戒制度は立法上も異なっていることを強調したものとして解釈することも可能であろう。しかし、⑤の発言と⑧の言及を重ね合わせると、この付言は、公務員懲戒制度と比較した場合の裁判官懲戒制度の立法上の不備を指摘したものとして解読するのが素直ではないだろうか。[34]

---

32) 園部・前掲注21）125-126頁。
33) 蟻川・前掲注14）44-45頁に示された解釈は、この立場であると解される。

5　裁判官の良心論の更なる活性化に向けて

　前節での考察は、「言説上の園部裁判官」から刮目すべき憲法的思惟を焙り出した蟻川の方法論を批判するためのものではない。「言説上の裁判官」と「裁判官の言説」をいかに交差させるかという問題も、併せて考慮すべきことを指摘したつもりである[34]。蟻川説のように、裁判官の責任は、「裁判官自身の徹底した自己問責による以外には果たすことができない」と考えるのであれば、この問題はより重要なものになるのではないだろうか。

　ところで、蟻川の議論は、「調査官解説」として提示される「裁判官の言説」も、判決というテクストの1つの解釈に過ぎないことを前提にしているものと解される。よって、憲法学説がもし、調査官解説を金科玉条のように扱い始めたら、蟻川の議論は（そして長谷部や小粥の議論も）、「裁判官にとっての裁判官の良心」論としての意義・機能を著しく低下させることになろう。この点で興味深いのが、滝井繁男・元最高裁判事の発言である。滝井は、調査官解説が「本来の判決の意図したものをこえた影響力をもっているのではないか」との懸念を示した上で、「判例批評は、判例の推論の正しさを検証し、批判し、それを正しく位置づける必要がある」以上、学説による判例批判が減少する一方、調査官解説が質量ともに「独走状態」にある状況は、「決して好ましいことで

---

34)　私がこのように理解する理由の1つとして、蟻川の理解は園部の団藤評価と整合的でないように思われる点も挙げておきたい。園部は最高裁調査官としての立場から述懐して、団藤のように「自分の理論に外れたものは駄目」と考える「理論派裁判官」の意見が多数意見になると、下級審に対して指針を示す際に困るので、彼らの意見が多数にならないように非常に苦労したと述べている。御厨・前掲注21）176頁。もちろん、最高裁判事として反対意見を書く際にはこのような配慮は不要なのかもしれないが、園部が、「少数意見は、少数であることを奇貨として議論するのではなく、自己の意見が多数になったときの判決の効果を考えるべきであろうと思います。……日本の少数意見制では、判例の形成過程で多数を説得できない意見は、真の意味で説得力に富む意見とは評価されないことがあります」という意見の持ち主であることにも注意したい。園部・前掲注21）163頁。ここに示された考え方は園部の団藤評価と整合的なので、園部自身の少数意見もこのような観点から解読されるべきものと考える。
35)　私がこの論点にこだわるのは、「裁判官＝法律家」の視点を特権化することなしに、擁護するに値する法的立憲主義のイメージを描き出すことができないか、という問題意識があるからである。愛敬浩二『立憲主義の復権と憲法理論』（日本評論社、2012年）の終章を参照。

はない」と論じている。「裁判官にとっての裁判官の良心」論には、憲法学説が調査官解説に対して「健全な距離感」を保つ必要性を意識化させるという副次的な効用がある。

　一方、長谷部の裁判官の良心論についても、考察すべき重要な問題が残っている。長谷部は「法の支配」と「善き法の支配」を混交する考え方を意識的に拒絶する立場をとっている。そのため、裁判官の裁量を「法の支配」の名の下で正当化するという安易な論法に頼ることができない。この点、長谷部と同様、「法の支配と善き法の支配の混交」を諫め、法理論の前提として価値の多元性を重視するアンドレイ・マルモーが、アメリカ型立憲主義（硬性憲法＋違憲審査制）は多元主義の下では正統性を欠くとして、議会による「適用除外」宣言を認めるカナダ型を支持している点が注目される。長谷部とマルモーの議論に共通点があるからといって、その細部まで一致する必要がないことは当然であるが、個々の裁判官による「実践理性の働き」の結果がなぜ、利害・価値観を異にする諸個人との関係で正当性・正統性をもちうるのか、という疑問としてマルモーの議論を再構成すると、違憲審査の制度設計を含めた憲法理論上の興味深い問題提起になるように思われる。

　紙幅も尽きたので、次の2点を確認して、筆を擱くことにしたい。第一に、裁判官の良心という問題が、長谷部と蟻川という卓越した憲法学者の憲法理論の根幹に関わるテーマであること、第二に、彼らの裁判官の良心論は今後、憲法理論のレベルで検討すべき興味深い論点を提示していること、である。裁判官の良心という問題は、憲法解釈・憲法理論の両方のレベルで、議論の更なる活性化が期待される論点の1つといえよう。

---

36)　滝井繁男「最高裁審理と調査官」市川正人ほか編著『日本の最高裁判所』（日本評論社、2015年）240頁。
37)　長谷部恭男『比較不能な価値の迷路』（東京大学出版会、2000年）149頁以下。
38)　私の念頭にあるのは、イギリス憲法学の有力な潮流である common law constitutionalism の議論である。愛敬浩二「立憲主義、法の支配、コモン・ロー」諸根貞夫ほか編『現代立憲主義の認識と実践』（日本評論社、2005年）を参照。
39)　Andorei Marmor, *Law in the Age of Pluralism* (Oxford University Press, 2007) pp. 3-38, 89-121.

［追記］　法律時報の連載企画「憲法学からみた最高裁判所裁判官」（87巻4号〜89巻4号）は、憲法学の観点から注目すべき最高裁判事を1人ずつ取り上げ、それぞれの裁判官の言説（判決・回顧録・論説・対談等）を丁寧に読み解いたものであり、本稿の末尾で掲げた「裁判官の良心論の更なる活性化に向けて」という課題との関係でも、きわめて重要な研究成果である。本稿の内容に特に関わる論稿として、片桐直人「法の支配のロジスティクス——矢口洪一」法律時報87巻11号（2015年）142頁、上田健介「実務と理論の架橋をめざして——園部逸夫」法律時報89巻1号（2017年）がある。[40]

　また、最高裁判事として、多数意見の形成において重要な役割を果たし、補足意見でその正当化や先例との整合性の確保に尽力した千葉勝美の著作『違憲審査　その焦点の定め方』（有斐閣、2017年）は、「違憲審査権を行使する裁判官の憲法理論の分析・批判」という研究課題との関係で重要かつ貴重な作品となっている。[41] 注目すべき裁判官に対して憲法学者が長時間のインタビューをした、『一歩前へ出る司法——泉徳治元最高裁判事に聞く』（日本評論社、2017年。聞き手：渡辺康行・山元一・新村とわ）、『「無罪」を見抜く——裁判官・木谷明の生き方』（岩波書店、2013年。聞き手：山田隆司・嘉多山宗）も、本稿のテーマとの関連で重要な成果である。

（あいきょう・こうじ　名古屋大学教授）

---

40)　同連載は単行本として公刊された。渡辺康行ほか編『憲法学からみた最高裁判所裁判官　70年の軌跡』（日本評論社、2017年）。

41)　ここでいう「批判」とは、マルクス主義文芸批評家テリー・イーグルトンのいうところの「critique」に当たる。イーグルトンによれば、イデオロギー批判（critique）は内側から主体の経験に潜り込み、主体の経験を超えたところにある有意義な経験を引き出す言説形式で精神分析の方法に類似する。一方、イデオロギー批評（criticism）は外部の超越的視点から行うものである。「critique」は啓蒙的合理性の基盤となる「外部という立場＝公正無私な地位」を否定しているとしても、人間に適度な合理性があると確信している点で啓蒙主義と共通の基盤に立つ。テリー・イーグルトン（大橋洋一訳）『イデオロギーとは何か』（平凡社、1996年）13頁。

　関連して、堀越事件最高裁判決（最判二小2012・12・7刑集66巻12号1337頁）での千葉補足意見に対する長谷部恭男の批判的論評（長谷部・前掲注3）252頁）が、ここでいうところの「批判」に当たるという私の理解と、その理解に立った上での問題点の指摘については、愛敬・前掲注1）38-41頁を参照。

第22章

ケルゼンを使って「憲法適合的解釈は憲法違反である」といえるのか

毛利　透

1　概念の整理

　かつて筆者は、ドイツで連邦憲法裁判所と専門裁判所がともに憲法適合的解釈を積極的に行っている状況を描写し、この「あらゆる裁判所がそれぞれに憲法判断をなす」という状況が、基本法の想定した裁判制度の趣旨と合致しないことに対する批判が強まっていることも指摘した。[1]

　その後、憲法判断方法への関心の高まりのなかで、日本の憲法判断の一手法として「憲法適合的解釈」という術語が広く用いられるようになった。宍戸常寿によれば、「憲法適合的解釈」とは、「法令の規定それ自体は合憲であると同時に、憲法論を前提とした解釈を行うことで、規定の適用に際して開かれていた解釈の余地を充填し、その適用の合法・違法を決定するというもの」である。宍戸は、この解釈と合憲限定解釈とに「連続的な側面」があることは認めつつも、「憲法適合的解釈がもともと合憲である法令の規定の意義を憲法論を踏まえて明らかにするのに対して、合憲限定解釈は、通常の解釈によるならば法令の規定が違憲の瑕疵を含むという憲法判断に至った場合に、法令の適法範囲等

1）　毛利透「『法治国家』から『法の支配』へ」法学論叢156巻 5・6 号（2005年）330頁、342頁。なお、2016年度比較法学会で、「憲法適合的解釈についての比較法的検討」をテーマとしたシンポジウムが開催され（6月 5 日（日）、関西学院大学）、その記録が比較法研究78号（2016年）に掲載されている。

をより限定する解釈を採用することで、法令の規定を合憲とする裁判の方法と位置づけられる。」として両者を区別する。そのポイントは、違法性阻却や免責についての規定の解釈や行政裁量の統制に憲法論が使用されてきた実例を理論的により確実に位置づけ、そのような柔軟な手法も使って「憲法的価値の実現」を図るべきだという彼の姿勢にあると思われる[2]。

さらに、堀越事件最高裁判決（最二小判平成24・12・7刑集66巻12号1337頁）が、禁じられている国家公務員の「政治的行為」を明らかに憲法の表現の自由保障を踏まえて限定的に解釈したにもかかわらず、千葉勝美補足意見はそれを合憲限定解釈ではないと述べ、さらに調査官解説は宍戸の著作を引きつつ、これを「憲法適合的解釈」にあたると位置づけた[3]。こうして日本では、「憲法適合的解釈」は、合憲限定解釈とは異なる意味を有する術語として定着したといってよいと思われる[4]。

議論の混乱を避けるためにあらかじめ述べておくと、ドイツの議論で「憲法適合的解釈」と訳されている verfassungskonforme Auslegung とは、このような日本の「憲法適合的解釈」とは意味が異なる。ドイツでもこの術語の意味については様々の議論があるところであるが、近時の原島啓之の研究を参考に[5]、大きく広狭二義に整理することができるだろう。憲法適合的解釈とは広義において、憲法を援用して法律解釈がなされる場合全般を意味する場合がある。本書が主な検討対象とするウルリケ・レムケが、著書の副題で「憲法適合的法律解釈」という語を使用しているのはこの一例であり、レムケは同書で法律解釈における憲法援用という現象を広く研究対象としている。これに対し、狭義に

---

2) 宍戸常寿「合憲・違憲の裁判の方法」戸松秀典・野坂泰司編『憲法訴訟の現状分析』（有斐閣、2012年）64頁、68-72頁。

3) 岩崎邦生・法曹時報66巻2号（2014年）497頁、550頁。

4) もちろん、この調査官解説の宍戸理解が正確なのかという疑問は残る。宍戸自身、堀越事件判決を「憲法適合的解釈」と位置づけることには留保を付していた。宍戸常寿『憲法解釈論の応用と展開（第2版）』（日本評論社、2014年）310頁注2。ただし、宍戸常寿「憲法適合的解釈についての比較法的検討 1．日本」比較法研究78号（2017年）4頁、15-16頁は、同判決自体は憲法適合的解釈の事例だと理解するのが適切だという立場を明確にしている。

5) 原島啓之「ドイツ連邦行政裁判所の『憲法判断』の考察（二・完）」阪大法学64巻6号（2015年）1787頁、1788頁以下参照。なお、ドイツの憲法適合的解釈については、實原隆志「憲法適合的解釈についての比較法的検討 5．ドイツ」比較法研究78号（2017年）63頁、山田哲史「ドイツにおける憲法適合的解釈の位相」岡山大学法学会雑誌66巻3・4号（2017年）131頁も参照。

おいて憲法適合的解釈という語は、憲法志向的解釈（verfassungsorientierte Auslegung）と対比して用いられる。前者は、法令が複数の解釈を許し、それによって合憲・違憲の判断が分かれる場合に、その法令を維持できる合憲の解釈をとるという解釈手法であり、後者は、解釈の余地のある法令について、憲法（特に基本権）の意義を尊重して解釈・適用を行う手法である。後者においては、法令自体は合憲だという前提で、主に一般条項や不確定概念の解釈・適用の際に憲法が援用されるのである。[6]

憲法適合的解釈にこのような広狭二義があるのは、連邦憲法裁判所自身のこの術語の用い方にも起因する。つまり、同裁判所は、憲法適合的解釈を狭義で定義する一方で、あまりこだわらずに広義でも用いているのである。これを受けて学説上、憲法を援用した法令解釈には狭義の憲法適合的解釈のほかに憲法志向的解釈もあるとの整理がなされるようになった。[7] そして、大まかにいえば、日本の「憲法適合的解釈」に該当するのはドイツの「憲法志向的解釈」であり、ドイツでいう狭義の「憲法適合的解釈」はむしろ日本の「合憲限定解釈」に近い。広義の「憲法適合的解釈」は、これら全体を包含する概念であるので、いずれにせよ日本とドイツの「憲法適合的解釈」という用語の使用法は異なっていることになる。[8][9]

2 検討対象について

さて、以上の概念整理の上で本稿が検討しようとするのは、近時ドイツで著された最もラディカルな憲法適合的解釈批判である、ウルリケ・レムケ『認識による一体性？──解釈による規範両立化方法としての憲法適合的法律解釈の非許容性について』である（以下、本書からの引用・参照箇所については、頁数

---

[6] Vgl. z.B. Klaus Schlaich/Stefan Korioth, Das Bundesverfassungsgericht, Rn. 440-51（9. Aufl. 2012）.
[7] Ebd., Rn. 448.
[8] 山田哲史「『憲法適合的解釈』をめぐる覚書」帝京法学29巻2号（2015年）277頁、321頁注103参照。宍戸常寿による報告「『憲法適合的解釈』と日本型違憲審査制について」（2014年11月29日、同志社大学）は、この日独の術語の意味の食い違いに自覚的であった。
[9] ただし、連邦憲法裁判所は今のところ「憲法志向的解釈」という術語を用いていない。なお、本稿では、解釈の対象となる法規範としては法律のみを念頭に置くものとする。

を括弧に入れて本文中に付す)。憲法適合的解釈は、ドイツで裁判実務上は定着しているといってよいが、学説からは様々な批判がなされてきた。その主なポイントは、本稿の最初で既述のとおり、連邦憲法裁判所や専門裁判所が憲法適合的解釈を行うことは、基本法が予定していた裁判所の権限分配を歪めてしまうということであった。レムケの著書も、むろんこの点への批判を忘れていないが (101-116)、その主眼はより原理論的な実定法体系理解の観点からの批判に置かれている。このような批判は、憲法裁判所制度をとらない国にも当てはまりうる。さらに、レムケがその実定法体系理解を、ハンス・ケルゼンに代表される純粋法学の見地から行うと明言して研究を遂行した点でも、本書は注目に値する。ただ実際には、レムケの法理論的基礎は、彼女がまえがきで明示的に認めているように、ケルゼンそのものというよりも、マティアス・イェシュテットのケルゼン理解に強く影響されている。実は、イェシュテット自身以前から、自らの法理論的見地から憲法適合的解釈を批判する立場を、簡潔ながら明確にしていた。レムケの著書は、この理論的示唆に鋭く反応した研究成果だと位置づけることができよう。そして、イェシュテットは本書刊行後すぐ、それを「鋭くかつ説得力の高い研究」であると称賛して援用しつつ、憲法適合的解釈への批判を繰り返している。

　イェシュテットは、現在刊行中のケルゼン全集の編集者であり、現在の世界的なケルゼン研究の中心人物の 1 人といってよい。その強い影響下でなされた

---

10) Ulrike Lembke, Einheit aus Erkenntnis? Zur Unzulässigkeit der verfassungskonformen Gesetzauslegung als Methode der Normkompatibilisierung durch Interpretation (2009). 本書はレムケの博士論文である。彼女はハンブルク大学で Juniorprofessorin を務めた後、2017年 4 月からハーゲン通信大学の教授となっている。ただし、専攻分野はジェンダー法であり、博士論文のような憲法裁判をめぐる研究は進めていないようである。

11) Christian Bumke, Verfassungsrecht in der Rechtsprechung des Bundesverwaltungsgerichts in den Jahren 2003 bis 2011, Die Verwaltung 45 (2012), S. 81, 91-93は、権限上の問題は「60年にわたる、広く承認され成功した専門裁判所の憲法適合的解釈の実践」によってもはや消滅し、新たな慣習法が成立しているという見方を、留保つきながら提示している。

12) Matthias Jestaedt, Grundrechtsentfaltung im Gesetz (1999), S. 324-326, 377 (Fn. 61); Das mag in der Theorie richtig sein … (2006), S. 49f. なお、イェシュテット理論に対する詳細な批判的検討として、三宅雄彦『保障国家論と憲法学』(尚学社、2013年) 第 4 章参照。

13) Matthias Jestaedt, Verfassungsgerichtsbarkeit und Konstitutionalisierung des Verwaltungsrechts, Eine deutsche Perspektive, in: Johannes Masing und Olivier Jouanjan (hrsg.), Verfassungsgerichtsbarkeit (2011), S. 37, 59-63, insb.Fn. 66.

研究が、憲法適合的解釈批判という、法実務にとって非常にアクチュアルな意味をもつ結論を導いている。本書は、法理論的にも、解釈論的にも、批判的検討の価値のある書物であるということができよう。

3 憲法適合的解釈の分類論

レムケは、広義の憲法適合的解釈を、4つに分類している。①「狭義の憲法適合的解釈」、すなわち「疑わしい法律の内容を憲法の助けによって決定すること」、②「優先ルール」、すなわち、ある規定につき「『本来の』解釈によって」複数の解釈可能性が存在している場合には合憲の方を採用すべしという解釈ルール、③「憲法志向的解釈」、すなわち「とりわけ『開かれた』あるいは『解釈の必要な』法律規範の具体化を憲法の助けによって行うこと」、そして④「憲法適合的な法の発展形成」、つまり法の欠缺の判例による補充のような、もはや解釈とはいえないような作用を憲法適合的に行うこと、である (32-37, 44-48)。

このうち④は、そもそも裁判所が「解釈」といっているものをもはや「法の発展形成」だと位置づけることが、すでにその非許容性の結論を暗示しており、実際にもドイツの裁判所にはそのような権限はないから許されないという結論が導かれている (268)。したがって、実質的に問題となるのは3類型ということになる。注目できるのは、法規定が複数の解釈を許す場合に合憲の方をとるべしという狭義の憲法適合的解釈の通常の理解に近いのは、むしろ②だということである。とはいえ、両者には違いもある。レムケの想定する②は、憲法を考慮せずに法律を解釈したところ、複数の選択肢があることが判明し、しかもそのなかで合憲違憲の結論が分かれる場合に、合憲の方をとるべしというルールであるが、通常考えられている狭義の憲法適合的解釈とは、条文の憲法適合性が疑わしいという判断がまずあって、違憲となる解釈のほかに合憲となる解釈はないかと探された結果、複数の選択肢が存在するに至って、そのなかで合憲の解釈をとるというものだろうからである。法解釈者にとって憲法が既知で

---

14) だからこそ、部分無効との異同が問題になる。文脈は少々異なるが、原島・前掲注5)1791-92頁の指摘も参照。

ある以上、②に純粋にあてはまる事例が現実に存在するのか、疑問である。レムケとしては、このように条文の合憲性についての疑いがまず存在する類型は、①に分類するということなのであろうが、①には今度は、複数の解釈可能性からの選択という要素が含まれていない。裁判所による法律内容決定（しかも、③とは異なり、一般条項や不確定概念の解釈適用ではない）として、その正当性が疑問視されても仕方ないかたちで、類型化がなされている。まさに合憲性の疑わしい規定について、1つの「解釈」によってその存立を維持するという、憲法適合的解釈の胆が把握されていない印象を受ける。

このようにみてみると、レムケの分類は、従来の学説をより精緻化したようにみえるが、現実に多く行われている憲法適合的解釈をうまく整理できないのではないか、という疑念が生じる。ただし、レムケは、結論としてすべての類型の憲法適合的解釈を否定するから、類型論が現実の法解釈の姿に対応していない、というような批判をしても仕方がないのかもしれない。実際、彼女は、憲法適合的解釈をとったとみられる判決のどれがどの類型に属するかについて、つまりこの分類の実践的有用性について、ほとんど論じていない。むしろ、この分類は、彼女自身が憲法適合的解釈を理論的に批判していく際の議論展開を区切るためのものだととらえることができよう。

4　法理論的基礎

レムケは、憲法適合的解釈が「妥当している法体系の構造」(135) に適合的なのかを検討するため、この法体系を研究する。その際彼女は、「本書の根底にある法理解は、ハンス・ケルゼンによって基礎づけられた純粋法学に広く従っている。」(142) と明言する。本書に対しては、なぜそこでケルゼンなのかについての説明が欠けており、ケルゼン理論からみればこうなるといっているにすぎないという批判的評価もなされている。ただ、この点にこだわっていると本書の内容の検討に入れないので、純粋法学が実定法体系の説明として適切であるという彼女の前提をいったん受け入れるかたちで検討を続けることにす

---

15) Carsten Bäcker, in: Der Staat 50 (2011), S. 130, 131-33.

第22章　ケルゼンを使って「憲法適合的解釈は憲法違反である」といえるのか　313

[16)]
る。

　ある法規範が妥当する（存在すると同義）のは、それが授権規範に基づいて定立され、法体系に属することによる。授権規範の連鎖が法秩序の段階構造を形成している。この段階構造のなかで、授権に基づく法定立は、常に授権規範の執行であると同時に、新たな法定立でもあるという二重の性格を有する。法定立は常に、拘束されながら創造するという両面をもつのであり、これは判決や行政行為といった個別規範の定立においても変わらない（165f.）。

　ここまでは、純粋法学の理解として一般的なところであろう。しかし、彼女が、行政行為や判決の二重の性格から、法適用行為のなかで法認識と法定立の要素を明確に区別すべきであるという主張を引き出すあたりから、その内容はケルゼンというよりもイェシュテットに近づいていく。行政機関や裁判所による「法適用」は、立法機関による「法定立」と対比して用いられる場合があるが、前者も法定立の要素を含んでいる以上、この対比はおかしい。しかも、このような使用法は、個別事例の判断が一般的規範から論理的に、価値判断抜きで導かれるという印象を与える点でも、適切でない。法律による拘束を真剣にとらえつつ、しかも行政機関や裁判所の行為の創造性を正面から認めるため、法適用行為には授権規範の法認識と新たな法定立という二要素が含まれていることを明確にすべきである（172-82）。

　では、その法認識において対象となる「法」とは何か。ここで彼女は、法と法テクストとは別だとし、認識対象は後者ではなく前者だという。認識対象を法テクストだと考えるから、それには複数の解釈がありうるという話になる。しかし、法規範が授権規範に基づいて定立されることで妥当するに至る以上、妥当している法とは、立法者の意思行為の産物にほかならない。テクストは、この意思をコミュニケートするための手段であり、それ自体が法規範なのではない。そして、立法者は特定の法定立行為を行う際には、特定の意思をもって

---

16)　好意的に理解すれば、この作業はすでにイェシュテットが行っており、彼女は実定法体系の説明として純粋法学が適合的であるとのイェシュテットの評価を受け入れたのだと考えることができよう。イェシュテットは、大まかにいえば、ニクラス・ルーマンの法システム論を現実の適切な描写であると評価し、自律したシステムとして分出した法の姿に適合的な法理論として、純粋法学の使用を正当化する。Jestaedt (Anm. 12 Grundrechtsentfaltung), S. 279f., 288-98. むろん、このようなルーマンとケルゼンの結びつけが妥当かどうかは議論の対象となろう。

行為しているはずである。それこそが、認識されるべき法の内容である。つまり、「たいていのテクストと同様、規範テクストも複数の解釈を許すといえる。しかし、法規範はただ１つの内容しかもたない」(213-18)。

　レムケは、解釈というあいまいな術語は、この法認識の意味に限定して用いるべきだと主張しつつ、その対象を立法者の意思であるとする「主観的・歴史的解釈」が正しい解釈のあり方だと主張する。この段階では、彼女はもはや自説がケルゼンから離れていることを自覚している。ケルゼンは、法解釈において法認識と法定立をはっきり区別せず、同一の法規範に複数の解釈がありうるという結論を是認していた。彼女は、「この（法認識と法定立の）両要素の分離可能性から出発することで、ケルゼン理論の純粋性をさらに高めようとする」[17]。法解釈＝法認識の対象は、立法行為を行った立法者の現実の意思であり、これは１つに定まるはずである。注意すべきことは、彼女は裁判所が行う法適用の結論が１つに定まるはずだという、「正解テーゼ」を主張しているのではない、ということである。裁判所には、常に法定立を行う余地が残されている。しかし、それは法解釈＝法認識とは区別して、認識された法内容の拘束を受けつつ行われるべきなのである (276-80)。

　もちろん彼女は、立法者意思なるものが認識可能なのかについて、これまで数々の批判がなされてきたことを承知しており、それらへの反論を試みている。が、この部分は、本書の核心的テーゼを否定しかねない批判への対応としての重要な位置づけを与えられているわけではない。結局のところ、彼女の切り札は、立法者意思の探求は、法体系を認識しようとする際に不可欠の法認識において不可避的に課された作業なのであり、立法者意思とは「カントの意味での統制的理念」なのだということであろう。究極のところそれがなんであるかの確定が人間には不可能であるとしても、法を認識しようとする以上、我々にはそれを探求することが課されているのである (288-94)。

　この、法体系理解における法認識と法定立の峻別の必要性と、法認識とは立法者意思の認識であるとの主張は、イェシュテットのそれと一致している[18]。こ

---

17) Ralph Christensen, in: JZ 2010, S. 86. ただし、不可能なことを求めているという批判的文脈での叙述。
18) Jestaedt（Anm. 12 Grundrechtsentfaltung）, S. 320-47.

の立場からすでに、憲法適合的解釈が法認識を歪めるものとして非難の対象となることは、容易に予測できる。

もう1つ憲法適合的解釈の評価との関係で重要なのは、彼女の瑕疵予測（Fehlerkalkül）理解である。こちらは、アドルフ・メルクルやケルゼンを直接援用しての説明である。動的体系としての法において、授権規範に反する下位法が定立されることは防げない。その下位法の扱いは実定法によって定められるべきものであり、直ちに無効とされるわけではない。実定法秩序は、瑕疵ある法規範が生じた場合にどのように対処するかを瑕疵予測というかたちで定めており、それに従った処理がなされる。法律に反する判決でも、確定すれば既判力を有することを妨げられない。つまり、授権の段階構造と廃止の段階構造は必ずしも一致しない。「規範間の衝突は、論理ではなく廃止によって解消される。廃止については、法的にあらかじめ定められていなければならない。法秩序は、それが自らに許している程度で、矛盾を有していてよいのである」。法体系に無矛盾性を求めるのは、「妥当している法を自らの規則観によって代替する」ことにほかならない（168-70）。すぐ分かるとおり、この叙述も、既に憲法適合的解釈への批判を暗示している。

5 憲法適合的解釈の具体的批判

以上の理論的前提の上で、レムケはまず、合憲性が疑わしい法律は憲法適合的に解釈して救うべしという瑕疵予測が基本法上定められているのか、と問う。答えは当然否である。連邦憲法裁判所は、具体的規範統制のための専門裁判所からの移送の適法性要件として、憲法適合的解釈を尽くしても違憲性をぬぐえないことまで求めているが[19]、これは本来の瑕疵予測たる具体的規範統制の要件を実定法よりも加重することで、法律を不当に維持する効果を有していることになる（206-12）。

その上で、上記で分類された憲法適合的解釈の各類型についての検討がなさ

---

[19] 毛利・前掲注1）340頁、原島啓之「ドイツ連邦行政裁判所の『憲法判断』の考察（一）」阪大法学64巻5号（2015年）1287頁、1294-98頁、畑尻剛・工藤達朗編『ドイツの憲法裁判（第2版）』（中央大学出版部、2013年）385-86頁〔畑尻執筆〕参照。

れる。④の憲法適合的な法の発展形成についてはすでに述べたので、ここでは①から③について述べよう。まず②の優先ルールは、そもそも規範が複数の意味をもつという想定が不当であるとして、あっさりと否定される。彼女は、実際に複数の解釈が求められるのは、個別事例の適切な解決を法律に見出そうとするからであるが、そもそも一般規範から個別事例についての解答は得られない——そこには常に法定立の要素が入る——のであって、法解釈＝法認識の対象は、個別事例決定を枠づける拘束力を有する——そしてその拘束力しか有さない——、1つしかないはずの、一般規範の立法者意思なのだと強調する（221）。

では、①の、彼女のいう狭義の憲法適合的解釈はどうか。この点でまさに、本書の題名である「認識による一体性」の構築が批判される。法規範の上下関係は、授権による法定立権限の関係であって、内容の整合性の関係ではない。法体系は、規範内容に矛盾が生じることを、むしろ瑕疵予測というかたちで予定している。解釈の名の下に規範内容の無矛盾性を構築する権限など、誰も有していない。「特に憲法を認識手段として使って法律内容を確定するという試みは、ただ、ある規範がいかなる内容を有しているかという事実の問題と、それがいかなる内容をもつべきであったかという規範的問題とを明白に混同しているだけなのであり、したがって失敗するしかない」（227-47、引用箇所は236）。[20]

彼女は、この論理を③の憲法志向的解釈についても貫く。いくら開かれた規範であっても、その内容を憲法によって充填することは正当化できない。憲法は法律が妥当するための条件を示すが、その内容を定めるものではない。一般条項や不確定概念は、法適用者に広い判断余地を与えている。法律解釈としていえるのは、ここまでである（248f.）。ただし、彼女は個別事例への法適用において憲法が役割を果たすことを否定するわけではない。裁判所は事案につい

---

20) レムケは、興味深いことに、法律の合憲性は認めつつその個別事例への適用が違憲となるという判断——ドイツの用語では質的部分無効、レムケは「適用排除」と呼ぶべきだとするが——を連邦憲法裁判所が行うことは許容している。それが、法律解釈というより、連邦憲法裁判所が権限を有している個別規範の定立だととらえられるからであろう。しかし、そのような適用領域を法律が予定していたといえる以上、この類型と許されない憲法適合的解釈の区別は微妙であり、彼女自身、立法者が達成しようとした状態を「適用排除」することは許されないというかたちで、区別の困難さを認めている（238-41）。

て法的判断を下す際、憲法に拘束されている。ただ、この拘束は、法解釈＝法認識に対してではなく、裁判官による法定立に対して働くのである（307-09）。

6　批判的検討

　以上の紹介からわかるとおり、本書の主たるテーゼは、法解釈とは法認識であり、しかも立法者が意思行為として規範を定立した際のその現実の意思の認識である。また、法の上下関係は授権関係を表すにすぎず、内容の整合性は意味しない。したがって、法律の内容を認識しようとする際に、憲法を援用することは認められない、というものである。

　この理論に対しては、様々な批判が可能であろう。法適用行為のなかで法認識と法定立とを峻別すべきだとか、認識対象は立法者の現実の意思だとの主張に対しては、そのようなことは不可能だとの批判が寄せられている。「超人的英雄」なら唯一真実の立法者意思を認識できるかもしれないが、裁判官は人間である。だからこそ、複数の解釈選択肢のなかからの選択という問題が生ずる。なのに、レムケのように、この問題の存在を否定してしまうことは、その作品を、英雄の出てくる「ロマンスから、コメディにする」[21]。確かに、特に②の類型について、複数の解釈可能性がある場合になぜ憲法適合的な選択肢をとるべきかという問いに、そもそも複数の解釈可能性はないと答えることが、問題への適切な対応といえるのかは疑問である。

　また、レムケは、法解釈者にとって、立法者意思の探求は統制的理念として課されているのだという。しかし、だとすれば、現実に法認識をする者にとって、真の立法者意思は結局のところ認識できないことになる。裁判官による立法者意思の認定は、常に他の可能性を残すものでしかありえない。それなのに、裁判官が唯一の立法者意思を標榜して法認識を確定することは、認識の名による法定立行為となってしまうのではないか。憲法適合的解釈に対するレムケの批判は、理論的純粋さを求めてあまりに高度な要求を裁判官に課すことで、結

---

21)　Christensen (Anm. 17), S. 86. レムケと同旨の主張をするイェシュテットに対し、法条文の背後にある「安定的な真の意思」を見出すことは不可能だと批判する文献として、vgl. Thomas Vesting, Gegenstandsadäquate Rechtsgewinnungstheorie, Der Staat 41 (2002), S. 73, 78f.

局認識の名の下での法定立という、批判相手と同じ理論的欠陥を有するものとなっているのではないか。ケルゼンは、法適用にあたって適用すべき法律の認識を求めつつも、その認識対象が正確には何なのかについて詰めた議論をしなかった[22]。これは、ケルゼンの不十分さというよりも、およそ法律の「真の」内容を認識するというようなことは人間には不可能であり、現実になされている、法定立と峻別不能なかたちで結びついている融通無碍な法律内容理解を超える事柄を、法適用者に求めることはできないという、現実的判断の現れであったと評するべきであろう。

　レムケも裁判所が法定立を行うことは認めており、ただ、それを法解釈＝法認識とは区別して自覚的に法定立として行うべきだと主張しているのである。しかし、裁判所が法解釈の装いの下で法定立を行っていることを、全面的に否定すべきであろうか。このような批判は、裁判所が客観的法解釈の名に隠れて政治的価値判断を行っているといったイデオロギー批判としての意義はあろう[23]。しかし、裁判所は政治的機関ではなく、その決定は法的に根拠づけられなければならない。その憲法上の地位からして、裁判所は開き直って政治的に法定立をします、と宣言するわけにはいかないのである。他方、裁判所は一方で個別の紛争を最終的に解決するのであるから、それが現実にどのような効果を発生させるのかを考慮に入れざるをえない。だとすれば、裁判所が法的根拠づけとして可能な限りで実践的効果を踏まえた判断を行うことは、現実には回避不可能である。そして、その判決の批判的吟味は、その根拠づけが政治的判断をうまく隠せるほど上手に行われているか否か、といった見地から行われるべきものであって、法的根拠づけで法定立を行っていることそれ自体に対してなされるべきではなかろう[24]。レムケも、裁判官が法定立において憲法に拘束されることは認めているのであり、だとしたら、この法定立が憲法適合的解釈という法的根拠づけを装って行われること自体は、非難されるべきではないように思わ

---

22) ハンス・ケルゼン（長尾龍一訳）『純粋法学（第2版）』（岩波書店、2014年）336-340頁。ここで、ケルゼンは「立法者意志」について、「たいていの場合怪しい」と形容している。

23) レムケのジェンダー法論の内容としても、この法適用過程に潜む、性別についての社会的固定観念の析出がある。Ulrike Lembke, Zwischen Herrschaft und Emanzipation, in: Hagen Hof/ Peter Götz von Olenhusen (Hrsg.), Rechtsgestaltung – Rechtskritik – Konkurrenz von Rechtsordnungen … (2012), S. 242, 246-49.

れる。その根拠づけが法的議論として稚拙なものであれば、「無理のある根拠づけであり、政治的意図によって法的議論が歪められている」といった批判をすべきなのであり、ドイツでも日本でも、現にそのような批判が行われている。これに対し、レムケの主張は、裁判所に対する働きかけとしては、意味をもちにくいと思われる。[25)][26)]

(もうり・とおる　京都大学教授)

---

24) レムケは、裁判所の法定立には根拠づけが必要だということは認めるが、その根拠づけは、当然ながら適用されるべき法によってなすことはできない。では、どう根拠づけるのか。彼女は、法学はこの場面でも役割を担えるというのであるが、その内容はあいまいなままだといわざるをえない (316-20)。Vgl. auch Ulrike Lembke, Weltrecht – Demokratie – Dogmatik, in: Matthias Jestaedt (Hrsg.), Hans Kelsen und die deutsche Staatsrechtslehre (2013), S. 223, 237-40. イェシュテットも、同様の関心から法政策学の復権を唱えるが、その内容は不明確である (Jestaedt (Anm. 12 Das mag …), S. 87)。この点に関しては、三宅・前掲注12) 264-66頁、275-76頁も参照。
25) 彼女の瑕疵予測理解について、具体的規範統制が基本法の予定する瑕疵予測の制度であるとは、まさに基本法制定者の意思からして認定することはできない、という批判があることも付言しておく。Bumke (Anm. 11), S. 88 (Fn. 37)。
26) なお、研究会ではこのほか、レムケが、法規範への論理則の適用を否定するケルゼン晩年の規範論を援用していることについて、このケルゼンの主張そのものおよびレムケの援用双方を批判的に検討したが、本稿ではこの部分は割愛する。ケルゼン晩年の規範論については、西山千絵《規範》と《意志》」東北法学26号 (2005年) 383頁を参照のこと。私の評価は、西山とほぼ一致する。

第 23 章

憲法判例変更のパラドックス

大林啓吾

序

　最近の日本の最高裁判決をみると、判例変更を明示しないものの、内容的には判例変更と考えられるような判断を行って違憲判決を下す例が散見される。在宅投票制度廃止違憲訴訟が示した立法行為の違法判断の基準を変えたようにみえる在外邦人選挙権訴訟、平成7年の先例を変えずに違憲判断を下した非嫡出子相続分違憲訴訟などはその典型例である。たしかに、判例変更には法的安定性や予見可能性を損なうおそれなどがあり、判例の判断枠組や射程を操作してそうしたリスクを回避できるのであれば、その方が望ましいかもしれない。しかし、それが黙示の判例変更になっている場合には論理的一貫性を掘り崩す

1）　もっとも、近時に限らず、従来から最高裁は黙示的変更を行ってきたと指摘される。戸松秀典「憲法判例の明示的変更と黙示的変更」ジュリスト1037号（1994年）22頁。また関連する最近の文献として、君塚正臣「判例の拘束力——判例変更、特に不遡及的判例変更も含めて」横浜法学24巻1号（2015年）98-100頁も参照。
2）　最一小判昭和60・11・21民集39巻7号1512頁。
3）　最大判平成17・9・14民集59巻7号2087頁。
4）　最三小判平成7・12・5集民177号243頁。
5）　最大決平成25・9・4民集67巻6号1320頁。
6）　実質的な判例変更の指摘につき、たとえば、在外邦人選挙権訴訟については小山剛「在外国民の選挙権——在外日本人選挙権剥奪違法確認等請求事件」受験新報659号（2006年）20頁、非嫡出子相続分違憲訴訟については山崎友也「民法が定める非嫡出子相続分区別制を違憲とした最大決平成25年9月4日について」金沢法学56巻2号（2014年）165頁を参照。

危険性があるため、潔く判例変更を行うか、あるいは先例との整合性について説明をすべきであろう。[7]

　もとより憲法判例の変更に対する最高裁の消極的姿勢は今に始まったことではないが、全農林警職法事件[8]における田中二郎裁判官等5人の裁判官の意見がそれに拍車をかけたと思われる。同意見が次のように述べて軽々しい変更を避けるべきであると警鐘を鳴らしたからである。すなわち、「憲法解釈の変更は、実質的には憲法自体の改正にも匹敵するものであるばかりでなく、最高裁判所の示す憲法解釈は、その性質上、その理由づけ自体がもつ説得力を通じて他の国家機関や国民一般の支持と承認を獲得することにより、はじめて権威ある判断としての拘束力と実効性をもちうるものであり、このような権威を保持し、憲法秩序の安定をはかるためには、憲法判例の変更は軽々にこれを行なうべきものではなく、その時機および方法について慎重を期し、その内容において真に説得力ある理由と根拠とを示す用意を必要とするからである」[9]と。憲法判例を変更する場合は慎重でなければならず、変更せざるをえないときは真に説得力ある理由を提示しなければならないとしたのである。そしてその後の最高裁は憲法判例を明示的に変更しなくなっている。[10]

　このようなスタンスは、先例拘束性を正面から認める英米法系の国では一層顕著になるように思える。実際、アメリカの連邦最高裁長官のロバーツは、長官に指名された際の上院司法委員会公聴会において、憲法判例を変更する際には特別な正当化（special justification）が必要であるとし、そこでは先例が機能しなくなっているかどうか、判例の原理がその後の展開によって崩壊しているか、前提的事実が先例を踏襲することを正当化できないほど変化しているかな

7）　この点につき、再婚禁止期間違憲訴訟（最大判平成27・12・16民集69巻8号2427頁）における千葉勝美裁判官の補足意見は国賠法上の立法不作為の違法性の判断基準について先例との整合性を詳細に説明しており、判例変更でない場合はこうした理由説明が必要であると思われる。なお、この点については、千葉勝美『違憲審査──その焦点の定め方』（有斐閣、2017年）87-109頁も参照。
8）　最大判昭和48・4・25刑集27巻4号547頁。
9）　全農林警職法事件・前掲注8）598頁。
10）　もともと最高裁は憲法判例の変更に積極的であったわけではないものの、以前には尊属殺規定違憲訴訟（最大判昭和48・4・4刑集27巻3号265頁）や強制調停違憲訴訟（最大決昭和35・7・6民集14巻9号1657頁）など明示的に変更したケースが存在したが、その後はほとんど見かけなくなっている。

どを検討しなければならないと述べている。

ところが、このとき、ロバーツは憲法判例の拘束力が弱いことにも言及した。ロバーツは、憲法解釈に関する先例は法解釈に関する先例と異なり立法府で変えることが難しいことから先例拘束が弱いと述べた。憲法修正はハードルが高いことから、司法が誤った憲法判断をしたときにそれを修正することが難しいため、憲法判断の先例拘束は弱めておくべきであるというのである。

だが、憲法判例の変更に慎重さを求めることと憲法判例の拘束力を緩やかにすることとは矛盾しないのだろうか。一方では変更を厳しくし、他方では変更を容易にしていることから、ある種のパラドックスを抱えているようにみえる。このパラドックスは解消しうるのか、換言すれば慎重な判断の要請は変更を厳格化するのか。それが本稿の主題である。

1　憲法判例に関する先例拘束の特異性

(1)　憲法判例の意味

まず、憲法判例の意味を明らかにしておく必要がある。合憲・違憲の判断を下す判決は間違いなく憲法判例に当たるといえるが、憲法学の世界で重視される判例のなかには合憲・違憲の判断に直結しないものの、憲法に関する問題について判断した判決が参照されることが少なくない。つまり、事実に対する法的効果を示す判決理由（ratio decidendi）のみならず、判決理由と直接関係のない傍論（obiter dictum）の憲法判断が重要な場合も憲法判例とみなされること

---

11) John G. Roberts, Jr., *Statement, Statement of John G. Roberts, Jr., Nominee to Be Chief Justice of the United States*（Washington, D.C., Sept. 12, 2005）, in Sen. Jud. Comm., *Confirmation Hearing on the Nomination of John G. Roberts, Jr. to Be Chief Justice of the United States*, 109th Cong. 158, 552-553（Sept. 12, 2005）（available at http://www.gpoaccess.gov/congress/senate/judiciary/sh109-158/browse.html; select Download the entire S. Hrg. 109-158）。ロバーツの先例拘束に関する見解については、大林啓吾「ロバーツの裁判官像」大林啓吾・溜箭将之編『ロバーツコートの立憲主義』（成文堂、2017年）17-20頁を参照。
12) かかる問題設定につき、先例拘束を事実上の拘束力と解してきた日本では先例の法的拘束力を認める国ほどには両者の緊張関係が先鋭化しないのではないかという疑問が浮かぶかもしれない。だが、先述したように日本の最高裁は変更に慎重になっており、それは先例拘束の錘を重くするものである。また、憲法改正のハードルが高いのは日本も同様であり、先のロバーツの言述は日本にも当てはまる。

があるのである。他方で、先例拘束は「裁判官が判決を下す際に自己または他の裁判官が以前に行った判断に従うように拘束されること」をいうが、そこでは判決理由のみが対象であり、傍論はその対象にならないとされる。したがって、憲法判例の先例拘束を論じる場合にはその対象を判決理由に絞ることが要請される。

もっとも、判決理由と傍論は必ずしもつねに峻別できるわけではない。そもそも先例を尊重することとは、現在の事件を過去の類似の事例に依拠して理由づける (reasoning by analogy) ことであり、理由づけの根拠となるものである。そのため、単に結論のみならず、判断枠組や審査基準なども含まれる。そうだとすれば、「理由」の射程は思った以上に広がる可能性を秘めており、特に判断構造自体が抽象的で様々な解釈の余地のある憲法判断においては判決理由の射程は広がる。本稿では憲法判断を行った判例を憲法判例とし、その射程をやや広くとった上で論を進めることにする。

(2) ブランダイス区分

アメリカでは、当初から憲法判例の変更を厳しくすべきか緩やかにすべきかという問題が意識されていた。憲法問題は先例拘束の影響を受けないとする見解や、憲法は有機的であり変化するものなので先例拘束はそれほど強くないとする見解もあれば、憲法判例だからといって先例拘束の強さを和らげる理由はないと考える議論もあった。しかし、その理由が明確に示されることはなく、問題意識だけが先行していたといえる。

転機が訪れたのはロックナー期の終盤であった。1932年の Burnet v. Corona-

---

13) 「判決理由」および「傍論」については、田中英夫編『英米法辞典』（東京大学出版会、1991年）598頁、696頁を参照。
14) Louis B. Boudin, *The Problem of Stare Decisis in Our Constitutional Theory*, 8 N.Y.U. L.Q. REV. 589, 590 (1931).
15) RICHARD A. POSNER, HOW JUDGES THINK 175-176 (2008).
16) George Edward Sullivan, *The Correct Doctrine of Stare Decisis*, 55 CENT. L. J. 362, 374 (1902).
17) Charles Wallace Collins, *Stare Decisis and the Fourteenth Amendment*, 12 COLUM. L. REV. 604 (1912).
18) D. H. Chamberlain, *The Doctrine of Stare Decisis as Applied to Decisions of Constitutional Questions*, 3 HARV. L. REV. 125, 130 (1889).

do Oil and Gas Co. 判決において、ブランダイス裁判官が次のような反対意見を述べたからである。ブランダイス裁判官いわく、「先例拘束は、既判力のルールのように、普遍的な、絶対的命令ではない。"先例拘束のルールは、判決の一貫性や統一性につながるものであるが、硬直的なものではない。先例が踏襲されるか変更されるかは裁判所の裁量の問題であり、それはかつて決めた問題が再び考慮されるということである"。先例拘束は通常賢明な方法であるが、それは問題が正しく解決されているというよりも適用可能な法のルールが決まっているという点において重要だからである。立法によって是正される場合であれば、先例の誤りが重大な対象事項となっている場合であっても先例拘束は重要である。しかし連邦憲法が関連する場合、立法行為による是正が実質的に困難であるため、連邦最高裁は先例をしばしば覆してきた」と。つまり、司法が法律の問題について誤った判断を下した場合には、立法でそれを修正してしまえばいいので、先例拘束は厳しくてもかまわない。ところが、憲法の場合は憲法修正のハードルが高いので、司法が誤った判断を下してしまった場合に他権が容易に修正することができない。そのため、先例拘束を弱めておき、後で誤りが判明した場合には司法が自らそれを修正できるようにしておく必要があるということである。これは反対意見にすぎなかったものの、その後の判例や学説はこのブランダイス区分を肯定的に受け止める傾向にある。

(3) ブランダイス区分の問題

しかし、政治部門が司法の憲法解釈に反発することもあることからすれば、司法以外の他権による修正の可能性が法律同様に認められるのであり、司法の憲法判断の先例拘束を緩和する理由として挙げるとすればそれに反論する必要がある。あるいは、司法の憲法判断の先例拘束を緩和するためには別の理由を考えなければならないだろう。

この点につき、長谷部恭男は司法の憲法解釈の基本的機能は道徳的判断が適

---

19) Burnet v. Coronado Oil and Gas Co., 285 U.S. 393（1932）.
20) 285 U.S. at 406-407 (Brandeis, J., dissenting).
21) See, e.g., 1 LAURENCE H. TRIBE, AMERICAN CONSTITUTIONAL LAW 84 (3d ed. 2000).
22) 大林啓吾「先例拘束の再定位」小谷順子ほか編『現代アメリカの司法と憲法』（尚学社、2013年）242頁。

切であることの実質的根拠の提示にあるとし、実質論の問題であるからこそ誤った判断はありえるわけで、司法はそれを改める必要が生じ、立法による修正の困難性は副次的理由にすぎないのではないかと指摘している[23]。

ところが、この問題をクリアしたとしても、そもそも憲法判例の変更は軽々しく行うべきではなく、また先例もそうしてこなかったという批判がある[24]。ストラング＝プールによれば、ブランダイス区分はブランダイス裁判官が進歩的判断を下していくためにとった戦略にすぎず、それまでの連邦最高裁は憲法判例の変更をブランダイス区分のように解してこなかったという。たとえば、Briscoe v. Commonwealth's Bank of Kentucky 判決[25]においてマーシャル長官の法廷意見は、「連邦最高裁の慣行として、憲法問題が絡む場合には、意見に対する4人の裁判官の賛成がなければ、裁判所全体としての多数意見となる意見を書くことができない（ただし絶対的ではない）[26]」とした。また、Legal Tender 判決[27]においてストロング裁判官の法廷意見は、「我々は憲法上の権利が関連する場合の考慮と単なる私権が関連する場合の考慮を区別して扱ってきた。我々は全員が参加していない場合に憲法判断を行わないようにし、できる限りそれを避けてきた[28]」と述べた。これらの言述から、憲法判例の重要さがうかがえるというのである。

だが、こうした指摘は憲法判断の重要性を認める根拠にはなるが、変更を厳しくする直接の理由にはならない。変更の難しさに結びつきそうなのは変更の要件である。

---

23) 長谷部恭男「憲法判例の権威について」論究ジュリスト1号（2012年）4頁を参照。
24) Lee J. Strang and Bryce G. Poole, *The Historical （in） Accuracy of the Brandeis Dichotomy: An Assessment of the Two-Tiered Standard of Stare Decisis for Supreme Court Precedents*, 86 N.C.L. REV. 969（2008）.
25) Briscoe v. Commonwealth's Bank of Kentucky, 33 U.S.（8 Pet.）118（1834）.
26) *Id.* at 122.
27) Legal Tender Cases, 79 U.S. 457（1871）.
28) *Id.* at 554.

2 憲法判例変更の要件

(1) 憲法判例の変更と特別な正当化

連邦最高裁は判例変更を行う際には特別な正当化が必要であるとしてきた。最初にそれに言及したのは1984年の Arizona v. Rumsey 判決であるが[29]、特別な正当化が必要な理由を説明したのは1989年の Patterson v. McLean Credit Union 判決であった[30]。

ケネディ裁判官の法廷意見は、「……先例拘束は司法府における基本的な自己統治の原理であり、司法は恣意的な裁量によらない法学的制度を形成し維持するというセンシティブかつ難しい職務を託されているのである[31]」とした上で、その変更につき、「我々の先例は神聖不可侵のものではなく、我々は積み重ねられてきた先例を覆す必要性がある場合やそれが適切である場合には先例を覆してきた。それにもかかわらず、先例拘束の法理から離れる場合には特別な正当化が要求される[32]」とした。そして、先例以降の法が発展していて先例がそれを阻害している場合、先例が機能不全に陥っている場合、先例が社会正義と合致しなくなっている場合、などが特別な正当化に当たるとした。

もっとも、本件は憲法解釈ではなく、法解釈に関する事案であり、憲法判断においても特別な正当化の要件が必要かどうかという問題が残った。憲法判断についても特別な正当化が必要であるとしたのが、2000年の Dickerson v. United States 判決であった[33]。レーンキスト長官の法廷意見は、「我々がミランダ判決の理由付けやその結果であるルールに賛同するかどうかは、最初に述べたように、先例拘束の原理が先例を覆すことに対して重くのしかかっているかどうかである。先例拘束は、とりわけ我々が憲法を解釈するとき、絶対に変えられない命令ではないが、憲法の事例であっても、我々は先例から袂を分かつ場合には特別な正当化を行う必要があることをつねに要求してきた[34]」と述べたの

---

29) Arizona v. Rumsey, 467 U.S. 203, 212 (1984).
30) Patterson v. McLean Credit Union, 491 U.S. 164, 172-174 (1989).
31) Id. at 172.
32) Id.
33) Dickerson v. United States, 530 U.S. 428 (2000).

である。これにより、憲法判例の変更についても、それを覆すために特別な正当化が必要であることが明らかにされた。

(2) 特別な正当化の中身

それでは、どのような理由が特別な正当化に当たるのであろうか。その内容を明らかにしたのが、Roe v. Wade 判決[35]の判例変更をめぐり裁判官の間で意見が分かれた1992年の Planned Parenthood v. Casey 判決[36]であった。

オコナー裁判官、ケネディ裁判官、スーター裁判官の共同多数意見は、「先例を覆すことが現実的に予定されていない場合であっても、まれではあるが、先例拘束のルールは絶対的な命令ではないことが共通の認識であり、とりわけそれはすべての憲法事案においてそうである」[37]と述べ、ブランダイス区分に言及する。その上で、特別な正当化の内容について、「連邦最高裁が先例を再考する場合、その判断は先例を覆すことが法の支配の理想と矛盾しないかをテストし、先例に従った場合と覆した場合のコストを検討するために慎重かつプラグマティックな考慮を慣習的に行う。したがって、たとえば、当該ルールが実際上耐えられないほど機能しなくなっていることが証明されたかどうか、当該ルールが変更されると特別な支障が生じ変更のコストが不公正さを増すことになる根拠があるかどうか、古いルールが放棄された法理の残余にすぎず関連する法原理が発達しているかどうか、古いルールから重要な適用または正当化が奪われるにつれて、事実があまりに変化して、きわめて異なる状況が見られるようになっているかどうかを検討する」[38]とした。つまり、先例の機能不全や時代状況の変化などが特別な正当化に当たるとしたのである。

---

34) *Id.* at 443.
35) Roe v. Wade, 410 U.S. 113 (1973).
36) Planned Parenthood v. Casey, 505 U.S. 833 (1992).
37) *Id.* at 854.
38) *Id.* at 854-855.

3 憲法判例における先例拘束と特別な正当化の意味

(1) 先例拘束の意義と特別な正当化の関係

このように、特別な正当化は、憲法判例の変更を含む判例変更一般に要求される。そうであるとすれば、特別な正当化は憲法判例の変更のみに要求されるものではないことから、必ずしも憲法判例の変更の緩和と対立関係にあるわけではないといえるかもしれない。だが、そのように考えるためには、先例拘束のなかに特別な正当化の要請が埋め込まれていることを説明する必要がある。

この点につき、ソトマイヨール裁判官は、2013年の Alleyne v. United States 判決において先例拘束と特別な正当化の関係について次のように述べている[39]。「……先例拘束は司法府における基本的な自己統治の原理（basic self-governing principle）であり、司法は恣意的な裁量によらない法制度を形成し維持するというセンシティブかつ難しい職務を託されている。我々は先例に従うことが適切かどうかについて疑問があるとしても、先例に従うことが公平性、予見可能性、法原理の一貫した発展を促進し、判決の信頼性を高め、司法過程における現実的および認識的インテグリティに寄与するので、一般に先例に従う。これらの重要な価値を守るために、我々は先例から離れるときに特別な正当化を要求する」[40]とした。先例拘束は司法の自己統治（自らの裁量統制）を狙いとするものであり、それを実践するために特別な正当化を要求するというわけである。

したがって、特別な正当化は先例拘束に内在するものであり、判例変更全般に要求されるものである。しかも、憲法判例のみに要請されるわけではないことから、ブランダイス区分と正面から対立するものではない。

とはいえ、憲法判例にも一定の要件を課すことからすれば、その程度次第ではブランダイス区分と緊張関係に立つ可能性もある。だが、Casey 判決の要件をみる限り、特別な正当化とは先例の機能不全や時代状況の変化などを説明することである。先例を変更する以上、それには状況の変化が理由としてあるのは当然であり、それほど特別な理由を求めているわけではないように思える。

---

39) Alleyne v. United States, 133 S. Ct. 2151, 2164-2166 (2013) (Sotomayor, J., concurring).
40) *Id.* at 2164.

これについてハーディは、特別な正当化は社会的信頼を確保するために必要なものであり、説明責任として機能するものだという。つまり、それは変更自体を厳格化するというよりも、変更の可否を適切に判断しているという理由説明として機能するものなのである。

(2) 憲法判例における特別な正当化

ただし、司法の自己統治が自己抑制的側面を有することからすれば、それは憲法判断のあり方に関わることに留意しなければならない。憲法判断における司法態度は憲法秩序の形成に関係するからである。そうした観点からすると、憲法判例の変更における特別な正当化は一般の判例変更における特別な正当化よりも重い意味をもつ可能性がある。

タシュネットによれば、憲法秩序の変化は人民や政治部門が主導的に行うものであり、先例拘束は司法が憲法秩序を変化させる際に主導的な役割を果たすことに歯止めをかけるものとして機能するという。ゆえに、特別な正当化も司法消極主義的機能を果たすように用いられなければならない。そうなると、憲法判例の変更における特別な正当化は一般の判例変更のときよりも難しくなる可能性がある。

しかしながら、判例変更は必ずしもつねに憲法秩序の変化を主導することになるわけではなく、むしろ政治部門の憲法秩序形成に対応するために判例変更することもありうる。判例変更のなかには受動的な判例変更もあるわけであり、憲法判断に関する特別な正当化一般を重くすることはかえって政治部門の憲法判断に対する受動的反抗を認めることになりかねない。それはタシュネットの思い描く方向とは逆に向かってしまうことになるだろう。司法消極主義からただちに特別な正当化の程度を重くすることが導かれるわけではなく、状況次第で特別な正当化の厳緩も変動するのである。したがって、司法消極主義を強調するのであれば、司法が判例変更によって憲法秩序を主導的に変化させる場合には特別な正当化が厳しく要請されることとなり、政治部門の憲法判断を承認

---

41) Tom Hardy, *Has Mighty Casey Struck Out?: Societal Reliance and the Supreme Court's Modern Stare Decisis Analysis*, 34 HASTINGS CONST. L. Q. 591 (2007).
42) MARK TUSHNET, THE NEW CONSTITUTIONAL ORDER 93 (2004).

するために判例変更をする場合にはその要請の程度が緩和されるということになろう。

　他方、司法の役割には自己抑制的側面だけでなく、人権保障の側面もあることを忘れてはならない。人権保障の観点から特別な正当化の意味を考えると、時代状況の変化がない場合でも、先例が重要な人権を不当に制約している場合にはそれも特別な正当化に該当するとして是正すべき義務を負うとする見解がある[43]。一見すると、特別な正当化の射程を広げることになるので要件を緩和するようにみえるが、重大な人権の制約という理由は司法の責務に関わる重要事項であり、その理由説明は軽く済むものではない。そのとき、司法は重厚な権利論を展開した上で、権利侵害の重大性を実証しなければならないだろう。

　このように、特別な正当化は司法の役割をどのように理解するかによってその厳緩が変わる可能性がある。ただし、いかに解するにせよ、憲法判例変更に関する特別な正当化の厳緩が一律に変容するわけではない。司法の役割を限定的に解した場合でも特別な正当化が全般的に要請されることにはならないし、司法の役割を積極的に解した場合でも理由説明が簡単に済むということにはならない。結局、ケース次第で厳緩の程度も変わるのであれば、それはブランダイス区分と対立するほどのものではないといえよう。

後　序

　本稿では、憲法判例の変更に特別な正当化を求めることはブランダイス区分と矛盾しないことを明らかにした。特別な正当化は、変更する理由を提示させることで司法の裁量統制を目論むものではあるが、判例変更そのものを厳格化する趣旨のものではない。むしろ特別な正当化は判例変更すべきか否かを検討する際の物差しとして機能するものであり、司法が変更に値するかどうかを審査し、変更しない場合であってもその理由を述べるものとして機能するものである。つまり、特別な正当化は判例変更の要件であると同時に、司法に説明責任を負わせるものであり、憲法判例の変更を躊躇させるものではないのである。[44]

---

43) Drew C. Ensign, *The Impact of Liberty on Stare Decisis: The Rehnquist Court from Casey to Lawrence*, 81 N.Y.U. L. REV. 1137, 1162-1163 (2006).

翻って日本をみると、近時最高裁は社会状況の変化を理由にして先例と異なる判断を下しながらも、憲法判例の変更を回避する傾向にある[45]。つまり、事情変更は容易に認めるが、判例変更は認めたがらないのである。

しかし、そもそも時代状況の変化は判例変更の理由の1つである。したがって、時代状況の変化がみられるのであれば、判例変更に踏み切る理由になりうる。事実上の判例変更になっているにもかかわらず事情変更で対応することはかえって法的安定性を損なうおそれもあり、そのような場合は判例変更すべきであると思われる。それでも、あえて事情変更を選ぶのであれば、それこそ判例変更を行わない特別な理由を提示すべきであろう。

（おおばやし・けいご　千葉大学准教授）

---

44)　なお、特別な正当化は、司法が判例変更をする際の正当化としてプラグマティックに利用しているという指摘もある。William S. Consovoy, *The Rehnquist Court and the End of Constitutional Stare Decisis: Casey, Dickerson, and the Consequences of Pragmatic Adjudication*, 2002 UTAH L. REV. 53. 先例を理由もなく変更すると、司法は判決が政治的な動機に基づいているとみなされてしまうため、特別な正当化を提示する必要があるというわけである。Emery G. Lee III, *Overruling Rhetoric: The Court's New Approach to Stare Decisis in Constitutional Cases*, 33 U. TOL. L. REV. 581 (2002).

45)　卑近な例として非嫡出子相続分違憲訴訟が挙げられる。

第 24 章

「貨幣国家」と憲法
——財政作用の再検討にむけた予備的・準備的考察の一環として

片桐直人

はじめに[1]

わが国の憲法学における財政研究は比較的低調だと指摘されている[2]。もちろん、憲法学が一切財政を論じてこなかったわけではなく、財政民主主義ないし国会中心主義や予算の法的性質[3]といった論点については、相当充実した研究を積み重ねてきた。しかし、それでもなお、櫻井敬子教授が厳しく批判するように、「憲法論においては、従来、予算の法的性質論を中軸とした議論が展開されてきたが、現実の予算のもつ政治的機能、財政政策的機能、さらに経済的機能に対して感受性に乏しかったことは否定できず……、その結果として、憲法が標榜する財政国会議決主義（83条）の意義を十分に生かすことができないまま、その内容空虚なスローガン化に歯止めをかけることができなかった」ので

---

1) 本稿の基礎になった研究会報告では、近年の財政法研究の概観や「貨幣と法」といった論点の考察も行ったが、紙幅の関係でその多くを盛り込むことができなかった。また、同じく紙幅の関係で、文献についても最小限に触れるにとどめざるをえなかった。あわせてご寛恕いただきたい。
2) 宍戸常寿「憲法学のゆくえ3-1　イントロダクション」法律時報86巻11号（2014年）90頁以下。
3) 通常、予算の法的性質論は、「国会による修正の可否及びその程度」と「法律と予算の不一致」、「予算を巡る権限分配」などに関わる論点であると認識されているが、その背後に、高橋和之教授のいう意味での国民主権原理に立つ日本国憲法の下における国民の諸要求の調整の問題（ここにはその主体や手続きの問題が含まれる）とその調整の副産物としての予算の膨張の制御の問題が隠れていたことには留意が必要であり、議論の膠着という一見した印象よりも、実際にはなおアクチュアルな論点であることを指摘しておく。

ある。

　もっとも、近年では、特に租税法学者を中心に、財政法を新たな観点から分析する研究が現れている。特に本稿筆者からは、そのような研究のなかに、「貨幣」に注目しようとするものがあることが目を引く。他方、同じくドイツでも、財政憲法と通貨憲法との関連に着目する研究がみられる。そして両者をつなぐのはやはり「貨幣」ないし「通貨」である。そこで──相当にざっくりとした問題提起で恐縮ではあるが──財政法研究において「貨幣」に注目するとはどのようなことなのかを考えてみたい。

　以下では、貨幣を視野に入れつつ財政法を考察しようとする論者として、中里実教授と藤谷武史教授の議論を概観した上で、財政を巡る憲法的な考察の基礎として「貨幣」を挙げるドイツの憲法学・租税法学者、クラウス・フォーゲルの議論を素材として、簡単な検討を試みたい。

1　財政と貨幣

　わが国の憲法学では、財政は、「国家がその存立を図り、任務を遂行するに必要な財源を調達し、管理し、使用する作用の総称」と定義され、そこには租税の賦課徴収に代表される財政権力作用と国債の発行や国有財産の管理などの財政管理作用が含まれるとされる。このような理解は、しかし、財政「作用」に着目するものであって、「財政」そのものの分析としては不十分であろう。

　もちろん従来の憲法学において「財政」とは何かが問われなかったわけではない。たとえば、手島孝教授は、今から40年以上も前に、現代の財政が、古典的な行政経費の単純な取得、その管理・運用、充当支出という専門技術的活動

4）　参照、櫻井敬子「予算・財政投融資」高木光・宇賀克也編『行政法の争点』（有斐閣、2014年）232頁以下、233頁。また、藤谷武史「憲法学における財政・租税の位置？」法律時報86巻11号（2014年）94頁以下も、財政領域に関する憲法学の関心の低さを指摘する。なお櫻井教授が提唱する「予算の柔構造」論は、財政学における予算循環論を参考にしつつ、予算の編成・議決・執行・統制という「過程」に着目する議論であり、様々なインプリケーションに富むが、ここでは、予算の統制を考察する際には、そこに関与する諸アクターのほかそれを制御する基本的な単位である「時間」の検討も重要であることを指摘するにとどめたい。櫻井敬子『財政の法学的研究』（有斐閣、2001年）も参照。

5）　佐藤幸治『日本国憲法論』（成文堂、2011年）525頁に依った。

にとどまらず、経済政策や社会政策の実現手段としても用いられることを前提に、現代の財政がもはや「憲制適合的な決断」としての性格を有すると指摘していた。概説書のレベルでも、「現代の『福祉国家』における財政作用にあっては、資源の適正配分・公正な所得再分配・経済の安定と適度な成長といった機能を果たすことを期待され、そのあり方は国民生活に大きな影響を及ぼす」といった説明もなされる。

現代財政が国民生活に大きな影響を及ぼすこと、したがって、それは国民各層の利害と密接に関係し、それらの調整が「憲制適合的」に行われなければならないこと、それは「金を盗り、浪費する政府」対「それに抗う国民」といった単純な対立図式では捉えられず、それに応じた複雑な政治的意思決定過程が要求されること、そして、このような現状を踏まえつつ、憲法論を組み立てるのでなければ憲法論の「内容空虚なスローガン化」を防げないだろうことに異論はない。

しかし、それと同時に問われなければならなかったのは、手島教授の分析する財政はいずれも「貨幣」が無ければ成り立たないという点ではなかっただろうか。後に検討するクラウス・フォーゲルの議論を先取りしていえば、現代国家は、財政の裏付けがなければその存立が図れないという意味で、財政国家なのであり、財政国家であるということは、なによりもまず「貨幣国家」なのである。

この点、ドイツ財政学の影響を受けた財政学者は自覚的である。たとえば、神野直彦教授は次のようにいう。そもそも、「『財政』という言葉は、貨幣現象を意味する」。そして、近代市場社会の形成以後は、政府は「貨幣を調達することによってしか統治することのできない『租税国家』」になるとともに、「貨幣さえ入手すれば、統治に必要な財・サービスは市場から調達できるようにな

---

6) 手島孝「財政」竹内昭夫ほか『現代の経済構造と法』(筑摩書房、1975年) 557-676頁、568頁以下。
7) 大石眞『憲法講義Ⅰ (第3版)』(有斐閣、2014年) 269頁。
8) 代表的な研究として、宍戸常寿「予算編成と経済財政諮問会議」法学教室277号 (2003年) 71頁以下、上田健介「財政投融資の憲法学的一考察 (1)～(3・完)」近畿大学法学53巻3・4号 (2006年) 131 (382) -214 (299) 頁、54巻3号 (2006年) 27 (384) 頁-83 (328) 頁、54巻4号 (2007年) 1-58頁など。
9) 神野直彦『財政学 (改訂版)』(有斐閣、2007年) 4‐6頁。

る」。このように「近代市場社会の形成とともに、『貨幣による統治としての財政』が誕生することになる」。

　もちろん、貨幣による統治であっても統治であることには変わりなく、そのあり方を民主制や権力分立、基本的人権の保障といった憲法上の原則を考慮しながら論ずる必要があるという意味では、従来の憲法論と大差がないという理解もありえなくはない。しかし、それでも「貨幣」に注目する意義は失われない。この点で興味深いのは、こちらも財政学者である井手英策教授がかねて指摘するマクロ・バジェッティング[10]における大蔵省統制の役割である。井手教授によれば、高度経済成長期に代表される日本の土建国家は、「①減税によって中間層に利益を分配しつつ小さな政府を維持すること、②減税による資金の還付をもとに貯蓄を行い、政府の提供できない住宅、社会保障、教育の費用負担を可能にすること、③小さな政府のもとで、公共事業による低所得層の雇用を確保すること」に特徴があり、このようななかで、「④高い貯蓄率をもとにした財政投融資の活用、日本銀行との協調的な政策運営、地方の財源統制と公共事業への動員、シーリングによる総額締め付け方式などからなる大蔵省統制が強化されてきた」と指摘する[11]。そして、大蔵省は、このような土建国家的な構造の下で、予算編成における権限を強めると同時に、高度に技術的な予算編成手法を駆使して、健全財政を志向しつつも、財政の肥大化を可能にしてきたという[12]。

　ここで注目すべきは、土建国家が、たとえば、(大きな政府を構築する代わりに)減税によって中間層に利益を分配しつつ小さな政府が維持されたとか、減税による資金還付が(中間層の)住宅、社会保障、教育の費用負担を可能にしたという指摘である。本来、個別具体的な個人にとって、その意味が相当に異なるであろう、「減税によって可処分所得が増え、その結果、医療等の生活に必要なサービスが購入できるようになること」と、「増税によって可処分所得は減るけれども、その結果、医療等のサービスが公的に供給され無償で利用で

---

10) マクロ・バジェッティングについて、GEORGE M. GUESS & LANCE T. LELOUP, COMPARATIVE PUBLIC BUDGETING, 16-34 (2010)、および、井手英策『財政赤字の淵源』(有斐閣、2012年) 29頁以下。
11) 井手・前掲注10) 21頁以下。
12) 井手・前掲注10) 176頁。

きるようになること」とが、選択肢として並べて比較されるのは、まさに問題が「財政」に関わるものであり、しかも、財政が「貨幣による統治」であるからである。財政赤字が膨らむなかで、増税と国債発行と歳出削減とが並べて議論されるのも同様だといえよう。

　憲法論が、財政の「政治的機能、財政政策的機能、さらに経済的機能に対する感受性」を取り戻そうとするのであれば、このような財政の特質をも踏まえる必要があるのではないかと思われる。

2　財政法における貨幣

　わが国の財政法研究でも、近年、財政と貨幣とが密接に関わりをもつこと、あるいは、財政法研究において貨幣に適切な位置づけを与えることの重要性を指摘する論者が現れている。

　藤谷武史教授は、自身の財政法研究の綱領を示したと目される論文において[13]、財政を「⑴国家活動の金銭的裏付けを調達し……⑵調達された金銭を管理し、⑶所要の国家活動のために支出する、一連の国家作用」と定義した上で、このような財政作用の特徴のひとつに、「金銭を媒介とする」という点があることに注意を向ける。そして、「金銭を媒介とすること」には、単なる形式的特徴を超えた2つの意味をもつという。

　藤谷教授のいう特徴の第一は、「財政過程において調達された金銭は国家が遂行する何らかの実体的活動に対する手段の関係に立つ……のであるが、金銭が匿名性と代替可能性をその本質とするために、かかる『手段性』は間接的なものとなる」という点にある。この特徴は、租税におけるノン・アフェクタシオン原則やそれと表裏の関係にある目的税等とも関わるものであるが、それと同時に、「法的には予算決定に関わる国家機関には極めて広範な判断裁量が認められる」ことを帰結すると指摘する。

　特徴の第二は、金銭が行動選択の余地を与えるがゆえに、「金銭納付義務の名宛人である私人にも一定の範囲で行為選択の自由を留保する」という点にあ

---

13)　藤谷武史「財政活動の実体法的把握のための覚書（一）」国家学会雑誌119巻3・4号（2006年）127-196頁、135頁以下。

る。これを正面から利用するのが誘導であるが、誘導においては、「金銭を媒介として私人に一定の行為選択の自由を留保することで、自らの私的情報を顕示する」と同時に、「国庫に金銭収入がもたらされ、この使途が別個の問題（例えば、レント・シーキング）を惹起する」という。

　このような藤谷教授の指摘は、財政ないし財政法において、貨幣・金銭が果たしている独特の役割に十分な関心を払うべきだという主張だと受け止めることができよう。

　また、中里実教授も近年、財政法研究における貨幣ないし金銭の重要性を強調している。中里教授は、財政を「国家の経済活動」と定義した上で、財政には、「国家活動の金融的側面」[14]があることを強調し、財政と金融という2つの面を同時に把握しようとする。このうち後者は、「すべての国家活動（行政活動）は……金融的なバックアップ」[15]という側面と、「国家の政策を反映するかたちでの金融制度の管理・運用それ自体」という側面があり、この両者を財政法の射程に収めるための道具立てとして位置づけられる。そして、これらいずれの意味の金融に関しても、「金銭の存在が絶対の前提」だと指摘する。[16]

　なお、中里教授は、同時に、憲法と貨幣の関係にも踏み込んだ考察を行っている。すなわち、中里教授によれば、「財政は国の経済活動であるが故に……貨幣制度を前提とし、金融制度と密接な関係に立たざるを得ない宿命の下にある」[17]。しかし、日本国憲法には貨幣制度に関する規定がなく、法律事項ともされていない。したがって、「貨幣制度については……国家によってつくられたものでは必ずしもなく、むしろ国家以前の存在であるとさえ考えることも可能であり、もっぱら憲法以前の存在である普通法（主として私法等の普通法）に委ねられていると考えざるを得ないところがある」。そして、最近の論考においては、このような普通法によって形成されている貨幣制度は、憲法上の借用概念として、そこにおける法概念・法制度の本来の意味と同じに解するべきであると主張する。[18]

---

14) 中里実「財政法と憲法・私法」フィナンシャル・レビュー103号（2011年）154-173頁、155頁。
15) 中里・前掲注14）169頁。
16) 中里・前掲注14）170頁。
17) 中里実「財政の再定義——財政法の実体法化と経済学」フィナンシャル・レビュー113号（2013年）2-20頁、8頁。

中里教授の議論は、財政はその金融的側面にも正当な関心が払われるべきであり、そのためには貨幣ないし金銭も含め財政法学の議論の対象とすべきだと主張し、このような財政法の全体的な認識のためには、経済理論との協働や財政の実体法的把握とともに、「私法をも含めた包括的な議論」が必要だと説くものである。そして、中里教授によれば、貨幣ないし金銭は、公法ではなく、私法上の制度として把握されることになる。

　すでに別稿で指摘した通り[19]、中里教授の金銭ないし貨幣理解は、貨幣社会説と呼ばれる立場に近い。貨幣社会説とは、貨幣は国家の法制によって生み出されるという貨幣国定説とは異なって、貨幣は社会的な承認や慣習によって生まれるとする立場である[20]。貨幣国定説が、「法律によりさえすれば国家はいかようにも貨幣を創造できる」という考え方に近づきがちであり、何らかの意味でいわゆる通貨高権の濫用に対する歯止めを別途検討しなければならないのに対して[21]、貨幣社会説は、すでに（自生的に）成立している通貨制度を尊重するという点で、そのような濫用に対する歯止めを提供しうる考え方である。また、世界的にも、ユーロの登場や仮想通貨の進展に伴って、改めて注目されてよい。

---

18)　中里実「憲法上の借用概念と通貨発行権」長谷部恭男ほか編『現代立憲主義の諸相　上　高橋和之先生古稀記念』（有斐閣、2013年）641-671頁、651頁。

19)　片桐直人「財政金融と憲法」法学教室393号（2013年）4頁以下。

20)　ARTHUR NUSSBAUM, MONEY IN THE LAW: NATIONAL AND INTERNATIONAL, 5-10 (1950).

21)　本稿筆者は、国家は通貨制度制定権を有するという前提に立った上で、その法的拘束を考えるという構成を採用している。あえて言えば、貨幣国定説を基礎としつつ、その修正を図る立場だということになろう。「貨幣・法・憲法」という三者の関係につき、さしあたり、片桐・前掲注19）および長谷部恭男ほか「日本国憲法研究　座談会　中央銀行論」論究ジュリスト16号（2016年）149-169頁、154頁、161-162頁〔いずれも片桐直人発言〕、さらに片桐直人「貨幣空間の法とアーキテクチャ」松尾陽編『アーキテクチャと法』（弘文堂、2017年）167-197頁を参照。

　なお、筆者のみるところ、ドイツにおける通説的な理解も同様である。すなわち、ドイツにおいては、基本法上、通貨制度に関して連邦政府に専属的立法権限があることが明文化されていることもあって、通貨制度の制定権ないし通貨の規律権という意味での通貨高権の存在を前提としつつ、通貨の機能を保護し、あるいは、通貨の機能条件を整える機能を果たす「通貨憲法」を構想するという考え方が通説的である。Vgl. *Christoph Hermann,* Währungshoheit, Währungsverfassung und subjective Rechte, 2010, S. 99f., S. 133ff.; *Hugo J. Hahn / Ulrich Häde,* Währungsrecht, 2. Aufl., 2010, S. 65. また後述の貨幣の機能論を踏まえて、「機能する貨幣秩序」が憲法上の要請であることを指摘するものとして、*Christian Waldhoff,* Verfassungsrechtliche Funktion und Schutz des Geldes unter dem Grundgesetz, in: *Gerhard Lingelbach* (Hrsg.), Staatsfinanzen, Staatsverschuldung, Staatsbankrotte in der europäischen Staaten- und Rechtsgeschichte, 2000, S. 335ff.

しかしながら、率直に言って、比較法的には、貨幣国定説的な理解がなお有力ではないかと思われるところであり[22]、また、ユーロや仮想通貨が登場したからといって、貨幣国定説的な枠組みを放棄しなければ説明できなくなるわけではない。さらに、「通貨の単位及び貨幣の発行等に関する法律」をはじめとする通貨に関する法律はすべて私法に分類しうるのか[23]、それらと中里教授のいう「普通法」との関係はどのように理解するべきなのかなどについても疑問である。加えて、憲法上の不確定概念を借用概念として処理しなければならない必然性があるかという点もより詰めた検討が必要であるように思われる[24]。

3　「貨幣国家」と「貨幣の機能」

とはいうものの、中里教授らが指摘する財政法研究における貨幣ないし金銭への着目の重要性は否定されるべきものではない。実際、古くから憲法と貨幣秩序の関係を巡って議論を積み重ねてきたドイツにおいては、近年、基本法を頂点とした財政法体系の構造や特質の研究（財政憲法〔Finanzverfassung〕）と関連させる形で、「通貨憲法〔Währungsverfassung〕」をも射程に入れた議論が展開されている[25]。

そのなかでも、中里教授らの議論との関係では、財政国家について「貨幣を調達し、管理し、使用することによってその実質的な必要を満足せしめる」点に本質があるとした上で、財政国家を論ずる前提として、憲法上の貨幣概念およびその機能を検討する必要があると指摘するクラウス・フォーゲルの議論に[26]

---

22) CHARLES PROCTOR, MANN ON THE LEGAL ASPECT OF MONEY, 5-55 (2005).
23) なお、通貨制度制定権は憲法83条に基礎づけるか、または、明治憲法下から法律事項とされているから、当然に法律事項だと考えるのが通説的な理解ではないかと思われる。とくに後者について、参照、小嶋和司『憲法概説』（信山社、2004年）506頁。なお、仲野武志「法律事項論」法学論叢176巻2・3号（2014年）240-304頁、284頁も参照。
24) 中里教授は、石川健治教授が説く「法制度保障」論と借用概念論を類似のものとして理解しようということのようであるが、通貨に関する法制度について、「憲法レベルでの一物一権主義の選択」と同視しうる選択が見いだせるのかについても検討が必要であるように思われる。
25) Z. B. *Michael Kloepfer*, Finanzverfassungsrecht, 2014, Rn. 17.
26) *Klaus Vogel*, Der Finanz- und Steuerstaat, in: *Joseph Isensee / Paul Kirchhof* (Hrsg.), Handbuch des Staatsrecht, Bd. Ⅱ, 3. Aufl., §30.

注目するのが興味深いだろう。

　フォーゲルは、財政国家を論ずるなかで、経済学、哲学、社会学などの議論を参照しつつ（憲法上の）貨幣概念を検討するが、その際、貨幣の機能に着目する。そもそも貨幣とは何であるのかという問い（貨幣本質論・生成論）は、法学に限らず、経済学をはじめとした諸科学において長く議論されてきた難問である。ここには、たとえば貨幣商品説や貨幣名目説などがあるが、現在広く受け入れられているのは、水平的交換の結果、貨幣が発生するという説明である。そして、このような理解が通説化した結果、貨幣は、「一定の機能を持つただの記号」として理解されることになる。すなわち、現在では、貨幣は基本的にはその機能面（交換機能、尺度機能、価値貯蔵機能）から把握されることになり、そのような機能を充たすものが貨幣として認識されることになる。その意味で、フォーゲルが貨幣の機能的側面に着目しながら議論を展開するのは、貨幣論の定石を採用したに過ぎない。[27]

　むしろ、フォーゲルの議論が異彩を放つのは、このような貨幣の機能論を憲法学的に拡張しようとする点にある。フォーゲルによれば、経済学では、貨幣の機能とは、通常、支払手段機能、価値尺度ないし計算単位機能、および価値保存機能を意味するが、憲法秩序にとって、貨幣には、これとは別の機能があることに注意しなければならないというのである。[28]

　フォーゲルはここで、ドイツの国法学者、ディーター・ズーアの議論の参照を促す。ディーター・ズーアは、株式の所有権保障や自由な人格の発展の権利と所有権保障の関係を議論したのち、債権価値の変動に対する憲法上の保障との関係で貨幣秩序を議論し始め、最終的には独自の貨幣論を展開し、「中立貨幣」という代替貨幣を提唱するに至った異色の憲法学者である。[29][30]

27）　なお、貨幣の機能的把握の概観とその限界につき、Christine Desan, Making Money, 23-68 (2014).
28）　Vogel, a. a. O., Rn. 11ff.
29）　ズーアの「貨幣秩序と憲法」に関する論文にはいくつかのものがあるが、基本的な議論は、*Dieter Suhr*, Die Geldordnung aus verfassungsrechtlicher Sicht, in: *Joachim Starbatty* (Hrsg.), Geldordnung und Geldpolitik in einer freiheitlichen Gesellschaft, 1982, S. 91-116で展開されたといってよい。本稿で参照したのもこの論文である。このあとにも、繰り返し同様の主張が展開される書物や論文が出ているけれども、基本的な骨格はあまり変わらず、それゆえ、この文脈でズーアに言及するものは、これを引用するのがほとんどである。

ズーアは、ドイツ基本法がヴァルター・オイケン流のオルドー・リベラリスムに立脚した経済秩序を採用しているという前提に立った上で、「貨幣秩序」の問題を議論しようとした。その上で、ズーアは、現在の貨幣秩序の問題点として、インフレや金利の高騰は財産権保障や平等原則に接する問題であるのに基本権保障は役に立たず、また、既存の立法がインフレを助長している場合すらあると批判する。要するに、現在の通貨憲法は、貨幣秩序を安定させようというものではなく、むしろ動揺させようとさえしているというのである。そこで、ズーアは、貨幣論の分野では多様な貨幣制度が提唱されていることに注目し、それらの多様な貨幣制度を考察するに際して考慮されなければならない、憲法上の決定へと考察を進める。ここにおいて、貨幣と自由、貨幣と平等、貨幣と所有権、貨幣と社会的法治国という一連の問題が貨幣の機能と結びつけられて議論される[31]。

　たとえば、貨幣は交換手段としての機能を有しており、貨幣がなければ経済取引に関連する契約は締結されえない。契約の自由はこのような貨幣の交換手段としての機能に支えられる。また、交換手段としての貨幣は、あるモノやサービスを貨幣に代え、それをまた別のモノやサービスに代えることを可能にする。これもまた人々に自由を保障するものといえる。さらに、貨幣の価値尺度機能は、異なるモノやサービスを比較可能にするのであって、そうでなければ、人々は契約によって取引をすることができないとズーアは主張する。その意味で、価値尺度機能も契約にとって重要な意義を有する。そうであるがゆえに、貨幣のあり方は、たとえば契約の当事者などにとって重要な影響を及ぼすのである。

　ズーアの議論は、ここから、憲法的にみるとどのような貨幣秩序が望ましいかという議論へと展開するのであるが、その内容は、現在の現実の貨幣制度からみると相当の飛躍があり、ここで立ち入ることは避けたい。実際、フォーゲ

---

30) ズーアの貨幣論は、代替貨幣論のひとつとして、現在でも（むしろ、金融危機後の現在だからこそ）注目されている。Vgl. *Peter Knauer*, Geld anders einrichten, APuZ 13/2012, S. 49ff. なお、ズーアの貨幣論と関連をもち、代替貨幣論として日本でも議論されることの多いシルビオ・ゲゼルの貨幣論について、廣田裕之『シルビオ・ゲゼル入門』（アルテ、2009年）および相田慎一『ゲゼル研究』（ぱる出版、2014年）など。

31) *Suhr*, a. a. O., S. 104ff.

ルが注目するのも、ズーアが、貨幣が自由、平等、財産権、社会国家との関係で重要な意義をもつことを示したという事実である。

このようなズーアの議論の参照を促した上で、フォーゲルは、「貨幣は、憲法上、国家やその諸機関の編成や活動にとって、それら相互の関係でも、また、市民との関係でも、重要な意義を持つ」と指摘する。すなわち、貨幣には（経済学で通常指摘される機能に加えて）「個人の行為の選択肢を拡大する機能」と「他者の意思に影響を与える可能性を創出し拡大する機能」とがあり、前者については「自由」と関連し、後者については「力（Macht）」といいうる性質があるというのである。

むすびにかえて

フォーゲルは、貨幣の経済的機能に加えて、このような憲法上の機能とも関連付けながら、財政の実相を探ろうとする。そこでは、現代の国家は、市場経済のなかで、貨幣によらなければその需要を充たすことができないことに加えて、貨幣によって固有の目的志向的合理性をもたらすとともに、行政が採りうる行為の選択肢や形式が拡大され、計算可能性が高められたこと、人々の行動へ影響を及ぼすことが可能になること、国家組織のあり方も貨幣の割り当てによって影響を受けること、経済や社会の制御が可能となっていることなどが指摘される[32]。

これらも興味深い論点ではあるが、これ以上の検討を進める余裕は残されていない。そこで、最後に、文字通りむすびにかえて、財政に関する憲法論にとって、「貨幣」を考慮することの意味を思いつく限りで挙げておきたい。

まず、藤谷教授が指摘する「金銭」と「誘導」の関係や中里教授が指摘する財政と金融の相対性など、従来の財政法学や財政に関する憲法論が見落としてきたと思われる点を改めて捉えるためには、やはりそれが貨幣現象であること、特に貨幣の機能にも目を向けながら考察を進めるのが有用であると思われる。現代国家が貨幣国家であることは、すべての政策領域が貨幣を媒介にして比

---

32) *Vogel*, a. a. O., Rn. 22ff.

較・検討・計画されうるとともに、貨幣を用いた政府の合理的なコントロールを可能にし、あるいは、人々の行為の制御が行われうるということである。そのような貨幣による統治を可能にしているのが貨幣の機能だということは常に念頭に置かれてよい。

しかし、財政の（憲）法学的研究にとって重要なのは、財政が貨幣による統治なのだというだけではなく、それがどのような法的構造の下で展開されているかを分析し、あるいは、そのような貨幣によって行われる統治をどのように法的な枠組みの下に収めていくかであろう。その意味では、財政法学ないし財政に関する憲法論のこれまでの蓄積も十分に活用可能である。その上で、貨幣によって行われる統治および貨幣によって行う統治と法との関係、さらには、それらと民主主義・権力分立、基本権保障などとの関係を丁寧に分析していくことが求められよう。

さらに、貨幣による計算や比較になじまない政策課題がありうることも見逃すべきではない。非常にナイーブな言い方ではあるが、個々人の人格や生活、環境には、なお金銭による評価、比較を拒む領域があるはずであり、仮に便宜上、金銭による評価、比較が行われるとしても、なお、金銭に汲みつくせない何かがあるはずである。この点でも貨幣による統治が行われていることの意味を考えつづける必要がある[33]。

なお、貨幣の機能とそのような機能を有する貨幣がどのような法的な枠組みに基づいて成立しているのかは、一応、区別して考えられる（あるいは考えるべき）問題である。かりに貨幣を支えている法的なものの総体を「通貨法」と呼ぶのであれば、財政法と通貨法とは密接に連関はするものの一応は別の領域だと考えた上で、両者の関係を考えるのが、ありうるひとつの方策ではないだろうか。

（かたぎり・なおと　大阪大学准教授）

---

[33] この意味で、財政憲法の「従属性」の確保に目を向ける必要がある。三宅雄彦「財政憲法の独自性？——ドイツ基本法の債務ブレーキ導入の意義」法律時報89巻10号（2017年）82-87頁。

第Ⅴ部

資　料──企画趣旨

〈座談会〉

連載開始にあたって

辻村みよ子　　長谷部恭男
石川　健治　　愛敬　浩二

＊　本書の意図や背景の理解に資するよう、法律時報2015年5月号（87巻5号）掲載の座談会を、最低限の誤字を訂正した上で、以下にそのまま再録する。〔編集部〕

1　はじめに

愛敬　私たちが世話人となって、「国家と法」の主要問題研究会を始めるにあたって、「論争憲法学」以来「法律時報」を舞台にして行われてきた共同研究の成果を振り返り、そのうえで今後の研究の課題を考えていきたいと思います。

最初に、「論争憲法学」から共同研究に参加してこられた辻村さんにご発言をお願いいたします。

2　「法律時報」での憲法理論研究を振り返る

(1)　4つの研究会に参加して

辻村　「論争憲法学」研究会が始まったのは1980年代ですが、その背景には1960年代の明文改憲論に呼応して全国憲法研究会や憲法理論研究会が創立され、1970年代から「社会科学としての憲法学」を標榜して、フランスの主権論などを中心に主権論争などが起こっていたことがあります。「論争憲法学」研究会は、この70年代からの流れを汲むもので、長谷川正安先生を代表として批判的峻別論や選挙権論争などの多くの論争が取り上げられました（杉原泰雄・樋口陽一編『論争憲法学』1994年）。次に杉原先生を中心とする「比較憲法史」研究会（杉原泰雄・清水睦編『憲法の歴史と比較』1998年）、そして樋口先生を中心とする「国家と自由」研究会が続きました（樋口陽一・森英樹・高見勝利・辻村編『国家と自由』2004年）。

これらの3つの研究会はそれぞれ5〜7年続けられ、計17年間に及んでいます。参加者数は延べ108人、報告数は150本、「法律時報」の連載も127本になっていて、非常に充実した研究会であったと思います。すでに「法律時報」1000号記念号で紹介しました（辻村「憲法学のアヴァンギャルドとして」法律時報80巻10号（2008年））が、私自身ほぼ全回出席して、報告も10回くらい担当しました。憲法学界では、この間、芦部信喜先生を中心に憲法訴訟論・判例研究が盛んになり、法科大学院につながりました。

他方で、80年代から道徳哲学の影響を受けた憲法哲学が盛んになりました。辻村と長谷部さんの2人を中心に33名が参加して、2007年から2010年まで「憲法理論の再創造」研究会を続けたのですが、この研究会は、どちらかというと憲法訴訟論や法科大学院中心の議論から距離を置いて、歴史研究や憲法学説史の研究など、いわゆる憲法の基礎理論研究を重視するものでした（辻村・長谷部編『憲法理論の再創造』2011年）。当時、萎縮傾向ともいわれ、「小さな憲法学」という言葉も出てきましたが、いわば科学的な大きな憲法学の復権を目指すものであったと考えています。この意味では、今回の「国家と法」の主要問題研究会も、これらの研究会の流れを継承するものとして位置づけています。

長谷部 「論争憲法学」では、私は、メンバーだった内野正幸さんの厳格憲法解釈論についての原稿を出しており、遠藤比呂通さんからは、私が日本評論社から出していただいた『権力への懐疑』（1991年）という最初の論文集の書評をいただいています。メンバー同士で互いの学説を批判し、さらにそれに応答するという形の議論が際立っていて、今の辻村さんからの話にもあったように、それまでは学者の研究会というと内外の判例を評釈するという傾向が強かったですから、それと比べると新鮮でした。「論争憲法学」の頃は、論争の仕方が熱いです。自説へのコミットメントが強い形での議論の応酬のように思います。

次に私が参加したのは「国家と自由」研究会です。愛敬さんが参加しておられまして、樋口、長谷部の2つの立憲主義憲法学を検討するというご報告もいただいているし、あるいは樋口先生の批判的峻別論、あるいは強い個人像をめぐる議論の応酬もあって、参加していたメンバーの学説についての批判や応答もありましたが、「論争憲法学」の頃に比べると、自説についてさえ距離を取った立場からそれぞれの学説を見ていくという形の議論で、皆さん年を取ったせいか、だんだん落ち着いてきている。

『国家と自由・再論』（2012年）という本をその後、日本評論社から出していただいたのですが、それぞれ、自説についての「再論」や「再訪」という論稿が多い。樋口先生、糠塚さん、森先生、それから私もそうですが、時の経過を踏まえて自説を自身で問い直そうという傾向が見えて、落ち着きがさ

らに強まっているのではないかと感じます。

(2) 読者として、参加者として

愛敬 石川さんは「国家と自由」研究会から関わったわけですが、それ以前の共同研究の成果もたぶんお読みにはなったと思うので、全体として何かございましたら。

石川 「国家と自由」より前の研究会については、読者として、「法律時報」あるいは書物になった形のものを読んでいました。その印象は、先ほど長谷部さんがおっしゃったとおり熱い、やたらに熱いという印象でして、これから自分が飛び込んでいく世界がここなのだ、という思いで読ませていただいていたわけです。それに対して「国家と自由」というのは、そのようにして熱い論争を繰り広げておられた世代と、私は筑紫哲也のいうところの新人類の世代に当たるわけですが、その新人類世代とのドッキングというのがかなり重要な目的であったように思います。

具体的には、1997年5月の「法律時報」誌上で、長谷部さんや水島朝穂さんが、前年秋に学会デビューを果たした私や蟻川恒正さんを迎えて行った座談会（長谷部・石川・蟻川恒正・水島朝穂「座談会／憲法学の可能性を探る」法律時報69巻6号（1997年））が、憲法学の世代交代という印象を与えていたこともあって、この4人のメンバーと、『憲法理論の50年』（1996年）を編集された樋口陽一・森英樹・髙見勝利・辻村みよ子の4先生とをドッキングさせて、新しい研究会のコアを作りました。

そして、それぞれの報告のたび、報告者自身の指名により、報告テーマに相応しいゲストを1人ずつお呼びし、会議室が満席になるまで、メンバーを増やしていきました。たとえば法哲学者の亀本洋さんが入っているのは、かつて金沢大学で同僚として親しくしておられた、渡辺康行さんのご指名によるものです。そのようにして、論争誘発的なメンバーばかりが集まりました。その中に、当時最若手だった愛敬さんもおられた、というわけです。非常に成功した研究会だったと思います。

この研究会の何がよかったかというと、飲み会が楽しかった。出席率も非常に高かったし、議論も、また上の世代の方とは違った意味で熱かったと思います。毎回が刺戟の連続で、それまでは学会で社交的な挨拶をしていた研究者の方と非常に深く付き合う機会を得たという意味で、学界全体にとっても、重要な役割を果たした研究会だったのではないかと思っています。

あまりに盛り上がり、もう少し飲みたいということで三巡してしまい、3つの報告を担当しました。それぞれ活字になりましたが、ここで原題をご紹介しますと、一巡目は、「自由・身分・契約——人権論と法律学の間」、二巡目は、「オーリウ・カウフマン・奥平康弘——『自由と特権の距離』補遺」でした。三巡目は、当初、基本権競合論をやるとメンバーには予告していたのですが、いわゆる三段階審査論

のマニフェストみたいなものになりました。「憲法解釈学における『論議の蓄積志向』」という、わかる人にはわかるタイトルがついております。2つ目のものが『国家と自由』の書物に入り、拙著にも増補されました。そしてその後、『再論』のほうで3つ目の三段階審査論を再録していただきました。

三段階審査に関する議論は、実は1999年に『憲法の争点』（有斐閣）という本の中で、営業の自由を論じた際に、まずアドバルーンを打ち上げておいたわけですが、「蓄積志向」論文がアドバルーンの第2号ということになって、そのまま法科大学院時代に突入するという流れになったものです。その意味でも、時代と時代のドッキングをするような仕事を、結果としてはすることになってしまったという印象を持っています。

「憲法理論の再創造」研究会につきましては、研究会が始まる直前に「法律時報」の特集「憲法理論の新たな創造」（80巻6号（2008年））に寄せた論文（「アプレ・ゲール、アヴァン・ゲール——コードとしての「戦後」」）が、書物になった『憲法理論の再創造』の巻頭論文になることがあらかじめ決まっていました。そういうわけで、研究会が立ち上がったときには、もう皆さんの前で報告する機会がなかった。そこが残念でしたけれども、毎度、毎度なかなか楽しい研究会だったという印象を持っています。

ただ、私がいわば読者として見ていた先輩世代の研究会と、それから私自身が参加した2つの研究会を比べてみると、それぞれ活発な議論がなされているわけですが、熱量に変化があるという印象があり、これがおそらく世代間の憲法学のあり方の違いの1つの現れではないかと感じました。これをどう評価するかは、よくよく考えてみる必要があるでしょう。

愛敬　私もこの研究会に関わるようになったのは「国家と自由」研究会以降でして、それ以前のものに関しては読者として、連載を楽しみにしておりました。『論争憲法学』の中で、私がとりわけ興味をもって読んだのが、辻村さんと長谷川正安先生との論争でした。市民革命に関する従来の憲法学の議論の仕方が、歴史学の常識からすればかなりずれてきているという状況の中で、歴史的研究に重きを置いてきた憲法学が、歴史学の研究動向の変化をどう受け止めるか、という問題です。

長谷川先生も監修者の1人として、日本評論社から公刊した『市民革命と法』（講座「革命と法1」1989年）を読んで、私はいささかがっかりしていました。歴史学の研究動向を十分に反映していない印象を持ちました。辻村さんはこの疑問を長谷川先生に率直にぶつけており、胸がスッキリすると同時に、こういう問題関心で憲法研究を行うことができるのだと感じて、自分もプロの憲法学者になれるかもしれないと、勘違いしたことを思い出します。

というのも、大学院への進学を考え始めた頃、プロの憲法学者になるためには、憲法訴訟論の勉強が必須である

と思っていたからです。アメリカ憲法の判例・学説を読んで、憲法訴訟論をきっちり勉強するということにあまり魅力を感じていなかった私としては、やや迷いがあったのですが、当時連載されていた『論争憲法学』は憲法訴訟論とは一線を画す論稿が多くあり、非常に関心を持って読んでいたという記憶があります。

「国家と自由」研究会に参加した頃、私はまだ大学に就職した直後ぐらいで、紀要以外に論文を書いた経験はほとんどなかったと思います。せっかく「偉い先生」と議論をする機会をいただいたのだから議論をふっかけてみよう、率直な意見を聞いてみたい、という思いが非常に大きかったものですから、「餌食」といったら言葉が悪いですが、批判の対象にしてみたのが樋口先生と長谷部さんだったということになります。

これにはいくつか理由があります。私が読める学説には限界があって、石川さんのようにあまりにもドグマティックな学説は読めないというのが私の限界でして、一方、法哲学的な議論ないし比較憲法史的な議論に関してはそれなりに勉強しておりました。そのため、辻村さんや長谷部さんには申し訳ないですが、批判を繰り返ししているわけですけれども、研究者としての私の原点は、「論争憲法学」にあると思います。こういう論争が許されるし、こういう研究をすると憲法学も楽しそうだと思ったのが大きいと思います。

「国家と自由」研究会に出てみると、かなり理論的には厳しい対立があっても、皆さんきちんと応答してくださる。それは憲法学を研究していくうえで非常に楽しいし、また考えるテーマが増えると思いました。私は「国家と自由」研究会で最初に樋口先生と長谷部さんを検討する論文を報告し（「二つの立憲主義憲法学」法律時報71巻3号（1999年））、また宮沢俊義の学説に関する報告をしました（「歴史認識という陥穽」法律時報72巻10号（2000年））。その後、「憲法改革」後のイギリス憲法学説の動向に関する報告をしました（「現代イギリス憲法学における『立憲主義と民主主義』」法律時報74巻6号（2002年））。まったく内容の異なる3本の報告をしたことになります。

これは当時の私の研究プログラム、すなわち、隣接領域の学問研究の成果を踏まえた憲法学説の整理と評価、日本憲法学説史の思想史的研究、そして、比較憲法研究としてのイギリス憲法学説の紹介と検討のすべてについて、「頭出し」をしてみたわけです。その後、大学の業務が忙しくなるにつれて、第二の研究課題からは完全に離れてしまいました。学説史研究は厄介で時間がかかるとはいえ、全くやらなくなった現状には忸怩たる思いがあります。

一方、「憲法理論の再創造」研究会に関しては、報告時間が短かったということもあると思いますが、研究報告の際になかなか論争になりにくかったという印象があります。それぞれの報告は非常に興味深いものですから、「国家と自由」研究会のときのように、

「熱い論争」がもう少しあればよかったという感想を持っています。

辻村　先ほど石川さんが世代間のドッキングと、飲み会が楽しかったという特長を指摘されたのですが、これは「論争憲法学」のときに始まったという印象を持っています。自分の指導教員よりも上の世代の先生と論争する、議論するという機会がそれまでなかったので、30歳位も差があるメンバーが一堂に会して同じ席で議論するということ自体、画期的でした。私は当時若い世代に属し、もっとも若い世代が長谷部さんとか内野さんでした。樋口先生ご自身が本のあとがきに、「こういう機会がなければ、戦後憲法学のこの一個性に接することがないままで終わったであろうような『新人類』世代の研究者」とお書きになっています。そういう世代間ドッキングが、研究会の醍醐味ではないかと思います。

石川　思い出しましたけれども、私が1996年秋の学会（全国憲法研究会）で、変わったタイトルの学会報告をいたしまして……。

愛敬　「前衛への衝迫」。

石川　「前衛への衝迫と正統からの離脱」というものをやったのです。そのときに、最初で最後、長谷川正安先生と公の場で議論をする機会を得ました。また、私の報告内容が、翌日日本公法学会で報告予定の杉原先生にショックを与えたらしいということを間接的に伺ったし、翌日のご報告の冒頭に、ちょっとそれらしいことをおっしゃっていた。お二方にとって新人類登場という印象がたぶんあったのだと思います。それから同じ公法学会では、蟻川恒正さんが自衛官合祀訴訟を扱った有名な部会報告をされました。これもある種のショックを上の世代の人に与えた。それでその２人を集めて座談会をやろうということになり、水島さんと長谷部さんが付き合ってくださったというのが、さっき言及した座談会のいきさつだったように思います。その新人類世代をいよいよ上の世代とドッキングさせようということで「国家と自由」の研究会は始まったわけです。

3　憲法理論研究の主題と方法について

愛敬　今、石川さんからもご発言がありましたが、長谷部さんの世代はそれ以前の世代とかなり違ったアプローチで憲法を研究し始めたのではないかという印象を私も持っているのですが、その点に特にこだわらないにしても、ご自分の研究と従来の憲法研究について、どんなことをお考えになっているのか、少しお話を頂けますか。

(1)　歴史的な再構成と思想史上の枠組みの参照

長谷部　私自身についてと、この間の憲法学全体についてと、２点申し上げようと思います。私については、方法論というようなたいそうなものはないのですが、それでも何かないかと考えてみると、私は人の影響を受けやすいところがありまして、留学したのが

ロンドン大学で、ウィリアム・トゥワイニングという先生の下で法哲学を勉強しました。私は彼から学んだものが大きいと思います。

ベンサムをはじめとする功利主義思想、イングランドのコモンロー伝統、それからトゥワイニングはカール・ルウェリンの下でリアリズム法学を勉強した人で、そうした功利主義、コモンロー伝統、リアリズム法学を、先ほどの愛敬さんのお話でいうとクェンティン・スキナー流に固有の歴史的文脈の中で分析するという人でした。私がスキナーを読み始めたのはイギリスに留学した後からですので、そういった歴史的再構成の視角から勉強するようになったのもそれ以降です。

他方、愛敬さんが公法学会の総会報告（2010年）で指摘しておられることですが、憲法学界全体の大きな流れとして、かつては比較経済史的な枠組みを使ったいわゆる憲法の科学といわれる潮流が強かったと思います。最近はホッブズ、ルソー、ロックあるいはカントといった思想史上の個別の枠組みを直接に参照する議論が増えてきている。

ただ、これら2つの潮流には共通するところがあります。どちらも前提となっている人間像がある。ホッブズ、ルソー、ロック、カントなどが想定しているそれぞれ理念的な人間像があることはわかりやすい話だと思いますが、比較経済史的な研究の枠組みにも実は一定の人間像があって、単純化して言うと、ヘーゲルの『精神現象学』の人間像です。人間というのは支配者としての地位を目指してお互いに対立し争い続けるものだ。その対立の動向を決めるのが現実の土台なのか、あるいは理念や観念が決めるのかという、そこは違いますが、闘争する人間像が前提にある。いずれにしても、前提となる人間像が何か、それが変化してきているということではないかというのが私の見方です。

もう1つついでに、憲法学全体について言うと、かつては国民国家を単位にした憲法学であったのが、20世紀の末からグローバル化の流れを受けて、近代国民国家という国家モデルの終焉を視野に入れた問題意識が顕著になっていると思います。

愛敬 ありがとうございます。では、長谷部さんたちの研究が出始めた頃に憲法学者になる決心をしたと思われる石川さんから、ご自分の研究と重ねて何かご発言があれば。

(2) 芦部先生以後の2つの方向

石川 私が大学に残って研究者として歩き始めたのは1985年です。1985年というのは私にとっては非常に大事な年で、私の理解では憲法訴訟論が終わった年だと思います。

遡って個人的なことを申しますと、私は小林直樹先生の最後の講義を潜って聞きました。小林先生は私にとって生まれて初めて出会った「学者」でした。それから樋口陽一先生の、東大に来られて最初の憲法第1部の講義を聞いた。そして芦部信喜先生の最後のゼ

ミに出る。私は1983年秋に行われた東大での最後の芦部ゼミの出身者です。そういうことで、ぎりぎりですが、戦中世代の方々のパフォーマンスを、現役時代の本当に最後の1年で見聞きするという経験に恵まれたということがまずあります。私がもう1歳、2歳後だったら見られなかったものを、ぎりぎり見られたという滑り込みの世代だと思います。

そこから樋口先生に受け渡されて、1984年春の樋口ゼミに出ました。そして、樋口先生が私を大学に残してくださった。そういう立ち上がり方であったわけです。研究者になるということになったときは憲法訴訟論の最盛期でしたので、芦部先生があんなに勉強されたのに、あと何をやることが残っているのだとよく言われたものですし、研究室の先輩方からは、どうせまた君も憲法訴訟論なのだろう、という言い方をされていた。

けれども、勉強を始めたその年に、憲法訴訟論が終わってしまった。そこで私が考えたのは、2つの方向がこれからはあるはずだということです。1つは、芦部先生は解釈論としては未熟な議論の水準にとどまったのではないか、解釈論として、もっとしっかりしたものを作るのが、これからの課題だと考えました。もう1つは、これは特に長谷部さんを見ていて思ったわけですが、これからは、より本格的に、原理的あるいは歴史的な考察を心がけなくてはならない、ということです。その方面で気になった本は、とにかくすべて読んでいくという感じで勉強をしていました。これからは、解釈論と理論の両刀遣いと申しますか、両方をそれぞれ一層強化していかなければいけない、という意識を強く持ったわけです。

それに加えて、それぞれに個性的で批判的な先輩たちの論調に接することで、我々の世代はそれまでの芦部先生の呪縛をあっさりと解かれてしまった。ポスト芦部の憲法学の時代が到来したという印象をもちました。それに悪乗りして、私もやりたい放題にやってきたわけです。たとえば、長谷部さんのお仕事を見て、あれでも通用するならば、俺のでも十分に憲法学だな——というような。イデオロギー的にもそうだし、学問対象の選択という点でもそうですが、とにかく許容度の広い非常に自由な言説空間が立ち上がった、という新鮮な思いで仕事をしていました。

それから、大河論文と呼ばれた連載を続けておられた頃の辻村さんが、「歴史に沈潜して浮かび上がれない」とぼやいていたお姿を拝見できた、というのも、とても大きかったように思います。樋口先生も、修正主義的なそれも含めて、フランス革命史学の現状にはよく言及されていた頃のことで、読書意欲をかきたてられました。

その後にやってきたのが1989年でした。先取りのような形で財産権を勉強していたのですが、同じテーマをいわば定点として論じている背後で、その前提にあるイデオロギーあるいは言説空間そのものが、時代とともにぐいぐ

いと変容していく、という体験をしました。ちょうど、東京都立大学という非常に個性的な研究環境に入ったばかりでの体験でしたから、これが私のその後の仕事を規定している感じがあります。

殊に、私のちょっと特殊なキャリアの関係もあって1988年の秋からもう教壇に立っていましたから、最期の時を迎えようとしている昭和天皇そしてそれをめぐる閉鎖的な言説空間や自粛問題を目の当たりにしながら、思想・良心の自由や信教の自由、表現の自由を講じました。翌89年には、プープル主権を論じながら、天安門では学生たちが戦車に轢かれていく。あるいは財産権を論じながら、ベルリンの壁が開いていく。そして、即位の礼や大嘗祭があり、その後は湾岸戦争です。

つまり主権論にしても、9条論にしても、前の世代の先生方から教わったことを、そのまま自分の議論として恥ずかしくなく語れるのか、という局面に毎週毎週立たされたというのが、私のあえて言えば個性的経験だったのではないかということは感じます。逃げも隠れもできない状況で、人前で語らざるを得ない。そういう自分が恥ずかしくないのか、ということを毎度突きつけられるということがあったように思いました。それは結構大きかった。

そうした1985年～89年ぐらいまでの、世界的な激動を背景にした言説空間の変転が、私の憲法学にとっては原体験であったのではないかと思います。その勢いでなだれ込んだ「国家と自由」研究会というのは、非常に自由な言説空間になったと思います。何をやっても許されるし、何をやっても楽しいという状況でした。

後輩たちは、おそらくそういう我々の議論の魅力に惹かれて、憲法学の世界に入ってきてくれたのではないかと思うわけですが、気の毒なのは、まさにこれから自分たちも同じように自由にやろうとしたその瞬間に法科大学院が立ち上がって、制度的な枠組みの中で議論することを余儀なくされていったということです。そのように私は受け止めています。

(3) 「近代主義」と憲法学

愛敬　時代遅れ以外の何ものでもないのですが、私は学部生の頃、「近代主義者」と呼ばれていた人たちの議論に魅了されました。丸山真男、大塚久雄、高橋幸八郎といった方々の著作を読んでいたところ、比較経済史学の枠組みで比較憲法を体系化した、樋口陽一先生の『比較憲法』（青林書院、改訂版1984年）という書物に出会って、憲法を勉強してみようかなと思いました。当時の憲法学の議論状況など一切考慮せず、憲法の勉強を始めたわけです。

樋口先生の『比較憲法』を読むと、生意気な言い方になりますが、イギリスのところが少し弱いのではないかと感じました。フランスやドイツの部分は大変な完成度で、付け入る隙はないのですが、イギリスに関しては、例えば名誉革命体制期に関する記述はやや

大雑把なところもあるので、ここをきちんと勉強していくことを自分の課題にしようと思いました。

もともと私は、「憲法学の領分」という事柄に関しては無関心な人間でして、専門知識を持った実践人としては日本国憲法に強くコミットしている方だと思うのですが、憲法学というディシプリンに対して強いコミットメントを持っているわけではないようです。それはたぶん、今、石川さんからご紹介があった時代状況の中で、憲法学者としての「徒弟時代」を過ごしたからだと思います。ですので、私が当初勉強していたのは、ジョン・ロックの『統治二論』に関する歴史的研究で、長谷部さんから指摘のあったクェンティン・スキナーなどの歴史的再構成の方法を重視して研究していたので、私の研究はなかなか憲法学に近づいていきませんでした。

そういう形で研究してきたところ、私にとっては幸せなことに――もしかすると不幸なことかもしれませんが――「国家と自由」研究会に参加させていただくと、そこでも自由で、何をやっても怒られない。私は未だに、憲法学が何を主題とし、どんな方法で議論をするディシプリンなのかについて、ほとんど自覚のない研究者です。

幸いなことに、ここにいらっしゃる３人の先生方もそうですが、私の周りにはいつも、論争相手になってくれて、面白い問題提起をしてくれて、考えなければいけないテーマを提示してくれる憲法学者がたくさんおりました。研究意欲を失わずにこれまで来られたのも、そのためだと思います。その意味で、「法律時報」が提供してくださった共同研究の機会は、私にとって本当に貴重なものでした。公法学会や全国憲法研究会などの大きな学会では、このような経験はできなかったと思います。

(4) 憲法理論研究の継承と展開を意識しながら

愛敬　冒頭のご発言から、辻村さんは、70年代主権論争を始めとして、その前の世代と私たちの世代との「橋渡し」という役割を意識しているように感じました。その点についてご発言をお願いいたします。

辻村　時代が遡ってしまって恐縮ですが、私が学会に入り始めた70年代は、戦中派の先生方から特攻隊や学徒動員の経験などいわば原体験を懇親会などで聞く機会が多かったという印象です。その次が60年安保世代。私は68年世代で学園紛争ないし大学闘争の時代、70年安保の時代でした。このころまでは、原体験に基づいて憲法学者の道を選んだ人が多かったのに対して、私の世代でそれが終わり、メタ理論世代、解釈論世代になったと思っています。

以前、松井茂記さんが教科書のはしがきに、大学紛争後の挫折感と無力感が広がった時代風潮の中で、「さめた目」で見ることができた、と書いておられましたが、いわゆる55年世代の人たちは、68年の後のしらけ時代を経験したこともあり、憲法状況との関わり

という面ではそれまでと少し違った状況下で特徴を出していくという、新たな責務や苦悩があったのではないかと感じてきました。

　私自身は70年代主権論争のまっただ中に、当事者である杉原教授の下で研究を始めましたから、方法も比較憲法史研究というか、歴史研究でした。「歴史に沈潜してください」といわれて多くの歴史学者達の研究会にも加わり、フランスで見つけた第一次資料を使って研究するところから始めました。

　オランプ・ド・グージュの「女性の権利宣言」の資料を持ち帰って、日本で初めて翻訳を「法律時報」に発表したのは1976年ですが、当時の憲法学界はまさに男性社会で、ジェンダー論的な視点を入れられるような状況ではなく、ずっと資料をしまっておいて、主権論や選挙権論にとりくみました。それが1989年のフランス革命200周年に日の目を見ます。

　その年に学位論文『フランス革命の憲法原理』を、日本評論社から現代憲法理論叢書第1巻として出版していただき、翌年渋沢・クローデル賞をいただいたことが大きな契機になりました。これは私が40歳のときですから、基礎理論研究に時間がかかりすぎたという印象は持っています。ただ200周年の1年間で7つの国際シンポジウムに参加し、40歳代の10年間で『人権の普遍性と歴史性』など単著5冊を刊行し、大変なワーカホリックの時期を過ごすことになります。

　その後、1999年に東北大学に赴任し、国公立大学法学部初の女性憲法学教授ということで新しい気持ちで憲法学研究を深めようと思っていた矢先に、21世紀COEとグローバルCOEの大きな研究プロジェクトの責任者になったことで、今度はジェンダー法学という新しい学問領域を構築しなければいけない立場になりました。ジェンダー法学会の設立や理事長も経験して、10年間を費やしたわけです。

　私自身は、「たかがジェンダー、されどジェンダー」といわれるように、性差など大した問題ではないと思われてきたことが、人権論や主権論の基礎理論に関わることを痛感しました。近代人権論の普遍主義や公私二元論への批判が強まっていましたし、例えばポジティブ・アクションなど政策論に見える議論も、実はフランスでパリテを導入するときに主権は普遍的かというところから議論をしたように、単なる平等や性差の話ではすまない問題でした。これも皆さんとは少し違った経験かもしれませんが、憲法学と憲法状況との関わりを直接的に考えさせられた世代だったともいえます。生き証人のような先輩の研究者たちと直接交わることができた最後の世代ではないかと、自覚しています。

(5) 新しい研究方法の提示とその成果

　愛敬　長谷部さんにお聞きしたいのですが、法哲学や倫理学の議論を自由闊達に使い始めるというのは、それ以前の憲法学のあり方とはかなり違う印

象があります。ご自身の議論は当初、どう受け止められていたと思いますか。

長谷部 申し訳ないですが、私は人がどういうことを言うかはあまり気にしない人間で。ただ、そこまで行かざるを得ないというのが私の考えです。

愛敬 一方、石川さんは憲法解釈論のあり方を転換させようとなさったわけですよね。今、振り返ってみて、自分の成し遂げたことというか、それまでとは何かが変わったのかという点について、ご発言をお願いします。

石川 一方では、とにかく解釈論をドグマーティクとして立て直さなくてはいけない。解釈論としてあまりに水準が低いのではないか。大変口はばったい生意気な言い方ですが、若い頃そう感じたわけです。ただ、どういう方向に行くべきかはまだ腰が据わっていなかったところがあって、ああいうやり方もあるし、こういうやり方もある。どっちにしようかと両にらみで考えているところがありました。

しかし、法科大学院が立ち上がることになって、このまま行くと、要するに芦部違憲審査基準論の劣化バージョンを再生産し続けることになってしまうのではないかという危機感を抱き、とにかく、それとは違うひな型を具体的に示さなければ何もかわらない、という状況になって、賽を振ることにしたというのが実際です。

結果として、三段階審査論の劣化バージョンとして、また新しいマニュアルづくりが始まっているように見える現在からすれば、正直言って芦部先生のほうがよかったのではないか、と思わないわけではないですね。肚を一応くくって代案を出したわけですけれども、率直に言ってこれでよかったのかという気持ちはなお残っています。

(6) 比較憲法史研究の必要性と可能性

愛敬 ところで、唯物史観や比較経済史学の影響力が低下する中で、歴史学界も統一性を失っていきます。それに呼応するかたちで、憲法学における比較憲法史研究も停滞期に入ると私は見ているのですが、この問題について、辻村さんから、ご自分の研究を振り返ってご意見があれば。

辻村 憲法学自体がメタ理論、解釈論中心になったことから、重視されなくなったという面はあるかもしれないと思います。歴史が激しく動き、天安門、ベルリンの壁、ソ連消滅という事態になったときに、例えばそれまでのマルクス主義法学は戦後の啓発という観点があったこともあり、国際動向に即座に対応することができなかったという面があるでしょう。今では比較憲法史研究という言葉ではなくとも、グローバル化とか、国際化とかいった観点で語られているのではないか。この方法論自体はもともと地味ですから、解釈論や法科大学院の課題の中ではあまり時間を割けないのはやむを得ないのですが、学問研究としては、その方法論自体は消えるものではないと思っています。

4 憲法理論の環境と動向

(1) 憲法理論をめぐる3つの状況

愛敬 さて、「国家と法」の主要問題研究会の目的と課題を明らかにする前提として、そもそも現在の憲法理論の動向というか、それをめぐる状況に関して少し議論できればと思います。

私のほうから3つ論点を示したいと思います。まず1つが、憲法状況として、現在の厳しい改憲状況があると思います。集団的自衛権行使に関する政府解釈の変更という問題もあるし、つい先日、イスラム国における人質事件をきっかけとして、邦人保護のための憲法9条改正の必要性を、首相が明言するという状況がある。もちろん、改憲問題というのは1990年代からずっとくすぶっていたわけですが、第2次安倍政権の発足後、かなり深刻なものになっている。憲法理論研究の課題を考えるうえで、現在の改憲状況をどう考えるかという問題を抜きにすることはできないと思います。

2つ目として、これはもうすでに石川さんの話にも出てきていますが、憲法学説をめぐる環境として、法科大学院の設置は無視できない問題です。人によって評価は異なるかもしれませんが、私自身は、「憲法学の法律学化」が急速に進んだという印象を持っています。精緻な判例評釈と解釈学説の提示が主な関心事となり、それから、「起案まで考えた解説論文」というのでしょうか、そういう論稿まで散見されるようになりました。そこで、第2の論点としては、法科大学院設置後の憲法理論の課題というものがあると思います。

次に第3点ですが、先ほど辻村さんの話にも少し出てきたと思いますが、国際的な研究動向の問題です。個人的な見解になりますが、リベラル・デモクラシーは、欧米を中心にして東アジアも巻き込んで普遍化してきていると考えています。その結果として、憲法学者の国際的な共同研究が頻繁に行われるようになってきていると感じるし、各国の裁判官が頻繁に国際シンポジウムを行って、そこで意見を交わし合う。その結果として、判例の相互引用が行われ始めています。

私が非常に興味深かったのは、2011年にハンガリーが憲法を改正して、基本権保障のレベルを低下させ、憲法裁判所の権限を弱めたとき、EU諸国の政治家や知識人から相当な反発が出たことです。これも、ある種の価値観の押し付けといえばそうですが、それでも、ヨーロッパを中心にして現在の世界では、憲法制定や改正の問題は、一国のみの問題としてではなく、諸国におけるリベラル・デモクラシーのあり方の問題として議論する知的空間が現れ始めているのではないかという気がします。そこで、第3の話題としては、国際的な憲法理論の動向との関わりで、日本の憲法学の課題などを考えてみる必要があるのではないか。

それでは、まず、改憲状況との関わりでご発言をお願いいたします。

(2) 改憲状況と憲法理論

石川 ご指摘の順番でまず改憲状況から申しますと、一つ前の「憲法理論の再創造」研究会は、研究会の題目自体が憲法理論を謳っているわけですから、理論憲法学が絶えないように、法科大学院の時代の中でも理論研究の灯を伝えていこうということがありました。それと今回の研究会とどこがどう違うのかというと、いちばん大きな違いは、今ご指摘の改憲状況だと思います。前の研究会でも、もちろん改憲の動向は背景としてあったわけだし、特に第１次安倍内閣の頃などはある種の緊迫感はあったのですが、しかし比較的簡単に終わってしまって、その意味ではのんびりした研究会になったわけですが、今は憲法秩序が変動していくかもしれない状況の中で、従来型のあるいは法科大学院仕様の解釈法学で十分対応できるのか。もうあらかじめ備えをしておかなければいけないのではないかということが、おそらく重要な問題になってくるのではないかと思います。

ですから、この研究会の目的としては、憲法秩序の変動の状況の中で理論憲法学に期待されるところは非常に大きい、ということを明らかにし、問題意識を喚起するという側面が、おそらく強くなっていくのではないかと予想します。机上の空論だけれども机上の空論ではない。あるいは、机上の空論だからこそ、かろうじて我々の議論の足場を確保できる。そういう研究会になるのではないでしょうか。それだけに緊迫感のある本気の理論研究をしなくてはいけないのではないかと私は感じています。

長谷部 大雑把な話になりますが、法律学には二面性があって、１つは真理を探究する。もう１つは、法律学は実学ですので、私がよく使う言い回しでいうと、その社会の法律家共同体の共通了解を形成し支えるという役割があります。ちなみに、カントは法律学とはもっぱら後者で、要するに権力のしもべだと言って、『永遠平和のために』の中でも馬鹿にしていますが。

その２つを憲法学は両方やらざるを得ない。ほかの法律学のディシプリンと比べても苦しいところです。真理の探究という作業には、共同体の共通了解を批判し、破壊する働きがどうしてもある。それについてどう態度決定するかというのが樋口先生の批判的峻別論です。今お二人から出た改憲状況への対処というのは、今までの共通了解をいかに支えるかという話で、この目的に関しては、真理の探究は、むしろ逆に働くところがなきにしもあらずだと私は思います。学問研究が何らか世の中に影響を与えるとしても、あるべき社会の通念を支えるところは支える、ということで努力していかざるを得ない。

辻村 改憲状況との関係では、ご承知のように、政治の側から、96条の要件が厳しすぎるから変えるべきだという、非常に短絡的な世論誘導が行われた。これに対して、比較憲法の研究者としてそれが本当なのかという問いか

ら、私は『比較のなかの改憲論』（岩波新書、2014年）をまとめました。研究者の社会的責任としてきちんと提示する必要がある、ということを痛感したからです。

ただ、それを超えて憲法改正の限界論や憲法制定権力論などの基礎理論に踏み込むと、はたして専門家たる憲法学者の間で十分な議論ができてきたかどうかは疑問であると思っています。これからもそこをしっかりやらないと、表面的には対応はできたとしても、もっと議論が深まってきたときの対応もしておかなければいけない。それが改憲状況との関係で感じることです。

愛敬 先生方のお話を伺って考えたのですが、長谷部さんのご発言にもあったとおり、憲法学も学問である以上、学問としての水準を維持しなければいけない。しかし、こんにちの憲法学は改憲動向との関係で、もう少し水準の低い議論をすることを余儀なくされています。そこで思い出したのが、改憲論議との関係で「空論」の意義を説いた石川さんの論考です（「あえて霞を喰らう」法律時報85巻8号（2013年））。一読して、心から共感しました。改憲状況が深刻で、改憲論議が乱暴だからといって、それに合わせたレベルの議論ばかりしていると、実際には負けてしまうかもしれないと思うのです。ですから、今こそ、口はばったい言い方になりますが、真理を探究するというか、学問は学問として一定の水準でやり続けるということの意義を、再確認しておく必要があると思います。

辻村 立憲主義という言葉自体も、首相やその周りにいる人は、「これは中世のもので、イギリスのもの」だという見解に立ち、なぜ日本の憲法学者はフランスやアメリカから始めるのかと問うわけです。政治の場で、自民党憲法改正推進本部事務局長が、「立憲主義という言葉は、学生時代の〔東大の〕授業で聞いたことがない。昔からある学説でしょうか」と言って我々を驚かせ、立憲主義を知らない人が憲法改正草案を作っているのかということが問題になったことがありました。しかし他方で、憲法学者の側で「我々は立憲主義のことを憲法訴訟とからめて（法的立憲主義として）論じるから、それは最近の議論だ」と言ってしまうと、政治家の言説があたかも正しいように映ってしまう。

憲法学者には憲法学特有の立憲主義があって、一般とは違うという言い方をする時には注意が必要でしょう。一般的な議論にも付き合って、「それは中世の話ではありません。日本国憲法はフランスやアメリカの近代立憲主義から始まっているから中世の立憲主義とは違います」というイロハもはっきり言わなければいけない。これは市民向けのシンポジウムなどではよく議論されるのですが、今後はその点も自覚して関わっていかなければいけないと思います。

(3) 法科大学院設置後の憲法理論

愛敬 改憲状況との関係での憲法理論研究の課題が少し見えてきた気がい

たします。では次に、法科大学院設置後の憲法理論研究の課題について議論したいと思います。石川さんからお願いします。

石川 これは最初からわかっていたことですけれども、そろそろ規格化の時期に入ってくるのだと思います。最初の10年ぐらいはおそらく標準化、規格化ができない、複数の問題提起があって、学生の側からすれば勉強しにくい状況が続くだろうが、いずれ規格化の時期が来るだろう。その時期にそろそろさしかかるのではないか。

それだけに、変な規格ができないように、少しメタレベルの理論的視座を持った人たちがものを言える状況あるいは環境が、必要なのではないか。これが現段階の特性ではないかと思います。

また、それと同時に、歴史的な視座が非常に重要になってくるだろう。これまではいろいろな基礎的な範疇を組み合わせて、いろいろな考え方を出していくということでよかったのだと思いますが、憲法秩序が変動するかもしれない一方で、そろそろ解釈論の規格化もしなければいけないという状況の中では、より求められるのは、それらを俯瞰できる歴史的な視座です。

特に、古今東西の文脈で、これまでも何度も憲法論の規格化・標準化の画期はあったわけですので、これまでどういう形でそれをこなしてきて、それでうまくいったのか、うまくいかなかったのかという歴史的な視座がより重要になっていくということはあるように思います。

その意味では、規格化のありようを評価する理論的・歴史的な視座を確保する、という役割も、この研究会では重要になってくるように思います。

辻村 第2の法科大学院の問題点はすでに言い尽くされているのですが、他方、憲法学では、比較憲法的な研究が一層必要になっています。これまで事後的な違憲審査を認めなかったフランスでも2010年からQPCの制度が導入され、年に100も200も判決が出て、違憲判決の比率も5分の1に及んでいますので、それを研究するのは大変な作業です。法科大学院時代でも日本の最高裁判決の分析だけでは十分とは言えませんので、研究者としては時間がなくて困難ですが、それをしなければいけない。

(4) 憲法学の国際化と憲法理論

愛敬 第3の状況、すなわち、立憲主義がグローバル化する中で、国境を越えた共通の関心が、憲法学の中に芽生えつつあるのではないかという問題との関係で、まず長谷部さんからご発言をお願いします。

長谷部 国際的な動向の点は、私の乏しい経験で申しますと、1995年に樋口先生を中心に多くの方々に大変なご助力をいただいて国際憲法学会の世界大会を東京で開催し、その後ロッテルダム、サンチャゴ、アテネ、メキシコ・シティ、オスロの世界大会に参加しています。その中で、立憲主義の世界的な広がりが確認されたこと、もう

1つ、立憲主義は1つであることが確認されたことが大事だと思います。アジア的立憲主義とかいう胡散臭い議論がありましたが、そんなものはない。立憲主義は立憲主義だという見方が広がってきたのは、おっしゃるとおりです。

その1つの結果だと思いますが、必ずしも比較憲法研究が盛んではなかった英米圏で、比較憲法研究に関する大部の本がいくつか出ています。オックスフォードやラトリッジのハンドブックもそうで (*The Oxford Handbook of Comparative Constitutional Law* (2012); *Routledge Handbook of Constitutional Law* (2012))、そういう形で、立憲主義という共通了解に支えられた比較研究が広がっています。

辻村 今、長谷部さんが言われた国際憲法学会は、樋口先生をファウンディング・ファーザーズの1人として1981年から準備が始まり、1983年から世界大会がほぼ4年おきに開催されてきました。日本の研究者は1987年のフランス大会から参加し始め、ポーランド、日本、オランダ、チリ、ギリシアなどで上記の世界大会があって、私もメキシコを除き全回出席しています。もとはフランス語圏が中心で、当初は旧ソ連やポーランドのメンバーも重要な役割を担っていたのでリベラル・デモクラシーという感じはあまり持っていませんでした。

例えば多文化主義について、初期の80年代に、トルコの研究者がフランスの研究者に向かって、あなたが言う人権というのは欧米中心の人権で、わが国には別の観念があるということを全体会でおっしゃった。日本にいるとわからなかった問題がここで提起されていて非常にショックを受けたのです。

2000年代からは、確かに英米中心になり、ローゼンフェルドさんたちが代表になられた頃から、はっきりとリベラル・デモクラシーや立憲主義の普遍化が念頭に置かれてきたという感じを持っています。

近年では、最終日の午前中に、憲法裁判所の判事による全体会が必ず置かれるようになった。帰国日程のために最後まで残る人は多くないのですが、その全体会が次第に重要になって国際的な憲法裁判の共通準則が論じられるようになっています。

立憲主義については、南アフリカとか南米の憲法裁判官たちは皆イギリス・フランス・スペインなどの憲法理論をしっかり学んでいて、語学力も日本人等より優れていてネイティブに近く、非常に高い水準の議論をする。そこに欧州の司法裁判所や人権裁判所が加わって、各国の立憲主義を超えた、世界的な立憲主義の基準を作り出そうという明快な問題意識の下で、国際的な対話が行われているのはすごいことだと思います。

日本は、代表団のようなものを組まずに個人参加にしてきたため、昨年のノルウェー大会でも参加者は10人程度で、いつもそんなに多くない。日本支部としては取組みが不十分だったかもしれないと反省する点があるのですが、

日本の若手中堅研究者にとっても、世界大会や上記の文献などは非常に重要なソースです。日本の研究者もこれからどんどん出ていってプレゼンスを高めることが期待されます。得られるものは非常に多いので、日本支部の活動も、国際憲法学会自体も、グローバル化の中で活動を強めていかなければいけないと思っています。

　愛敬　ありがとうございました。長谷部さんや辻村さんのご発言の中にもあった、立憲主義の普遍化というのが個別国家の枠を超えて広く観察できるという状況は、改憲状況との関係でも、きちんと理論的に研究して、実践的にも提起していく必要があるのかなと思います。日本で政治の場面で行われている憲法論が、グローバルに見て水準が違い過ぎるということの確認をするためにも、基礎研究は重要だし、現状をきちんと分析することも重要だと改めて感じました。

　石川　ちょっと余談になりますが、さきほど長谷部さんがトゥワイニングのところへ行ったという話を伺いましたけれども、トゥワイニングは2000年あたりを境にしてグローバリズムの研究をやたらにするようになりましたね。私もずいぶん読んだのですが、トゥワイニングに教わった方はグローバリズムに関心を持つという流れになるのですか。

　長谷部　その点での彼の影響力は分かりかねます。

　石川　一見するとグローバル化とは何の関係もないような古典的な文献への再帰的な参照を求めながら、しかし誰よりも早くグローバル化の下での法理論ということを言っていた1人ですよね。

　長谷部　1人ですね。

　石川　それは特に必然性があるわけではないと。

　長谷部　必然性はよく分からない。

　石川　長谷部さんはそういう方向には行かないのですか。

　長谷部　私がやっているグローバライゼーションの話は、むしろ2004年にNYUに行ったときの経験のほうが強いですね。フィリップ・バビットの著作に出会ったのもあのときですし。

　石川　そっちのほうが……。

　長谷部　トゥワイニングよりはるかに強烈な議論をする人です。

5　「国家と法」の主要問題研究会の課題

(1)　なぜ今、「『国家と法』の主要問題」なのか？

　愛敬　さて、これまで議論した現在の憲法理論が置かれた状況を踏まえつつ、「『国家と法』の主要問題」という題名の下で、私たちは新たな共同研究を始めようとしているわけですが、その意図あるいは趣旨に関して、石川さんから説明していただけるでしょうか。

　石川　一応、研究会の名前をつけたのは私ということになっているのですが、これは、見る人が見ればわかるように、ハンス・ケルゼンの、直訳すれば『国法学の主要問題』という1911年

の本を意識してつけたものです。これはもちろん、「国家と法」あるいは「国家学的なるもの」にこの研究会の主眼を置こう、という趣旨ではないのですが、理論憲法学が置かれた問題状況を端的に示しているのではないかと思ってご提案した、ということになります。

ケルゼンたちのいわゆるウィーン学派の理論法学が、最も盛り上がって議論していたのは、実は第一次世界大戦のさなかです。つまり、戦前、戦中の危機の時代に営まれたのが、ウィーン学派の理論研究であったということが非常に大事で、それが遠くない将来に予想される憲法変動期の理論的な解明手段の開発につながっていく、という流れになるわけです。

彼らはもう戦中から、オーストリアはこのままではいかない、非常に大きな憲法変動がやってくるということを見越して議論していた。一見すると机上の空論のようですが、それがまさに憲法秩序の変動期の中で真剣に営まれたということが非常に重要で、それを象徴するタイトルを考えるとするとこのあたりなのではないか、と発想したわけです。

それからもう１つの論点として、日本の理論憲法学が、多分にウィーン学派の影響を受けているために、おそらく理論憲法学の研究会をやっていく中で、再帰的にケルゼン的な問題意識に戻っていく局面が出てくるに違いない、という予想の下に提起させていただいたタイトルでもあります。

いずれも、そのねらいには、先ほど愛敬さんが指摘された３つの問題状況の中で、日本憲法学がいよいよ緊張感をもって営まれなければならない、という気持ちが込められてあるはずなのです。ぜひそういう方向で研究会を進めていきたいと思います。

もう少し踏み込んで申しますと、私がたまたま畑違いの研究プロジェクトに誘われて、法科大学院設立のさなかだというのに、本当に偶然に、京城帝国大学と植民地の学知、さらには植民地問題に手を染めることになってしまった結果、いつの間にか、当初企図していなかった清宮四郎先生の研究をすることになってしまった。ところが、これが、ここ数年のそれこそ改憲動向の中で、ものを考えたり発言したりするのに、大いに役に立っているということがあります。清宮先生には、愛敬さんが言及されたハンガリーの民族問題にも連れてゆかれました（『学問／政治／憲法』岩波書店、2014年）。まるで、そうなるように、あらかじめ仕組まれていたかのようです。デモクラシーにリベラリズムは必要ないと公言する、現在のオルバーン政権のあり方にも、私は関心を持っています。

このように基礎的理論的な問題関心は、結局現在の問題につながっていくはずで、一見すると現状から目をそらしたような、真理の探究にのみいそしむ作業が、おそらくはこれから数年間非常に効いてくるのではないかという気持ちを持っていて、その期待を込めて、あえてケルゼン由来の研究会の名

前を発案させていただいたということになります。

愛敬 副題を付けたのは、長谷部さんですね。

長谷部 副題は、Le Salon de théorie constitutionnelle。サロンとしたのはなぜかですが、2014年3月に、Damien Gros という人が『第三共和制の誕生 *Naissance de la IIIe République*』という本を PUF のレヴィアタン・シリーズから出しています。そこで彼が紹介していることですが、第三共和制憲法の制定過程で、皆どこで議論していたかというと、議会の中でではなく、むしろ議会の外で党派ごとにいろいろなサロンを作りそこが公共空間になっていたという話があって、1つはそれにあやかろうと。もう1つは、この会は勉強だけではなくて、社交の場でもあるので、サロンという言葉がふさわしいのではないか。

石川 かねて、社会科学のいわば発酵の現場が、サロンだった、ということは重要です。垣根を取り払った、屈託のない議論ができる場がサロンと言われるものであって、ベルリンにも、ハイデルベルクにも、ウィーンにも、あるいは江戸にもあったわけで、憲法理論が発酵していく場として、このサロンを位置づけています。飲むことだけを目的にやっているわけではありません（笑）。

辻村 「国家と法」の研究会というと国家法人説的な印象があり、国家中心的な統治機構の研究を念頭に置く人が多いかもしれませんが、決してそうではない。人権の基礎理論や平和主義の問題が大きなウェイトを占めるだろうと思います。グローバル化の中で新しい人権問題がたくさん出てきているので、最先端の人権課題に取り組んでいく研究会でもなければいけません。

(2) 研究会への期待と抱負

愛敬 最後に、この研究会に対しての期待、抱負について、辻村さんからお願いします。

辻村 先ほど、世代論というか、憲法学研究者の原体験的なことを話しましたが、戦後初期には確かにそうであったとしても、時代の変動の中で憲法研究者の社会的役割も変わっていると思います。その中で担い手の育成や世代間の継承という問題意識を大事にしたいというのが第1点です。

第2点は最先端の人権問題、新しい時代に対応した人権理論を追求しなければいけない。私自身は、リプロダクティブ・ライツの問題などにも関心をもってきましたが、「国家と自由」研究会の頃から10年たっても理論も立法も進展していないようです。国際人権法などの動向も見ながら、広い視点から研究していかなければいけないと思っています。

3点目は、論争の再活性化です。「論争憲法学」研究会のときは論争が必要だという共通認識があったのですが、今は論争自体が減っているのではないでしょうか。若手研究者の中では、論争に挑むとか、あえて何か異を唱えて議論をするという能動的な動きが少

なくなって、小さくまとまっているのではないか。この研究会では、大きな視点に立って基礎原理論をやり直そうということですから、当然論争の復活を望みたいと思っています。

長谷部 もうあまり言うことはなくて、先ほど単純化して申し上げたけれど、憲法学には真理の探究と法律家共同体の共通了解の形成・維持、この2つの使命がある。両方大事ですから、両方若い世代に伝えていかなくてはいけない。それがこの研究会の使命ではないかと思っています。

石川 まず1つ目は、先ほどの繰り返しになりますが、憲法変動期において求められるのは理論だということで、憲法変動はいつ起こるかわかりませんが、そろそろ準備しておかないと追いつかないということがあるのではないかということを強調しておきます。

2つ目は、これは先ほどのサロンにからんでいる問題です。特に憲法変動期において求められることとして、狭い意味での既存ディシプリンを超えたところにある、いわば人文的な知のあり方がある。実際には、現在の日本の憲法学者の中でも、そのことに問題意識を持ってこつこつ理論や歴史を研究しておられる方は、たくさんいらっしゃるはずです。

ただ、そういった方々は、法科大学院ができて、解釈論というよりも試験向けの解釈マニュアルに関心が集まるような状況の中で、ある種の疎外感を感じておられるのではないか。もともと、理論研究や歴史研究は、結局最後は1人でやることになりますが、現状ではなおさら、非常な孤独感の中で、自分を励ましながらやっておられるのではないか。そういう方々の励ましになるような研究会になればいいのではないかと思います。

それがおそらく将来に向けて、日本の憲法学の非常に貴重な財産を作っていくのではないか。我々にとっての勉強対象だったのは、当時、長尾龍一先生を中心に集まっていた、井上達夫さんその他の、それこそ法哲学者たちのサロンだったわけですが、同じように、若手の方の励ましになるような連載になればよいのではないか。今回、何人かの若手の方をお呼びしているわけですが、キャパシティの関係でお呼びできなかった方も含めて、そうなればいいなと思います。

3つ目は、より若い世代の人たちが何を読んでいるのかを知りたい、という関心も実はあります。

その時代、その時代に読まれている本というのがあるわけで、先ほどスキナーの話が出ましたが、私ももちろんスキナーを非常に好んで読んだし、ジョン・ダンやポーコックも好んで読んでいたし、幸か不幸か都立大学に就職して、彼らと親交の深い半澤孝麿先生に大いに刺激されて学ぶことができたということもあります。また、1986年以降の憲法学において俄然脚光を浴びたのは実践哲学系の理論で、ジョン・ロールズやロバート・ノージックなどは我々の必読書でした。

そうした我々にとってのロールズ、

スキナーその他が、今の若い研究者の場合は何であるのか。それをぜひ知りたい。今日我々が読まなければならないものは何であるかということを、ぜひ若い研究者のみなさんに教えてもらいたい、という気持ちが、私には強くあります。

　愛敬　司会としてのまとめにはなりませんが、最後に2点ほど申し上げたいことがあります。

　私が期待するのは、憲法理論研究のテーマとして各自が重要だと考えている事柄を、研究会の場で率直に示していただきたいということです。自分なりに今の状況に対して何を言いたいのかということを、とりわけ若い方々に示していただけたらと思います。「憲法研究は実践的なものであるべき」との意見には賛成しませんが、だからといって、「単に趣味でやっています」では、共同研究の場で興味深い論争ができないのではないかと思います。

　第2の点ですが、大学改革が進められ、大学自身が危うくなってきている状況もあり、また改憲動向と対抗する形で、そのために時間を費やす必要もあるという状況の中で、きちんと時間をかけて歴史研究なり理論研究なりをする時間が失われてしまうのではないかと本気で心配しています。先ほどサロンという言葉が出ましたが、基礎理論的な研究を「楽しむ」環境を意識的に作っていくことが今、本当に大切であると思っているので、私はこの研究会に大きな期待を寄せています。

　本日はご多忙な中、ありがとうございました。

〔2015年2月4日（水）収録〕

●──初出一覧

法律時報連載 「国家と法」の主要問題──Le Salon de théorie constitutionnelle

○数字は連載番号

[特別企画] 辻村みよ子・長谷部恭男・石川健治・愛敬浩二「連載開始にあたって」
　　87巻5号（2015年5月号）78-90頁〈本書第Ⅴ部〉

① 石川健治「八月革命・七〇年後──宮澤俊義の 8・15」
　　87巻7号（2015年6月号）80-85頁〈本書第1章〉

② 辻村みよ子「フランス憲法史と日本──革命200年・戦後70年の『読み直し』」
　　87巻8号（2015年7月号）88-92頁〈本書第3章〉

③ 長谷部恭男「主権のヌキ身の常駐について──Of sovereignty, standing and denuded」
　　87巻9号（2015年8月号）103-108頁〈本書第4章〉

④ 小島慎司「平和と秘密──『永遠平和のために』の秘密条項について」
　　87巻10号（2015年9月号）80-85頁〈本書第9章〉

⑤ 愛敬浩二「『裁判官の良心』と裁判官──憲法理論的考察に向けて」
　　87巻11号（2015年10月号）148-153頁〈本書第21章〉

⑥ 毛利　透「ケルゼンを使って『憲法適合的解釈は憲法違反である』といえるのか」
　　87巻12号（2015年11月号）93-98頁〈本書第22章〉

⑦ 松田　浩「『自己統治』の原意と現意──パブリック・フォーラムの条件」
　　88巻1号（2016年1月号）105-110頁〈本書第13章〉

⑧ 山元　一「立ち竦む『闘う共和国』──テロリズム攻撃に直面するフランスにおける表現の自由」
　　88巻2号（2016年2月号）101-106頁〈本書第12章〉

⑨ 高田　篤「ドイツにおけるケルゼン『再発見』と国法学の『変動』の兆し」
　　88巻3号（2016年3月号）101-106頁〈本書第6章〉

⑩ 大林啓吾「憲法判例変更のパラドックス」
　　88巻4号（2016年4月号）98-103頁〈本書第23章〉

⑪ 只野雅人「選挙と代表・正統性——フランスにおける政治法の一側面」
　　88巻5号（2016年5月号）110-115頁〈本書第19章〉

⑫ 大河内美紀「Popular Originalism は可能か？——ティーパーティ運動が突きつける難題」
　　88巻7号（2016年6月号）90-95頁〈本書第20章〉

⑬ 片桐直人「『貨幣国家』と憲法——財政作用の再検討にむけた予備的・準備的考察の一環として」
　　88巻8号（2016年7月号）95-100頁〈本書第24章〉

⑭ 阪口正二郎「『隔離』される集会、デモ行進と試される表現の自由」
　　88巻9号（2016年8月号）106-111頁〈本書第14章〉

⑮ 駒村圭吾「『法解釈の技術』と『文化現象の真実』——続『ロレンスからサドへ』」
　　88巻10号（2016年9月号）84-89頁〈本書第15章〉

⑯ 金井光生「聖獣物語——中性国家のわいせつ性に関する憲法哲学的断章」
　　88巻11号（2016年10月号）106-111頁〈本書第16章〉

⑰ 江原勝行「多元主義法理論の共時性と通時性——サンティ・ロマーノの『制度』概念と憲法秩序の変動」
　　88巻12号（2016年11月号）125-130頁〈本書第7章〉

⑱ 蟻川恒正「『不断の努力』と憲法」
　　89巻1号（2017年1月号）96-101頁〈本書第8章〉

⑲ 西村裕一「穂積八束『憲法制定権ノ所在ヲ論ズ』を読む」
　　89巻2号（2017年2月号）112-117頁〈本書第2章〉

⑳ 佐々木くみ「憲法学における『自律した個人』像をめぐる一考察」
　　89巻3号（2017年3月号）98-103頁〈本書第11章〉

㉑ 木下昌彦「21世紀の財産権と民主主義——富の集中の憲法的意義とその統制について」
　　89巻4号（2017年4月号）104-109頁〈本書第17章〉

㉒ 福島涼史「憲法制定権力論の神学と哲学」
　　89巻5号（2017年5月号）137-142頁〈本書第5章〉

㉓ 江島晶子「多層的人権保障システムの resilience——『自国第一主義』台頭の中で」
　　89巻6号（2017年6月号）90-95頁〈本書第18章〉

㉔ 青井未帆「9条と司法権——parens patriae 訴訟を参考に」
　　89巻8号（2017年7月号）90-95頁〈本書第10章〉

あとがき

一

「『国家と法』の主要問題」研究会の目的や名称の由来は、「はしがき」（本書 i 頁）で詳らかにした。「基礎理論的な研究を『楽しむ』環境を意識的に作っていく」ため、サロンという副題を用いたことも、「座談会」（本書第Ⅴ部、364-368頁参照）で明らかにしたとおりである。国家と法にまつわる憲法問題を、歴史や原理論にさかのぼって掘り下げ、基礎理論的・憲法史的・比較憲法的な研究手法を採用することを共通理解として、この研究会は出発した。

二

研究会活動は、2014年5月の編集会議、10月の研究会から2017年2月の研究会までの約3年間に及び、法律時報誌上の連載も2015年5月号（87巻5号）から2017年7月号（89巻8号）まで25回続いた。各報告者のテーマは、憲法学説史・憲法史、主権・憲法制定権力、代表・選挙、憲法訴訟、平和主義、個人の尊重、表現の自由など多彩なもので、研究会本来の趣旨に「こだわった」報告が続いた。本書の目次に示された研究対象を一瞥しただけでも、この研究会の独自性や独特の雰囲気が伝わるにちがいない。時代も中世から21世紀まで、思想やアプローチも、神学から近世哲学・リベラリズム・共和主義・ポピュリズムにまで及び、対象国も英米独仏伊を中心に世界に目が向けられている。omnifarious ともいいうる、何とも広範で多様な問題関心が示される。

先行した法律時報掲載の4つの研究会──〈論争憲法学〉研究会（1986-92年）、〈比較憲法史〉研究会（1992-97年）、〈国家と自由〉研究会（1998-2003年）、〈憲法理論の再創造〉研究会（2007-10年）──と比較しても、いずれとも異なる緊張感に満ちた議論ができた、という印象が強い。その理由が、メンバーの

個性・世代差や研究テーマの多様性にあったことは否めない。このような特徴や緊張感は、メンバーを推薦したときから予感されていたが、研究会で初めて聞く話（トリビア？）が多かったことも、研究者の個性と発想のユニークさの故であったといえよう。

三

　本書は、法律時報掲載論文の再掲ではなく、その後の憲法状況等を加味して再論されている。24本のなかには、注や巻末追記での加筆、全体的な改訂・増補など方式には違いがあるが、いずれも雑誌掲載時と本書収録時に二度の再検討の機会が与えられたことから、報告時よりもバージョンアップしたものが多い。各論文の掲載順も、研究会の報告順とは異なっている。あらかじめ章立てを定めていたわけではなく、研究会の進行のなかで、①憲法史・学説史・主権論、②平和主義論、③人権論、④統治機構論という筋立てが、自ずとできあがった。

　(1)　第Ⅰ部では、50-60歳代の憲法研究者4名（石川・高田・長谷部・辻村）が、それぞれのライフワークともいえる課題と方法論をめぐって、サロンという研究環境を得た「歓び」を感じさせる論稿を寄せている。研究会時の質疑も「活気」にあふれ、研究者の世代間交流という当初の目的を遂げた感があった。さらに若手・中堅世代に属する3名の論稿により、憲法史・学説史と主権・憲法制定権力論を扱った第Ⅰ部の研究対象をさらに拡張することができた。

　本書巻頭の石川論文では、宮沢俊義の八月革命説の背景を、フェアドロス vs. メルクル、宮沢 vs. 清宮四郎、宮沢 vs. 尾高朝雄、シュミット vs. ケルゼンという対立構図等を敷衍しながら、高遠な視座から解き明かし、日本の憲法学説史と憲法理論史研究の筋道をつけた。これに続く西村論文は、穂積八束の主権論研究の手がかりとして、憲法制定権力を論じた学生時代の論文を検討し、欽定憲法論と天皇主権論との関係の解明を試みている。これらの再読や発見が、主権論の内包と外延を明らかにし、従来の憲法学説史研究と主権＝憲法制定権力論研究の間隙を埋めることに寄与している。

　他方、フランス憲法学における1793年憲法の「読み直し」に注目した辻村論

文は、「革命と主権」という視点から日仏にまたがる憲法史研究の現代的意義を指摘した。また、長谷部論文は、樋口陽一教授の憲法制定権力＝主権論を端緒に、それが「ヌキ身で常駐」した典型例としてフランス革命期の主権独裁をとりあげた。シュミットの委任独裁と主権独裁の区別論を通じて、主権が「ヌキ身で常駐」する状況が（委任独裁の領域に属する）非常事態とは異なる点を指摘する。さらに福島論文は、世界の憲法学に影響を与えたシュミットの憲法制定権力論を解明するため、彼が依拠したとされる神学理論にまで遡り、憲法論の上に政治神学を置いて考察した。

これらの論稿にたびたび登場するケルゼンについて、1990年代以降、読み直しと「再発見」が進むドイツ国法学の現状に注目し、従来のタブー視の原因と「再発見」論議の意義を検討したのが、高田論文である。「専門家」ならではの視点と学界の「変動」（連邦憲法裁判所批判等）への着目は、ドイツ憲法だけでなく他国の憲法や比較憲法の研究者にも刺激を与えるものであるに違いない。第Ⅰ部最後に配置した江原論文は、イタリアを代表する法学者サンティ・ロマーノの制度論を分析対象として、その多元主義的法理論とくに法秩序の多元性による憲法変動の正当化の問題に迫っている。

(2) 第Ⅱ部には、平和主義の思想と実践に関連する3本を収録した。蟻川論文は、9条研究と恵庭訴訟などの実践に献身的に関わって2015年に昇天された深瀬忠一教授の「実行」という言葉をキー・コンセプトとして、その平和的生存権論等の学説史的意義を明らかにした（異色の）論稿である。カントの平和思想を重視した深瀬憲法学の真髄に関わる点を考慮して、次に小島論文を配置した。小島論文は、日本の平和主義論にも影響を与えたカントの「永遠平和のために」第2章第2補説の秘密条項について検討し、統治技術としての秘密の意義を論じている。今日の憲法状況に直結する問題設定ではないものの、平和主義の通説的解釈論との関係を示唆している。さらに、安保法制違憲訴訟という現実的な問題関心に出発してパレンス・パトリー訴訟を分析対象とした青井論文も、元来、司法権に関する第Ⅳ部の報告として位置づけられていたが、憲法訴訟への基礎理論的寄与（「実行」）という課題を重視して第Ⅱ部に収録した。現実の改憲論議に対峙するためにも、平和主義に関する基礎理論的研究が若手研究者の間で質量ともに増えることを願ってのことである。

（3） 第Ⅲ部にはいわゆる人権論をテーマとする論稿8本を集めたが、そこでは、テーマや対象国との関係もあって、方法論や課題意識が大きく異なる点が興味深い。

冒頭の佐々木論文は、樋口教授の「自律した個人」や人権主体を巡る疑問にケイパビリティ・アプローチから迫っている。フランスの共和主義がテロ事件を契機に揺らぐ様を検討した山元論文は、「表現の自由」領域での3つの選択肢を提示し、伝統的なライシテ路線を展望する。ここではアメリカ化の可能性は低いとされたが、そのアメリカ本国での「表現の自由」の原理と現況に迫るのが松田・阪口・駒村論文である。各論者の視点は異なっており、松田論文は「自己統治」の原意と現意のありようを人民主権との関わりで論じ、パブリック・フォーラムの開設に関してポピュリズムへの危惧を語る。この点、阪口論文は、集会・デモの日常的規制を憂うる視点からパブリック・フォーラム法理の意義と限界を論じ、「安全」の名の下に規制が合憲化される現況に警鐘を鳴らしている。

他方、日本の「悪徳の栄え」事件弁護士の21条論への合衆国判決の影響を分析した駒村論文は、猥褻表現に関する「文化現象」と21条解釈技術との対抗図式を提示する。続く金井論文は、同じく猥褻表現問題を「文化裁判」と捉えることから駒村論文の後に配置したが、タイトルに示される通り対象や視座は異なっている。尤も、追記に「基本的に方向性を同じくしている」と記される点からすれば、近年の学界動向が影響していることも窺える。

21世紀の財産権と民主主義と題する木下論文は、ピケティの著書に触発されつつ日本国憲法下の「富の集中」解消政策に論究している。ここでも、研究会での（厳しい）指摘や議論が若手研究者の研究促進に寄与できたとすれば幸いである。

さらに第Ⅲ部を締めくくる江島論文は、憲法学と国際人権法学の学際的研究成果であり、イギリスの現況をも踏まえて、グローバル化した21世紀の重要で困難な憲法課題を指摘している。本書の視座が「国家」の次元にとどまるものではないことを示した点でも、憲法総論としての多層的人権システム論は貴重であるといえる。

（4） 第Ⅳ部は、いわゆる統治と裁判・憲法訴訟に関する6本を集める。只野

論文は、フランスの政治学的憲法論の展開を踏まえてドジュロンの選挙法理論を分析し、政治法の意義と課題を示しつつ、新たな方法論を模索している。アメリカのいわゆるポピュリスト立憲主義と原始主義との関係を解明しようとする大河内論文は、近年のティーパーティ運動の憲法論に焦点を当てて、日本にも通じるそのジレンマを解き明かす。これらの2論文からは、政治と憲法、民主主義と立憲主義の対抗に関わる各国共通の困難な課題が伝えられる。

　司法の領域では、愛敬論文が、新たな論争点に発展してきた長谷部・蟻川らの「裁判官の良心」論を再論する。ここで期待された憲法解釈・憲法理論の両レベルでの議論の活性化という課題は、「追記」に記されるように、その後の最高裁裁判官研究へと展開し、成果を生みつつあることが特筆される。

　憲法訴訟理論については、毛利・大林論文が、ドイツとアメリカにおける議論の展開を踏まえて分析している。毛利論文は、近年日本でも論じられるようになったドイツ連邦憲法裁判所の「憲法適合的解釈」を取り上げ、これをケルゼンに依拠しつつ批判するレムケの議論を分析して種々の難点を指摘した。大林論文は、アメリカにおける判例変更の要件としての「特別の正当化」論を検討し、判例変更を回避するため事情変更で対応する日本の最高裁に疑問を呈している。両論文からは憲法訴訟論の精緻化による日本の司法消極主義克服という問題意識が感じられるが、他の課題を含めた憲法訴訟原理論の研究成果が待望される。

　続く片桐論文は、ドイツのフォーゲルの議論等を素材として、財政法における貨幣の意義、貨幣による統治に関する憲法学的課題を論じている。財政の分野では数少ない専門的研究として貴重であり、今後、いっそうの研究成果の蓄積が期待される。

　(5)　第Ⅴ部では、論文の連載に先だって法律時報2015年5月号（87巻5号）に掲載された座談会の内容を再録した。先行した「論争憲法学」研究会など4つの研究会との関わりや憲法理論研究の方法、本研究会への期待などがフランクに語られており、本書の内容を補完するためにも一定の役割を担うものと思われる。ただし、法科大学院設置後の研究環境は今日と変わらないとしても、2015年6月4日からの安保法制「違憲」論議の展開前の同年2月に収録した座談会であるため、憲法政治状況が異なっていることを認めざるをえない。2017

年5月3日の首相の9条3項追加論や改憲日程の提案、その後の同年10月22日総選挙での与党大勝による国会での改憲論議促進という状況下で、より冷厳な視座や研究態度が求められていることを、ここで改めて追記しておく必要があるであろう。

四

　本書は、「『国家と法』の主要問題」研究会における活動の一端を広く公開して、憲法理論の発展に一石を投じることを願って刊行された。その成果は、歴史によって検証される他はないが、研究会メンバーが諸課題に真摯に向き合った時間と議論は、貴重なものである。本書が、先行する前記4研究会に劣らぬ内容の報告集になったことを、切に祈っている。

　反面、網羅的な研究はもとより不可能であるとしても、期間の制約やメンバーの限定により、本書の検討が不足している領域も多い。改憲状況が切迫するなか、緊急の検討課題が山積していることからしても、日本評論社での法律時報連載研究会の歴史が絶えることなく今後も継続され、憲法変動に対峙しつつ、基礎原理的研究がいっそう進展することを望みたい。

　最後に、毎回の研究会の運営と法律時報連載に加えて、本書の刊行についても懇切なお世話を戴いた法律時報編集長上村真勝さんと法律編集部の鎌谷将司さんに、研究会一同を代表して、心からお礼を申し上げる。

　　2018年1月

辻村みよ子（文責）
長谷部恭男

●――執筆者一覧（掲載順） ＊は編者

＊石川健治（いしかわ・けんじ）	東京大学教授
西村裕一（にしむら・ゆういち）	北海道大学准教授
＊辻村みよ子（つじむら・みよこ）	明治大学教授
＊長谷部恭男（はせべ・やすお）	早稲田大学教授
福島涼史（ふくしま・りょうし）	長崎県立大学准教授
高田　篤（たかだ・あつし）	大阪大学教授
江原勝行（えはら・かつゆき）	岩手大学准教授
蟻川恒正（ありかわ・つねまさ）	日本大学教授
小島慎司（こじま・しんじ）	東京大学准教授
青井未帆（あおい・みほ）	学習院大学教授
佐々木くみ（ささき・くみ）	東北学院大学准教授
山元　一（やまもと・はじめ）	慶應義塾大学教授
松田　浩（まつだ・ひろし）	成城大学教授
阪口正二郎（さかぐち・しょうじろう）	一橋大学教授
駒村圭吾（こまむら・けいご）	慶應義塾大学教授
金井光生（かない・こうせい）	福島大学准教授
木下昌彦（きのした・まさひこ）	神戸大学准教授
江島晶子（えじま・あきこ）	明治大学教授
只野雅人（ただの・まさひと）	一橋大学教授
大河内美紀（おおこうち・みのり）	名古屋大学教授
＊愛敬浩二（あいきょう・こうじ）	名古屋大学教授
毛利　透（もうり・とおる）	京都大学教授
大林啓吾（おおばやし・けいご）	千葉大学准教授
片桐直人（かたぎり・なおと）	大阪大学准教授

● ── 編　者

辻村みよ子（つじむら・みよこ）　　明治大学教授

長谷部恭男（はせべ・やすお）　　　早稲田大学教授

石川　健治（いしかわ・けんじ）　　東京大学教授

愛敬　浩二（あいきょう・こうじ）　名古屋大学教授

「国家（こっか）と法（ほう）」の主要問題（しゅようもんだい）
── Le Salon de théorie constitutionnelle

2018年3月25日　第1版第1刷発行

編　者 ── 辻村みよ子・長谷部恭男・石川健治・愛敬浩二
発行者 ── 串崎　浩
発行所 ── 株式会社　日本評論社
　　　　　〒170-8474　東京都豊島区南大塚3-12-4
電　話 ── 03-3987-8621　FAX 03-3987-8590（販売）
振　替 ── 00100-3-16
印　刷 ── 精文堂印刷株式会社
製　本 ── 株式会社松岳社
装　幀 ── レフ・デザイン工房

検印省略　©M. Tsujimura, Y. Hasebe, K. Ishikawa, K. Aikyo 2018
ISBN 978-4-535-52282-4

[JCOPY]〈（社）出版者著作権管理機構　委託出版物〉本書の無断複写は著作権法上での例外を除き禁じられています。複写される場合は、そのつど事前に、（社）出版者著作権管理機構（電話 03-3513-6969、FAX 03-3513-6979、e-mail: info@jcopy.or.jp）の許諾を得てください。また、本書を代行業者等の第三者に依頼してスキャニング等の行為によりデジタル化することは、個人の家庭内の利用であっても、一切認められておりません。